DIE RUSSISCHE HOLZBAUKUNST

L. M. Lissenko

Verlag Georg D. W. Callwey, München

CIP-Kurztitelaufnahme der Deutschen Bibliothek

Lissenko, Lev M.:
Die russische Holzbaukunst/
L. M. Lissenko. – München: Callwey, 1989
Einheitssacht.: Derevo v Architekture ⟨dt.⟩
ISBN 3-3667-0914-3
Ne: HST

ISBN 3-7667-0914-3

© 1989 by Verlag Georg D. W. Callwey, München,
für die deutschsprachige Ausgabe

Übersetzung aus dem Russischen: Dr.-Ing. arch. *Karl Alexander*
Deutsche Bearbeitung: *Siegfried Schikora*

Gesamtgestaltung: *Jürgen-Rainer Sterl*
Printed in the German Democratic Republic
Satz: Druckerei Neues Deutschland, Berlin
Druck: Druckerei Volksstimme Magdeburg
Buchbinderische Verarbeitung: INTERDRUCK, Leipzig

Inhaltsverzeichnis

Die Übersetzung des Manuskripts in die deutsche
Sprache erfolgte fachlich kompetent und sprachlich
versiert durch den sowjetischen Architekten
Dr.-Ing. arch. *Karl Alexander*.
Ihm sei an dieser Stelle
für seine qualifizierte Arbeit recht herzlich
gedankt.

Vorwort zur deutschsprachigen Ausgabe

Im Nordosten Europas, inmitten der Abgeschiedenheit unendlicher Waldgebiete, entstand im Laufe von Jahrhunderten eine einmalig schöne, unverwechselbare Architektur: die russische Holzbaukunst!

Fernab der großen Städte des Kontinents blieb sie lange Zeit kaum beachtet. Die wenigen Reisenden berichteten darüber nur mit karger Spärlichkeit. Erst gegen Ende des 19. Jh. wurde man sich in Rußland selbst der kulturellen Bedeutung dieser volksverbundenen Holzarchitektur bewußt. Unterschätzte man ihren ästhetischen Wert, oder teilte sie das Schicksal anderer Volksarchitekturen, die das öffentliche Interesse erst in jüngster Zeit fanden?

Die Kunst des Bauens gehörte zum Leben wie das Spinnen, Weben, die Haus- und Feldwirtschaft, der Fischfang oder die Jagd. Generation um Generation vervollkommnete und überlieferte Wissen und Können, Fähigkeiten und Fertigkeiten vom Vater auf den Sohn, formte künstlerischen Geschmack und ästhetische Anschauungen. Lebenskraft und künstlerische Potenz einer auf solche Art hervorgebrachten Baukunst konnten weder durch fremde Einflüsse noch durch Verbote und neue Vorschriften gebrochen werden. Als im 17. Jh. der russische Klerus verfügte, daß keine Turmkirchen mehr gebaut werden dürfen und daß «Kirchen von fünf Kuppeln … gekrönt sein sollen», entstanden in weiten Teilen des Landes die vielkuppeligen mit Zwiebeldächern bedeckten Kirchen. Baukünstlerische Kreativität gepaart mit großem handwerklichen Geschick vergegenständlicht sich in einem bewundernswerten Formenreichtum.

Und doch sind die Kirchen nur ein Teil dessen, was die russische Holzbaukunst an Bedeutendem hervorgebracht hat. Das Hauptfeld der Bautätigkeit war die Errichtung der Behausungen für Mensch und Tier, die sichere Unterbringung der Ernte, Lager- und Produktionsstätten und nicht zuletzt Bauten zu hygienischen Zwecken.

Vor allem Wohnhäuser wurden mit reichem Schmuck versehen, die Ornamentik entspricht den Schmuckelementen der Hausgeräte. Filigrane Verzierungen bilden einen spannungsreichen Kontrast zu den bebeilten wuchtigen Balken der Blockwände. Ein Blick in das Innere der Räume vermittelt ein Gefühl einfacher Klarheit, Solidität und dauerhafter Geborgenheit gegen die Witterungsunbilden des russischen Winters.

Obwohl vor allem das Dekor fast modern anmutet, ist doch die große Zeit der russischen Holzbaukunst vorbei, wie auch die Zeit der europäischen Architektur des Mittelalters und der Renaissance. Spät, für manches zu spät, für anderes gerade noch zur rechten Zeit sichern nun Denkmalpfleger die erhaltenen Bauwerke und bewahren sie vor dem Verfall. Umfangreiche Forschungen vor Ort und in Archiven vervollständigen unser Bild von einer der schönsten Erscheinungsform menschlicher Kultur. Eine notwendige, dankenswerte Arbeit, der sich der Autor des vorliegenden Buches, Prof. Lissenko, jahrzehntelang gewidmet hat.

Gewiß könnte man auch ohne diese Mühen und dieses Wissen existieren; aber wieviel Schönheit, welch ein Gedankenreichtum wäre für immer verloren, – um wieviel ärmer wäre unser aller Leben!

In diesem Sinne wünsche ich dem Buch die Aufmerksamkeit und Aufgeschlossenheit aller Leser.

Siegfried Schikora

Berlin, im Juni 1988

Vorwort des Verfassers

Rußlands Holzarchitektur verkörpert uralte Traditionen des Volkes und ist reich an einzigartigen Werken von hohem ästhetischem wie bautechnischem Wert. Sie zeugen von der bedeutenden künstlerischen Schaffenskraft der Baumeister. Zimmerleute und Holzschnitzer, die ja alle Bauern waren.

Erst seit der zweiten Hälfte des 19. Jh. wurden die Denkmäler der russischen Holzbaukunst Gegenstand eingehender Forschungen. Das Interesse der Wissenschaftler konzentrierte sich zunächst auf eine geringe Anzahl von Werken, vorwiegend der kirchlichen Architektur. Große Verdienste erwarben sich damals solche Kenner der russischen Baukunst wie *I. E. Sabelin* und *L. W. Dahl*. Ein planmäßiges Studium entfaltete sich jedoch erst zu Beginn des 20. Jh. als eine Gruppe von Wissenschaftlern – *W. W. Suslow, D. Milejew, D. Gornostajew, L. Sologub* – und Künstlern – *I. Bilibin, W. Werestschagin* – mit der Erforschung der Holzbauwerke «vor Ort» begann, Untersuchungen vornahm und Aufmaße anfertigte, skizzierte und fotografierte. Zu den damals erfaßten Bauten kamen im Laufe der letzten 30 bis 40 Jahre zahlreiche neuentdeckte hinzu. Zunächst galt das Hauptaugenmerk den Kirchen. Allmählich aber wurden immer mehr Profanbauten, insbesondere Bauernhäuser, in den Kreis der untersuchten Objekte einbezogen.

Dennoch blieben einige wesentliche Aspekte der Holzbaukunst, besonders Probleme ihrer Entwicklung, aber auch der künstlerischen, bautechnischen und funktionellen Aufgabenstellung, praktisch ungelöst.

Das Hauptanliegen des Verfassers besteht nicht nur darin, eine umfassende Vorstellung von der russischen Holzbaukunst zu vermitteln, d. h., auch weitverstreute, wenig bekannte oder bisher gänzlich unbekannte Werke der profanen und kirchlichen Architektur zu erfassen, sondern auch Aussagen zur Technologie und Architektur des Holzbaus, zur Organisation der Baudurchführung, zu den verwendeten Bauholzarten und den Bearbeitungswerkzeugen sowie zu Baukonstruktionen und den künstlerischen Formen zu machen.

Das Gebiet der historischen Beispiele wird im Norden begrenzt von der Küste des Weißen Meeres, im Süden vom Oberlauf der Wolga, im Westen von Karelien und dem Gebiet Nowgorod und im Osten vom Ural

(Abb. 1.1). Diese Regionen sind uralter Siedlungsraum des russischen Volkes, hier entfaltete sich seine Kultur. Hier sind zahlreiche Zeugnisse profaner und sakraler Baukunst erhalten, sie stellen bemerkenswerte Beispiele bäuerlicher Bautätigkeit des 17. bis 19. Jh. dar.

Durch neueste Ausgrabungen wurde darüber hinaus eine Reihe von Siedlungen aus vorgeschichtlicher Zeit freigelegt, wie beispielsweise Pfahlbauten am Flusse Modlona im Gebiet Wologda aus dem Neolithikum [15]. Es handelt sich dort um primitive, in Ständerbauweise errichtete Hütten.[1]

Ausgrabungen in Staraja Ladoga und Nowgorod stießen auf noch ältere Zeugnisse: in Blockbauweise errichtete Wohn- und Wirtschaftsbauten und ganze Straßenzüge aus dem 7. bis 16. Jahrhundert. Diese wertvollen Funde belegen die früheste Entwicklungsstufe der russischen Holzbaukunst.

Internationale Forschungen lassen erkennen, daß sich zwei Systeme der Holzbauten herausbildeten und weiterentwickelten, die wahrscheinlich in der Bronze- und Eisenzeit entstanden: die ältere Ständer- oder Skelettbauweise und die Blockbauweise. Im Lauf der Jahrhunderte entwickelte sich die Skelettbauweise in einigen mitteleuropäischen Ländern (Deutschland, Schweiz, Frankreich, Tschechoslowakei u. a.) zum Fachwerkbau und gelangte so zu hoher Blüte, während sich die Blockbauweise vorwiegend in waldreichen Ländern durchsetzte.[2] Das waren in erster Linie Rußland, die Länder Nordeuropas – Schweden, Norwegen – sowie die Alpen- und Voralpenländer Mitteleuropas. Dank Rußlands Waldreichtum hat sich die Blockbauweise und auf ihrer Grundlage die russische Holzbaukunst dort besonders stark entwickelt.

Die ungenügende Erforschung der Architektur alter Blockbauten machte sowohl die Einbeziehung neuerer Ergebnisse als auch eigene Untersuchungen notwendig. Erst die eingehende Erforschung der Baudenkmäler an ihrem Standort ergab veröffentlichungswürdige Ergebnisse. Die Aufmaße anderer Autoren wurden während der Untersuchungen der Bauwerke an Ort und Stelle überprüft und erforderlichenfalls präzisiert.

Schriftliche und ikonographische Dokumente aus Archiven von Petrosawodsk, Archangelsk, Moskau und Leningrad wurden einbezogen.

Zu den Quellen der Denkmalforschung gehören auch archäologische und epigraphische Daten. So konnten bei Grabungsfunden Fragen der Entwicklung des bäuerlichen Wohnhauses geklärt werden. Archivarische und epigraphische Angaben ermöglichten die zeitliche Bestimmung der Entstehung der Bauwerke, der Durchführung von Umbauten und Reparaturen, klärten Fragen des Materialaufwandes, des Arbeitsentgelts sowie der Namen der Baumeister.

Eine wichtige Informationsquelle sind altrussische Miniaturen, die eine Vorstellung von den Gebäudetypen, bautechnischen Details und gebräuchlichem Werkzeug vermitteln. Andere schriftliche Quellen, wie z. B. Beschreibungen von Reisenden, die Rußland im 17. Jahrhundert besuchten, erweiterten die Vorstellung von der Holzbaukunst jener Zeit. In den Beschreibungen und Zeichnungen sind Bauwerke verschiedener Bestimmung – Wohnhäuser, Wirtschaftsbauten, Kirchen und Kapellen – dargestellt.

Das Interesse für die nationalen Besonderheiten der Holzbaukunst kam Ende des 19. Jahrhunderts auf. Vereinzelte Mitteilungen über Holzbauwerke sind in der Zeitschrift «Sodschyj» (Baumeister) zu finden. Erste Angaben über die verschiedenen Typen von Holzkirchen erschienen in *I. Grabars* Monumentalwerk «Die Geschichte der russischen Kunst». Umfangreichere Angaben enthält ein später erschienenes Buch von *M. Krassowski*. Kurzberichte über weniger bekannte Holzbauwerke sind in den «Mitteilungen der kaiserlichen archäologischen Kommission» zu finden.

Die heutige Etappe der Erforschung der Holzbaukunst ist gekennzeichnet durch eingehende Untersuchungen und Veröffentlichungen über bereits bekannte, wie auch zahlreiche bisher unerforschte Denkmäler sakraler und besonders profaner Architektur, wodurch das zunehmende Interesse für das Kulturerbe des Volkes unterstrichen wird.

In jüngster Zeit findet die Architektur des Bauernhauses die größte Beachtung der Forschung. Vergleichende Analysen ermöglichen es, gestalterische und typologische Besonderheiten des russischen Wohnhauses nicht nur für begrenzte Regionen, sondern für das gesamte russische Siedlungsgebiet herauszuarbeiten.

Trotz der zahlreichen Einzelveröffentlichungen über russische Holzbauwerke ist der größte Teil der in diesem Buch behandelten Gebäude erstmalig einer eingehenden Untersuchung unterzogen worden. Der Verfasser hofft, dazu beizutragen, die Kenntnisse der geschichtlichen Entwicklung der russischen Holzbaukunst wie auch der architektonischen, bautechnischen und künstlerischen Besonderheiten der Wohn-, Wirtschafts- und Kirchenbauten zu erweitern und zu vertiefen.

Das vorliegende Werk erhebt keinen Anspruch auf die vollständige Beantwortung aller einschlägiger Fragen. Dennoch ermöglicht das gesammelte, recht umfangreiche und weitgefächerte Material, den baukünstlerischen Wert der behandelten Denkmäler der russischen Holzbaukunst zu würdigen.

Grundlage des Werks bilden die Ergebnisse zahlreicher Studienreisen in die verschiedenen Landesteile, auch in einige Gebiete Sibiriens, die der Verfasser im Zeitraum von 1940 bis 1975 unternahm. Es wurde aber auch auf Materialien des Staatlichen Archivs alter Urkunden in Moskau sowie der Freiluftmuseen der Holzbaukunst in Archangelsk, Kishi, Nowgorod, Susdal und Kostroma zurückgegriffen.

Sämtliche ohne Herkunftsangabe veröffentlichten Fotos und Zeichnungen wurden vom Verfasser angefertigt. Einige der in das Buch aufgenommenen Fotos sind unter den schwierigen Umständen der Kriegs- und Nachkriegszeit entstanden und entsprechen nicht ganz den heutigen Qualitätsansprüchen. Da es sich dabei jedoch um nicht wiederholbare Bilddokumente handelt, bitte ich den Leser um Nachsicht.

Mein besonderer Dank gilt dem Callwey Verlag, München, und dem VEB Verlag für Bauwesen, Berlin, für die Mühe, die aufgewendet wurde, dieses Buch dem deutschsprachigen Leser zugänglich zu machen.

L. M. Lissenko

Moskau, im Frühjahr 1988

Kapitel 1

Besonderheiten bei der Entwicklung der altrussischen Holzbaukunst

1.
Die Entwicklungs-
bedingungen
der Holzbaukunst

Die sich von der oberen Wolga bis hoch in den Norden erstreckenden Gebiete spielen eine große Rolle in der Geschichte der Holzbaukunst des russischen Volkes. Eben in diesen Gebieten gelangte die russische Holzarchitektur zu besonderer Vollkommenheit, hier sind uns zahlreiche und einzigartige Denkmäler der Volksbaukunst erhalten geblieben (Abb. 1.1), was in großem Maße den geschichtlichen, geographischen, klimatischen und sozialökonomischen Bedingungen zu verdanken ist. Andererseits war die russische Kunst und Architektur der hier untersuchten Gebiete innig verbunden mit der Kultur der Urbevölkerung des Landes. Das alles beeinflußte die Formbildung der Holzarchitektur, was insbesondere in der Anwendung spezifischer Kompositionsprinzipien wie auch entsprechender bautechnischer und künstlerischer Formen zum Ausdruck kam und differenziert manifestierte.

Die Kenntnis dieser Bedingungen ermöglicht ein besseres Verständnis der Besonderheiten der Baukunst des russischen Volkes.

Die Besiedlung
des russischen Nordens

Archäologische Funde bezeugen, daß die Gebiete des russischen Nordens bereits 3 000 bis 4 000 Jahre v. u. Z. von Menschen bewohnt waren. An den Ufern des Onegasees wurden Grabstätten[3], zahlreiche Felszeichnungen[4] (Abb. 1.2) aus dem frühen Neolithikum sowie Grabhügel aus jüngeren Zeiten gefunden. Von den damaligen Urbewohnern berichten nicht nur Darstellungen auf Steinzeichnungen, sondern auch von Generation zu Generation überlieferte Sagen, Legenden und Volkslieder (wie z. B. die Runen der «Kalevala»). Nach den Steinzeichnungen und mündlichen Überlieferungen zu urteilen, bestanden die Hauptbeschäftigungen der Urbevölkerung des russischen Nordens in Fischfang und Jagd, die durch die dortigen Naturbedingungen, weite Wälder und Seen, zahlreiche Flüsse, begünstigt wurden, während das rauhe Klima und die schlechte Bodenbeschaffenheit der Entwicklung der Landwirtschaft entgegenwirkten, die in südlicheren Breiten vorrangige Bedeutung gewann.

Alte schriftliche Quellen liefern nur spärliche Aussagen über die in den weiten Landen Osteuropas vor unserer Zeitrechnung angesiedelten Völker. Erwähnt sei hier *Herodot* (4. Jh. v. u. Z.), der berichtet, daß in diesen waldreichen Landen mit ihrem rauhen Klima Volksstämme lebten, die sich Budiner nannten.[5]

Sowjetische Archäologen haben in den letzten vier bis fünf Jahrzehnten umfangreiches Material zusammengetragen, das uns ein klares Bild vom Leben der Völker vermittelt, die zu Beginn unserer Zeitrechnung die nordöstlichen Landesteile besiedelten. Diese neuen Erkenntnisse ermöglichten eine detaillierte Erforschung von Geschichte, Kultur- und Lebensgewohnheiten zahlreicher altrussischer Städte. Archäologische Funde lieferten uns vielseitige Belege für die Entwicklung der Volkskunst – Architektur, Folklore, Sprache und Dichtung, Kunstgewerbe und Wohnkultur. In diesem Zusammenhang sind die von *P. N. Tretjakow* [101, S. 54] unternommenen Ausgrabungen alter Siedlungen an den Ufern des Sonochta im Gebiet der oberen Wolga zu erwähnen, die erwiesen, daß dort bereits im 4. bis 5. Jh. u. Z. Wohn- und Wehrbauten in Blockbauweise errichtet wurden.

Vollkommener sind unsere Vorstellungen von den Volksstämmen, die in früheren Zeiten nördlichere Breiten besiedelten und ungeachtet ihrer Abgeschiedenheit Zentren der Kultur gebildet hatten. Solche Zentren von Ansiedlungen lagen oft auf Gebieten heutiger Städte, wie Olonezk, Kargopol, Ustjug, Ust-Kulon u. a. Trotz Unwegsamkeit und Fehlens von Verkehrsmitteln unterhielten diese zentralen Orte Beziehungen zu anderen Völkern. Zeichnungen auf Gegenständen aus Olonezker Grabhügeln lassen erkennen, daß die dortigen Einwohner mit Orten slawischer, bulgarischer, baltischer [74, S. 28] und auch skandinavischer Kultur in Verbindung standen, was von den damals schon bestehenden Wirtschafts- und Handelsbeziehungen zeugt.

Im weiteren Verlauf trat die Kultur der dortigen Völker in Beziehungen zu Bewohnern weiter östlich gelegener Landesteile auf, wovon Grabfunde aus dem 9. bis 10. Jh. zeugen, wie z. B. Anhängsel mit Reiterdarstellungen, die wahrscheinlich aus dem Gebiet der Kama stammen und durch Tauschhandel hierher gelangten [55, S. 45].

Seit Urzeiten ist der Norden ein Land endloser unwegsamer Wälder, die nur auf Wasserstraßen zu durchqueren waren. So war die Entwicklung dieser Gebiete eng verbunden mit den Wasserscheiden zwischen den

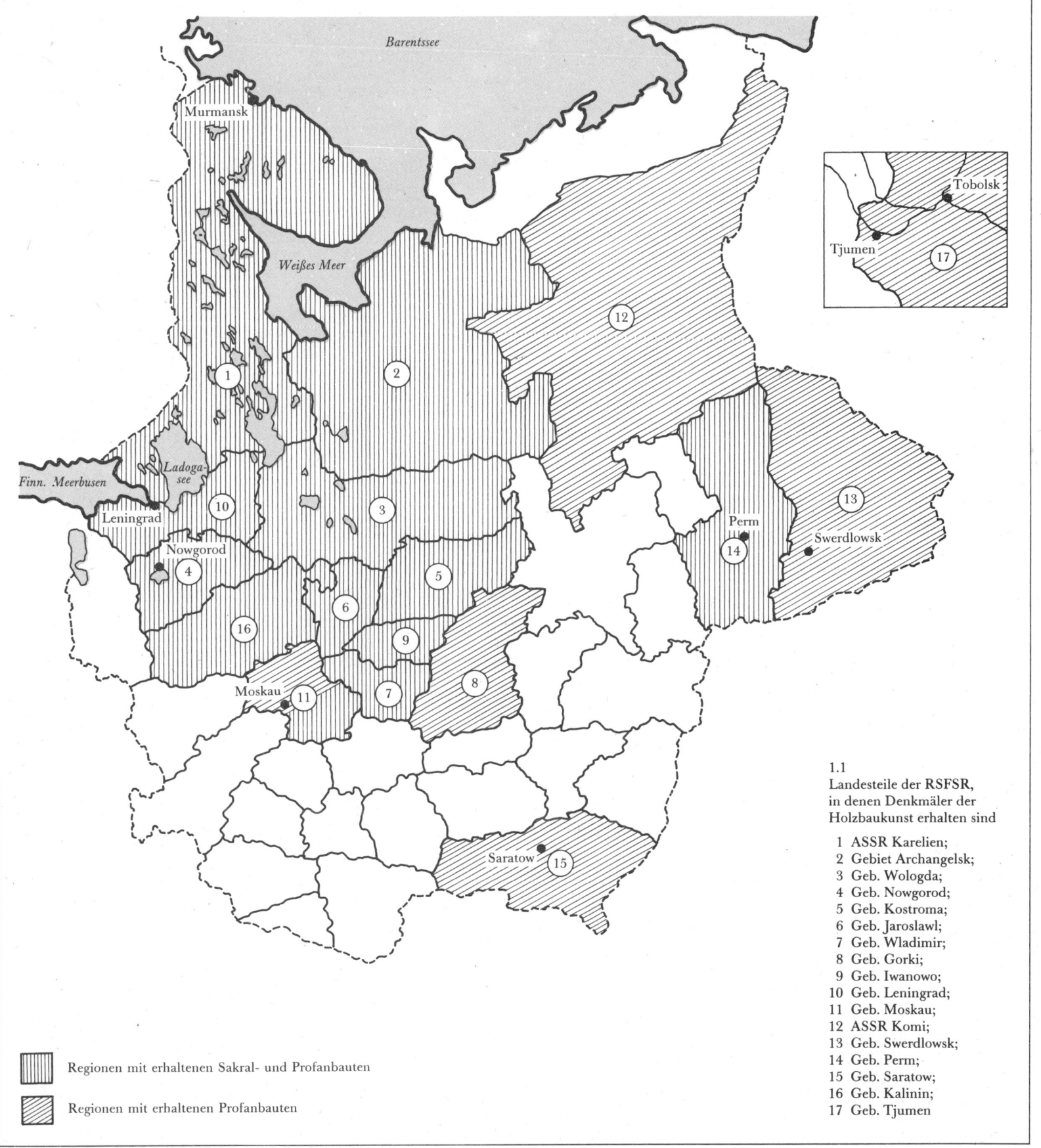

Barentssee

Murmansk

Weißes Meer

Ladoga-
see

Finn. Meerbusen

Leningrad

Nowgorod

Moskau

Saratow

Tobolsk

Tjumen

17

1
2
3
10
4
16
6
9
7
11
5
8
12
13
14
15

Perm

Swerdlowsk

1.1
Landesteile der RSFSR,
in denen Denkmäler der
Holzbaukunst erhalten sind

1 ASSR Karelien;
2 Gebiet Archangelsk;
3 Geb. Wologda;
4 Geb. Nowgorod;
5 Geb. Kostroma;
6 Geb. Jaroslawl;
7 Geb. Wladimir;
8 Geb. Gorki;
9 Geb. Iwanowo;
10 Geb. Leningrad;
11 Geb. Moskau;
12 ASSR Komi;
13 Geb. Swerdlowsk;
14 Geb. Perm;
15 Geb. Saratow;
16 Geb. Kalinin;
17 Geb. Tjumen

Regionen mit erhaltenen Sakral- und Profanbauten

Regionen mit erhaltenen Profanbauten

1.2
Felszeichnungen am Bessow
Nos («Teufelsnase») am
Ufer des Onegasees
(Karelien)

der sogenannten tiefländischen Kolonisation aus, so genannt, weil sie von den tiefer gelegenen Teilen des oberen Wolgagebiets ausging.

Die Nowgoroder und Susdaler drangen nach Norden entlang der großen Flüsse und Seen vor (Abb. 1.3). Die Nowgoroder benutzten dabei mehrere Wege: Einer führte über Wodla, Kenosero, obere Onega und Jemez bis an die Nördliche Dwina; ein anderer über Wytegra, Woshosero zur oberen Onega; ein dritter führte von den Ufern des Onegasees über Wyg und Wygosero ans Weiße Meer und weiter an die Nördliche Dwina. Sie gelangten aus dem oberen Transwolgagebiet, etwa von Kostroma aus, an den Mittellauf der Suchona, weiter entlang des Wag und der Kokschonga nach Ustjug; ein zweiter Weg führte sie von den Ufern der Wolga an die Scheksna, weiter entlang von Suchona, Jug und Maloma ins Wjatkagebiet [75, S. 60].

Beim Zusammentreffen dieser Migrationsströme im Süden der großen Wasserscheiden kam es zu heftigen Kämpfen zwischen den beiden großen Nachbarmächten, in deren Ergebnis die Nowgoroder sich am oberen und mittleren Lauf der Suchona behaupteten, wo sie die Städte Wologda und Totma gründeten. Der Unterlauf der Suchona kam unter die Herrschaft der «Tiefländer», die zu ihrer Behauptung im Bereich des Zusammentreffens der bedeutendsten Flüsse des Gebiets – Suchona, Jug und Nördliche Dwina – die Stadt Ustjug (Abb. 1.4) gründeten [7, S. 6]. Im Verlauf des 14. bis 16. Jh. vollzog sich die Besiedlung des Nordens vorwiegend durch die «Tiefländer», da Nowgorod zu dieser Zeit seine Machtstellung eingebüßt hatte. Im 15. Jh. stieß das Interesse Nowgorods an der Aneignung der nördlichen und östlichen Gebiete auf das gleichgerichtete Interesse des erstarkten Moskauer Staates, dem sich die Rostow-Susdaler Fürstentümer angeschlossen hatten. Nach etlichen Niederlagen im ungleichen Kampf unterlag Nowgorod und ging 1478 seiner Unabhängigkeit verlustig. Seit dem Ende des 15. Jh. gehören fast alle nördlichen Gebiete zum Moskauer Staat.

Zu jener Zeit standen die Rostower und Susdaler an den Ufern der Suchona, des Wag und seiner Nebenflüsse, drangen weiter vor entlang der Nördlichen Dwina und ergriffen Besitz von den Gebieten um ihren Mittellauf sowie am Fluß Jemza [9, S. 21]. Die Nowgoroder besiedelten die Küsten des Weißen Meers sowie Teilgebiete entlang des Wag, der Dwina und der Onega und sind weit nach Nordosten, in die Becken der Pinega und des Mesen vorgedrungen [78, S. 25].

Die Einwanderung in diese Gebiete hielt auch im 16. und 17. Jh. an, gefördert von verschiedenartigen Umständen politischer, sozial-ökonomischer und religiöser Natur. Eine Rolle spielten dabei die unausgewogene Politik *Iwans IV.*, der zunehmende Druck der Leibeigenschaft, die schwedisch-polnische Intervention und

Abflußbecken des Nördlichen Eismeers, der Ostsee und des Kaspischen Meers, die sich in weitem Bogen von Karelien und dem Beloje-See zu den Quellegebieten des Jug, der Kama und Petschora bis hin zum Ural erstrecken und somit den nordöstlichen Teil Europas von seinen westlichen Territorien abgrenzen.

Die Wälder des Nordens waren reich an Pelztier, ihre Flüsse und Seen an Fisch, der Boden an Salzvorkommen. So nimmt es nicht wunder, daß schon seit ältesten Zeiten slawische Stämme danach strebten, sich diese Reichtümer anzueignen. Ihr intensives Vordringen begann im 11. Jh., zunächst längs der großen Flußläufe, an deren Ufern in günstigen Lagen Siedlungen gegründet wurden; später wurden auch die Wasserscheiden besiedelt. Im mühsamen und hartnäckigen Kampf mit den Naturgewalten wurden Wege durchs Walddickicht gebahnt, Dörfer und Städte, Klöster und Festungen angelegt.

Die Geschichte der Kolonisierung des Nordens unterscheidet zwei Perioden, und zwar vom 11. bis 14. und später vom 14. bis 16. Jh. Im 17. Jh. begann die Besiedlung des europäischen Nordens durch die Russen. In der ersten Periode vollzog sich die Besiedlung in zwei Migrationsströmen: aus Weliki-Nowgorod und aus dem Raum Rostow–Susdal [19, S. 16]. Im 11. Jh. setzte ein intensiver Vormarsch der Nowgoroder nach Norden ein, so daß sich trotz stellenweisen Widerstands der Urbevölkerung fast der gesamte Nordwestteil der Region in eine Nowgoroder Kolonie verwandelte. Jedoch bereits in der ersten Hälfte des 12. Jh. löste das an Macht gewinnende Rostow-Susdaler Fürstentum eine Welle

der erste Bauernkrieg des 17. Jh. Unter diesen vielschichtigen Einflüssen begannen sich im Verlauf der fortschreitenden Besiedlung neue spezifisch nordrussische Besonderheiten herauszubilden.

Die ersten Kolonisten des Nordens kamen aus den oberen Schichten des Feudaladels – der Bojaren und ihrer Gefolgschaft aus Nowgorod und den mittelrussischen «tiefländischen» Fürstentümern, die nach Aneignung der Naturschätze des Nordens strebten. Diesen folgten Abkömmlinge minderbemittelter Schichten – kleine Handwerker und Bauern. Nach Maßgabe der geographischen und klimatischen Verhältnisse betrieben die Umsiedler in den nördlichen Gebieten Fischfang und Jagd, in südlicheren auch Landwirtschaft und Viehzucht. Sie wirtschafteten selbständig oder schlossen sich zu Innungen, den sog. Drushinen zusammen, die aus zwei oder drei, bisweilen auch mehr Familien bestanden [78, S. 23]. Aus diesen bäuerlichen Umsiedlern entwickelte sich im Verlauf der Jahrhunderte die freiheitliebende Bevölkerung der Kirchspiele und Dörfer des Nordens.

Einen Teil der Umsiedler bildeten Angehörige religiöser Gemeinden, insbesondere Altgläubige, die sich den Reformen des Patriarchen *Nikon* verschlossen und ihren Trost in der Einsamkeit suchten [32, S. 69]. Aber schon begann durch die Umsiedlung einzelner Mönche in den unwirtlichen Norden die sogenannte klösterliche Kolonisierung [44, S. 305]. Diese Bewegung begann im 13. Jh. zunächst zaghaft, führte aber schon im 14. Jh. zu neuen Klostergründungen im menschenleeren Norden, die sich im 15. und 16. Jh. mehrten und im 17. Jh. besonders stark entfalteten. Zunächst entstanden längs der Wasserscheide zwischen den Becken der Flüsse Kostroma und Suchona Dutzende Klosterbauten aus Holz und Stein, gegründet von Mönchen, die aus dem Hl.-Sergius-Trinitatis-Kloster, dem Steinernen Kloster, dem Kyrillus-Kloster zu Belosersk, dem Permer Kloster abgewandert waren. Diese Klostergründungen beschränkten sich jedoch nicht auf die Wasserscheiden, sondern griffen auf weitere Räume über, insbesondere nach Nordwesten hinaus, wo sie mit der von Nowgorod ausgehenden klösterlichen Kolonisierung verschmolzen. Dort entstanden weitbekannte Klöster, wie z. B. das Paleostrower aus dem 12. Jh., das Muromer aus dem 14. Jh., das Solowezker, das Oschiwener, das Sijsker Kloster (alle drei aus dem 15. Jh.), das Hl.-Kreuz- und das am weitesten nördlich gelegene Petscheneger Kloster – um nur einige zu nennen. Die Klostergründungen in den neuerschlossenen Gebieten waren über ihren eigentlich religiösen Charakter hinaus bedeutsam für die Entwicklung von Handel und Gewerbe, die Verbreitung der Kultur, insbesondere der Volkskunst, der Entwicklung von Architektur, Malerei, Kunstgewerbe.

Aus ethnographischer Sicht stellten die Umsiedler keine einheitlichen Gruppen dar. Von Nowgorod drangen nach Norden ilmenische Slawen, westliche Kriwitscher, slawisierte baltische Stämme. Die von den Rostower und Susdaler Gebieten ausgehenden Migrationsströme bestanden ebenfalls aus unterschiedlichen ethnischen Gruppen, wie z. B. östliche Kriwitscher, Wjatitscher, Vertreter anderer z. T. unter slawischem Einfluß stehender Volksstämme.

Somit kamen die Umsiedler seit dem 11. Jh. in mehr oder weniger enge Berührung mit der Urbevölkerung der nordischen Gebiete.

Aus ethnologischer Sicht gehörten die Ureinwohner der an den Onegasee grenzenden Gebiete zur finno-ugrischen Völkergruppe, insbesondere zum karelischen Volk, bestehend aus den Stämmen der Karelen (Kirjala) und Vepsen (Vepsa). Das Gebiet, auf dem sich das karelische Volk herausbildete, hatte sich zwischen dem 12. und 15. Jh. im Vergleich mit dem ursprünglichen Siedlungsraum der karelischen Stämme bedeutend erweitert. Die Karelen drangen weit nach Norden vor bis in die Lande der Saamen an den Ufern des Weißen Meers und des Bottnischen Meerbusens. Auch gelangten Karelen in den Norden der Olonezker Landenge, die z. T. von Vepsen bewohnt war. So begann die Verschmelzung der ethnischen Gruppen, aus denen das karelische Volk entstand [17, S. 45; 74, S. 74].

Die Volksstämme, die einst die Gebiete östlich des Onegasees, also die heutigen Gebiete Archangelsk und Wologda, bewohnten, wurden allgemein als «Tschude»[6] bezeichnet, wovon auch schriftliche Urkunden zeugen. So heißt es in der *Lawrentius*-Chronik (1377): «In den Landen des Japhet jedoch wohnen Russen, Tschuden und etliche Völker: die Merier, Muromer, Vepsen, Mordwinen, östlichen Tschuden, Permer, Petschoren, Jemen, Ugrier ...» [79, S. 206]. Ungewiß bleibt, ob es sich dabei um dieselben Tschuden handelt, die sich hier seit dem Neolithikum niederließen, oder um Nachfolger noch früherer Urbewohner. Funde, die in diesem Gebiet von dem Ethnographen *M. B. Jedemski* ausgegraben wurden, lassen darauf schließen, daß die dortigen Einwohner auch zur finno-ugrischen Völkergruppe gehörten. Es existieren jedoch auch andere Hypothesen über die Herkunft der «Tschuden». So wird angenommen, sie seien Nachfahren indoeuropäischer Stämme.

Die russischen Umsiedler aus Nowgorod und Susdal beeinflußten die Lebensweise und Kultur der ortsansässigen Bevölkerung. So traten mit der Zeit bei den Einwohnern der an die Dwina und Waga grenzenden Gebiete zahlreiche Wesenszüge in Erscheinung, die den Nowgorodern ähneln. Bedeutend war der Einfluß, den die Nowgoroder auf die Lebensweise der Kareler und Vepsen um Kargopol und mehr noch in Ostkarelien ausübten.

Barentssee

Bottnischer Meerbusen

Kola

Weißes Meer

Kem

Petschora

Mesen

Finnischer Meerbusen

Onega

Waga

Nördl. Dwina

Wolchow

Nowgorod

Weliki Ustjug

Wologda

Kostroma

Rostow

Susdal

Moskau

Oka

Nishni Nowgorod

Wolga

Kama

—————— Weg der Nowgoroder Kolonisatoren

· · · · · · · · Weg der Wladimir-Susdaler Kolonisatoren

1.3
Historische Wege der
Kolonisierung des Nordens

Petschora

Onega

Nördl. Dwina

Nowgoroder Siedlungsbereich

Weliki Ustjug

Suchona

Wolchow

Wologda

Rostow-Susdaler Siedlungsbereich

Nowgorod

Kostroma

Rostow

Wolga

Moskau

Oka

1.4
Herrschaftsgebiete Now-
gorods und Rostow-Susdals
(etwa Mitte des 12. bis
Mitte des 13. Jh.;
nach *A. N. Nassonow*)

Die Kokscharen (an Kokschenga und oberer Waga), die Suchoner, Ustjuger und die Juger aus dem Wjatka-Gebiet wurden vorwiegend von der Susdaler Kultur beeinflußt; Wesenszüge der tiefländischen Kultur traten bis hin zum Oberlauf der Pinega und die Ufer der Wytschegda in Erscheinung.

Andererseits geriet aber auch die russische Bevölkerung unter den Einfluß örtlicher Gepflogenheiten und Überlieferungen im Bauschaffen, Kunstgewerbe, in Sitten und Lebensweise. Wahrscheinlich begannen sich bereits während der ersten Kolonisationsperiode unter dem Einfluß analoger Natur- und Klimabedingungen und sozialökonomischer Umstände gewisse Ähnlichkeiten herauszubilden; eine entscheidende Rolle in diesem Anpassungsprozeß spielt jedoch die zweite Periode (14. bis 16., bis hinein ins 17. Jh.). Nach ihrer Einbeziehung in den Moskauer Staat im 15. Jh. beginnt eine neue Etappe der ethnographischen Geschichte der russischen Bevölkerung des Nordens. Gegen Ende des 18. Jh. hat sich die Bevölkerung Nordrußlands bereits zu einem eigenständigen ethnographischen Gemeinwesen mit ausgeprägten Besonderheiten in Kultur und Lebensweise entwickelt.

Im 17. und 18. Jh. wird die Erschließung des osteuropäischen Nordens vollendet. Die Russen beschränken sich jedoch nicht auf die Besiedlung dieser nördlichen Regionen um Onegasee, Weißes Meer, Wologda-Gebiet. Zu dieser Zeit beginnt ein weiteres Vordringen in neue unbewohnte Gebiete des Nordostens, die Berge des Urals und nach Sibirien, deren Naturreichtümer zahlreiche Kauf- und Gewerbeleute anzogen.

Die Erforschung und Nutzung der Reichtümer des Urals und Sibiriens kann wohl mit Recht als die dritte Periode der Erschließung der unberührten Natur Nordrußlands bezeichnet werden. Es gilt als erwiesen, daß die ersten Umsiedler aus den Nowgoroder Landen im 12. bis 13. Jh. zum Ural vordrangen und im nördlichen Voruralgebiet, an den Oberläufen der Wytschegda, Petschora und Kama seßhaft wurden. Bis zum Verlust ihrer Selbständigkeit im 15. Jh. setzten die Nowgoroder erfolgreich die Erschließung der Norduralregion fort. Weiterhin wird Neuland an der oberen Kama von zu Moskau gehörigen Gebieten aus erschlossen.

Gerade in jener Zeit wird im Bereich Tscherdyn, am Zusammenfluß dreier Voruralflüsse – der Kama, der Kolwa und der Wischera –, eine erste bedeutende Gruppe russischer Ansiedlungen gegründet, deren Bewohner intensiv Pelztierjagd und Fischfang betreiben und eine rege Bautätigkeit entfalten, deren Traditionen tief in der russischen Holzarchitektur wurzeln. Im 16. Jh. wird zunächst mit Salzgewinnung die Ausbeutung der Bodenschätze des Urals begonnen.

Gegen Ende des 16. Jh. erwarben die *Stroganows* [16, Bd. 24, S. 574] weite Ländereien im Gebiet des «Großen Perm», an der Kama und im Ural, wo dank ihrer aktiven wirtschaftlichen Tätigkeit Pelzhandel und Salzsiederei raschen Aufschwung nahmen. So entstanden im Bereich des Mittellaufs der Kama und der Unterläufe ihrer Zuflüsse Tschussowaja, Sylwa und Belaja zahlreiche neue Siedlungen. Mitte des 17. Jh. entstanden zahlreiche russische Kolonien im Norden Rußlands, im Voruralgebiet um Solikamsk sowie jenseits des Urals im Bereich Werchoturje. Neue Siedlungen entstehen in derselben Zeit im mittleren Ural, jenseits desselben bebauen die Umsiedler die wilden Ufer der Peiwa, Niza, Pesha, Pyschma, des Iset, der Sylwa sowie des Iren.

Die mächtigen Bodenschätze, die Erzlager des Urals, blieben zunächst fast unberührt. Hier und dort wurden von den ersten Entdeckern vereinzelte primitive Metallhütten angelegt. Erst später, besonders im 18. Jh., erkannte man den hohen Wert dieser Naturschätze und begann mit der Gründung zahlreicher großer Erzgruben und Hüttenwerke und der dazugehörigen neuartigen Werksiedlungen.

Zusammenfassend muß betont werden, daß die ersten russischen Siedlungen an den großen Flüssen des Voruralgebiets und des Nordurals entstanden, worauf die Besiedlung entlang deren Nebenflüssen allmählich in den Süden und Südosten des Urals und erst danach in seine Gebirgsregionen vordrang.

Der Beginn der Besiedlung Sibiriens fällt in das 16. Jh., obwohl dieses Land den Russen bereits viel früher bekannt war. Erstmalig wird es in russischen Chroniken zu Beginn des 15. Jh. (1407) erwähnt. Den Nowgoroder und später den Moskauer Entdeckungsreisenden war bekannt, daß sich jenseits des Uralgebirges (der Jugorischen Höhen) ein weites, an wertvollem Pelzwerk überreiches Land erstreckt.

Die an den Osthängen des Urals ansässigen Volksstämme wurden allgemein Ugren oder Jugren genannt. Der erste von den Nowgorodern 1032 unter *Ulabs* Führung unternommene Erkundungszug zur Eisernen Pforte endete mit einer Niederlage. Im 12. Jh. unternahmen die Nowgoroder mehrere neue Feldzüge nach Ugra, wobei es stellenweise gelang, den Widerstand der dortigen Bevölkerung zu überwinden und Handelsbeziehungen anzuknüpfen. Zur Sicherung der regelmäßigen Ablieferung von Pelzwerk mußten Sammelstellen für die sogenannten Danniki[7] eingerichtet werden. Zur Festigung der Herrschaft über die dortigen Einwohner, zur Eintreibung der Abgaben und zur weiteren Erschließung der neuen «Ländchen» wurde die Anlage von befestigten Stützpunkten, den «Ostrogen»[8], dringend notwendig.

In der ersten Periode drangen die Russen entlang der natürlichen Wasserläufe vor: der Kama und ihres Nebenflusses Ussolka, des Irtysch, weiterer Ströme mit ih-

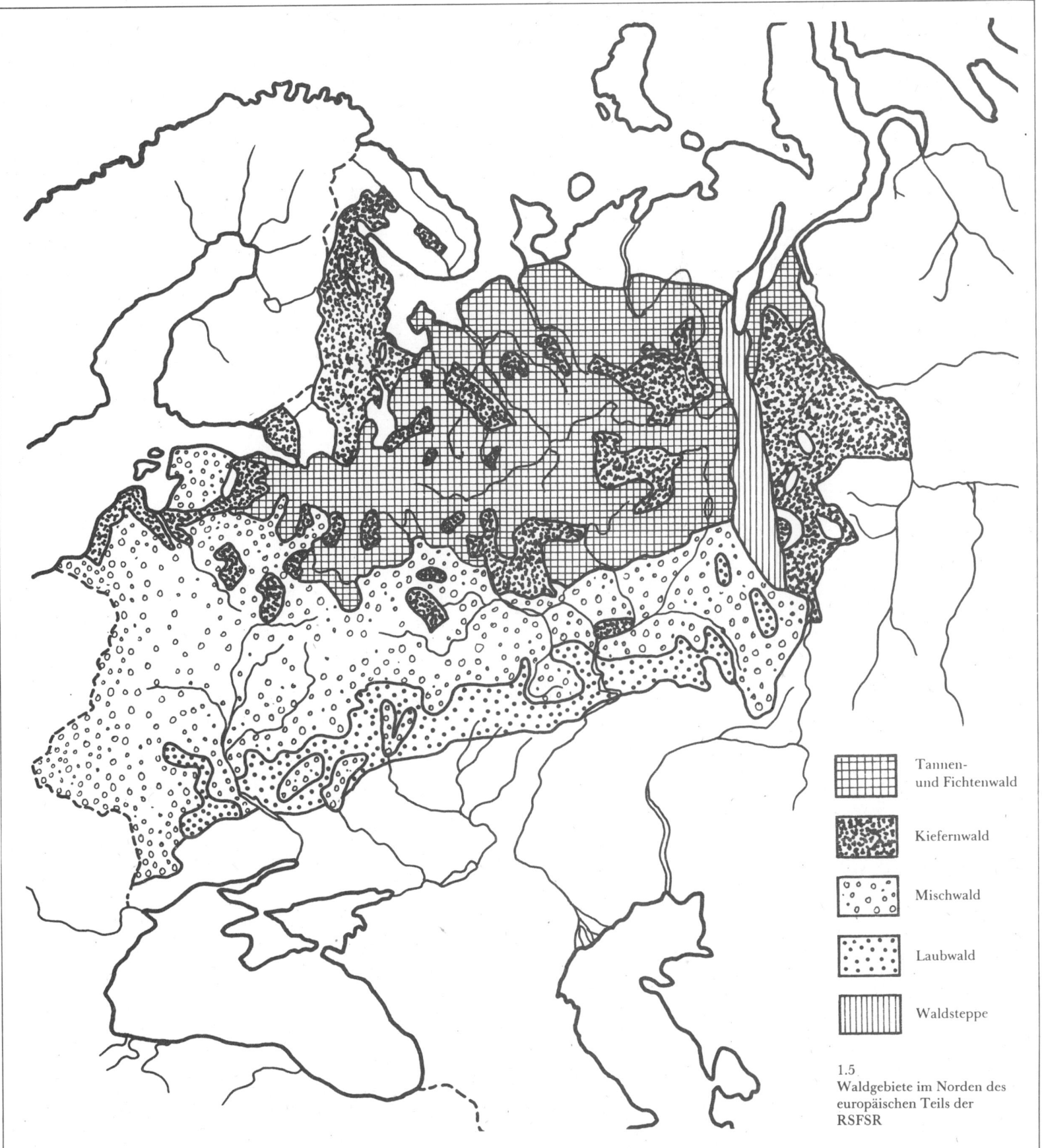

1.5
Waldgebiete im Norden des
europäischen Teils der
RSFSR

Tannen-
und Fichtenwald

Kiefernwald

Mischwald

Laubwald

Waldsteppe

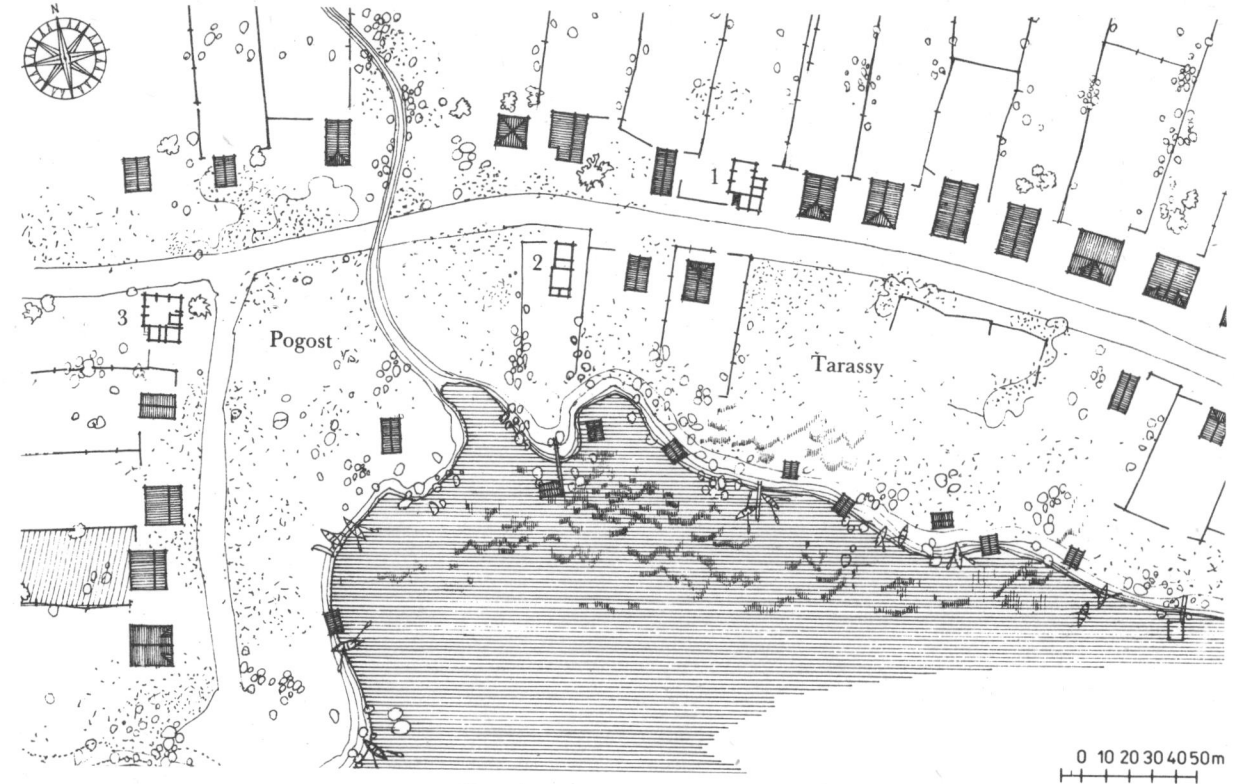

1.6
Lageplan der Dörfer Pogost
und Tarassy bei Welikaja
Guba am Onegasee

1 Haus *Lopatkin*
2 Haus *Smirnow*
3 Haus *Petunow*

Pogost

Tarassy

0 10 20 30 40 50m

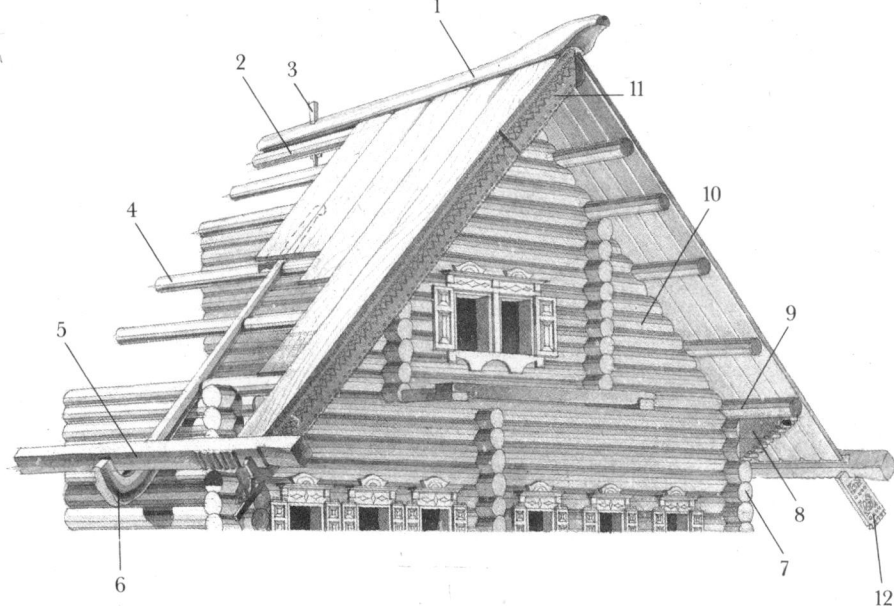

1.7
Konstruktion des Block-
giebel-Pfettendaches eines
Wohnhauses aus dem
Norden

1 Firstholm;
2 Firstpfette;
3 Zapfen;
4 Pfetten;

5 Traufbohle mit Abflußrinne;
6 Traufhaken;
7 Überstände des Eckver-
  bands;
8 Konsolen;
9 Traufpfette;
10 Blockgiebel;
11 Stirnbrett;
12 Stirnbrettflügel

ren Zuflüssen. Diese Wege wurden durch den Bau von
Ostrogen und Festungen an strategisch wichtigen Stellen gesichert. Die Erschließung der sibirischen Lande
war keine leichte Aufgabe. Die großen Entfernungen
und die Feindseligkeit der dortigen Einwohner verlang-
samten das Vordringen der Russen nach Osten. Eine
bedeutende Rolle spielte hierbei der berühmte Don-Ko-
sake *Jermak Timofejewitsch*, der 1787 mit einem kleinen
Kosakentrupp tief in Sibirien eindrang und an der
Sylwa die erste russische befestigte Stadt gründete, die
später den Namen Jermakowo-Gorodistsche (Jermakfe-
ste) erhielt. Seinen Ruhm erwarb sich *Jermak Timofejewitsch* jedoch nicht als Städtebauer, sondern als erster
Wegbereiter in Sibirien. Die 1581 von den *Stroganows*
organisierte Expedition unter *Jermaks* Führung besiegte
den Chan der sibirischen Tataren, *Kutschum*, was den
Russen ein freies Vordringen tief nach Sibirien hinein
ermöglichte. *Iwan IV.* schloß alle Eroberungen des *Jermak* dem jungen Moskauer Staat an.

In der darauffolgenden Zeit setzten die Russen die
Erschließung der Transuralgebiete fort. Gegen Ende
des 17. bis Anfang des 18. Jh. hatte sich in Sibirien bereits eine beachtliche fest ansässige russische Bevölkerung herangebildet, bestehend vorwiegend aus ehemaligen Militärangehörigen der Ostrogen und Festungen
sowie aus Handeltreibenden und unternehmungslusti-
gen Kosaken. Im neuen Siedlungsraum inmitten dich-
ter Wälder schufen die Umsiedler eine Architektur, die

dieser Umwelt mit ihrem rauhen Klima und kriegerischer Unruhe entsprach.

So gestaltete sich – kurz dargestellt – die Geschichte der Erschließung der nördlichen und östlichen Gebiete, in denen die russische Holzbaukunst beheimatet ist. Sie umfassen ein riesiges Territorium, das sich vom Oberlauf der Wolga bis zum Weißen Meer erstreckt, von den Ostgrenzen Finnlands bis über den Ural weit nach Sibirien hinein. Überall wurden aus Holz Kirchen und Kapellen, Herrensitze und Bauernhäuser, Festungen und einfache Wirtschafts- und Gewerbebauten, Mühlen, Speicher und Badehäuser errichtet. Nach dem Urteil alter Chronisten zeichnete sich die Mehrzahl dieser Holzbauten durch ihre einzigartige Schönheit und großen künstlerischen Geschmack aus.

Dieser geschichtliche Überblick läßt auch erkennen, wie die verschiedenen historischen, durch den Siedlungsprozeß bedingten Situationen jedesmal direkt Einfluß nahmen auf die Entwicklung der Kultur, Bautätigkeit, Kunst und Lebensweise der Umsiedler. Besonders sichtbar wird dies am Prozeß der gegenseitigen Anpassung der Russen und der Urbevölkerung, der Karelen, der Tschuden und der Ugren einerseits und der Slawen andererseits.

Infolge der weiten Flächenausdehnung Rußlands bestehen unterschiedlich geographische Bedingungen. Jedoch sind infolge der vorherrschenden Flachlandformen die Grenzen zwischen den einzelnen geographischen Zonen nicht stark ausgeprägt. Der größte Teil des Territoriums liegt in der Zone gemäßigten Klimas. Es hat überall kontinentalen Charakter, dessen Ausgeprägtheit von Westen nach Osten mit der Minderung des Einflusses des Atlantiks zunimmt.

Die Winter-Isothermen verlaufen auf nordwestlich-südöstlichen Linien. Am wärmsten ist der Winter im Südwesten des Landes, am härtesten im Nordosten. Die Frostperiode (Tagesmitteltemperatur unter 0 °C) währt in Moskau 150, in Archangelsk 180 Tage. Etwa ebensolange sind die Flüsse von Eis bedeckt.

Die Niederschlagsmenge sinkt von West nach Ost, Nord und Südost ab, entsprechend sinken nach Norden hin die Temperaturen. Somit herrscht in großen Teilen des russischen Nordens ein feuchtes Klima vor. Die Verteilung der Niederschläge über die Jahreszeiten ist ungünstig für den Ackerbau, da ihr Maximum in die Sommermonate fällt: im Süden während des Mai, in den mittleren Breiten während des Juli und August, im Norden im September. Im Süden des Landes ist das Klima sehr trocken, in Westsibirien sehr rauh. Auf gleichen Breitengraden ist die Jahresmitteltemperatur in Sibirien um 4 °C niedriger als im europäischen Teil Rußlands. Die Verteilung der Flußläufe über die Fläche des nördlichen Teils ist ziemlich gleichmäßig, ihre Strömung ist meist ruhig. Die Wasserscheiden liegen nicht hoch, und die Quellen der Flüsse sind nicht weit voneinander entfernt, was das Hinüberschleppen («Wolok») der Schiffe aus einem Flußbecken ins andere begünstigte.[9] Zahlreiche Schleppstrecken wurden späterhin als Kanäle ausgebaut. Die Seen, vorwiegend eiszeitlicher Herkunft und Süßwasser führend, sind im Nordwesten konzentriert: der Ladoga- und der Onegasee, Beloje-, Peipus-, Ilmensee und eine Vielzahl kleinerer Seen. Die Flora ist stark klimaabhängig. Der Norden ist bedeckt von einer baum- und strauchlosen arktischen Tundra. Ihr schließen sich südlich von der Ostsee und Karelien, bis zum Ural erstreckend, mächtige Nadelwälder (Kiefer, Tanne, Fichte, Lärche) an, die weiter südlich in Misch- und schließlich reine Laubwälder (Birke, Eiche, Esche, Ahorn, Espe, Linde u. a. m.) übergehen (Abb. 1.5). Noch weiter südlich schließt sich der Übergangsgürtel der Waldsteppe an, deren Landschaftsbild von Eichenwäldern im Westen und Birkenwäldern im Osten geprägt wird. Besonders waldreich ist Sibirien. Die sibirische Taiga erstreckt sich über unendliche Flächen vom Ural bis an die Küsten des Stillen Ozeans.

Der Waldgürtel ist nicht nur ein rein botanischer, sondern ein landschaftlicher Begriff, der außer der Pflanzenwelt auch Klima, Bodenbeschaffenheit, Wasserläufe und Tierwelt und darüber hinaus die vom Menschen geschaffene Umwelt beinhaltet – mit der Holzarchitektur der zahlreichen ländischen Siedlungen. Das Vorhandensein riesiger Holzvorräte in Rußland wie auch die besonderen Landschaftsformen boten seinem Volk seit uralten Zeiten die Möglichkeit der Verwendung des Holzes als bevorzugtes Baumaterial.

Die Natur- und Klimabedingungen des russischen Nordens beinhalteten günstige Bedingungen für die Herausbildung einer einzigartigen Holzarchitektur.

Die Berücksichtigung der Natur- und Klimabedingungen sowie der Landschaftsformation konnte bei der Standortwahl die Umweltgegebenheiten zu möglichst günstiger Wirkung kommen lassen. So bildete sich seit alters her heraus, die Häuserfronten nach Süden, besser noch nach Südwesten auszurichten [89, S. 46].

Die Dorfplanung berücksichtigte noch eine weitere Besonderheit der Natur des Nordens – das Vorhandensein zahlreicher Flüsse und Seen, die als bequeme Verkehrswege dienten. Demzufolge entwickelte sich der Typ der Ufersiedlungen: Die Häuserreihen folgten der Uferlinie, die Hausfassaden wurden in diesem Fall der Wasserfläche zugewandt, so daß sich Bebauungspläne mit einer oder zwei an der Uferlinie orientierten Straßen ergaben (Abb. 1.6).

Tiefverwurzelte Tradition und große baumeisterliche Erfahrung halfen, bei der Errichtung von Wohn-, Wirtschafts- und Kirchenbauten die Natur- und Klimabe-

Einfluß von Natur und Klima auf die Formenbildung in der Holzbaukunst

1.8
Stirnbretter an Wohnhäusern

a) im Gebiet Gorki (obere Abb.);

b) in Karelien

1.9
Bekrönung einer Fenster-umrahmung mit karelischen Motiven an einem russischen Wohnhaus in Karelien

dingungen zu berücksichtigen. Scharfes Beobachtungs-vermögen und die Fähigkeit, die jeweiligen Vor- und Nachteile der konkreten Umwelt richtig einzuschätzen, beeinflußten die Formenbildung, was nicht nur in der Raum- und Massenkomposition und den Baukonstruktionen, sondern auch in der dekorativen Bearbeitung zum Ausdruck kam.

Das ist bereits bei einer einfachen Gegenüberstellung von Bauernhäusern aus unterschiedlichen Klimazonen Nordrußlands erkennbar. Während sie in den südlichen Bezirken relativ bescheidene Ausmaße haben, sind an den Küsten des Weißen Meeres vorwiegend Riesenhäuser, Haus, Hof und Stallungen unter einem Dach anzutreffen.

Wenn man Bauwerke auf verschiedenen Breitengraden Nordrußlands – etwa um 56° (Gebiete Wladimir, Gorki, Moskau, Rjasan), um 60° (Kostroma und die südlichen Teile der Gebiete Wologda, Jaroslawl, Nowgorod), um 64° (Archangelsk und der Norden des Gebietes Wologda, Karelien und Komi) – miteinander vergleicht, ist zunächst festzustellen, daß nach Norden hin die Häuser «in die Höhe wachsen». Während in den Breiten der Gebiete Gorki usw. die Wohnstuben beinahe in Erdbodenhöhe liegen, sind in den Breiten um Kostroma, Jaroslawl usw. die Fußböden erhöht angeordnet, so daß darunter ein halbes Untergeschoß liegt und das Haus entsprechend höher ist. Weiter nach Norden, in den Breiten von Archangelsk, Karelien usw., sind die Wohnräume so weit angehoben, daß darunter ein volles Untergeschoß liegt, so daß das Haus eine noch größere Höhe hat.

Dabei ändert sich das architektonische Gesamtbild des Bauernhauses entsprechend. Im ersten Fall sind die Wohnhäuser relativ klein und stehen im allgemeinen an einem offenen Hof, der von Wirtschaftsbauten – Scheunen, Ställen usw. – umgeben ist. Weiter nördlich sind sie sowohl höher, als auch durch den Anbau einiger Wirtschaftsräume an das Wohnhaus größer.

In den Breiten um Archangelsk und Karelien erreichen diese Verschmelzungstendenzen ihre Vollendung. Dort bildete sich ein Gebäudetyp heraus, bei dem alle Wohn- und Wirtschaftsräume mitsamt dem Hof unter einem großen, gemeinsamen Dach liegen.

Diese Besonderheit brachte Veränderungen nicht nur in der äußeren architektonischen Erscheinung der Häuser mit sich. Die größeren Abmessungen bedingten die Anwendung entsprechender Baukonstruktionen, die mit erstaunlicher Logik bei werkstoffgerechter Ausnutzung der bautechnischen Eigenschaften des Holzes unter Berücksichtigung der Klimaverhältnisse gefunden wurden. Beispielsweise ist die originelle konstruktive Lösung der Verbindung des Pfettendaches des eigentlichen Wohnhauses (Abb. 1.7) mit den Dachkonstruktionen der übrigen Gebäudeteile erwähnenswert.

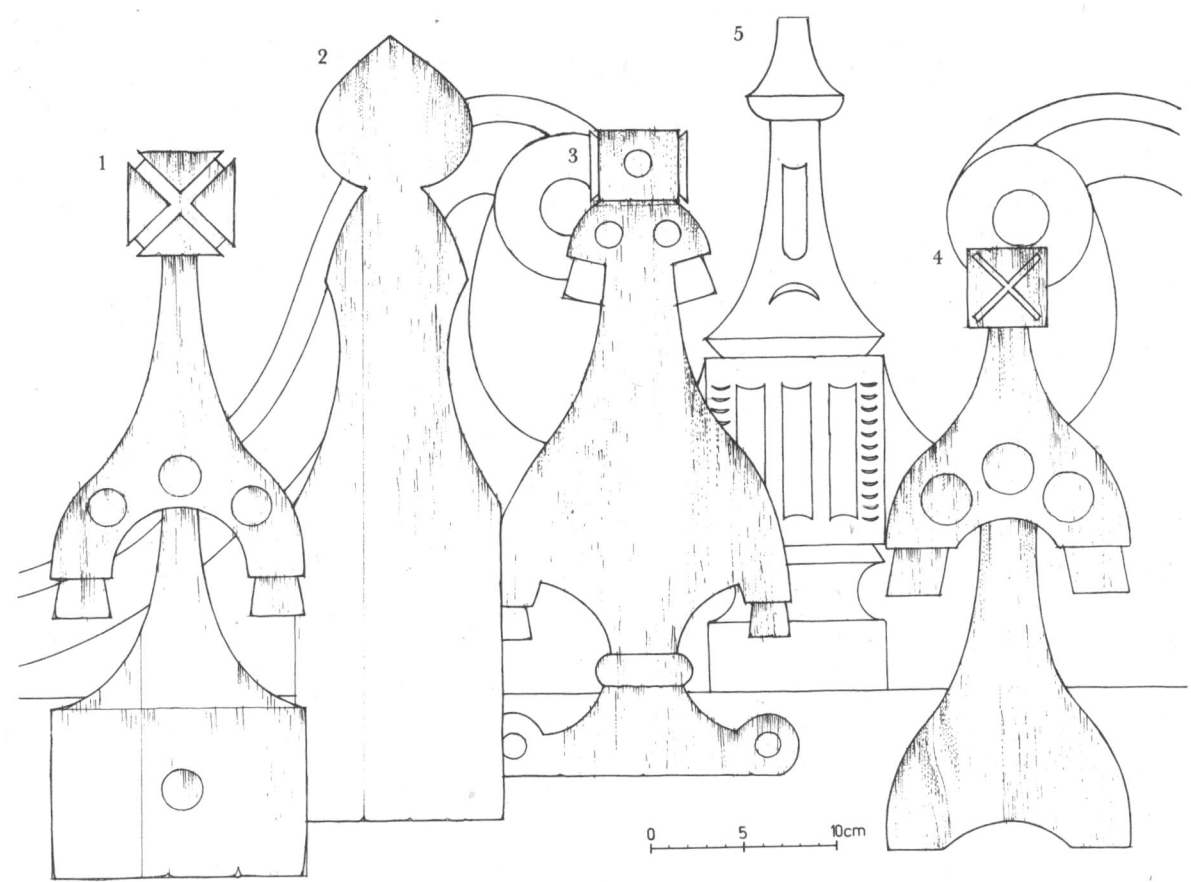

1.10
Dekorative Mittelstücke
barocker Fenstergiebel

1 an einem alten Haus in
   Tipinizy;
2 am Haus *Morosow* in
   Olchino (jetzt Freiluftmuseum Kishi);
3 am Haus *Akulow* in
   Kolmaki a. d. Schunga;
4 am Haus *Bagajew* in Tipinizy;
5 am Haus *Kostin* in Werchowje bei Welikaja Guba

Der Einfluß der Natur- und Klimaverhältnisse auf die Holzbaukunst erfordert auch eine Betrachtung der Entwicklung der Dekorationsformen in ihrer Abhängigkeit von der Beleuchtung, die in großem Maße die visuelle Erlebbarkeit von Zierdetails, insbesondere von Holzschnitzwerk, bestimmt. In den südlicheren Breiten um Gorki sind bei normalem Tageslicht auch im Winter die einfachen, nicht tief eingekerbten Schnitzreliefs gut erkennbar, die die meisten dortigen Bauernhäuser schmücken. In nördlicheren Breiten um Kostroma und Wologda, wo die Sonne weniger hell scheint, sind die Schnitzereien deutlich anders geartet, sie zeichnen sich hier durch ein kräftigeres, tieferes Relief und eine strengere Gradlinigkeit sowie die breitere Anwendung geometrischer Figuren aus.

In den Breiten von Archangelsk und Karelien, wo die Witterungs- und Lichtverhältnisse noch ungünstiger sind, werden die Dekorationselemente noch kontrastreicher gestaltet. Außer tiefer eingekerbten geometrischen Ornamenten erschienen hier in größerer Anzahl durchbrochene Schnitzereien, die auch bei schwacher Beleuchtung und trübem Wetter erlebbar bleiben (Abb. 1.8a, b). Wir sehen also, wie sich unter dem Einfluß der konkreten Natur- und Klimaverhältnisse des Nordens – strenger und schneereicher Winter, erhöhte

Feuchtigkeit, schwache Beleuchtung – die Gestalt der Schmuckelemente verändert.

In der Architektur dieser schlichten Blockhäuser mit ihren geschlossenen Giebeln unter den steilen Satteldächern, kleinen Fenstern, schweren Firstbohlen und eigenwilligen Traufhaken verkörpern sich alle Forderungen der strengen Natur des Nordens. Unter den dortigen Bedingungen bildeten sich feste Grundregeln der Zimmermannskunst heraus, die es ermöglichten, erfolgreich und dauerhaft zu bauen.

Einfluß der Kunst der Urbewohner des Nordens auf die russische Holzbaukunst

Die Betrachtung der sich über Jahrhunderte erstreckenden Herausbildung der der nordrussischen Holzbaukunst eigenen Merkmale darf einen wichtigen Wirkungsfaktor nicht außer acht lassen, nämlich die Fühlungnahme mit den nichtslawischen Urbewohnern Nordosteuropas (z. B. mit Karelen, Vepsen, Komi, Tschuden u. a. Stämmen), deren Entwicklung sich unter ähnlichen sozialökonomischen und politischen Verhältnissen vollzog. Eine vergleichende Untersuchung bestätigt das Vorhandensein von Formen, die den Russen wie auch den einheimischen Völkerschaften gemein sind.

Die im 10. und 11. Jh. einwandernden Slawen brachten nicht nur Lebensgewohnheiten, sondern auch ihre

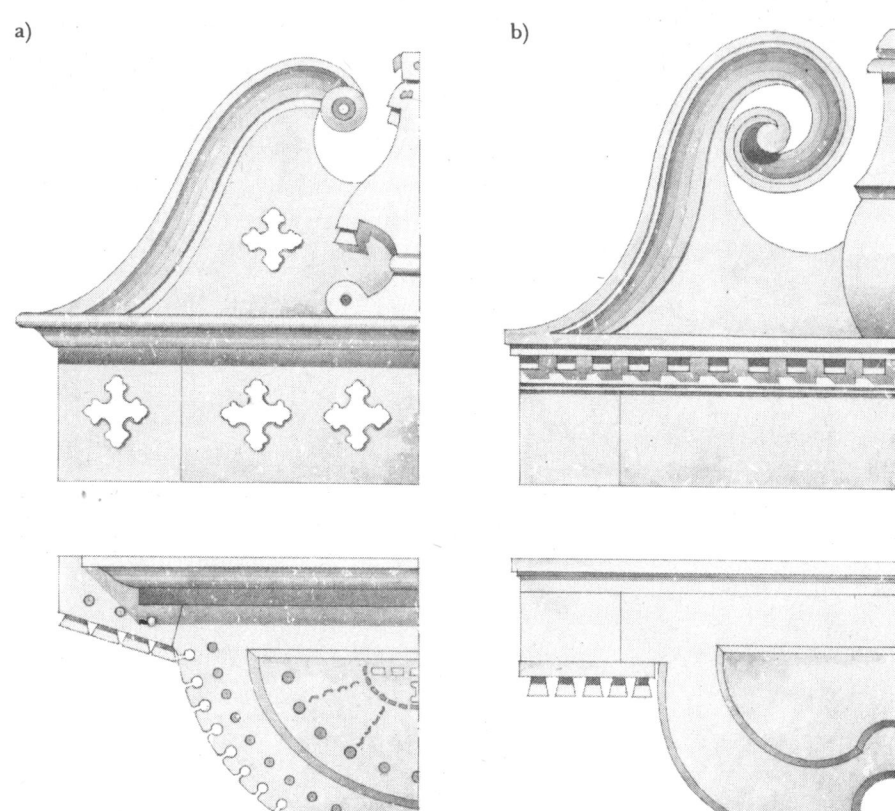

a)   b)

1.11
Giebel-, Brüstungs- und
Rahmenfragmente mit vepsi-
schen Dekorationsmotiven

a) am Haus *Akulow*
in Kolmaki a. d. Schunga,
Karelien;
b) am Haus *Karpin*
in Salashgora, Karelien

Kultur, insbesondere Architektur, Kunstgewerbe, Bräuche und Folklore, in die neue Heimat mit. Sie errichteten dort Wohnhäuser, Kirchen, Wirtschafts- und Produktionsbauten auf die ihnen bekannte Weise, die tief in der altrussischen Holzbaukunst verwurzelt war. Aber auch die einheimische Bevölkerung, die ihren Siedlungsraum nun mit den Russen teilte,[10] war in der Baukunst nicht minder gewandt. Ihre erhalten gebliebenen Holzbauten, vorwiegend Wohnhäuser, zeichnen sich durch hohe baukünstlerische Qualität mit stark ausgeprägten nationalen Merkmalen aus. Das langwährende Zusammenleben von Russen und Einheimischen hatte zur Folge, daß die russische Kultur – insbesondere die Holzbaukunst – bedeutenden Einfluß auf die Bautätigkeit der Einheimischen ausübte. Von ihnen wurde eine ganze Reihe planerischer, baukünstlerischer und konstruktiver Elemente übernommen.

Aber auch die Baukunst der Urbewohner blieb ihrerseits nicht ohne Einfluß auf die russischen Baumeister, die in ihren Werken etliche Formen der einheimischen Architektur übernahmen, insbesondere in der dekorativen Gestaltung des Wohnhauses, seiner Räume und der Haushaltgegenstände. Überzeugende Beispiele solcher Wechselwirkungen liefert Karelien, wo in weiten gemeinsamen Siedlungsgebieten von Russen, Karelen und Vepsen der Einfluß der karelischen Bau- und De-

korationskunst auf die Architektur des russischen Wohnhauses klar in Erscheinung tritt. An erster Stelle sind Übernahmen rein gebrauchstechnischer Art zu nennen.

Bereits in der Frühperiode der Entwicklung der Holzbaukunst in Karelien wandten Russen beim Bau rauchfangloser Wohnhäuser (Rauchkaten) karelische Ofenstellungen und Rauchentfernungstechniken an. Es ist bekannt, daß die rauchfanglosen Häuser der Russen und Karelen (wie auch der Finnen) trotz großer Ähnlichkeit der Grundrisse bedeutende Unterschiede in der Stellung des Ofens im Wohnraum und der Art der Rauchentfernung aufwiesen. Nach typisch karelischer (und auch finnischer) Art wurden die Öfen so gesetzt, daß ihre Feuerungen der Eingangstür zugewandt waren, während in russischen Häusern die Feuerungen der Öfen dem Eingang abgewandt war. Die karelische Ofenstellung hatte wesentliche Vorteile: direkten Zugang von der Diele und den Wirtschaftsräumen des Hofs, wo Lebensmittel, Geräte und Brennholz aufbewahrt wurden. Auch bei der Art der Rauchbeseitigung läßt sich ähnliches beobachten. Bei den Karelen wurde der Rauch aus dem Wohnraum durch ein in der Decke befindliches Rauchloch abgezogen, von wo er durch eine runde, aus einem Baumstamm ausgestemmte Abzugsröhre ins Freie gelangte; letztere wurde auf den Dachboden oder, wenn keine Bodendecke vorhanden war, auf den Dachstuhl aufgesetzt. Aus den russischen Wohnhäusern dagegen wurde der Rauch durch ein Rauchloch in der Wand abgeführt, von wo er durch eine Rauchfangröhre über die Diele nach außen geleitet wurde [99]. Die in Ostkarelien siedelnden Russen verwendeten gern die einfachere karelische Art des Rauchabzuges durch eine Rauchröhre, die sie dem Ofen aufsetzten. Diese Röhre gestalteten sie jedoch nach russischer Art mit quadratischem Querschnitt, wobei sie deren übers Dach ragendes Ende mit einem kleinen, schnitzereiverzierten Satteldächlein krönten.

Die karelischen Einflüsse beschränkten sich aber nicht nur auf gebrauchstechnische Formen. Im 19. Jh. fand auf russischen Wohnhausfassaden in Karelien eine Zierornamentik weite Verbreitung, die unter dem Einfluß schön gestalteter Schmuckformen karelischer Häuser entstand. Solche Details wie Fensterumrahmungen, Balkonbrüstungen, Auskragungen (Konsolen), Stirnleisten und Giebelfähnchen (sog. Handtücher) besaßen mit der Eleganz ihrer Linien einen hohen Schmuckwert. Interessant sind in dieser Hinsicht die oberen volutenförmigen Abschlüsse der Fensterumrahmungen mit den eigenartigen «gebrochenen» Linien der Volutenumrisse (Abb. 1.9) wie auch stilisierte Tannenzweige und kleine abstrakte Figuren zwischen den Volutenhälften (Abb. 1.10), ein typisch karelisches Motiv, wahrscheinlich Stickereien nachgebildet, oder auch geschwungene, der vepsischen Ornamentik entlehnte Konturen des unteren Abschlusses von Fensterumrahmungen (Abb. 1.11).

Der Einfluß der karelischen Architektur fand in den Arbeiten russischer Meister unterschiedlichen Ausdruck. Während z. B. in russischen Gebieten Balkon- und Wandelgangbrüstungen aus figürlich ausgesägten, Balustern nachgebildeten Brettern gestaltet wurden, die oftmals klassischen Formen nachgebildet waren, sind in den von Russen und Karelen gemeinsam bewohnten Gebieten russische Wohnhäuser anzutreffen, deren Balkonbrüstungen aus Balusterbrettern mit karelischen Schnitzereimotiven bestehen, beispielsweise in Form von stilisierten Menschenfiguren (Abb. 1.12), oder, nach karelischer Art, mit Stickereiornamentik nachempfundenen Motiven. Zu den interessanten, der karelischen Dekorationskunst entlehnten Motiven gehören auch die rosettenförmigen Anhängsel an Balkonen und Stirnbrettern (Abb. 1.8 b), die wohlgeschnitzten Verzierungen an Spinnrocken entsprechen.

Jedoch haben nicht alle im russischen Norden lebenden Völkerschaften ihre eigenständige Kultur bewahrt. Die Slawianisierung verlief nicht überall friedlich, wie beispielsweise im früher von Tschuden bewohnten Raum der heutigen Gebiete Archangelsk, Wologda und z. T. auch Perm. Es ist überliefert, daß «die Tschuden sich hartnäckig gegen die Russen wehrten, ehe sie besiegt und unterworfen wurden ...» Während die Tschuden in den Namen von Flüssen, Seen, Dörfern und auch Familien weiterleben, enthalten die vorhandenen Quellen keinerlei Hinweise auf die Bautätigkeit und bildende Kunst der tschudischen Völker, wobei diese zweifellos existierten, jedoch ihre Form und Gestalt sind uns nicht bekannt. Wir können diesbezügliche Vermutungen nur anhand möglicher Analogien mit erhaltenen Denkmälern in Gebieten anstellen, die von den Komi und ihnen verwandten nichtrussischen Völkern besiedelt sind.

Dennoch sind an einigen wenigen bäuerlichen Bauwerken gewisse Anzeichen der Verwandtschaft mit der alten Kunst der Urbewohner zu erkennen.

Sehr eigenwillig sind einige dekorative Details von Wohnhausdächern im Gebiet Archangelsk, z. B. Konsolen, Traufhaken, Wasserspeier, Stirnbretter und ganz besonders die Schnitzereien der Giebelfähnchen als der ältesten Form der Bauornamentik (Abb. 1.13). Eine große Rolle spielte dabei die religiöse Ornamentik – Darstellungen von Kombinationen kreisförmiger Himmelskörper, insbesonders der Sonne, und anderer geometrischer Figuren, die auf Giebelfähnchen und an den Enden der Stirnleisten anzutreffen sind. Die Anwendung religiöser Symbole (die möglicherweise Stickereimustern entlehnt sind) im Schmuckdekor von Wohnhäusern steht im Zusammenhang mit den Besonderhei-

ten der religiösen Vorstellungen der Urbewohner, wie auch der Nowgoroder Umsiedler, mit eigenartigen Verflechtungen gewisser heidnischer Bräuche, mit dem Christentum wie auch mit der langwährenden Erhaltung vieler Merkmale primitiver Urgesellschaftsformen in Lebensweise und angewandter Kunst der Urbewohner.

Tschuden bevölkerten viele Gebiete des Nordens, vorwiegend in den Flußbecken der Kokschenga, Waga, Suchona; neuste Ausgrabungen bestätigen die Anwesenheit von Tschuden jenseits der Petschora. Die Besiedlung der Ufer der Petschora erfolgte nicht nur durch Russen, sondern auch durch das Volk der Komi. Die Besiedlung dieses menschenleeren, im entlegensten Winkel Europas gelegenen Landes erfolgte vom Unterlauf der Petschora aus, wobei die Russen flußabwärts vordrangen, während die Komi sich am Oberlauf festsetzten. Jedoch waren beide Völker keineswegs die ersten Ansiedler an der Petschora. Altrussische Chroniken und andere archivarische Quellen berichten von legendären Völkern – den «Petschorern» und «Ugren» –, mit denen die Nowgoroder einstmals Handel betrieben und Krieg führten. In Beurteilungen der materiel-

1.12
Balkonbrüstung mit stilisierten Menschen als Schnitzwerk an einem alten Haus in Tipinizy

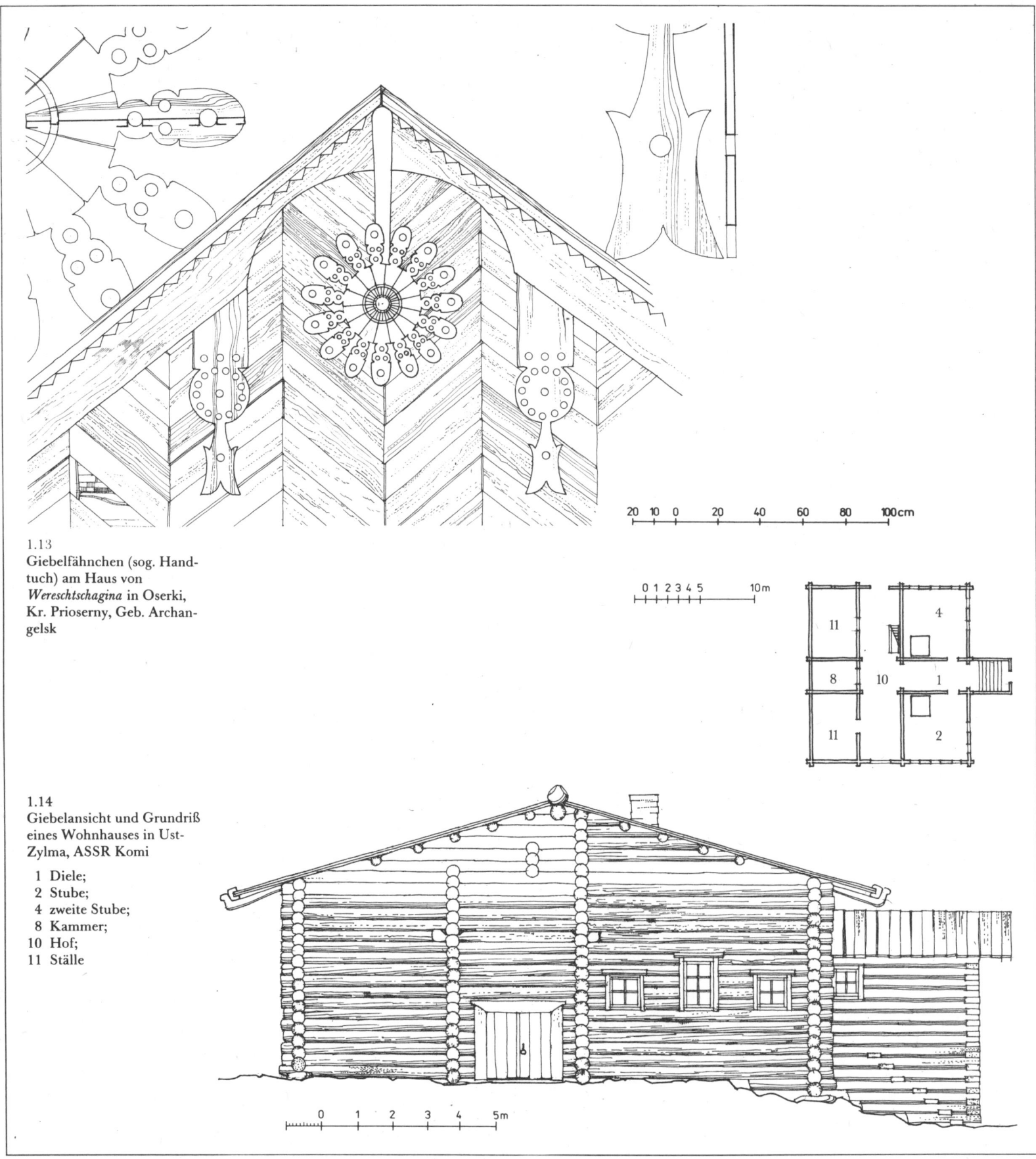

1.13
Giebelfähnchen (sog. Hand-
tuch) am Haus von
Wereschtschagina in Oserki,
Kr. Prioserny, Geb. Archan-
gelsk

1.14
Giebelansicht und Grundriß
eines Wohnhauses in Ust-
Zylma, ASSR Komi

 1 Diele;
 2 Stube;
 4 zweite Stube;
 8 Kammer;
10 Hof;
11 Ställe

len Kultur dieser Völkerschaften heben die Ethnographen deren Archaismus im Vergleich mit der höher entwickelten russischen Kultur hervor.

Beim Anblick der russischen Bauwerke an der unteren Petschora fällt sogleich die Eigenart ihrer Architektur ins Auge. So hat sich beispielsweise in den Dörfern Ust-Zilma, Ishma, Sijabsk unter dem Einfluß der örtlichen Bedingungen ein unkonventioneller Wohnhaustyp herausgebildet: ein Sechswändehaus mit kleinem überdachtem Hof. Höchstwahrscheinlich wurde dieser Haustyp Jahrhunderte früher von Nowgorodern in die fernen Lande mitgebracht, wo sich seine Architektur unter dem Einfluß der strengen Klimaverhältnisse, wie auch in Anlehnung an die archaischen Bauten der Urbewohner weiterentwickelte. Davon zeugen ganz augenfällig die primitiven, man kann wohl sagen asketischen Bauformen: großflächige Blockwände mit unverdeckten Konstruktionsteilen und sehr zurückhaltenden Dekorationselementen – Fenster- und Türumrahmungen, Firstbohlen, Traufhaken und Wasserspeiern (Abb. 1.14). So weit ausladende Traufen bleiben unverziert.

Offensichtlich hat das äußere Bild der Petschora-Wohnhäuser wahrscheinlich seinen Ursprung in den Bauten der legendären Stämme der «Petschoren» und «Ugren».

Eine Ausnahme bildet ein Wohnhaus aus dem 19. Jh. im Dorf Sisjabsk mit ziemlich üppigen Dekorationen in Form schön gezeichneter, durchstochener Schnitzereien. Umrahmungen und Fensterkreuze sind blendend weiß gestrichen, so daß sie sich kontrastreich von der dunklen Wandfläche abheben (Abb. 1.15). So kompliziert die Zeichnung des Ornaments erscheinen mag, ist doch seine Schnitztechnik relativ einfach. Wichtig ist jedoch, daß die Motive der Schnitzornamentik unter den Einfluß von einheimischen Petschora-Stickereien entstanden.

Die Einrichtung der Bauernhäuser stellt eine wahre Chronik der Volkskunst dar, an deren Werdegang Generationen von Meistern Anteil haben, die einander ergänzten und korrigierten. So kommt es, daß jede noch so raffinierte Nachahmung von der Volkskunst abgelehnt wird, wenn sie nicht von dem Vermögen getragen wird, zeitlich und inhaltlich verschiedene Formen zu einer künstlerischen Einheit zu verschmelzen – darin liegt wohl ein wesentlicher Vorteil der Volkskunst.

Erst in der 2. Hälfte des 17. und im 18. Jh. mit dem zunehmenden Einfluß der städtischen Architektur begann die Loslösung von den altüberlieferten Traditionen der eigenständigen bäuerlichen Kunst. In der Architektur der Bauernhäuser und Kirchenbauten traten bereits neue Formen in Erscheinung.

Das 17. und 18. Jh. ist gekennzeichnet von der weiteren Erschließung der Reichtümer des russischen Nordens, die sich nicht nur auf Pelztierjagd und Fischfang beschränkte, sondern sich auch in der Stärkung des Handels- und Gewerbepotentials ausdrückte. Hand in Hand damit gingen die Errichtung zahlreicher Betriebe, die Entfaltung des Handels und der Binnenschiffahrt. In Gebieten mit reichen Bodenschätzen wurden Berg- und Hüttenwerke gegründet. Das alles begünstigte die Anlage von Städten und Siedlungen. Ein treffendes Beispiel war die Gründung der Stadt Petrosawodsk. Als *Peter I.* bei einer Reise durch die ostkarelischen Kirchspiele zur Überzeugung kam, daß die riesigen Seen und Sümpfe reich an Eisenerz seien, beschloß er, deren Verarbeitung zu veranlassen. 1701 wurde an der Mündung der Losossinka in den Onegasee eine Kanonenfabrik gegründet, in deren Nachbarschaft eine Arbeitersiedlung entstand. Aus dieser ging alsbald die Stadt Petrosawodsk (Peterswerk) hervor. Es gibt zahlreiche weitere Beispiele derartiger Entwicklungen im russischen Norden überall dort, wo Waldreichtum, Wasserstraßen und Bodenschätze günstige Gelegenheit dazu boten.

Dieser Entwicklungsprozeß verlief jedoch sehr differenziert. Weite Landstriche des Nordens, die nach dem Gang der Dinge abseits von den Haupthandelswegen lagen und keine wertvollen Bodenschätze bargen, blieben hinter der allgemeinen Entwicklung Rußlands, sei-

nem politischen, wirtschaftlichen und kulturellen Wachstum zurück. So bildeten sich im Bereich des Nordens zweierlei Arten besiedelter Gebiete heraus: Ein Teil war fest verbunden mit der allgemeinen Entwicklung des Landes, während der andere von ihr fast unberührt blieb.

Die nordrussischen Bauern, die in der Nähe der Städte und der großen Land- und Wasserstraßen wohnten, gerieten schneller unter städtischen Einfluß. Lebensweise und Kultur der Städte überfluteten das bäuerliche Leben und verdrängten überlieferte Traditionen des Volks, während die Bewohner der entlegenen Gebiete noch über lange Zeit ihre patriarchalische Lebensart bewahrten. Diese Gebiete wurden den Altgläubigen, Raskolniken zur Zuflucht, dorthin wurden Geächtete verbannt. «Eben in diesen komplizierten historischen Prozessen, in der Wandlung der Lebensweise», schreibt *K. K. Romanow* [89, S. 16] 1926 nach seiner Reise durch Saoneshje, einer von Norden weit in den Onegasee ragenden großen zerklüfteten Halbinsel (Abb. 1.16), «liegt der Schlüssel zum Verständnis für die Gründe der von allen Erforschern von Saoneshje hervorgehobenen Erhaltung der Altertümer bis hinein in unsere Zeiten.» Gerade die Abgelegenheit weiter Räume des Nordens von den Brennpunkten der russischen Kultur wirkte zweifellos fördernd auf die Erhaltung nicht nur altertümlicher Lebensweisen, sondern auch der alten

Städtisches Bauen und die Holzbaukunst des Volkes

1.15
Fensterrahmen an einem
Haus in Sisjabsk am Unter-
lauf der Petschora,
ASSR Komi

fremde Formen. Dabei sind zwei verschiedene Tendenzen zu unterscheiden. Eine dieser Tendenzen stand in Verbindung mit der Beeinflussung der Wohnhaus-Architektur (2. Hälfte 18. Jh. bis 19. Jh.). Hierbei wurden die in die Volksbaukunst übernommenen Elemente der städtischen Architektur schöpferisch im Sinne der guten Volkstraditionen verarbeitet, so daß sie ein einheitliches Ganzes bildeten mit der gesamten Architektur des Dorfes, ohne dessen baukünstlerisches Antlitz zu entstellen. Diese Einflüsse beschränkten sich in den meisten Fällen auf die Anwendung von Motiven städtischer Ornamentik an Bauernhäusern. Solche Motive verbreiteten sich in der Bauernschaft dank der zunehmenden Handelsbeziehungen und der Verbreitung des sogenannten Fremdgewerbes[11], insbesondere in den Gebieten an der oberen Wolga und im Nordwesten Rußlands.

Zwei Stilrichtungen der städtischen Architektur beeinflußten die bäuerliche Dekorationskunst: das Barock und der Klassizismus (Abb. 1.17). Beispiele dieser Art sind an Bauernhäusern in Saoneshje und benachbarten Gebieten zu finden, die sich durch Barockformen an Fensterumrahmungen, schmuckvollen Brüstungen an Balkonen und den die Häuser umgebenden Wandelgängen, durch reiche Schnitzereien an Stirnleisten, Giebelfähnchen und anderen Details auszeichnen. Besonders verbreitet waren in Saoneshje und Nachbargebieten volutenförmige Fensterumrahmungen, die wahrscheinlich auf das Petersburger Barock zurückzuführen sind. Dieses Barockmotiv wurde, wie alle übernommenen fremden Formen, von den Volksbaumeistern umgearbeitet, es bekam hier eine prinzipiell neue Lösung als oberer Rahmenabschluß mit ausgesprochen holzgerechter Ausbildung der Voluten (Abb. 1.18), der Einlagen zwischen ihnen, der geschwungenen Profile im unteren Teil und anderer Details. Die Vervollkommnung barokker Formen auf dem Lande wurde auch von der Gestaltung neuer barocker Ikonostasen in den Kirchen beeinflußt.

Um die Wende vom 17. zum 18. Jh. und später wurden viele Fenster- und Türumrahmungen an Bauernhäusern im Stil des Klassizismus dekoriert. Auch in diesen Fällen haben die Baumeister die städtischen Formen kunstvoll und holzgerecht umgebildet. Abb. 1.19 zeigt eine Fensterumrahmung als eigentümliches Beispiel dieses «Dorfklassizismus» mit Architrav, Gesims und geschnitzter Fläche unter der Fensterbank. Das Haus steht in einer Siedlung nahe Tjumen in Westsibirien, es stammt aus der 2. Hälfte des 19. Jh.

In der 2. Hälfte des 19. Jh. treten jedoch in der Wohnhaus-Holzbaukunst erste Merkmale eines Niedergangs auf. In erster Linie tritt das bei der Innenausstattung der Bauernhäuser in Erscheinung (insbesondere bei reichen Eigentümern, die mit städtischem Geschmack Schritt halten wollten). Während in der Au-

Kultur des Volkes – Architektur, Kunstgewerbe, Folklore, Trachten und Bräuche.

Es wäre jedoch falsch anzunehmen, daß eben diese Abgesondertheit das Aufblühen der Volkskunst hervorrief. Im Gegenteil, denn keine Volkskunst wie überhaupt keine bedeutende Kunst vermag es, in völliger Isoliertheit, ohne Kontakte mit anderen Völkern, Meisterwerke hervorzubringen. Nur ein von regen Wechselbeziehungen erfülltes Leben ist imstande, einen fruchtbaren Nährboden für das Aufblühen der Volkskunst zu bilden.

Seit Mitte des 18. Jh. begann die Landbevölkerung in stärkerem Maße viele Erscheinungen der städtischen Kultur aufzunehmen, wozu auch die Baukunst gehörte. Unter dem Einfluß der städtischen Architektur entwikkelten sich in der Holzbaukunst neue, zum Teil art-

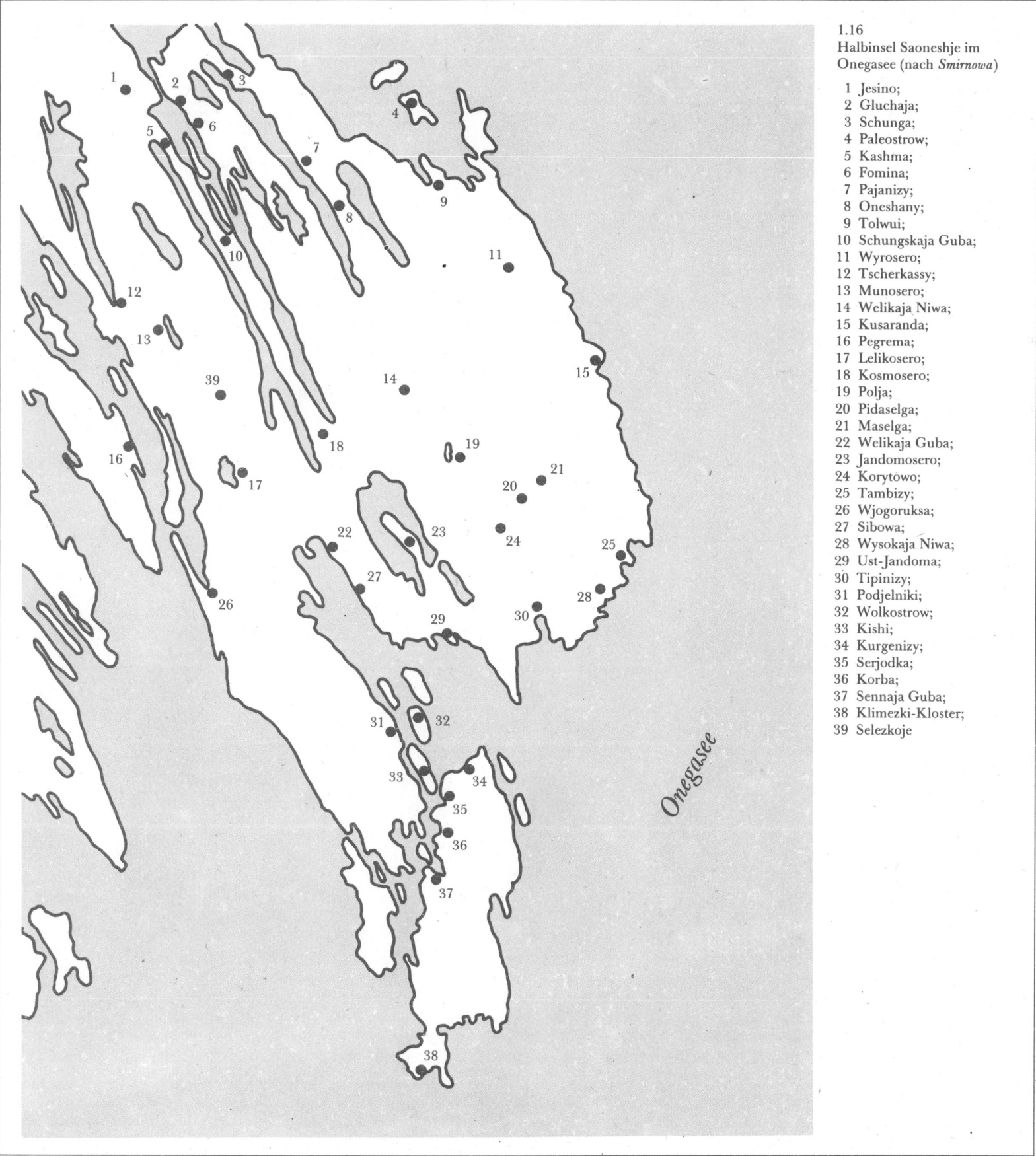

1.16
Halbinsel Saoneshje im
Onegasee (nach *Smirnowa*)

 1 Jesino;
 2 Gluchaja;
 3 Schunga;
 4 Paleostrow;
 5 Kashma;
 6 Fomina;
 7 Pajanizy;
 8 Oneshany;
 9 Tolwui;
10 Schungskaja Guba;
11 Wyrosero;
12 Tscherkassy;
13 Munosero;
14 Welikaja Niwa;
15 Kusaranda;
16 Pegrema;
17 Lelikosero;
18 Kosmosero;
19 Polja;
20 Pidaselga;
21 Maselga;
22 Welikaja Guba;
23 Jandomosero;
24 Korytowo;
25 Tambizy;
26 Wjogoruksa;
27 Sibowa;
28 Wysokaja Niwa;
29 Ust-Jandoma;
30 Tipinizy;
31 Podjelniki;
32 Wolkostrow;
33 Kishi;
34 Kurgenizy;
35 Serjodka;
36 Korba;
37 Sennaja Guba;
38 Klimezki-Kloster;
39 Selezkoje

Onegasee

1.17
Fensterrahmen in klassizistischem Stil an einem Bauernhaus in der Nähe von Gorki

1.18
Barocker Fenstergiebel aus Saoneshje, Karelien

1.19
Brüstung und Giebel an Fensterrahmen eines Wohnhauses in der Umgebung von Tjumen

1.20
Teil der barocken Ikonostase in der St.-Barbara-Kirche von Jandomosero, Saoneshje

ßenarchitektur des Bauernhauses Fremdeinflüsse im allgemeinen schöpferisch verarbeitet und harmonisch in die Gestaltung einbezogen wurden, erfolgte die Einführung aller möglichen Neuerungen im Innenraum im Widerspruch zu den traditionellen, vom Volk entwickelten Formen. Daraus resultierten Überladenheit sowie insbesondere das Bestreben, städtische Möbel – Tische, Stühle, Bettgestelle, Schränke, Kommoden – u. a. Attribute des städtischen Wohnraums einzuführen, die nicht in die Bauernstube paßten und darin überflüssig erschienen.

Die andere Tendenz der Entwicklung städtischer Einflüsse auf die ländliche Holzbaukunst bezog sich auf die Architektur der Kirchenbauten. Zu den frühen Einflüssen der Steinbaukunst auf die Architektur der Holzkirchen gehörte auch die Errichtung (etwa nach Mitte des 18. Jh.) neuer holzgeschnitzter Barockikonostasen anstelle der alten Leisten-Altarwände. Säulchen, Architrave, Friese waren über und über beladen von kunstvoll geschnitzten Pflanzenornamenten (Abb. 1.20). Bei all ihrer künstlerischen Vollendung erscheinen sie dennoch fremd im Raum der Holzkirchen, dessen strenge Gesamtarchitektur mit ihren Blockwänden, Fenster- und Türgewänden, Chorstufen sowie Weihgegenständen eine untrennbare Einheit darstellt. Leider wurden viele Leistenikonostasen mit ihren schön und lebensfroh bemalten Rahmenleisten in den Holzkirchen des Nordens durch barocke und klassizistische ersetzt.

In der darauffolgenden Zeit geriet die Kirchenbaukunst des Volkes unter noch stärkeren städtischen Einfluß durch die vorgeschriebene Bindung an bestimmte Bauregeln, die von der offiziellen Kirchbehörde aufgestellt wurden. 1826 erschien ein Regierungserlaß «Über die Regeln des Kirchenbaus für künftige Zeiten»[12], worin bestimmt wurde, daß der Bau neuer wie auch die Instandsetzung alter Kirchen ausschließlich nach Projekten zu geschehen habe. Diesem Erlaß zufolge entstanden neue Kirchenbauten aus Holz, die sich scharf von den alten Holzkirchen unterschieden, da sie im allgemeinen volksfremde Formen städtischer Kirchen nach pseudoklassischem Muster nachahmten.

Noch schlimmer stand es um die Instandhaltung, die sogenannte Erneuerung alter Holzkirchen. Hier waren eigentlich zwei für damalige Zeiten recht schwierige Aufgaben zu lösen: die Herrichtung des Bauwerks entsprechend den zeitgemäßen Forderungen an seine Nutzung sowie Maßnahmen für seine Erhaltung. Das Ergebnis solcher Erneuerungen war oftmals die völlige Entstellung der volkstümlichen Architektur der Kirchenbauten. Auf diese Weise wurden die alten Holzkirchen mit ihrem hohen künstlerischen Wert in ausdruckslose Gebäude von beinahe städtischem Charakter verwandelt.

Es handelte sich hierbei um eine radikale Umgestaltung der altertümlichen Holzarchitektur, die sich sowohl auf das äußere Antlitz als auch das Innere der Bauwerke erstreckte. Unter dem Einfluß des städtischen Bauens wurden bei der Instandsetzung der Kirchen, Kapellen und Glockentürme damals gebräuchliche Materialien verwendet wie beispielsweise Zinkblech für die wasserdichte Abdeckung von Dächern, Tonnengewölben und Kuppeln. Zum Schutz vor Wettereinwirkung wurden die Flächen der Blockwände mit Latten verschalt. Zur Warmhaltung der Räume wurden die Innenwände verputzt. Zwecks besserer Beleuchtung hat man die Fenster vergrößert usw. Es liegt auf der Hand, daß durch all diese Maßnahmen zahlreiche Denkmäler der Holzbaukunst vor verfrühtem Verfall geschützt werden sollten. Das geschah jedoch nicht ohne Beeinträchtigung ihres volkstümlichen Charakters. Der Einfluß der städtischen Baukultur der 2. Hälfte des 19. Jh. war ungeeignet, diese Aufgabe in vollem Umfang zu lösen.

Nicht minder wichtig ist der Einfluß, den die Stadt auf die Gestaltung der Dorfanlage ausübte. Bis Mitte des 19. Jh. zeichneten sich die nordrussischen Dörfer stets durch individuelle Eigenart aus. Dorfanlagen entstanden in frühen Zeiten ohne Vorausplanung und ohne vorbestimmte Kompositionsidee. Dennoch überraschen uns die alten Dörfer heute noch durch gelungene Lösungen der Anlagen, der Standortwahl, der Anordnung der Straßen und des Hauptplatzes mit der Kirche, bis hin zur Lage der Wohn- und Wirtschafts-

bauten zueinander und der ästhetischen Gesamtwirkung. Das russische Dorf ist eine ganze, sehr eigentümliche Welt, eng verbunden mit ihrem Umland. Überall – sei es in Pinega, Mesen, dem oberen Wolgagebiet, auf der Saoneshje-Halbinsel oder im Ural – entwickelten sich unterschiedliche Dorftypen, gekennzeichnet durch wahre Eigenständigkeit, frei von fremden Einflüssen. Das gilt in erster Linie von Dörfern, die abseits der großen Handels- und Gewerbezentren liegen.

Eine Vielzahl in der Nähe großer Handelsstraßen und zentraler Orte gelegener ländlicher Siedlungen geriet jedoch in den Einflußbereich großer Städte, der sich nicht nur in der Architektur der Wohn- und Gesellschaftsbauten, sondern auch in der Dorfplanung äußerte. Die äußere Erscheinungsform solcher Orte unterschied sich deutlich: Es verschwand die malerische Anordnung der Bebauung, es entstanden Ortslagen, die strengen geometrischen Regeln entsprachen, mit geraden Straßen und Gassen, mit städtische Formen nachahmenden Häuserfassaden, ohne Bezug auf die Natur des Umlandes. Beispielhaft für städtische Einwirkung auf die Grundrißgestaltung nördlicher Ortschaften ist das große Handelsdorf Schunga im nördlichen Teil der Halbinsel Saoneshje. Es liegt an der alten Handelsstraße, die von Nowgorod nach den Siedlungen zum Ufer des Weißen Meeres führt. Erstmals wurde es zwischen 1619 und 1629 im Reisebuch von *Mina Lykow* erwähnt und war bereits im 17. bis 18. Jh. ein ansehnliches Handels- und Verwaltungszentrum. Im 19. Jh. wurde dieses Dorf vollständig umgestaltet. Trotz bewegter und felsiger Oberfläche und unregelmäßiger Form der Insel, auf der es liegt, bekam das Dorf einen regulären geometrischen Grundriß: Die Hauptfassaden aller Häuser liegen parallel zu den Straßen, das ganze Dorf ist in Reih und Glied an zwei Längsstraßen ausgerichtet, die zu zwei Brücken führen. Im Zentrum werden diese Straßen in rechtem Winkel von zwei Querstraßen gekreuzt. Diese Art ländlicher Bebauung steht in keiner Beziehung zu den örtlichen Traditionen, sondern ist unter starkem Einfluß der Stadt entstanden. Der städtische Einfluß wird in Schunga noch stärker hervorgehoben durch die Bebauung mit Wohnhäusern, deren Architektur der Vorortbebauung größerer Städte entspricht.

Unter Beachtung der wichtigsten Einflüsse durch natürliche und klimatische Bedingungen, die Baukunst der Urbevölkerung und die städtische Kultur, kann festgestellt werden, daß die russische Holzbaukunst als Ganzes, sei es an der Nördlichen Dwina oder bei Kostroma, in den Bergen des Urals oder in Saoneshje, stets ihre Eigentümlichkeit wahrte. In voller Harmonie mit ihrer Umwelt übernahm sie das Beste der Architektur und Kunst der Urbevölkerung und verarbeitete künstlerisch die angeeigneten fremden Formen.

1.21
Entwicklung der Eckverbände des Blockwandgefüges

a) primitiver;
b) frühzeitlicher;
c) vervollkommneter Eckverband

a)

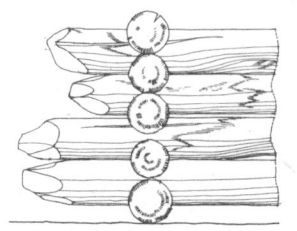

b)

c)

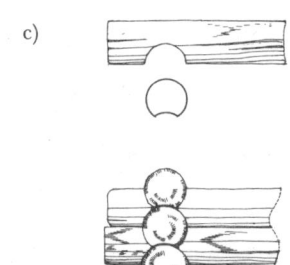

2.
Die Holzbaukunst des Mittelalters in Rußland

Im Mittelalter war das Bauen mit Holz in den Ländern Nordeuropas – Norwegen, Schweden, Finnland – weit verbreitet. Eine besondere Stellung nahm Rußland ein, wo sich vorrangig die Blockbauweise entwickelte, gefördert durch den großen Waldreichtum des Landes, bedingt jedoch durch die strengen Klimaverhältnisse des russischen Nordens (in den skandinavischen Ländern wurden diese durch den warmen Golfstrom gemildert).

Der Wunsch der unter harten Bedingungen lebenden Menschen nach einem soliden, warmen, stabilen, schützenden und auch ästhetischen Wohnhaus war Triebkraft bei der Suche nach entsprechenden Bauformen aus Holz und der Entwicklung von Bauwerken, die ihren Ansprüchen entsprachen. Sie erwarben die Fähigkeit, auf einfachste Weise einen rechteckigen Raum zu schaffen. Durch das Übereinanderlegen vom Astwerk befreiter runder Baumstämme (Rundhölzer), die an den Ecken durch Verkämmung miteinander fest verbunden wurden, entstand eine stabile holzspezifische Struktur, der Blockverband. Damit war ein entscheidender Schritt in der Entwicklung des Holzbaus getan. Der Blockverband ließ sich in konstruktiver Hinsicht verbessern, vervollkommnen, abändern, wobei jedoch sein Grundprinzip bis in unsere Zeit unverändert blieb. Das Problem der Überdachung war einfach zu lösen, da die Konstruktionsregeln schon seit Urzeiten vom Bau von Ständerhütten bekannt waren.[13]

Leider verfügen wir über keine Belege, die dieses früheste Entwicklungsstadium illustrieren. Sicher ist jedoch die Annahme, daß der Übergang von der primitiven Ständerbauweise zum Blockhausbau erst nach der Erfindung der Axt aus Bronze oder Eisen erfolgte.

Entwicklung der Blockhausbauweise in Rußland

Der Blockhausbau in Rußland hat seit seiner Entstehung eine wesentliche technische Entwicklung erfahren. Anfänglich wurden Baumstämme, die die Hauswände bildeten, unbearbeitet übereinandergelegt und an den Ecken durch halbholztiefe Einkerbungen (Verkämmungen) verbunden, wobei die Holzenden weit über den Verband hinausragten. Die durch Unebenheiten der Stämme entstandenen Spalten wurden mit Moos abgedichtet (Abb. 1.21). Diese archaische Form des Blockverbandes ist auch noch in unserer Zeit anzutreffen, beispielsweise beim Bau provisorischer Jägerhütten oder von Sommerunterkünften in den nördlichen Regionen (Abb. 1.22).

Ein weiterer Schritt der Entwicklung der Blockbautechnik war die Erhöhung der Stabilität der Balkenlage, was durch eine Längsrinne im darunter liegenden Balken bewirkt wurde, in die der darüber liegende eingelegt wurde, so daß die Lagen fest ineinandergriffen (s. Abb. 1.21 b). Das verlieh dem Blockverband hohe Festigkeit. Aber diese Form der Balkenlage war mit einem wesentlichen Nachteil behaftet: Das an den Wänden herabrieselnde Regenwasser floß ungestört in die Längsrinnen, wo es Fäulnis des Holzes wie auch der Moosabdichtung hervorrief. Einzelne in dieser Bauweise aufgeführte Denkmale der russischen Holzbaukunst haben sich bis in unsere Zeit erhalten, wie z. B. die Lazaruskirche des Muromski-Klosters am Ostufer des Onegasees (16. Jh.), die Torturmkirche des Nikolo-Karelischen Klosters (17. Jh.) sowie der Turm der Festung Bratsk (17. Jh.) in Sibirien (Abb. 1.23). Der genannte Nachteil wurde dadurch überwunden, daß die erwähnte Auflagerinne an der Unterseite des jeweils oben liegenden Stammes angeordnet wurde. So konnte von oben kein Wasser mehr eindringen (s. Abb. 1.21 c). Fast alle erhaltenen Holzbauwerke des 17., 18. und 19. Jh. sind in dieser vervollkommneten Bauweise errichtet.

Die Blockbautechnik ermöglichte eine große Vielfalt der Grundrißformen, angefangen bei einfachsten quadratischen und rechteckigen Grundrissen alter Wohnhäuser bis zur Entwicklung vielfältiger komplizierter geometrischer Formen, besonders im Kirchenbau, wo quadratische und vieleckige Prismen und Pyramiden sowie ihre Verbindungen mit gewölbten Formen – Tonnen, Kuppeln usw. – anzutreffen sind. Einen Glanzpunkt der Blockbautechnik und ihrer baukünstlerischen Ausdruckskraft stellte das hölzerne Zarenschloß in Kolomenskoje[14] bei Moskau dar (17. Jh.).

Die russische Blockhausbauweise zwischen dem 7. und 17. Jahrhundert

Archäologische Grabungen haben sich als neue ergiebige Quelle von Informationen zur russischen Kultur- und Kunstgeschichte des 10. bis 16. Jh. erwiesen. Zu den wissenschaftlich bedeutsamen Funden gehören Holzgegenstände aus Staraja Ladoga und Nowgorod, wo sich dank der hohen Bodenfeuchtigkeit das Holz in der Erde gut erhalten hat. Diese Funde vermitteln eine Vorstellung nicht nur von der Architektur, sondern auch von Lebensweise, Kultur und Hauswirtschaft der früheren Einwohner – und das mit der Vollständigkeit eines umfassenden Bildes vom Leben der mittelalterlichen Nowgoroder Gesellschaft. Wir messen den Ergebnissen der archäologischen Funde so große Bedeutung bei, da wir gewiß sind, daß sie einen Ausgangspunkt für die gründliche Erforschung der russischen Holzbaukunst darstellen. So läßt sich beispielsweise anhand von Grabungsergebnissen belegen, wie wenig sich die Holzbauweisen der alten Nowgoroder in ihrem Wesen vom Aufbau der Bauernhäuser des vorigen Jahrhunderts unterschieden. Darin liegt ein Beweis nicht nur für die tiefverwurzelten Traditionen, sondern auch für die Langsamkeit der Entwicklungsprozesse, aber auch der Qualität der Holzbaukunst.

Reste alter Gebäude – ihre unteren Blockkränze,

Besonderheiten bei der Entwicklung

Öfen, Anbauten – wie auch einzelner Konstruktionsdetails, die von 1937 bis 1948 bei Ausgrabungen in Staraja Ladoga [86, S. 87] gefunden wurden, vermitteln einen Einblick in die Bautechnik des 7. bis 10. Jh. Es handelt sich um Wohn- und Wirtschaftsbauten, die im gezinkten Verband aus Kiefern- und Tannenstämmen, vorwiegend als quadratische oder rechteckige Blockhäuser mit großen Abmessungen ausgeführt worden waren.

Zu den bemerkenswerten Entdeckungen dieser Grabungen gehören Funde von Wohnbauten der vorfeudalistischen Epoche. Bei der Aufdeckung der tieferen Schicht E[15] aus dem 7. bis 8. Jh. stießen die Forscher auf die Reste ungewöhnlich großer Blockhäuser (mit einer Grundfläche bis zu 100 m²) mit zentraler Lage des Ofens. Es wird angenommen, daß diese Häuser einer archaischen Wohnform angehörten. Die früheste Form wäre die Erwärmung rings um ein offenes Feuer, anfangs unter freiem Himmel, dann unter dem Schutz einer Reisighütte und noch später, wie im erwähnten Beispiel, in einen großen Gemeinschaftswohnhaus.

Es besteht kein Zweifel, daß der Ofen für alle Bewohner des Hauses bestimmt war, also ist anzunehmen, daß auch der Haushalt gemeinsam geführt wurde. In einem derartigen Ofen wurde das Essen für alle gekocht, die Lebensmittel dazu wurden gemeinsamen Vorräten entnommen. An dem einen Ofen wärmten sich alle Bewohner des großen Hauses – 30 bis 40 Personen, womöglich noch mit «Untermietern», den Haustieren. Wer seiner Phantasie etwas freien Lauf gibt, kann sich wohl vorstellen, wie sich an kalten Winterabenden die Familienväter und ihre Angehörigen um die in der Raummitte hell lodernden Holzscheite scharten und wichtige Fragen des Haushalts, der Jagd, des Ackerbaus besprachen. *W. I. Ravdonikas* [86, S. 30] verglich das Leben der Einwohner eines solchen Hauses mit dem der südlichen Slawen und schrieb dazu: «Ganz genau so versammelte sich um ihr Herdfeuer, beispielsweise, die südslawische Sadruga.»[16]

Als Beispiel sei ein in den untersten Grabungsschichten freigelegtes großes Haus erwähnt, das aus zwei Blockhäusern bestand: einem östlichen von 45 m² und einem westlichen von rund 70 m² (einschl. Diele) Grundfläche. Letzteres ist noch nicht ganz freigelegt, dennoch bietet schon jetzt dieser Bau äußerst reiches Forschungsmaterial (Abb. 1.24). Das östliche Gebäude hat nahezu quadratische Form (7,5 m x 6,6 m) mit eingezinkten Eckverbänden. Im Innern des Raums stehen in Längsrichtung paarweise zwei Stützenreihen, die den Raum in gleich große Drittel teilen. Westlich grenzt an dieses ein zweites Blockhaus. Zusammen bilden sie ein langgezogenes Rechteck, die untersten Blockkränze lagern auf Feldsteinen oder Holzscheiten.

Offenbar gehörte dieses Haus zu einem patriarchalischen Gemeinwesen nach Art der Sadruga. Die Reste

des östlichen Gebäudes bieten genügend Anhaltspunkte für eine Rekonstruktion. Es ist anzunehmen, daß die Stützen die Überdachung (womöglich ein Satteldach) trugen, aber auch den Innenraum in drei Abschnitte teilten. Der mittlere mit dem Feuerherd diente als Wohnraum, während die seitlichen Wirtschaftszwecken vorbehalten waren. Im Winter konnte dort unter Umständen das Vieh untergebracht werden. Unterstützt wird diese Annahme durch den Umstand, daß die äußeren Bereiche einen aus Erde gestampften, der mittlere aber einen gepflasterten Fußboden hat. Die Annahme der Unterbringung von Haustieren in einem altertümlichen Großwohnhaus unterstützt auch die Archäologin

1.22
Hütten für die Sommernutzung in Charnemskaja a. d. Pinega

1.23
Teilansicht eines Turmes der Bratsker Festung (Ostsibirien, 17. Jh.) als Beispiel eines frühzeitlichen Blockverbands

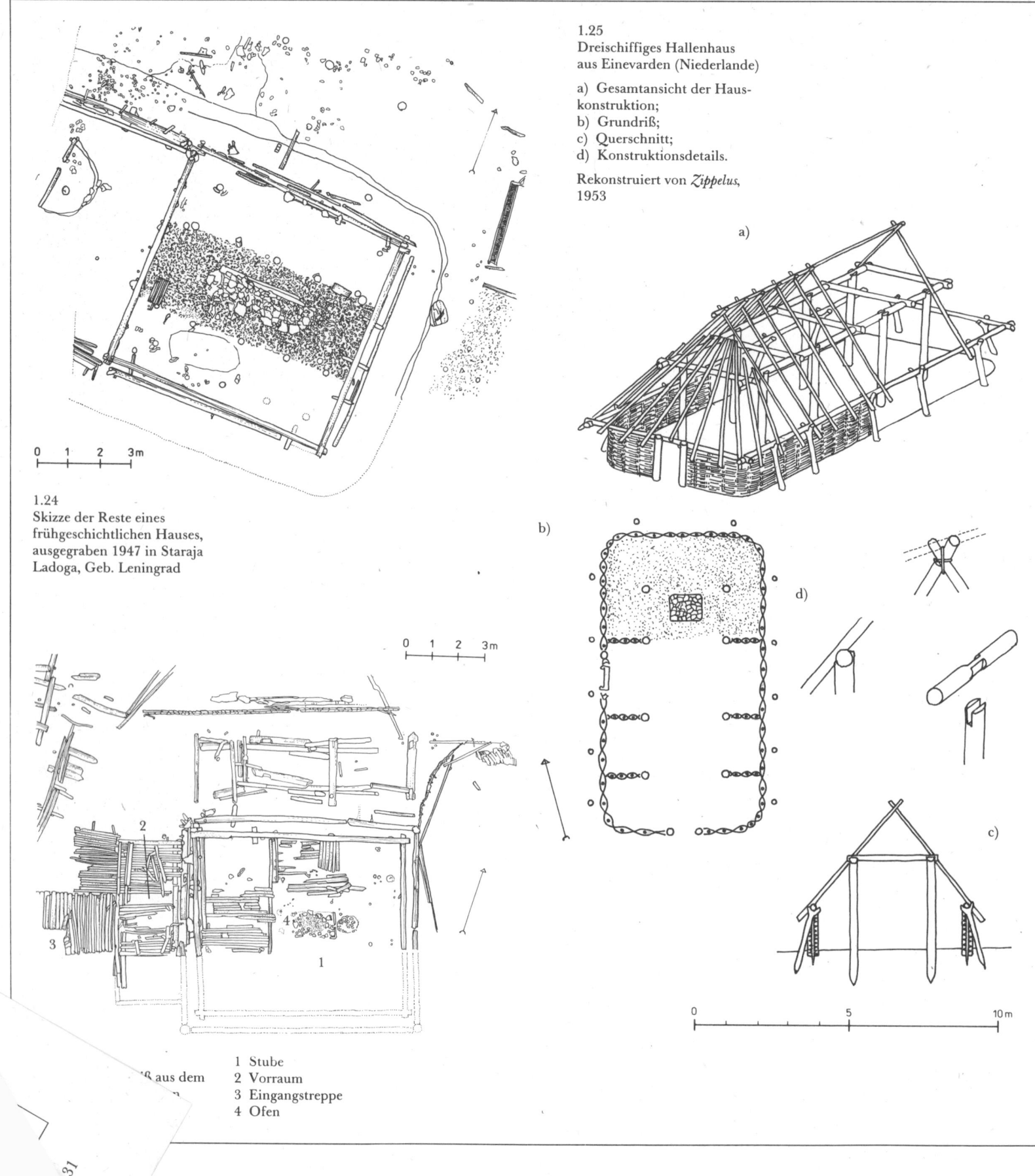

1.24
Skizze der Reste eines
frühgeschichtlichen Hauses,
ausgegraben 1947 in Staraja
Ladoga, Geb. Leningrad

0 1 2 3m

1.25
Dreischiffiges Hallenhaus
aus Einevarden (Niederlande)

a) Gesamtansicht der Haus-
   konstruktion;
b) Grundriß;
c) Querschnitt;
d) Konstruktionsdetails.

Rekonstruiert von *Zippelus*,
1953

a)

b)

d)

c)

0 1 2 3m

0 5 10 m

1 Stube
2 Vorraum
3 Eingangstreppe
4 Ofen

...aus dem

Besonderheiten bei der Entwicklung

S. S. *Beresanskaja* [8, S. 54] in bezug auf die von ihr un-
tersuchte, aus der Bronzezeit stammende Siedlung Pu-
stynka a Dnjepr. Dem Ladoga-Haus ähnlich sind auch
die Blockhäuser aus der von *P. N. Tretjakow* [101, S. 54]
entdeckten alten Ansiedlung Beresnjaki im Raum der
oberen Wolga. Sie stammen aus dem 5. Jh. und haben
einen ähnlichen Grundriß mit Mittellage des Feuerher-
des. Ähnliche Anlagen wurden in verschiedenen Teilen
Europas entdeckt, so z. B. die «dreischiffigen Hallen-
häuser» (Abb. 1.25) aus der Karolingerzeit im fränki-
schen Austrasien[17]. In diesen Häusern wohnten die
Menschen mit ihren Haustieren, bewahrten Heu und
Geräte auf. Ihr Aufbau war einfach. Es waren Ständer-
häuser, deren Felder durch Flechtwerk geschlossen wurden [23, S. 46].

Im Verlauf der jahrhundertelangen, wenn auch lang-
samen Entwicklung des Holzwohnhauses sind einige
Gebäudetypen verschwunden, andere wurden vervollkommnet, noch weitere entstanden später in neuen Formen. Zu den letzteren dürfen wohl auch die Bauernhöfe
des russischen Nordens gehören, die während der letzten Jahrhunderte weite Verbreitung fanden. Mit ihnen
wurde die uralte Idee des Gemeinwesens aufrechterhalten; waren doch unter einem Dach die Wohnräume einer großen oder einiger verwandten Familien, die Wirtschaftsräume, Vieh und Futter zu einem Komplex vereint untergebracht. Das entsprach den örtlichen Klimabedingungen (s. Kapitel 4, «Profanbauten») und erwies
sich als zweckmäßig.

Als weiteres Beispiel altertümlichen Stareladogaer
Wohnungsbaus gilt ein Haus aus der Schicht D, die
über dem oben beschriebenen Bauwerk auf der
Schicht E liegt und dem 10. Jh. zuzuordnen ist. Auf
Abb. 1.26 sind die relativ gut erhaltenen Reste eines
ebenfalls großen Blockhauses mit angebautem Vorraum
und Eingangssteg zu sehen. Die Grundfläche des nahezu quadratischen Hauses beträgt rund 49 m². Die
Mitte des Innenraums wird von einem mächtigen Ofen
eingenommen. Diese Ofenstelle entspricht alten Traditionen und hielt sich vereinzelt bis in spätere Zeiten
nicht nur in Staraja Ladoga, sondern auch in Nowgorod.

In der Schicht D wurden auch Häuser entdeckt, die
bereits einer anderen Lebensweise entsprechen. Es handelt sich um Einfamilienhäuser, die durch ihre Grundrißgestaltung und konstruktiven Merkmale hervortre-
ten. Es sind im allgemeinen einräumige Häuser, in denen der Ofen entweder in der Ecke neben dem Eingang
oder in der Mitte des Raumes liegt. In einigen Fällen
kann es sich bei diesen Häusern auch um Werkstätten
von Handwerkern handeln. Ihre Abmessungen waren
bestimmt durch die üblichen Rundholzlängen sowie
durch Elemente der Konstruktion. Anhand der erhaltenen Reste kann man sich gut die Inneneinrichtung mit

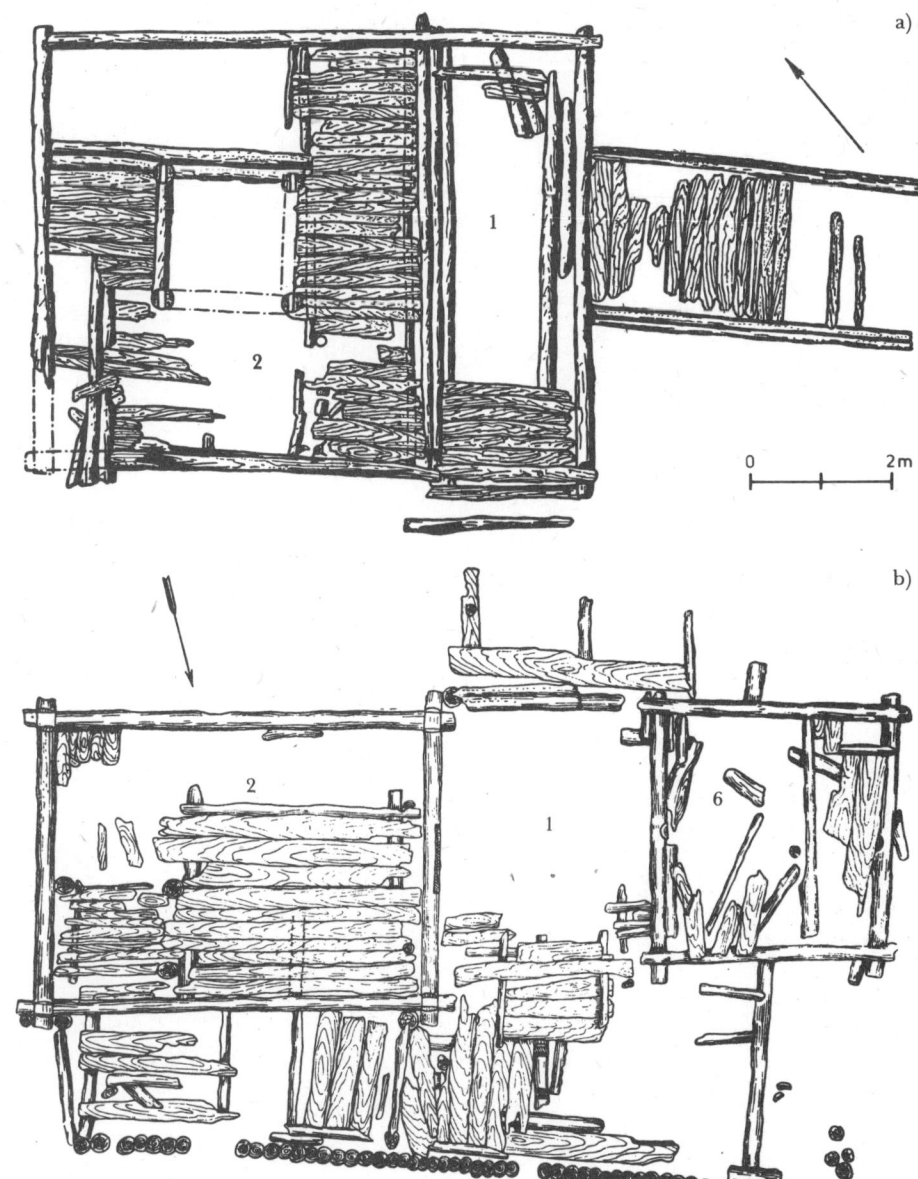

«Einbaumöbeln» – Bänken, Wandbrettern, Haushalts-
gegenständen – vorstellen. Auf den Grabungsfeldern
sind auch Reste von Wirtschaftsbauten – Speichern,
Scheunen, Viehställen – erhalten. In der Nowgoroder
Kulturschicht haben sich nicht nur zahlreiche schriftliche Quellen (Birkenrinde-Urkunden u. a. Zeugnisse)
zur Geschichte der Stadt, sondern eine Vielzahl gegen-
ständlicher Stücke erhalten, insbesondere Holzerzeugnisse – die Reste verschiedenartiger Bauten der Profanarchitektur, Wirtschafts- und Gewerbebauten, Gegenstände der angewandten Kunst und sogar ganze Teil-
stücke städtischer Bebauung mit Straßen und Gassen
sowie Fahrbahndecken.

Die Vielfalt der gefundenen Wohnhaustypen läßt
eine einigermaßen exakte Klassifizierung zu. Folgende

1.27
Bei Ausgrabungen in Nowgorod freigelegte Wohnhaus-
grundrisse

a) zweiräumiges Haus aus dem
11. Jh.
1 Vorraum;
2 Stube

b) dreiräumiges Haus aus dem
16. Jh.
1 Vorraum;
2 Stube;
6 Vorräte

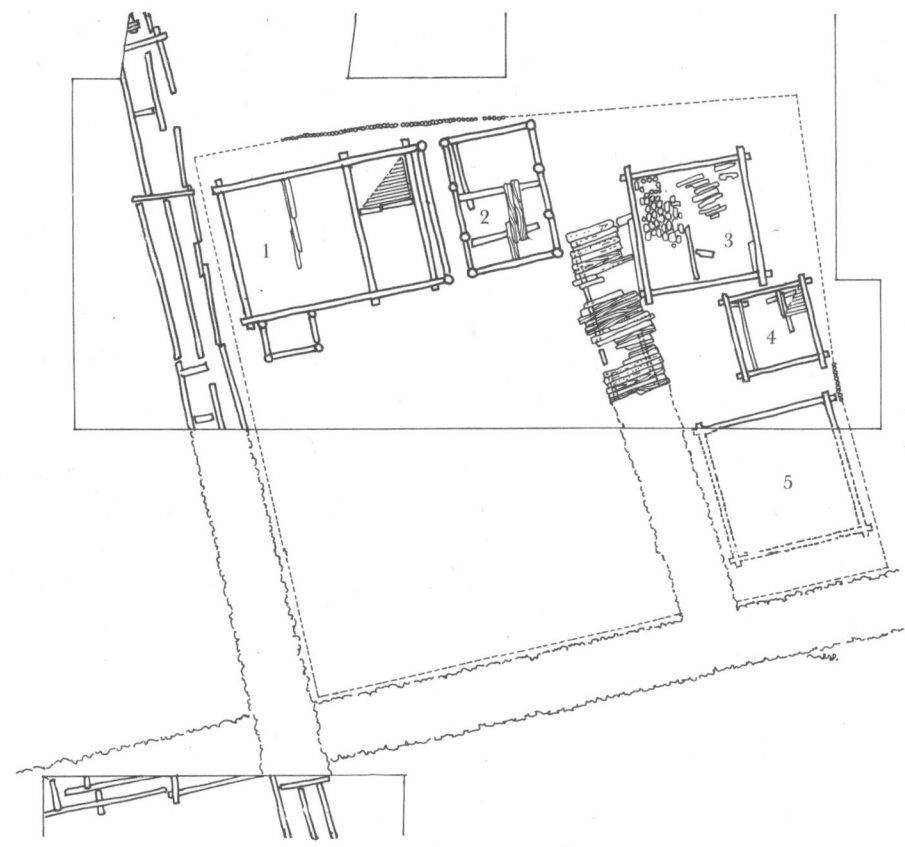

1.28
Grundriß des Gehöftes des
Nowgoroder Malers *Olissej
Gretschin* (12. Jh.)

1 großes Wohnhaus;
2 Kemenate;
3 Wohnhaus;
4, 5 Wirtschaftsbauten

1.29
Gesamtansicht des Gehöftes

Haustypen herrschten im Nowgoroder Wohnungsbau
vor:
– das einräumige Wohnhaus als einfaches Blockhaus
 ohne Anbauten oder mit zeitweise umbautem Vorraum;
– das zweiräumige Wohnhaus als ein langgestrecktes
 Blockhaus mit einer Querwand, die die Wohnstube
 von der Diele trennte;
– das getrennte zweiräumige Haus, bestehend aus zwei
 nebeneinander gestellten Blockhäusern für Zimmer
 und Diele;
– palastartige Bauwerke, die einen Gebäudekomplex
 darstellten, bestehend aus mehreren, durch Über-
 gänge verbundenen Blockhäusern.

Einfachstes Beispiel letztgenannten Typs ist ein dreiräumiges Haus, bestehend aus Stube, Diele und Lagerraum. Oft wurden die Nowgoroder Wohnhäuser auf ein
Untergeschoß[18] gesetzt, in dem Lebensmittelvorräte,
Wirtschaftsgeräte usw. verwahrt wurden.

Sämtliche Gebäude der Nowgoroder Ausgrabungen
waren in Blockbauweise aus Kiefer, seltener aus Tanne
ausgeführt. Bei den Wohnbauten waren die Rundhölzer
am Zopfende 20 bis 25 cm stark, bei den Wirtschaftsbauten 18 bis 20 cm. Die Balken wurden mit Zinkung
verbunden, ihre Enden standen 15 bis 30 cm über. Die
Enden der zuunterst liegenden Balkenkränze blieben
zur Erhöhung der Standfestigkeit des Baues unbe-
hauen. Längsrinnen und Eckauskerbungen wurden auf
der Oberseite der jeweils unten liegenden Balken ausgestemmt und mit Moos verdichtet. Fundamente gab es
nur in ganz seltenen Fällen, im allgemeinen wurde der
untere Balkenkranz direkt auf der Erdoberfläche verlegt, an unebenen Stellen wurden Holzsscheite oder
Feldsteine daruntergelegt. Fußböden wurden stets aus
Brettern gezimmert, die über Querbalken gelegt wurden, so daß darunter ein Unterflurraum entstand.
Wohlhabendere Einwohner setzten den Wohnraum auf
einen Unterbau oder errichteten zweigeschossige Häuser.

Ein wichtiges Merkmal ist die Lage der Öfen. In den
Nowgoroder Blockhäusern wurden sie im allgemeinen
in eine der Ecken gesetzt, in einigen Häusern standen
sie jedoch in der Mitte. *P. I. Sasurzew* [37, S. 31] gibt dafür eine logische Erklärung, indem er solche Häuser mit
der Gewerbetätigkeit ihrer Bewohner in Verbindung
setzt. Das mag stimmen, jedoch dürfen auch die alten
Traditionen im Wohnhausbau nicht übersehen werden,
nach denen der Ofen in die Stubenmitte gehörte. Der
Grundriß der Nowgoroder Spielart eines Hauses ist in
Abb. 1.27a dargestellt, er ist dem der Alt-Ladogaer
Häuser sehr ähnlich, was mit Wahrscheinlichkeit von
einer Gemeinsamkeit der Bautraditionen beider Städte
zeugt. Dieses fünfwandige, 8,2 m x 6,0 m große Haus
enthält Wohnstube und Diele; der Ofen steht in der

Stubenmitte. Dcr Hauseingang lag an der Südwestseite. Er war über eine Rampe und durch eine Laube zugänglich.

Einen etwas weiterentwickelten Nowgoroder Wohnhaustyp zeigt Abb. 1.27 b, das den Grundriß eines großzügigeren dreiräumigen Hauses folgender Ausmaße darstellt: Wohnstube 5,1 m x 3,6 m, Diele 3,0 m x 3,1 m und Lagerraum 2,9 m x 3,0 m. Das Haus war aus 20 bis 22 cm starken Kiefernstämmen ausgeführt. Im Inneren sind gezimmerte Fußböden aus starken Brettern erhalten. Erkennbar ist der Platz für den Ofen in der linken, dem Eingang gegenüberliegenden Stubenecke. Aller Wahrscheinlichkeit nach ruhte der Ofen auf vier ins Erdreich eingegrabenen Pfählen. Im weiteren Verlauf der Grabungen konnte die Lage des Hauses auf dem Grundstück ermittelt werden. Es stand in einem Hof, seine Hauptfront mit dem Eingang grenzte dicht an den Palisadenzaun; seine Giebelfront lag an der «Großen Straße», deren Fahrbahn mit querliegenden Bohlen[19] belegt war. Der Fund zeigt eindrucksvoll die Wohnweise des Nowgoroder Mittelstandes im 14. Jh.

Ein ganz anderes Bild bieten Gehöfte, deren Eigentümer zu den vornehmsten Einwohnern Nowgorods zählten. Auf weitläufigem Grundstück liegen mehrere herrschaftliche Wohnhäuser, Wohnungen der Dienerschaft und zahlreiche Wirtschaftsgebäude. Das zeigt auch das bei der neuen Troizki-Grabung[20] freigelegte Gehöft des Nowgoroder Künstlers und Geistlichen[21] *Olysei Gretschin* aus dem 12. Jh. [49]. Sein Gehöft (Abb. 1.28) umfaßte mehrere Blockbauten: das «Große Haus» (1), das Frauengemach (2), ein weiteres Haus (3) und noch zwei Gebäude (4, 5).

Das wichtigste Gebäude ist ein großes, mindestens zweigeschossiges Blockhaus (1) über einem Unterbau. An dieses Haus grenzte ein Bauwerk (2), dessen Konstruktion darauf schließen läßt, daß es sich um ein zwei bis drei Geschosse hohes Wohnhaus («Frauengemach») handelte. Diese beiden Bauwerke (1, 2) beherrschten die Mitte des Gehöftes, das einen Komplex von Wohngebäuden und Werkstätten beherbergte. Ein kleines Blockhaus (3) stand an der Südseite des Gehöftes jenseits der Hofpflasterung. An die Südseite des Hauses (3) lehnte das Blockhaus (4) als kleinstes Bauwerk des Gehöftes, es diente wahrscheinlich als Werkstatt und Lagerraum. Den Abschluß dieses Ensembles bildete das Blockhaus (5). Alle Gebäude waren durch die Hofpflasterung verbunden. Abb. 1.29 zeigt die von *G. W. Borissewitsch* vorgenommene Rekonstruktion diese Gehöftes.

Die ausgegrabenen Reste Nowgoroder Gebäude ergeben ein ziemlich vollkommenes Bild von der mittelalterlichen Holzbaukunst. Schriftliche Quellen tragen zu ihrem besseren Verständnis bei. So wußte der englische Gesandte in Rußland *Jules Fletcher* [103, S. 33] interessante Einzelheiten über den altrussischen Wohnungs-

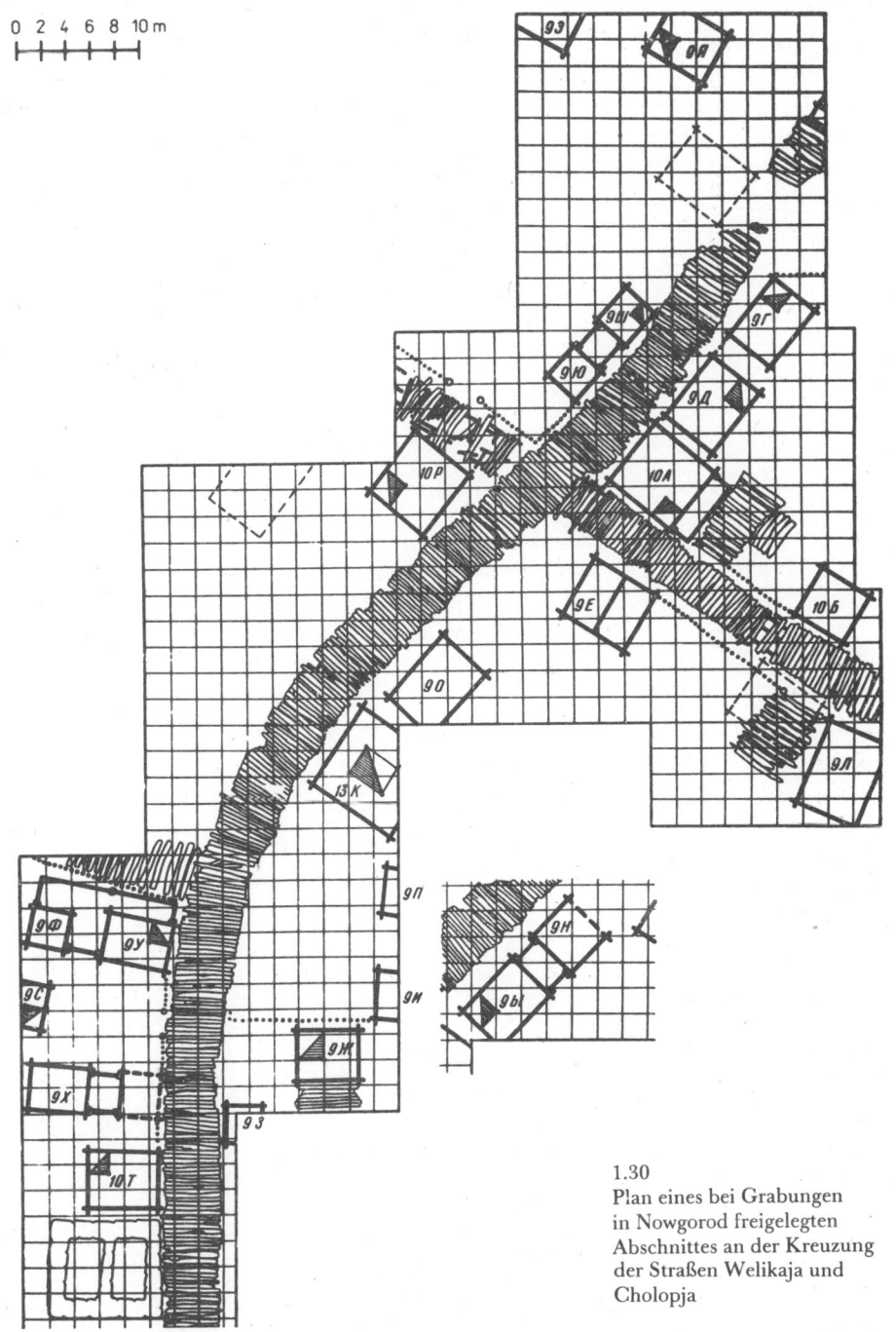

1.30
Plan eines bei Grabungen in Nowgorod freigelegten Abschnittes an der Kreuzung der Straßen Welikaja und Cholopja

bau der 2. Hälfte des 16. Jh., also etwa zur Zeit des Entstehens der Ausgrabungsobjekte, zu berichten: «... Ihre Häuser sind aus Holz ohne Stein und Kalk, recht fest und warm erbaut aus Kiefernstämmen, die übereinandergelegt und an den Ecken im gezinkten Verband zusammengehalten werden. Zwischen die Stämme wird zum Schutz gegen das Eindringen der Außenluft Moos gestopft, das man in den Wäldern in großen Mengen sammelt. Jedes Haus hat eine Treppe, die vom Hof oder von der Straße in die Zimmer führt, genauso wie in

Traufhaken (sog. Henne)
mit Drachenkopf; Schindeln

a) Gesamtansicht;
b) Detail des Kopfes;
c) Schindeln

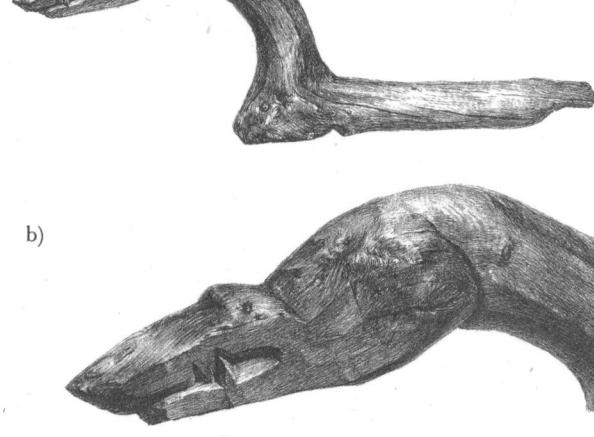

a)

b)

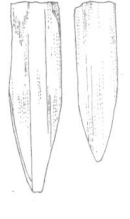

c)

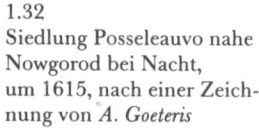

0   5cm

planerischen Besonderheiten der damaligen Stadt. Es muß hervorgehoben werden, daß Nowgorod von Anfang an nach einem durchdachten Plan angelegt worden war. Bei den dortigen Ausgrabungen wurden ganze Straßenzüge und Gassen, palisadenumzäunte Höfe, feste, mit Bohlen belegte Fahrdämme, Gehöfte mit Wohn- und Wirtschaftsbauten sowie Werkstätten freigelegt. Die im Nerewski-Bezirk, einem relativ kleinen Stadtteil, gemachten Funde vermitteln ein eindrucksvolles Bild vom Leben in der alten Stadt.

Abb. 1.30 zeigt einen Abschnitt des durch die Nerewski-Grabung freigelegten Stadtteils aus dem 14. Jh. mit drei zusammentreffenden Straßen – der Welikaja, Cholopja und Kosmodemianowskaja, an denen Gehöfte und Häuser verschiedener Form, Größe und Bestimmung lagen.

Die Funde der Nowgoroder Ausgrabungen sind von einzigartiger Bedeutung für das Studium der russischen Holzbaukunst. Ihnen verdanken wir die Möglichkeit, die Entwicklug über mehrere Jahrhunderte zu verfolgen und mit der bäuerlichen Architektur des 19. Jh. zu vergleichen.

Die Ausgrabungen von Staraja Ladoga haben viel weniger Anhaltspunkte für eine Rekonstruktion ergeben als die Nowgoroder, so daß eine vollwertige Rekonstruktion der alten Bauten von Staraja Ladoga fragwürdig erscheint. In Nowgorod dagegen sind sie so zahlreich, konkret und materialgerecht in ihrer Aussage, daß sie wertvolle Grundlagen für Versuche der Rekonstruktion einzelner Baudenkmäler darstellen.

Schottland. Holzbauten scheinen für die Russen viel zweckmäßiger zu sein als steinerne oder aus Ziegeln, denn in den letzteren ist es viel feuchter und kälter als in Holzhäusern, besonders wenn sie aus trockenem Kiefernholz sind, das am besten die Wärme hält. Die Vorsehung hat sie in solchem Überfluß mit Wäldern gesegnet, daß man für etwa zwanzig Rubel … ein anständiges Haus auch dort bauen kann, wo es nicht so viel Wald gibt. Ein Nachteil der Holzhäuser besteht jedoch darin, daß sie Gefahr laufen, abzubrennen. Brände kommen vor und sind sehr verheerend …»

Die Vorstellung von den Alt-Nowgoroder Bauten wäre unvollständig ohne die Erwähnung einiger stadt-

Siedlung Posseleauvo nahe
Nowgorod bei Nacht,
um 1615, nach einer Zeichnung von *A. Goeteris*

Seite 37, unten:

Beheizung von Häusern nahe
Nowgorod um 1615,
nach einer Zeichnung von
A. Goeteris.
Das linke Haus ist im
Schnitt dargestellt.

Besonderheiten bei der Entwicklung

Einen wesentlichen Beitrag zur Rekonstruktion der Alt-Nowgoroder Wohnbauten stellen Zeichnungen von *A. Olearius* (1636) [70], *A. Meierberg* (1661) [66], Grundrisse des Tichwiner Klosters und eines Teiles von Nowgorod gegen Ende des 17. Jh. von *B. D. Grekow* [29] und *Antonis Goeteris* (1615) [27] und weitere Quellen dar, die Abbildungen und Beschreibungen russischer Wohnhäuser des 17. Jh. enthalten. Zahlreiche Motive und Details der Zeichnungen unterstützen den Forscher bei der Kärung der ordnungsgemäßen Bestimmung archäologischer Funde und des Platzes, den sie in der Struktur des Bauwerkes einnehmen. Es scheint sicher, daß das äußere Antlitz der Wohnhäuser aus Alt-Nowgorod Ähnlichkeit mit der Holzbaukunst des 17. Jh. hat. Die Wahrscheinlichkeit dieser Annahme wird unterstützt durch die Analyse von Hausgrundrissen, die aus zeitlich unterschiedlichen Bodenschichten stammen. Aus ihnen ist zu ersehen, daß die Wohnhausgrundrisse aus dem 10. und 15. Jh. keine wesentlichen Unterschiede aufweisen [48].

Wie mochte nun ein hölzernes Wohnhaus, ein Wirtschaftsbau oder eine Werkstatt im alten Nowgorod ausgesehen haben? Nach den oben aufgeführten zeitgenössischen Zeichnungen und ausgegrabenen Bauteilen läßt sich zunächst ein Bild vom primitiven Charakter der Nowgoroder Holzbautechnik entwerfen, deren Formen in vieler Hinsicht den entsprechenden bäuerlichen Bauten des russischen Nordens – Scheunen, Speichern, Badestuben – mit ihren kleinen Schiebefenstern und niedrigen Türen ähneln. Es waren einfache Blockhäuser für Wohn-, Wirtschafts- und Gewerbezwecke, die entweder, von einer Erdaufschüttung umgeben, auf Holzscheiten oder Feldsteinen ruhten oder einen unbeheizten Unterbau, manchmal auch ein volles Untergeschoß besaßen. Sie hatten vorwiegend Satteldächer, wovon Funde von Bauteilen – Traufbalken, Firstholme, Dachlatten, Schindeln (Abb. 1.31a–c) – wie auch zeitgenössische Zeichnungen[22] zeugen. Man kann annehmen, daß bereits zu jenen Zeiten Wohnhausdächer auf Giebelblockwänden gelagert vorkamen, wie sie bei Bauernhäusern weit verbreitet sind.[23] Nicht auszuschließen sind im alten Nowgorod Dachstuhlkonstruktionen mit offenen oder bretterverschalten Giebeldreiecken. Die Dächer deckte man nicht nur mit Latten, sondern auch mit kunstvoll aus Kiefern- oder Eichenholz geschnittenen Schindeln, die unversehrt oder beschädigt in großer Zahl ausgegraben wurden.

Die meisten Wohnhäuser Nowgorods waren gekennzeichnet durch einfache Architekturformen. Die rauhen Blockwandflächen wurden belebt durch kleine, malerisch verteilte Fensterchen, die Dachflächen in seltenen Fällen von geschnitzten Stirnbrettern und Rauchauslässen geziert. Abb. 1.32 zeigt eine Siedlung in der Nähe Nowgorods um 1615, dargestellt vom niederländischen Maler *Antonis Goeteris*. Die Fenster – oder genauer die Schiebefenster – waren lediglich kleine Wandöffnungen in den Fassaden. Solche Fenster wurden in zwei benachbarte Blockkränze geschlagen, befanden sich in einer oder zwei Höhenlagen und verliehen der Blockwandfläche ein lebendiges Antlitz. An Häusern wohlha-

1.33
Nowgoroder Türen

a) Haustür (14. Jh.);
b) Dielentür (12. Jh.);
c) Kellertür

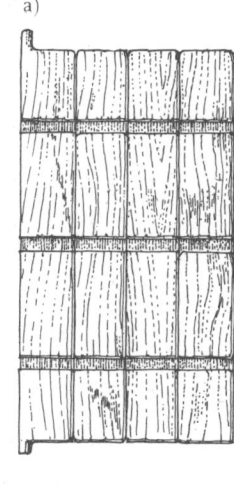

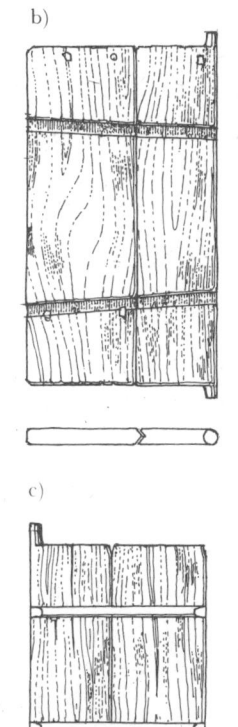

1.35
Geschnitzte Stirnbretter (a)
und Brüstungsstäbe (b)
Nowgoroder Häuser

Seite 39:

1.36
Geschnitzte Stützpfeiler

a) Nowgoroder Fund aus dem
11. Jh.;
b) aus der Kirche in Dale,
Norwegen (1401)

1.37
Spinnrocken aus Nowgorod

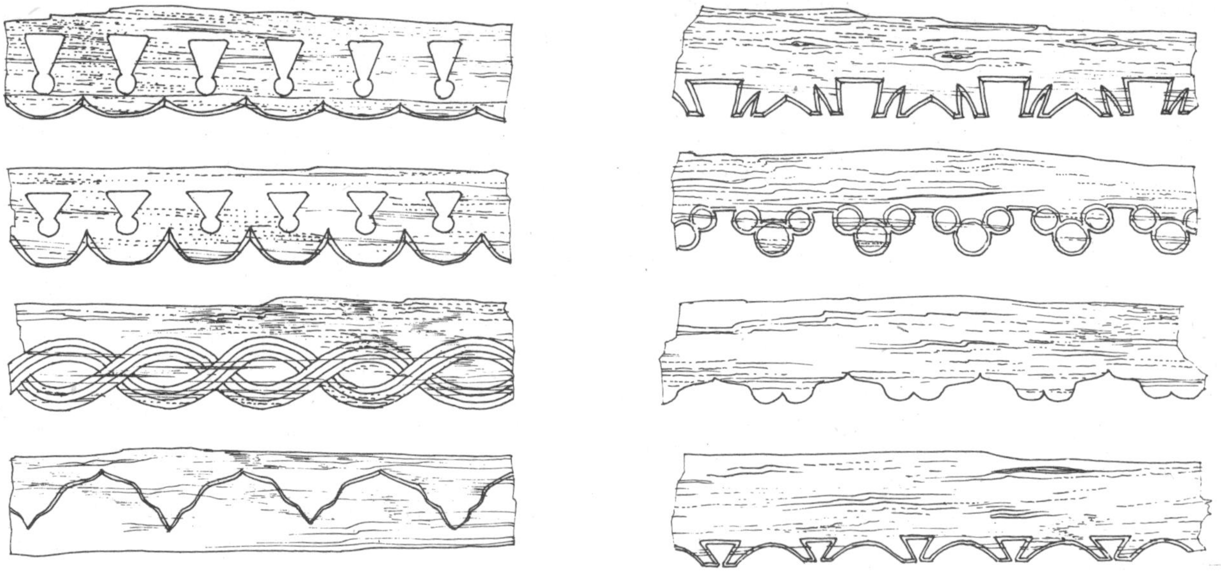

a)   b)

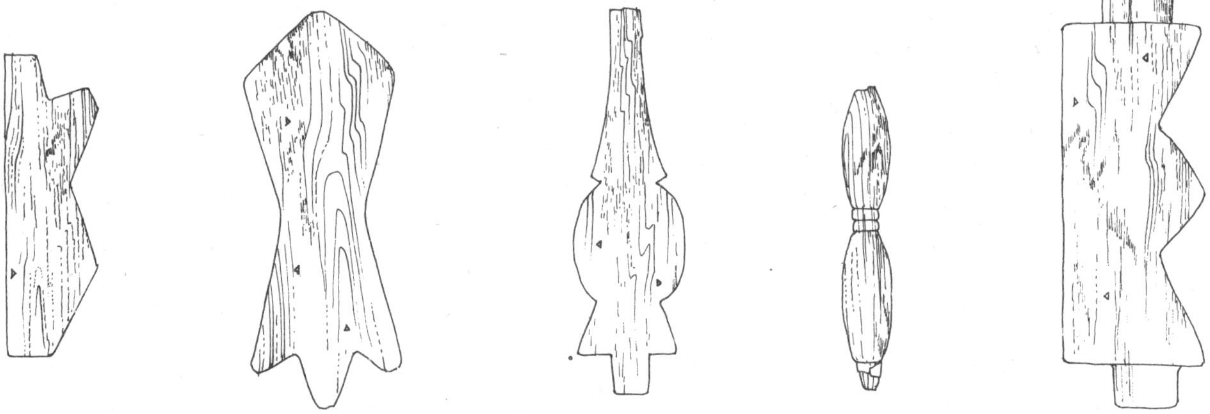

bender Bürger konnte man bereits pfostenumrahmte Flügelfenster, flankiert von den kleinen Schiebefenstern, vorfinden. Zahlreiche Glimmerreste bezeugen, daß die Fenster mit Glimmerscheiben «verglast» wurden. Eine weit billigere Art der «Verglasung» bestand im Einspannen von Fisch- oder Rinderblasen. Im Gegensatz zu den meist sehr primitiven Fenstern stellten die Wohnhaustüren bereits eine aus bautechnischer Sicht relativ komplizierte Konstruktion dar, die Drehbewegungen des Türflügels zuließ. Zu diesem Zweck erhielten die Türflügel Drehzapfen, die in entsprechende, in Schwell- und Sturzbalken gemeißelte Drehlager eingriffen. Die Türflügel wurden aus sorgfältig im Schwalbenschwanzverband miteinander verspundeten und durch Querbalken verbundenen Bohlen zusammengefügt. Die gesamte Konstruktion wurde trotz der feinen Detaillierung nur mit der Axt gefertigt. Nach *P. I. Sasurzew* [37] sind drei Gruppen von Türen zu unterscheiden: für Wohnhäuser, für Wirtschaftsbauten und für Unterbauten (Abb. 1.33). Die Eingangstüren der einfa-

chen Wohnhäuser Nowgorods waren gekennzeichnet durch Schlichtheit der Gestaltung von Pfosten, Türflügeln und Vortreppen. Anders die Eingänge der Wohnbauten der Bojaren, die mit schnitzereigeschmückten Vorhallen und Laubengängen reich ausgestattet waren.

Wie erfolgte die Beheizung der Wohnbauten? Wie in Staraja Ladoga wurden auch die Nowgoroder Wohnhäuser von rauchfanglosen Öfen beheizt. Der Rauch drang direkt in den Wohnraum und gelangte durch Rauchabzugsfenster ins Freie, die – den Lichtfensterchen ähnlich – im oberen Bereich der Wand lagen. In anderen Fällen wurde der Rauch einfach durch die gewöhnlichen Fenster und Türen hinausgelassen (Abb. 1.34).[24] Die Öfen hatten beträchtliche Ausmaße, etwa 1,5 m x 1,8 m im Grundriß, waren aus gestampftem Lehm, seltener aus Backstein ausgeführt. Sie ruhten entweder auf Holzpfählen, auf Blockkränzen oder auch auf Aufschüttungen aus dem gleichen Ofenmaterial.

Die archäologischen Funde Nowgorods brachten eine ungeahnte Fülle einzigartiger altrussischer Holzgegenstände zutage. Mit ihnen wurde der Erforschung der russischen Kultur und Kunst des Mittelalters eine neue Quelle eröffnet.

Beim Holzbau wurde seit jeher viel Ornamentik angewandt. Verziert wurden nicht nur Architekturdetails der Außenfronten und Innenräume, sondern auch alle möglichen Haushalts- und Wirtschaftsgegenstände, Geräte, Möbel, Werkzeuge, Waffen u. dgl. m. Nicht zu übersehen ist die kunstvolle Bearbeitung von Metallgegenständen wie Schloßbeschlägen, Schlüsseln, Türangeln, Klopfringen, Klammern.

Originelle Schnitzornamente schmücken die verschiedenartigen Holzbauteile der Häuser und ihre Innenausstattung. Besonders schön geschmückt sind Möbelstücke und Haushaltsgeräte. Die geschnitzten Ornamente sind den bunten Verzierungen Nowgoroder Pergamente ähnlich. Die in erster Linie in der Holzschnitzerei ausgebildete Eigenart der Nowgoroder Ornamentik entwickelte sich mit der Zeit zu einem wesentlichen Bestandteil russischer dekorativer und angewandter Kunst. Zahlreiche, z. T. gut erhaltene Fragmente wurden bei den Nowgoroder Grabungen gefunden: geschnitzte Verzierungen an Teilen von Dachkonstruktionen – Hakensparren und Traufhaken, Stirnleisten, Firstholmköpfe, plastisch gestaltet als stilisierte Tier- und Vogelköpfe. Auch andere fein geschnitzte Bauteile von Wohnhäusern wurden ausgegraben, wie z. B. Brüstungsstäbe (Abb. 1.35 a, b), Fensterumrahmungen, Säulen. Auch sie zeugen von darstellerischer Vielfalt.

Von besonderem Interesse sind zwei geschnitzte Säulen aus dem 11. Jh.[25] Eine von ihnen ist mit einer geschnitzten Zierpalmette geschmückt, besonders originell ist die zweite Säule, deren ganze Oberfläche mit Schnitzereien im Korbmuster bedeckt ist, in deren Mitte sich zwei Medaillons befinden, in denen ein Greif mit einem Pantherrumpf und ein Kentaur[26] dargestellt sind (Abb. 1.36 a). Beide gehören einer Welt von Fabelwesen an, die seit Urzeiten die Ornamentik beleben.

Wenn uns auch der eigentliche Sinn der Ornamentik dieser Säulen verborgen bleibt, müssen wir doch ihre künstlerische Form bewundern. Die kreisförmigen Medaillons, die diese Fabelwesen beinhalten, haben eine Reihe von Entsprechungen nicht nur in der altrussischen Holzschnitzerei, sondern auch an steinernen Denkmälern des Mittelalters. Das Flechtwerk jedoch hat keine direkte Analogie mit Architekturformen, doch seine Ornamentik weist gewisse Beziehungen zur angewandten Kunst auf, wovon auch Holzgegenstände aus denselben Nowgoroder Grabungen zeugen, wie beispielsweise eine ornamentierte Schale, deren Zeichnung mit dem Säulenornament verwandt ist.

Ähnlichkeit besteht auch zwischen Motiven der Nowgoroder Holzschnitzereien und der Ornamentik an Baudenkmälern in anderen Ländern, wie z. B. Stein-

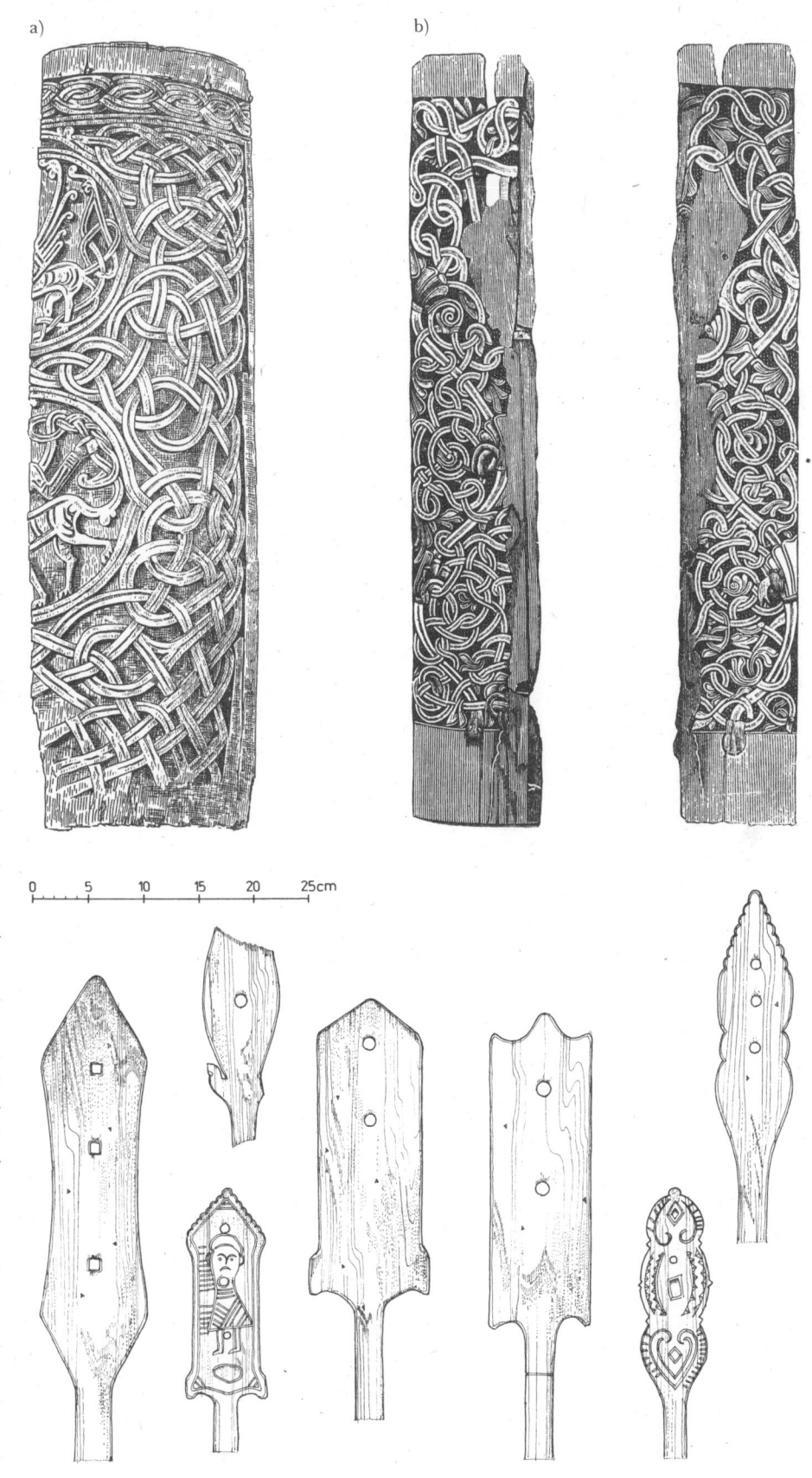

a)   b)

0   5   10   15   20   25cm

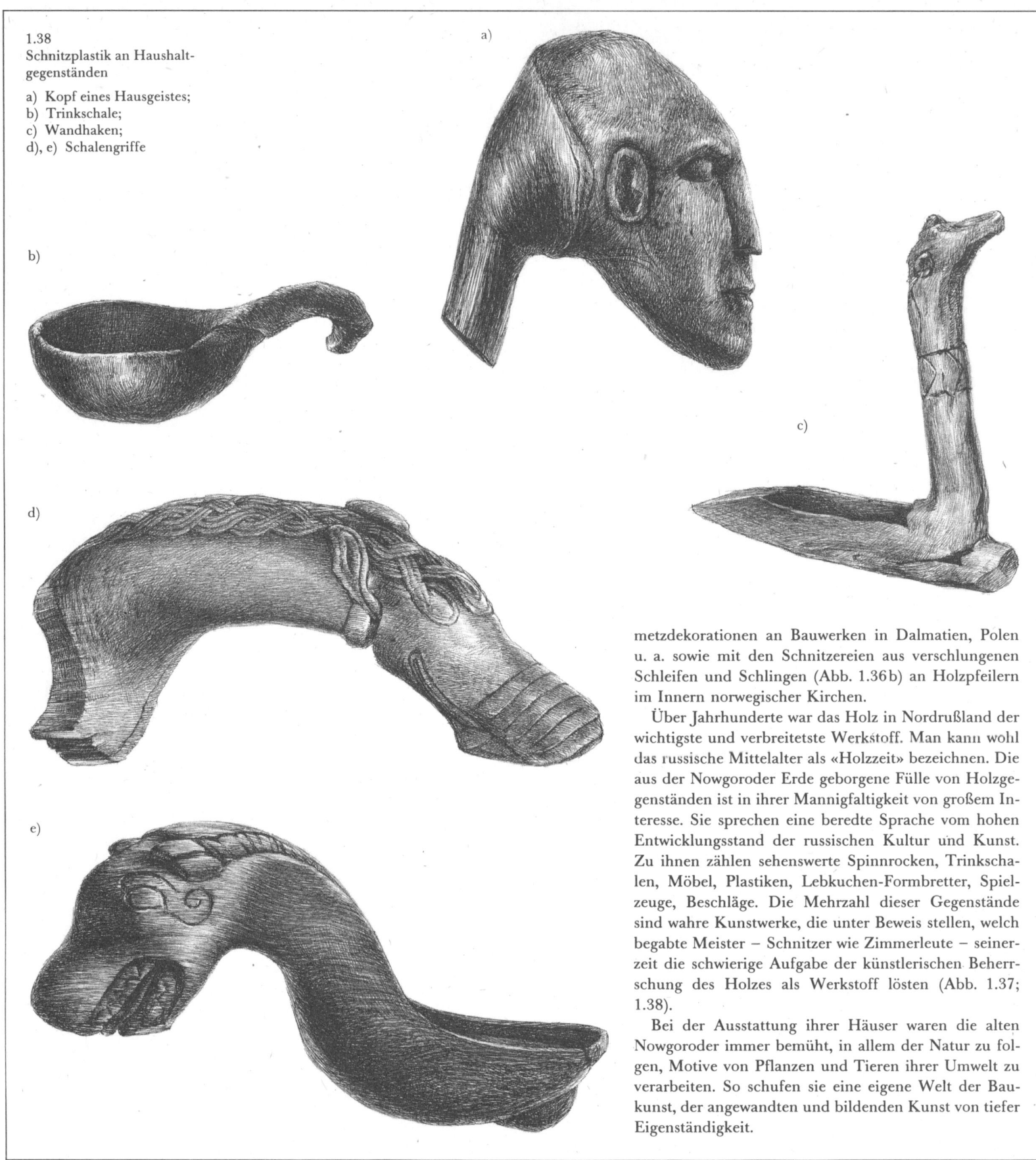

1.38
Schnitzplastik an Haushaltgegenständen

a) Kopf eines Hausgeistes;
b) Trinkschale;
c) Wandhaken;
d), e) Schalengriffe

metzdekorationen an Bauwerken in Dalmatien, Polen u. a. sowie mit den Schnitzereien aus verschlungenen Schleifen und Schlingen (Abb. 1.36 b) an Holzpfeilern im Innern norwegischer Kirchen.

Über Jahrhunderte war das Holz in Nordrußland der wichtigste und verbreitetste Werkstoff. Man kann wohl das russische Mittelalter als «Holzzeit» bezeichnen. Die aus der Nowgoroder Erde geborgene Fülle von Holzgegenständen ist in ihrer Mannigfaltigkeit von großem Interesse. Sie sprechen eine beredte Sprache vom hohen Entwicklungsstand der russischen Kultur und Kunst. Zu ihnen zählen sehenswerte Spinnrocken, Trinkschalen, Möbel, Plastiken, Lebkuchen-Formbretter, Spielzeuge, Beschläge. Die Mehrzahl dieser Gegenstände sind wahre Kunstwerke, die unter Beweis stellen, welch begabte Meister – Schnitzer wie Zimmerleute – seinerzeit die schwierige Aufgabe der künstlerischen Beherrschung des Holzes als Werkstoff lösten (Abb. 1.37; 1.38).

Bei der Ausstattung ihrer Häuser waren die alten Nowgoroder immer bemüht, in allem der Natur zu folgen, Motive von Pflanzen und Tieren ihrer Umwelt zu verarbeiten. So schufen sie eine eigene Welt der Baukunst, der angewandten und bildenden Kunst von tiefer Eigenständigkeit.

Die altrussische Holzbautechnik

Seit ältesten Zeiten ist in Rußland das Holz eines der wichtigsten natürlichen Baustoffe mit vielfältigen Möglichkeiten auch der baukünstlerischen Verarbeitung. Die Werke der russischen Holzarchitektur gehören zu den großartigen Schöpfungen des Volkskunstschaffens. Wenn wir die märchenhafte Silhouette der Verklärungskirche in Kishi, die monumentale Würde der Maria-Himmelfahrts-Kirche in Kondopoga, die harmonischen Proportionen der Turmkirchen des russischen Nordens bewundern, so werten wir sie meist nur als bedeutsame baukünstlerische Leistungen. Die bautechnische Seite dieser genialen Schöpfungen bleibt dabei fast immer unbeachtet. Die Organisation der Bautätigkeit der altrussischen Zimmerleute ist noch ungenügend erforscht, ihre Berufsgeheimnisse sind nicht enträtselt, unklar ist unser Wissen um die Bildung von Zimmermannsinnungen, die Materialbeschaffung usw.

Seit Urzeiten waren die russischen Bauern mit dem Zimmerhandwerk vertraut, erlangten im Lauf der Zeit große Fertigkeit im Umgang mit der Axt; die Befähigtsten widmeten ihr Leben dem Beruf des Zimmerers. Generationen von Zimmerleuten und Holzschnitzern vervollkommneten ihre Erfahrungen im Holzbau, entwickelten wohlbewährte, die Gebäude als Ganzes wie auch ihre einzelnen Bestandteile betreffende Konstruktionsmethoden und Bauformen, die voll und ganz den Eigenschaften des Bauholzes und dem jeweiligen Stand der Holzbautechnik entsprachen. Aus bestimmten Lösungen entwickelten sich typische Bauten, die allerorts Anwendung fanden und die überlieferten Bautraditionen bestimmten.

Wohnhäuser wurden im allgemeinen von den Bauern selbst mit Hilfe ihrer Nachbarn errichtet [71, S. 394]. Zur Errichtung größerer Bauwerke verbanden sich die Zimmerer von alters her zu Innungen (Artels), die von einem erfahrenen Meister angeleitet wurden und von Ort zu Ort zogen, um vorwiegend Kirchbauten zu errichten, was größere Bauerfahrung und hohes Kunstgefühl voraussetzte. Im Lauf der Jahrhunderte schufen sie zahlreiche vielgestaltige Kirchen, deren etliche bis ins 20. Jh. erhalten blieben und mit ihren vollendeten Proportionen und schönem Zierwerk dem Beschauer Bewunderung abverlangen.

Wir wissen viel um diese Kirchen an sich, können uns an ihrem Anblick erfreuen und das Maß ihrer Vollkommenheit beurteilen, jedoch nur wenig ist uns davon bekannt, wie sie erbaut wurden, wer ihre talentierten Baumeister waren. Die Methoden und Bräuche des Holzkirchenbaus sind noch ungenügend erforscht. Deshalb unternehmen wir den Versuch, anhand von archivarischen und archäologischen Daten das Baugeschehen wenigstens in großen Zügen darzustellen.

**1.
Die Vorbereitung zum Bauen**

In welcher Weise ein Bauvorhaben verwirklicht wurde, ist uns nicht bekannt, da keinerlei Zeugnisse davon erhalten sind. Erst aus relativ jüngeren Zeiten (dem 16. bis 18. Jh.) existieren Archivalien, sogenannte Dingungsschriften (Rjadnaja sapis), also schriftliche Verträge, die zur Errichtung von Kirchen und größeren palastartigen Bauten zwischen den Verantwortlichen der Kirchengemeinde und dem Leiter des Zimmererartels abgeschlossen wurden. Der Unterzeichnung eines solchen Vertrags ging dessen eingehende Erörterung voraus, in deren Verlauf sämtliche Bedingungen und Forderungen von Anbeginn des Baugeschehens (z. B. Fällen des Bauholzes) bis zur Übergabe des vollendeten Bauwerks präzisiert und festgelegt wurden.

Zu klären waren Fragen der Ausweisung des Baugrundstücks, der Auswahl von Bauholzsorten, des Vorhandenseins von Schlagrevieren in nahe gelegenen Wäldern sowie des Holztransports. Auch Größe und Aussehen waren eingehend zu bestimmen. Sicher bildete sich im Verlauf dieser Erörterungen eine klare Vorstellung über das künftige Bauwerk heraus.

Nach den Urkunden kann angenommen werden, daß Auftraggeber und Meister den Gebäudetyp und dessen wichtigste Abmessungen vereinbarten sowie auch einzelne Details nach in benachbarten Örtlichkeiten befindlichen Bauten bestimmten. Der Meister hatte dabei die komplizierten Aufgaben zu lösen, die mit der Anordnung der Gebäudeformen, der Entwicklung der Baukonstruktionen, der Auswahl weiterer Details des ihm von der Kirchgemeinde in Auftrag gegebenen Bauwerks verbunden waren. Hierbei tritt er in vollem Umfang als eigentlicher Baumeister auf. Dank seiner Anstrengungen erhielt die neue Kirche ihre individuellen Wesenszüge, die auch das Maß der Begabung dieses

Die Idee

oder jenes Meisters erkennen lassen. Auf diese Weise wurde erreicht, daß fast nirgendwo Kirchen gleichen baukünstlerischen Antlitzes entstanden. Ausgenommen solche Fälle, in denen ausdrücklich vereinbart wurde, daß die neue Kirche eine treue Nachbildung ihrer Vorgängerin sein sollte, wie beispielsweise anstelle der abgebrannten Kirche der Hl. Jungfrau in Kimsha, Kreis Mesen, Gebiet Archangelsk (1706–1763) [52, S. 314–315].

Bauzeichnungen und Entwürfe

Gegenwärtig sind wir noch nicht in der Lage, alle Schritte der schöpferischen Tätigkeit altrussischer Holzbaumeister dokumentarisch zu belegen. Ihre gedankliche Arbeitsweise ist noch ungenügend erforscht, unklar ist noch, ob und welche Rolle graphische Darstellungsmittel beim Heranreifen ihrer Vorstellung vom künftigen Bauwerk spielten.

Die Klärung der Frage nach der Existenz von Entwurfszeichnungen gehört zu den wesentlichsten Etappen der Erforschung der schöpferischen Arbeitsmethoden der Meister. Diese Frage beschäftigte die Forscher bereits seit langer Zeit, hierzu wurden widersprüchlichste Meinungen geäußert. So berichtete *M. Krassowski* [51, S. 16] von der «völligen Unkenntnis der Kunst des Zeichnens bei den altrussischen Bauschaffenden, von ihrer Unfähigkeit im Umgang mit Zeichnungen». Nach seiner Meinung wurde die Zeichnung ersetzt durch die verbale Beschreibung von Form und Maßen des Bauwerks. Im Gegensatz dazu behauptete der große Kenner des alten Rußlands, *I. E. Sabelin* [34, S. 67], daß «für ein jedes Bauwerk Zeichnungen, und sei es nur von Hand und nach Augenmaß, angefertigt» wurden. Die Anfertigung von Entwurfszeichnungen für im 17. Jh. aufgeführte Festungsbauten bestätigt jedenfalls *F. Laskowski* [53, S. 258]: «die meisten von ihnen (den leitenden Baumeistern) waren nur Vorgesetzte, die das Baugeschehen beaufsichtigten und auf die genaue Einhaltung der Entwurfszeichnungen achteten, die stets rechtzeitig in Moskau, womöglich unter dem Einfluß ausländischer Baumeister, angefertigt wurden». *N. N. Woronin* [20, S. 55–57] und *A. N. Speranski* [95] gaben auf diese Frage eine eingehendere Antwort, wobei sie sich auf urkundliche Quellen stützen, die die Anwendung von Zeichnungen im Steinbauwesen des 17. Jh. bezeugen. Sicher ist jedenfalls, daß das Wort «Zeichnung» in Urkunden aus dem 17. Jh. anzutreffen ist. Im allgemeinen diente damals eine «Zeichnung» zur Bestätigung des Eigentumsrechtes auf Grund und Boden sowie auch zur Anfertigung von «Projekten» für Städte. So ist beispielsweise in einer Denkschrift der Nowgoroder Stadtverwaltung[27] von 1678 die Rede von der Anwendung von Zeichnungen zur Abgrenzung von Grundstücken: «... nachdem alles namentlich aufgezählt war, befahl er, zu allem eine Zeichnung anzufertigen, dem Zar Bericht zu erstatten und die Zeichnung nach Moskau zu senden ...» Eine andere Quelle[28] berichtet von einem weiter fortgeschrittenen Zeichenwerk im 17. Jh. Es war notwendig, Zeichnungen von Städten und Festungen in Sibirien, im Tobolsker Gebiet anzufertigen und dann aus den einzelnen Zeichnungen einen Gesamtplan zusammenzustellen: «... und wir, Deine Diener, befahlen, nach diesen Zeichnungen von Tobolsk und allen sibirischen Städten, eine Gesamtzeichnung anzufertigen ...»

Zu jener Zeit, als die Zeichenkunst in Rußland erst in ihren Anfängen stand, gab es noch keine fachlich gebildeten Bauzeichner. Von Fall zu Fall wurden zur Anfertigung von Zeichnungen Künstler herangezogen, die keine Beziehung zum Bauwesen hatten, z. B. einfache Bilderzeichner, Gravierer, Ikonenmaler. Wie *N. Woronin* [20, S. 64] berichtet, wandte man sich an Ikonenmaler: «... aber die Zeichnung, mein Herr, ist noch nicht fertig, da es in Odojew weder Zeichner noch Ikonenmaler gibt und niemand sie anfertigen kann ...» Auch frühere Quellen berichten, daß Ikonenmaler zum Zeichnen herangezogen wurden, wie z. B. eine Bittschrift an den Zaren vom 24. Dezember 1662 [22, S. 49], in der der Künstler schreibt: «... Dir zu Füßen liegt Dein Maler *Stanislawko Lapuzki*. Auf Dein Zarengeheiß hin wurde ich, Dein Diener, von Moskau nach den Eisenhütten entsandt, bei welchen Eisenhütten er sechs Wochen verweilte und die Zeichnungen jener Eisenhütten anfertigte ...» Es liegt auf der Hand, daß sich damals die Zeichenkunst in Rußland unter dem Einfluß einer spezifischen Graphik entwickelte; nämlich der Heiligenbilder, Miniaturen und Stiche, was sich natürlich im abstrakten Charakter der Zeichengraphik ausdrückte.

Während in der altrussischen Steinbaukunst unbedeutende Spuren einer graphischen Darstellung von «Projekten» erhalten sind, so sind in der Holzbaukunst, besonders bei ländlichen Kirchenbauten, fast keine Quellen erhalten, in denen Fragen der «Projektierung» erwähnt wurden. Hinweise historischer Urkunden auf die Errichtung hölzerner Profan- und Kirchenbauten «nach Projekten» oder, in älterer Ausdrucksweise «nach Zeichnungen» sind sehr zurückhaltend und gehören vorwiegend der 2. Hälfte des 18. Jh. an. Frühere Berichte bezogen sich auf die Errichtung von komplizierten und verantwortungsvollen Bauvorhaben, wie z. B. Pläne von Städten, Festungen, Handelsdepots und nur in seltenen Fällen auf Einzelbauwerke. Als Beispiel sei der Aufbau der hölzernen Stadt Olenez genannt, die 1668 einer Feuersbrunst zum Opfer fiel. In den erhaltenen «Akten zum Bau der Stadt Olenez ...» (aus den Jahren 1670 und 1. Halbjahr 1673) [2, S. 464–466] ist das Wort «Zeichnung» mehrmals zu lesen: «... und überbrachte dem Stadthauptmann eine Kostenliste nebst Zeichnung des Ortes ...», weiter heißt es in derselben Urkunde: «... und Wir, der große Herrscher und Unsere Bojaren sind gewillt, in Olonez am alten Ort eine hölzerne Stadt zu errichten, nach einer Zeichnung und im Aufbau wie die alte, mit Hilfe geübter Männer, und dort eine Hauptkirche und ein Amtshaus zu errichten ...» Beim Wiederaufbau der Stadtbefestigung und der Türme wirkten die dortigen Meister «*Grischka Wlassjew* und Genossen ...» mit. Einige seltene Urkunden zur Geschichte der Holzbaukunst lassen jedoch erkennen, daß in einzelnen Fällen Zeichnungen auch beim Bau einfacher Kirchen zur Anwendung kamen. So wird 1654 in einem Schreiben des Patriarchen *Nikon* an den Archimandriten *Dionysius* ausdrücklich darauf hingewiesen, daß der Bau des Refektoriums einer Kirche streng nach Zeichnung vorzunehmen sei [54, S. 80]; «... Das Refektorium bei der Kirche ist nach unserer Weisung und der Euch überbrachten Zeichnung zu bauen und keinesfalls anders, und nicht an die ungeheizte Kirche anzubauen ...» Unbekannt bleibt, wie die von *Nikon* an *Dionysius* gesandten Zeichnungen aussahen. Zwei Wochen später schreibt *Nikon*: «... das Refektorium ist nach unserer vorigen Weisung und der Euch überbrachten Zeichnung zu zimmern, die Decke aber aus Latten und Brettern herzurichten, ... das Refektorium zusammen mit der Kirche zu zimmern und nicht an die alte Kirche anzubauen» [54, S. 87]. In einer anderen Urkunde [34, S. 418] heißt es: «Die Zellen des Erlöser-Klosters in Moskau wurden vom Zimmerer *Fedka Abakulow* nach einer Zeichnung errichtet.» Somit ist es möglich, daß in einigen Orten Mittelrußlands Holzbauten nach Zeichnungen ausgeführt wurden.

Was jedoch die Holzkirchen des Nordens betrifft, so wurden dieselben im 17. und der 1. Hälfte des 18. Jh.

offensichtlich ohne Zeichnungen gebaut. Das wird unzweideutig bestätigt durch das Fehlen jedweder Hinweise auf Zeichnungen oder Skizzen in den vielen den Bau von Kirchen betreffenden Urkunden. Demgegenüber finden sich darin zahlreiche die äußere Architektur wie auch das Innere der Kirchen betreffende Reglementierungen sowie Hinweise auf bereits bestehende Musterbauten. Offen bleibt jedoch die Frage, wie der Bau solcher äußerst komplizierten Werke wie der Verklärungskirche in Kishi, der legendären Erzengel-Michaels-Kathedrale in Schenkursk, der Auferstehungs-Kathedrale in Kola auf diese Weise vollzogen werden konnte. Die Entstehung ihrer komplizierten, geometrisch ausgewogenen Grundrisse, die Mannigfaltigkeit ihrer Raum- und Massenkomposition ohne irgendwelche Bauzeichnungen erscheint uns heute als schier unglaubliche Leistung. Beim Fehlen von Bauzeichnungen verfügen wir heute nur über die alten Vertragsurkunden – die Dingungsschreiben und «Kirchenbau-Urkunden» (chramosdannaja gramota) als einzige authentische Quelle zur Erforschung der Methoden zur Errichtung der Holzbauwerke des 17. bis 18. Jh.

Offiziell wurden in Rußland obligatorische Zeichnungen für den Bau von Kirchen Ende des 18. Jh. eingeführt. So heißt es beispielsweise 1795 in der Bauurkunde zur Errichtung der hölzernen Himmelfahrtskirche anstelle der abgebrannten: «... zu errichten nach der Kirchenordnung, nach Osten hin gemäß architektonischem Grund- und Aufriß ...»[29] Offensichtlich hat sich bis auf die heutigen Tage als einzige die «Projekt-Zeichnung» für den Bau der hölzernen Verkündigungskirche im Dorf Turtschassowo an der Onega (1795) erhalten.

Zum besseren Verständnis der Organisation des Baugeschehens bei der Errichtung von Holzbauwerken wenden wir nun unser Augenmerk auf die Dingungsschriften als baurechtliche Urkunden und wollen versuchen, anhand ihrer Analyse die schöpferischen Arbeitsmethoden der damaligen Baumeister aufzudecken. Um den wesentlichen Inhalt des Vertragstextes tiefer zu ergründen, soll anhand einer Dingungsschrift aus dem 17. Jh. das zeichnerische Projekt eines Bauwerks, ausgehend von den entsprechenden im Bauvertrag festgelegten Reglementierungen und der Analyse der örtlichen Bautraditionen, nachgebildet werden.

In der Zimmermannstechnik erhielten und entwickelten sich von Generation zu Generation nicht nur gestalterisches Vermögen und bauhandwerkliches Können, sondern auch spezifische sprachliche Ausdrucksformen, eine besondere gewerbliche «Zimmermannssprache» voll Reichtum und Ausdruckskraft. Dem beginnenden Eindringen einer «modernen», besser gesagt fremden Terminologie gegenüber bewahrten die Zim-

merleute ihre alte, recht detaillierte Ausdrucksweise, und das ganz besonders in entlegenen Landesteilen. In dieser Sprache sind alle alten Dingungsschriften verfaßt. Ein Vergleich solcher Schriften aus verschiedenen Zeiten läßt erkennen, daß sie alle traditionsgemäß nach einer strengen Gliederung verfaßt wurden, wobei im einführenden Teil gewöhnlich die Vor- und Zunamen des Auftraggebers und des Obermeisters aufgeführt wurden; letzterer wurde mit dem Zusatz «und Genossen» genannt. Darauf folgten die Bezeichnungen des Bauwerks und seines Standorts sowie eine eingehende Aufzählung aller im Bauauftrag enthaltenen Arbeiten. Abschließend wurden die vertraglich vereinbarte Entlohnungssumme und ihre Auszahlungsbedingungen vermerkt.

Als konkretes Beispiel wählen wir die «Weltliche Dingungsschrift» für den Bau einer Holzkirche aus dem Jahre 1666 [40, Teil II, S. 316]. Die Nikolai-Georgien-Kirche war zu erbauen im Tawrensker Kirchspiel im Landkreis Waga des Ober-Waga-Bezirkes (jetzt

Die Dingungsschriften

Dorf Werchowashje, Kreis Welsk im Gebiet Wologda). Kirchvertreter, Bauern und Kreisamtsmänner verdingten Meister *Iwan* «mit Genossen», in ihrem Dorf eine Holzkirche für zwei Gottesdienste nebst Refektorium «nach oben»[30] zu bauen, und verfaßte dazu eine Dingungsschrift, der zufolge die Zimmerer sich verpflichteten, «die Kirche und das Refektorium zu erbauen und auf sieben Wänden aufzuführen», womit eine solche Verbindung zweier rechteckiger Räume gemeint ist, bei der sie von sieben Wänden gebildet werden. Weiter heißt es: «Refektorium und Kirche dreißig Kränze hoch», womit die Raumhöhe bis zur Decke gegeben ist. Nun folgen technische Regelungen: Die Balken an der Außenfront sauber beschlagen, Unebenheiten ausrichten, Fugen einkerben usw. Weiter finden sich Hinweise betreffs der Raum- und Massenanordnung, sie bestimmen die Gesamtkomposition der Kirche: «Oben an der Kirche den Vierkant zwei Sashen (entspr. Klafter) höher als das Refektorium und mit Ausbuchtung zimmern»; «zwei Achtkante zu je zwei Sashen aufsetzen, im Quermaß den Achtkant zu halbdritt Sashen zimmern und Turmsparren zu fünf Sashen aufsetzen.» Damit sind alle Höhenmaße der Kirche angegeben. Weiter heißt es: «Trommeln und Kuppeln nach Vorbild, wie gewohnt.» Wendungen wie «nach Vorbild», «wie gewohnt» verweisen direkt darauf, daß sich die Meister der Zimmermannskunst seit jeher von alten Vorbildern leiten ließen, die nicht nur ihnen selbst, sondern allen Volksschichten wohlbekannt waren als ebenso typische, Menschenalter überdauernde Merkmale des täglichen Lebens wie auch alte Volkstrachten oder Wohnungsausstattungen [35, S. 106]. Weiter folgen Hinweise auf die dekorative Gestaltung der krönenden Teile der Kirche: «Die Kreuze sind aus Holz und mit weißem Blech beschlagen, die Kuppeln, Trommeln und Turmhelme mit Kreuzschindeln zu decken ...» Weiter ist vermerkt: «Zacken und Simse werden von Meister *Iwan* mit Genossen selbst geschnitzt ...», wobei Zierschnitzereien vielfach von besonderen Holzschnitzern, Ausmalungen von Kunstmalern ausgeführt wurden. Hier aber ist ausdrücklich vereinbart, daß die Schnitzereien von den Bauzimmerern übernommen werden. Weiter verlautet, daß «rings um die Achtkanter je acht Tonnendächer» als Zierformen anzubringen und die «Dächer der Kirche und des Refektoriums mit zwei Lagen Latten» zu decken sind. Darauf folgt die Beschreibung der Deckenkonstruktion und der Bauteile der Innenräume. Dazu ist zu bemerken, daß die Lösungen konstruktiver Aufgaben meistens oberflächlich, in groben Zügen erläutert wurden; besonders kurz fielen die Beschreibungen der krönenden Teile der Kirche aus. Wahrscheinlich hängt das mit den Schwierigkeiten der Erläuterung komplizierter Raumlösungen in der «Zimmermannssprache» zusammen, so daß diese in den Dingungs-

schriften nur angedeutet wurden und den Zimmermeistern überlassen blieb, sie im Verlauf der Bauausführung je nach ihrer handwerklichen und künstlerischen Fertigkeit und Bauerfahrung selbst zu lösen.

Weiterhin wendet sich das Schreiben eingehend dem Innenraum, seiner baulichen Gestaltung und Ausschmückung zu: «In den Altaren sind je ein großes, in Pfosten gefaßtes Fenster und drei kleine Schiebefenster anzuordnen, ... Bildleisten aus Stabholz mit verzierten Konsolen, die drei Chöre mit Holz austäfeln, die vorderen Säulchen gedrechselt, zwischen den Chören Bildtafeln mit verzierten Konsolen anbringen; ... in der vorderen Außenwand der Kirche Türen mit fünf Pfosten und wie im Steinbau glatten Flügeln; außer den Türen noch Gitter aus Stabholz; im Refektorium zwei in Pfosten gefaßte Flügelfenster.» So wird für den Innenraum alles bis in die Einzelheiten der baulichen und dekorativen Gestaltung festgelegt, und zwar in weit größerem Maße, als es für die Außenarchitektur geschah. Die Erbauer zogen wohl in Betracht, daß das Kicheninnere in viel engerem Bezug zu den Menschen tritt, also feiner zu detaillieren und sorgfältiger durchzubilden ist. So ist weiter zu lesen: «Im Refektorium die Wandflächen über den Banklehnen sauber glätten, die Wandbänke rings ums Refektorium mit Zierleisten versehen, in die Mitte des Refektoriums gehören zwei gedrechselte, von Sitzbänken umgebene Stützpfeiler, die Decke ist zu gestalten, wie es die Gemeinde wünscht ...» Die Beschreibung der Innengestaltung des Refektoriums enthält Hinweise auf die Anzahl der großen und kleinen Fenster: «... Das Refektorium erhält fünf Fenster in Pfostengewänden, außerdem eine Rauchöffnung mit Rauchführung auf das Dach ...» Also war vorgesehen, eine «warme», nach damaligem Brauch rauchfanglos zu beheizende Kirche zu bauen, was in der eingehenden Beschreibung der Rauchabführung zum Ausdruck kommt. Außer der Ausstattung des Innenraumes wird auch der Gestaltung des Kircheingangs, der Vortreppe, Platz eingeräumt: « ...den Treppenabsatz mit zwei Läufen zimmern; zur Vorhalle gehören Hallentüren, unten sind die Treppenläufe mit je drei Türmchen zu krönen, die Geländer auf sechs Stützen; ... das Dach über Treppen und Vorhalle mit zwei Lagen Latten abdecken ...».

Eine eingehende Analyse der vollständigen Dingungsschrift sowie das Studium der Architektur alter Bauwerke in diesem Landesteil geben eine recht genaue Vorstellung vom Aussehen der geplanten Kirche. In der Vorstellung ihrer Erbauer war die Nikolai-Georgien-Kirche eine Doppelkirche mit zwei, ihren beiden Altaren entsprechenden Turmhelmen und gehörte somit zu einem seltenen Gebäudetyp, der ausschließlich im Gebiet Wologda und der näheren Umgebung zu finden ist.

Gestützt auf die konkreten Angaben der Dingungsschrift, können wir den Versuch unternehmen, die damaligen Methoden der baulichen Tätigkeit zu ergründen und für eine zeichnerische Rekonstruktion zu nutzen.

Zu Beginn der Bauarbeiten wurden auf der Baustelle zuallererst die Konturen des Gebäudes mittels der Grundbalken festgelegt, was man als «Umrißlegen» bezeichnete. Sehr anschaulich ist dieser wichtige Arbeitsgang des Umrißlegens auf einer Miniatur aus dem «Leben des heiligen *Alexander Swirski*» dargestellt (Abb. 2.1). Somit entsprach das Umrißlegen bei Holzbauten dem exakten Abstecken eines Grundrisses nach den in der Dingungsschrift vorgegebenen Maßen oder auch nach bekannten Vorbildern. Jedoch enthielten nicht alle Dingungsschriften genaue Angaben von Längs- und Höhenmaßen. Zum Bau der Nikolai-Georgien-Kirche ist vermerkt: «... Kirche und Refektorium zu erbauen und auf sieben Wänden aufzuführen ...» – ohne Maßangaben, d. h., es blieb in diesem Fall den Baumeistern mit Verlaß auf ihre Erfahrung und Sachkenntnis überlassen, die Grundrißmaße des Bauwerks nach der Beschreibung seiner Konturen selbst zu bestimmen. Das ist insofern begreiflich, als beim Umrißlegen sowieso alle Maße präzisiert und die Richtigkeit der geometrischen Anordnung durch die Ausgewogenheit der einzelnen Raumproportionen endgültig festgelegt wurden.

Aus den Weisungen, die Kirche soll «für zwei Gottesdienste» (heute würden wir sagen «für zwei Durchgänge») nebst Refektorium gezimmert und von zwei mit Turmdächern versehenen achteckigen Turmsockeln gekrönt werden, ist zu folgern, daß der Baukörper des eigentlichen Kirchenhauses von Norden nach Süden stark in die Länge gezogen ist. Die weitere Anweisung, daß «in die Mitte des Refektoriums zwei gedrechselte, von Sitzbänken umgebene Stützpfeiler» gehören, läßt erkennen, daß das Refektorium einen weiten Raum einnehmen soll mit Spannweiten, die ohne Zwischenstützen nicht zu überbrücken sind. Es soll der Form nach einem Quadrat nahekommen und in seinen Ausmaßen größer sein als die eigentliche Kirche. Ausgehend von den oben angeführten Regelungen und unter Berücksichtigung der Praxis der örtlichen Bauschulen, kann man bereits mit ziemlicher Sicherheit die Grundrißformen dieser Kirche skizzieren: Das quadratische Refektorium grenzt an die längere Seite des Kirchenbaus, mit dem zusammen es den vorgeschriebenen «Siebenwändebau» bildet. Nun sind diesem Hauptbaukörper im Osten zwei Altäre, im Westen eine Vorhalle mit zweiflügeliger Vortreppe anzufügen. Was die Abmessungen dieses Grundrisses betrifft, so lassen sie sich ableiten von der begrenzten Länge der Wandbalken, die beim Kirchenbau im betreffenden Gebiet zur Anwendung kamen, sowie auch aus dem Vorhandensein vorgegebener Höhenmaße, die bei ihrer Gegenüberstellung mit

dem Grundriß nach einem bestimmten Modul die Bestimmung der Maße erleichtern (als Modul galt die Hälfte eines Groß-Sashens, das sind 1,245 m). Die Abmessungen des Grundrisses und der Höhen des künftigen Bauwerks wurden, wie anzunehmen ist, nach bekannten Methoden der Modul- sowie möglicherweise auch der Proportionsrechnung präzisiert.

Hiervon ausgehend setzen wir die Hauptabmessungen des Grundrisses der eigentlichen Kirche mit 2 x 4,5 Sashen oder 4 x 9 Modul (5 m x 11,2 m) an; die vorgegebene Höhe des viereckigen Turmunterbaus 9 Modul, des achteckigen 3 Modul (etwa 3,75 m) und der Turmhelme bis zum Ansatz der Kuppeln 9 Modul.

Das Errichten der Gebäudewände ist der nächste Schritt nach der Umrißlegung. In der Dingungsschrift sind die Höhenmaße genau bestimmt: Kirche und Refektorium 30 Kränze hoch, die beiden Achtkante je 2

2.1
Verlegen der Grundbalken einer Kirche, nach der Ikone «Das Leben des Hl. Alexander Swirski» (18. Jh.)

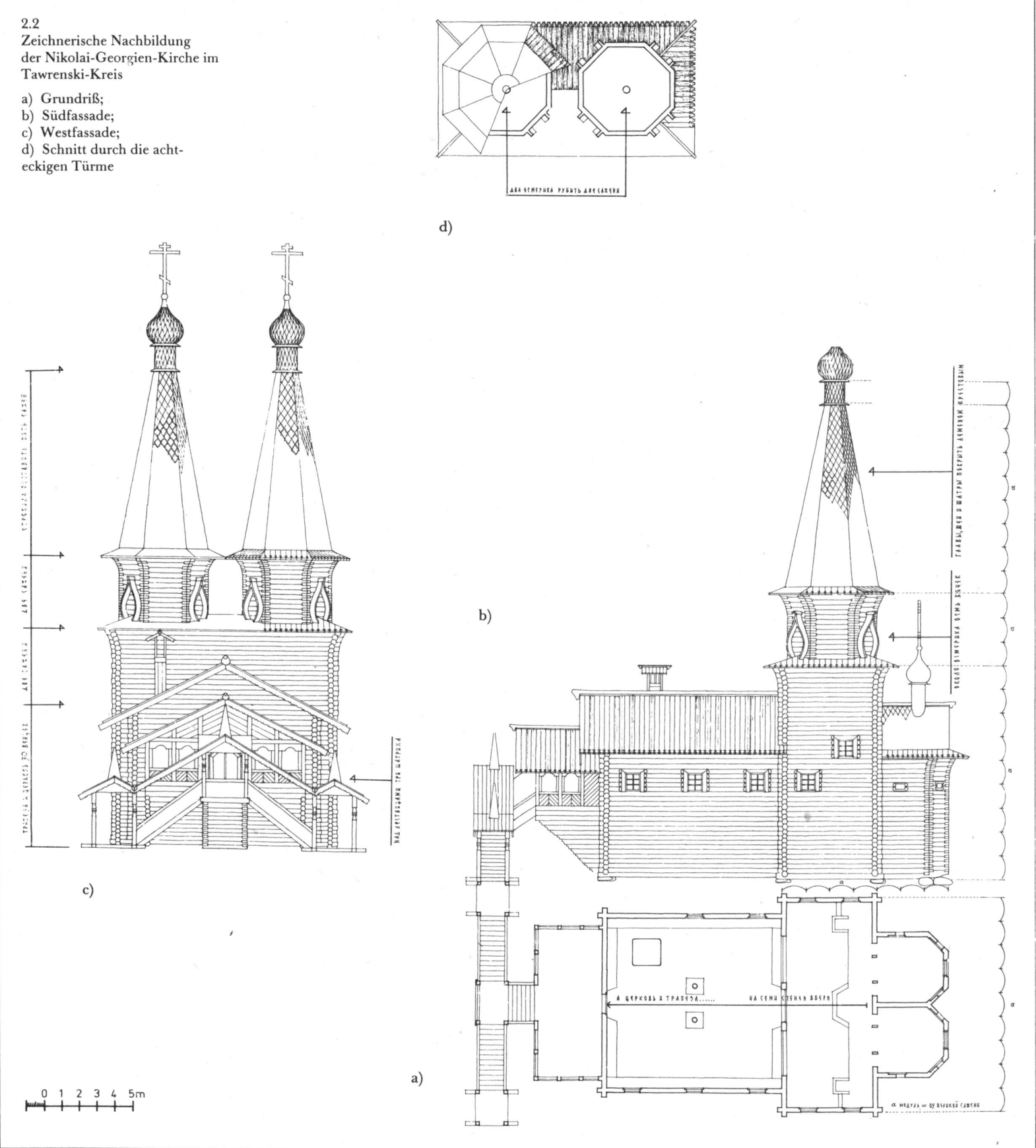

2.2
Zeichnerische Nachbildung
der Nikolai-Georgien-Kirche im
Tawrenski-Kreis

a) Grundriß;
b) Südfassade;
c) Westfassade;
d) Schnitt durch die achteckigen Türme

d)

b)

c)

0 1 2 3 4 5m

a)

Sashen, der Turmdachsparren 5 Sashen (12,5 m) hoch; und «Trommeln und Kuppeln, wie es sich sachgemäß ergibt».

Aus vorher zurechtgeschnittenem Holz errichteten die Zimmerer die Wände der Hauptbaukörper des Bauwerks. Gleichzeitig wurden die Zwischendecken eingezogen, die dem Bau seine Stabilität sicherten. Abschließende Arbeiten waren die Vollendung der hochragenden Teile der Kirche, in unserem Fall also der Turmhelme, sowie die Abdeckung des ganzen Gebäudes mit Dachlatten und Schindeln. Danach folgten der An- und Einbau konstruktiv unabhängiger Gebäudeteile – der Vorhalle mit Treppen, der Türen, Fenster, Fassadendekorationen – sowie der Ausbau und die Einrichtung der Innenräume. Besonders sorgfältig wurden bei der Gestaltung des Refektoriums, der eigentlichen Kirche und ihrer Altäre die alten Traditionen gepflegt (Bearbeitung der Wandflächen, Türumrahmungen, Sitzbänke mit Zierleisten, geschnitzte Pfeiler, der Bildleisten des Ikonostasos und weiterer Kircheneinrichtungen).

Abb. 2.2 zeigt die nach der Dingungsschrift angefertigte zeichnerische Nachbildung der Nikolai-Georgien-Kirche. Auf dem langgestreckten Baukörper der eigentlichen Kirche ruhen die beiden Türme, gekrönt von den in Sparrenkonstruktion errichteten Turmhelmen. Die Seitenflächen der Türme waren mit dekorativen Tonnengiebeln versehen. Die westlich angrenzenden Baukörper des Refektoriums, der Vorhalle und zweiläufigen Vortreppe sind mit Satteldächern überdeckt und mit kleinen Türmchen dekoriert. Ungeklärt blieb die Abdeckung der Altaranbauten, nach ähnlichen Kirchen zu urteilen, wären hier Tonnendächer nicht ausgeschlossen. Die Stellung der Fenster in den Fassadenflächen ist vorgegeben durch die in der Dingungsschrift enthaltenen Anordnungen zur Gestaltung der Innenräume. Details der Vortreppe entsprechen denen anderer Kirchen des 17. Jh. im Kreise Welsk und in Nachbarkreisen des Gebietes Wologda.

Uns ist nicht bekannt, ob und wie die Vorstellungen der Autoren dieses «Projekts» der Nikolai-Georgien-Kirche verwirklicht wurde. Jedenfalls existieren nach Angaben von 1859 in der Siedlung Werchowashje (ehem. Tawrensker Kirchspiel) zwei Kirchen, deren eine die Nikolai-Georgien-Kirche gewesen sein könnte. Eine andere, nicht minder interessante Quelle für die zeichnerische Rekonstruktion eines Kirchen-«Projekts» ist die Dingungsschrift von 1685 zur Errichtung der hölzernen Erzengel-Michaelis-Kirche nahe der Mündung des Wym [40, Bd. IV, S. 72]. Abb. 2.3 zeigt das aufgrund dieser Dingungsschrift gezeichnete Bauwerk.

Dingungsschriften wurden nicht nur zur Errichtung kirchlicher Bauten abgeschlossen, sondern – wenn auch relativ selten – für weltliche Bauten. Ein solches rechtskräftiges Schreiben war ein Zimmermannsvertrag aus dem 17. Jh. zum Bau eines Wohnhauses in Olonez [71, S. 91] im Saoneshje-Kreis: «*Grischka* und Genossen verdingten sich im April des Jahres 180 (d. i. 1673 nach dem von *Peter I.* eingeführten *Julianischen Kalender*) als Zimmermeister, in der Stadt zu Olonez aus des Herrschers Bauholz am alten Ort des Amtsgehöftes ein Amtsmannsgehöft zu errichten mit Wohnräumen über Untergeschoß …» Der geplante Wohnsitz sollte aus einem geräumigen Wohnhaus und Nebenbauten bestehen. Dieser Bau galt offensichtlich für wichtig, wurde er doch auf Staatskosten errichtet und dazu als Baumeister der stadtbekannte Meister *Grigori Wlassjew* herangezogen.[31]

Im Vertrag sind ausführlich alle Räumlichkeiten des Wohnsitzes aufgezählt, jedoch ohne Angabe der Abmessungen, Tür- und Fensteranzahl und anderer Einzelheiten, da der Wohnhausbau Gewohnheitssache war. So ist zu lesen: «… ein Wohnhaus erstellen mit großer Stube über bewohnbarem Erdgeschoß, nebst Diele, Schlafraum und Hinterhof, dazu eine hintere Wohnstube über bewohntem Erdgeschoß, mit Diele, Kammer und Hinterhof. Die Höhe dieser Stuben sei nach Bedarf.» Etwas ausführlicher sind die Anordnungen zur Innenausstattung: «… all diese Wohnhäuser überdachen und völlig fertigstellen, die Türen, große Fenster, Rauchöffnungen im oberen und unteren Geschoß den Bräuchen entsprechend, innen alles ausbauen, die Treppen wie üblich einbauen und überdachen …» Danach folgt eine Aufzählung der verlangten Hofbauten: «Badestube, Pferdestall, Scheune, alles unter Dach und voll eingerichtet, … im Hof einen Keller graben und darüber einen Speicher zimmern, den ganzen Hof umzäunen mit überdachtem Zweiflügel-Tor, alles nach guter meisterlicher Fertigkeit.» Besonders aufgeführt sind Arbeiten, die nicht zum Zimmerhandwerk gehören: «… das eiserne Zubehör zu all jenen Hofbauten, Haken, Angeln, Klammern und Nägel, das alles aus staatlichen Vorräten, die Öfen aber sind nicht von den Zimmerern, sondern von anderen Meistern des Wojewoden herzurichten …»

Es ist schwer, nach dieser Vertragsschrift den dortigen Wohnhaustyp aus der Mitte des 17. Jh. vollends zu rekonstruieren, es ist jedoch anzunehmen, daß dieses geräumige, über einem Erdgeschoß errichtete Wohnhaus in seinem Aufbau den damaligen Nowgoroder Wohnhäusern mit im freien Hof gelegenen Wirtschaftsbauten ähnlich war.

Die Ergebnisse dieser Betrachtungen lassen erkennen, daß sich die alten Baumeister von einer gewissen Anzahl traditioneller Baumuster leiten ließen, die sie je «nach Bedarf» oder nach «Wohlgefallen» vervollkommneten, was in hohem Maße zur Vielgestaltigkeit der Bauwerke beitrug, so daß einzigartige Kunstwerke entstanden.

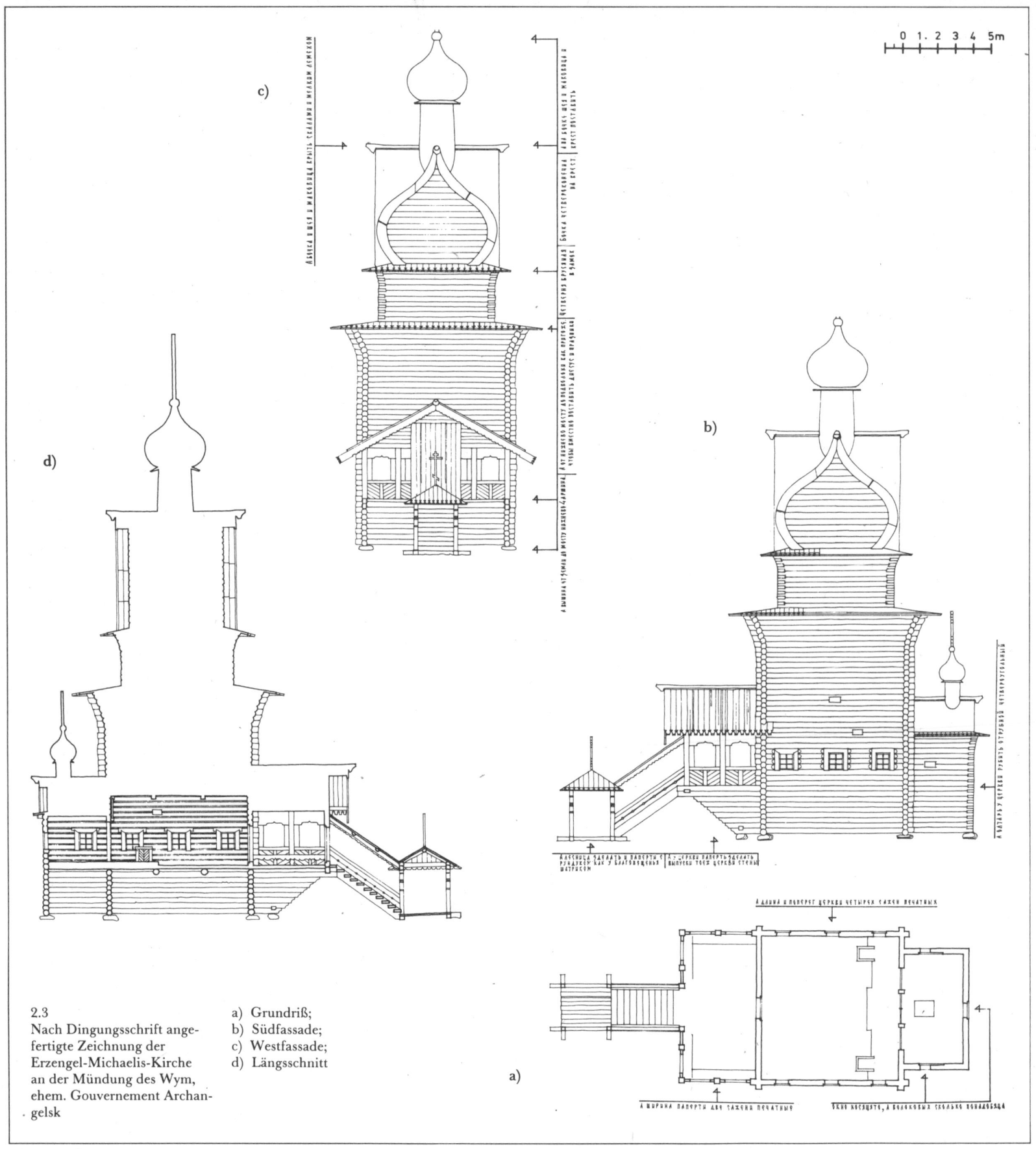

c)

b)

d)

2.3
Nach Dingungsschrift angefertigte Zeichnung der
Erzengel-Michaelis-Kirche
an der Mündung des Wym,
ehem. Gouvernement Archangelsk

a) Grundriß;
b) Südfassade;
c) Westfassade;
d) Längsschnitt

a)

Wie bei der Entwicklung der Bautechnik war auch bei der Holzbaukunst die Organisation der Produktionsprozesse von großer Bedeutung. Dieser Organisation lagen in jahrhundertelanger Praxis bewährte und traditionsgemäße Methoden zugrunde. Die Untersuchung baukünstlerischer Formen und Konstruktionen der bis in unsere Zeit erhaltenen Gebäude, sowie auch schriftlicher Quellen, ermöglicht es, eine bestimmte Vorstellung von der Organisation des Bauwesens zu bekommen.

Dank der bereits erwähnten Dingungsschriften sind wir in der Lage, ein einigermaßen vollständiges Bild von der Organisation der Errichtung alter hölzerner Kirchenbauten zu entwerfen.

Die nördlichen Landesteile kannten keine Leibeigenschaft, somit schlossen sich dort auf freiwilliger Grundlage die Zimmermannsinnungen aus freien Bauern zusammen. Sie gingen in den besiedelten Gebieten des Nordens ihrem Handwerk nach, ohne dabei lange an einem Ort zu verweilen. Im Gegensatz hierzu wurden im Baugewerbe Mittelrußlands, wo die Leibeigenschaft herrschte, leibeigene Bauern als unentgeltliche Arbeitskräfte eingesetzt. In der zweiten Hälfte des 17. und zu Beginn des 18. Jh. begann sich dort bereits eine neue Form der gesellschaftlichen Produktion, die Lohnarbeit, herauszubilden, die besonders in den nördlichen Landesteilen weite Verbreitung fand.

Im Norden wurden kleinere weltliche Bauten, insbesondere Wohnhäuser, von den Eigentümern selbst, manchmal unter Hinzuziehung von Lohnarbeitern, öfter jedoch gemeinsam mit Dorfnachbarn in gegenseitiger Hilfeleistung errichtet.[32] Beim Bau bedeutender größerer Bauwerke, wie Klöster, Kirchen und Festungen, wirkten hochqualifizierte, aus der Bauernschaft hervorgegangene berufliche Fachkräfte: Zimmermeister, Holzschnitzer, Kunstmaler usw. Weiteste Verbreitung hatte das Handwerk des Zimmerers, der in vielen Fällen auch etliche andere Arbeiten verrichten konnte. Diese Fachkräfte der Holzverarbeitung und des Holzbaus waren meist zu «Artels», einer Art Innungen, zusammengeschlossen, die sich jedoch merklich von den Steine verarbeitenden Maurerinnungen unterschieden. Im Zimmerergewerbe gab es keine so strengen Abgrenzungen nach fachlichen Merkmalen, wie es im Maurergewerbe üblich war, wo nach Arbeit mit Natur- und Backstein, Metall, Dachziegeln, Holz usw. unterschieden wurde. In den erhaltenen schriftlichen Belegen sind keine ausdrücklichen Hinweise zu finden auf unterschiedliche Facharbeiten innerhalb der Zimmererinnungen, wobei jedoch auch hier nicht gänzlich auszuschließen ist, daß es gewisse interne Abgrenzungen gab, die sich – je nach der Spezialisierung – für die Herstellung und Bearbeitung beim Bau benötigter Holzerzeugnisse, wie Rundholz und Bohlen, Bretter und Latten, Dachbauteile, Dekorationen u. dgl. m., unterschieden. Die Schriftstücke [40] lassen erkennen, daß ein damaliges Bauvorhaben auf der Basis der Naturalwirtschaft realisiert wurde und eine Verflechtung vielfältiger holzverarbeitender Tätigkeiten darstellte: die Herstellung der Bauteile und Errichtung der Wände des Blockgehäuses, die Dacharbeiten, einschließlich der Aufbereitung der Latten, Bohlen, Schindeln usw., Holzschnitz- und Kunstmalerarbeiten für die Außen- und Innendekorationen, Anfertigung der Bildleisten für den Ikonostasos der Kirchen u. a. m. Es war ganz natürlich, daß bei der Errichtung größerer Bauwerke all die erwähnten Arbeiten von einzelnen speziell qualifizierten Zimmerern verrichtet wurden, die alle zusammen sämtliche Bauteile im Verlauf des Baugeschehens selbst anfertigten. Nur ein kleiner Teil der notwendigen Materialien konnte auf Märkten gekauft werden, z. B. Schmiedeerzeugnisse, Nägel, Glas oder Glimmer, in einigen Fällen auch Mauerziegel.

Die Zimmererinnungen hielten sich an traditionsmäßig erhaltene Bauweisen, die vom Vater auf den Sohn vererbt wurden. Dabei wurde ihre Arbeit vollkommener, und durch die Übernahme neuer Methoden erlangten sie hohe meisterliche Fertigkeit.

Die Kontinuität in der Entwicklung, die sich bei genauerer Betrachtung der Holzarchitektur des russischen Nordens verfolgen läßt, bekräftigt die Annahme, daß die führenden Rollen in den Zimmererinnungen denjenigen Mitgliedern übertragen wurden, die nicht nur über hohe Begabung, besonderes künstlerisches Feingefühl und praktisches Organisationsvermögen verfügten, sondern auch dank ihrer Beobachtungsgabe imstande waren, die Baupraxis durch neue Erkenntnisse und Erfindungen zu bereichern. Der Umstand, daß in den Dingungsschriften die führenden Meister bei Vor- und Zunamen genannt wurden, weist darauf hin, daß diese sich bereits früher durch herausragende Werke der Holzbaukunst hervorgetan hatten und das Vertrauen ihrer Zunftgenossen wie auch der Auftraggeber genossen. Des öfteren wurde die beispielhafte Arbeit von Artel-Obermeistern besonders vermerkt, wie z. B. auf dem Weihkreuz der Kirche in Lamskaja-Pustyn [18, S. 5], wo die Namen ihrer Erbauer zu lesen sind: «… erbaut wurde diese Kirche von Zimmerern aus dem Dorf Belskoje unter Leitung von *Nikita Matwejew*, aus dem Dorf Wyssokoje, Meister *Pawel Iwanow* und Genossen, sieben Mann an der Zahl …» In einem anderen Fall wurden die Namen von Meistern und Mitgliedern der Zimmererinnung, die die siebzehnkuppelige Mariä-Schutz-Kirche in Anchimowo errichteten, auf eine an deren Ikonostasos befestigten Tafel gesetzt. Zwei Meister hatten sich dort besonders hervorgetan: *Pjotr Newsorow* aus dem Dorfe Gosino-Anewsorowo (heute: Newsorowo) und *Bunjak* aus dem Dorfe Isakowskoje-Aselenino (heute: Selenino) am Fluß Tagamsha. Beide gleichaltrig, wurden sie zum Zeitpunkt der Vollendung der Kirche 80 Jahre alt. Nach ihnen werden aufgezählt: die Zimmerer – *Nasar, Nikolai der vierte, Jakow der erste* usw. – insgesamt 75, darunter 12 Frauen, alles dortige Bauern. In einer Wologda-Permer Chronik werden zwei Meister der Holzbaukunst erwähnt: *Alexej* und *Mischak*. Aus diesem für eine Chronik recht seltenen Bericht geht hervor, daß sie Brüder waren, also einer Familie von Meistern angehörten: «... Meister *Alexej* aus Wologda, Bruder des *Mischak* aus Wologda, beide *Gulynski*» [84, S. 238].

Dabei ist zu vermerken, daß der «Älteste» der Innung zugleich die organisatorischen Angelegenheiten des Kollektivs regelte. Er warb Arbeiter an, schloß Verträge ab, verfügte über die Innungsgelder usw. Es ist anzunehmen, daß der Obermeister zunächst bei gemeinsamer Arbeit mit wenigen Genossen hervortrat und des weiteren die Anwerbung einer notwendigen Anzahl neuer Innungsmitglieder übernahm. Zweifellos mußte ein solcher Obermeister in den meisten Fällen auch ein hervorragender Baumeister sein mit gediegenem Kunstempfinden und großer praktischer Bauerfahrung, imstande, schwierige Kompositionsaufgaben aufs beste zu lösen.

Von begabten, aus dem Volke hervorgegangenen Baumeistern geleitete Zimmermannsinnungen bestanden über Generationen und übertrugen ihr schöpferisches Können von einer Epoche zur anderen. Es gibt bis heute keine direkten Aussagen darüber, wie die über Jahrhunderte gesammelten baukünstlerischen Kenntnisse im Rahmen der Innungen gewahrt und weitergeleitet wurden. Dennoch liegt es nahe, daß es außer einer Lehrlingsausbildung auch eine in den Familien fortgeführte Ausbildung von Zimmerergesellen gab, die womöglich die vorherrschende Form der Reproduktion qualifizierter Nachwuchskader im Baugewerbe darstellte.

So wurde um 1700 bei der Unterzeichnung der Dingungsschrift zur Errichtung der hölzernen Praskewia-Kirche in Wologda [40, Bd. III, S. 283] durch eine Zimmererinnung vermerkt, daß ihr Väter und Söhne angehörten: «... Diese Schrift unterzeichnet der Wologdaer Vorstädter *Gawrilo Jakowlew* im Namen der Auftragnehmer *Jestefej Tichonow* und seines Sohnes *Gerasim, Pjotr Awdejew* und seines Sohnes *Ossip* sowie *Kosma Jeremejew* und seines Sohnes *Trofim*, auf ihr Geheiß ...» Diese Tatsache erlaubt mit voller Gewißheit, von dieser Art der Weitergabe baukünstlerischer und technischer Fertigkeiten an die heranwachsenden Zimmermeister zu sprechen. Außerdem wirkten bei der Auffüllung der Reihen der «Holzbaumeister» die großen, in den weiten Landen des Nordens zerstreuten Klöster mit, die ja Bauwerke nicht nur aus Stein, sondern auch aus Holz errichteten. Im Verlauf des Baugeschehens wurden die Bauarbeiterkader aus der Bauernschaft der diesem oder jenem Kloster unterstehenden Dörfer herangebildet. Geschichtliche Quellen weisen darauf hin, daß es auch besondere klösterliche Zimmerleute gab.

Materialbeschaffung

Im 17. bis 18. Jh. zählte die Beschaffung von Bauholz, besonders für größere Bauvorhaben, zu den wichtigsten Problemen des Bauwesens. Das Fehlen guter Transportmittel überhaupt, die Schwierigkeit der Beförderung des Langholzes durch unwegsame Gebiete sowie auch andere wirtschaftliche Umstände machten es notwendig, nach Möglichkeit in der Nähe der Baustellen gelegene Waldreviere zu nutzen, wobei das Vorhandensein eines Wasserwegs für den Holztransport eine große Rolle spielte. In anderen Fällen wurde die Holzzufuhr während des Winters bevorzugt. Nur in wenigen Einzelfällen, wenn es sich um die Errichtung besonders wichtiger Bauwerke handelte, wurde die Anlieferung von Bauholz über große Entfernungen, auch ohne Rücksicht auf Transportschwierigkeiten in Kauf genommen.

Die Menge des für den Bau benötigten Holzes wurde vor Baubeginn vom Obermeister der Innung gemeinsam mit Vertretern des Auftraggebers ermittelt. Die Bauarbeiter bestimmten auch die bestgeeigneten Bauholzarten. Das Holz wurde rechtzeitig, mehrere Monate vor Baubeginn, geschlagen. Diese Arbeit wurde im Regelfall vertragsmäßig von der gleichen Zimmererinnung verrichtet, zumal in vielen Gegenden des Nordens der Holzschlag mit zum Zimmererhandwerk gehörte. So war in der Dingungsschrift für den Bau einer Holzkirche in Wologda [40, B. III, S. 281] dieser von den Bauleuten zu verrichtende Teil der Arbeit genau festgelegt: «... wir, die Arbeitnehmer, haben in unserem guten, festen, von Fäulnis und Höhlungen nicht befallenen Kiefernhochwald glatte und astlose Kiefernstämme für den Kirchenbau zu fällen, soviel Stämme, wie für diese Kirche benötigt werden, und diese Stämme haben eben wir, die Arbeitnehmer, nach Wologda zu befördern ...»

Es ist nicht direkt zu entnehmen, auf welche Art das Bauholz nach Wologda gebracht werden sollte, aber sicher ist, daß das Fällen noch vor Winterende angesetzt war, damit, wie in der Schrift vereinbart, zu Sommersanfang das Holz an Ort und Stelle sei: «... und wir, die Arbeitnehmer, erscheinen in Wologda zum Tage des heiligen Propheten Elias in ebendiesem Jahre 208, und werden aus den obengenannten Stämmen zwei Kirchen zimmern ...» [40, Bd. III, S. 281].

In anderen Fällen wiederum wurde der Holzschlag

Holzfällern aus der Bauernschaft umliegender Dörfer übertragen. Zur Ableistung von Frondiensten mußten sie an den Bauarbeiten für Kirchen teilnehmen und wurden mit Holzeinschlagen, Transport des Bauholzes, Entfernen der Baumrinde, Heranschaffen von Fundamentsteinen und anderen Tätigkeiten beauftragt. Solcherart Frondienste sind schriftlich überliefert.

Die Alltäglichkeit und weite Verbreitung des Bauens aus Holz machten es überflüssig, Einzelheiten der Bauholzbeschaffung schriftlich festzuhalten, wie es bei Beschreibungen von Steinbauten mit ihrer komplizierteren Materialbeschaffung und Bauausführung üblich war.

Die Termine der Bauwerksfertigstellung wurden in den meisten Dingungsschriften nicht festgelegt, sondern mündlich vereinbart; in den Schriften wurde nur vermerkt, daß die Meister während der Bauzeit «keine anderen Aufträge annehmen und nicht trödeln», also möglichst schnell arbeiten sollten. Der Zeitpunkt des Arbeitsbeginns wurde jedoch genau festgelegt. Falls die Zimmererinnung sich verpflichtete, auch das Bauholz zu beschaffen, wurde der Zeitpunkt des Antransports zur Baustelle fixiert.

Im 17. bis 18. Jh. zog sich der Bau von Holzkirchen im russischen Norden über sehr unterschiedliche Zeiträume hin, in Abhängigkeit vom Zahlungsvermögen des Auftraggebers, der Verfügbarkeit von Baumaterial sowie der Tüchtigkeit der Innungsmitglieder. Die Bauzeit schwankte zwischen zwei und fünf Jahren. Als Beispiel mögen zwei sehr interessante, die Baufristen der hölzernen Georgien-Kirche im Kirchspiel Lodom betreffende Schriftstücke dienen: die *«Gesegnete Urkunde»* zum Bau der neuen Georgien-Kirche im Lodomer Kirchspiel anstelle der alten baufälligen [3, S. 271]. Diese Urkunde wurde im Oktober 1685 verfaßt, dieser Zeitpunkt wäre, nach heutigen Begriffen, als Beginn der

Projektierungsarbeiten anzusehen. Die andere *«Gesegnete Urkunde»* vom 25. September 1687 handelt von der Einweihung der neuerrichteten Georgien-Kirche im Lodomer Kirchspiel [3, S. 286] – das entspräche dem Zeitpunkt der Vollendung des Kirchenbaus. Demnach betrug die Bauzeit, gerechnet von der Aufstellung der Dingungsschrift und der Holzbeschaffung bis zur Einweihung, fast zwei Jahre.

Andere Schriftstücke belegen wiederum ganz andere Fristen von Kirchenbauten – so wurde beispielsweise die Kirche in Lamskaja Pustyn fünf Jahre lang gebaut [18, S. 5], was aus der Inschrift auf dem Weihkreuz hervorgeht: «1775 – Verlegung des ersten Blockkranzes zu Ehren des *hl. Sabbathens* aus Solowki; Einweihung 1780.»

In einem seltenen Fall hat sich die Errichtung einer Kirche im russischen Norden über eine weit beträchtlichere Zeitspanne hingezogen. An der Gottesmutter-Kirche in Kimsha, Geb. Archangelsk, wurde 63 Jahre gebaut: Baubeginn war 1700, ihre Vollendung erst 1763 [52, S. 14]. Ein derartig langer Bauverlauf kann womöglich Folge der Armut des dortigen Kirchspiels gewesen sein.

Bautermine

Schriftlichen Quellen ist zu entnehmen, daß in den nördlichen Gebieten die Arbeit der Zimmererinnungsmitglieder entsprechend der Leistung entlohnt wurde. In den meisten Fällen geschah die Bezahlung in der Form von Vorschüssen und einer Schlußabrechnung. Für die Abrechnungen mit dem Auftraggeber war der Obermeister verantwortlich. Gemäß den getroffenen Vereinbarungen erhielt die Zimmermannsinnung für die geleistete Arbeit entweder Geld oder eine Geldsumme in Verbindung mit Naturalien. Beispiel für die geldmäßige Entlohnung ist die Dingungsschrift zur Errichtung der hölzernen Kathedrale an der Mündung des Wym von 1683 [40, S. 74]: «Als Lohn für meine Arbeit habe ich, *Safron*, mit dem Kirchältesten und den Gemeindeleuten dreißig Rubel Geld ausgemacht, im voraus habe ich, *Safron*, vom Ältesten zwei Rubel empfangen …» Wenn jedoch die Erbauer die übernommenen Verpflichtungen bezüglich Qualität und Bauzeit nicht einhielten, so waren sie gezwungen, dem Auftraggeber beinahe die doppelte Geldsumme zurückzuerstatten: «… somit habe ich, *Safron*, in diesem Jahr 191 den Kirchenbau zu beginnen, und außer diesem Kirchen-

bau darf ich, *Safron*, keine andere Arbeit übernehmen. Und wenn ich, *Safron*, diese Kirche nicht gemäß dieser Schrift meisterhaft und tadellos errichte, so sollen der Älteste und die Gemeindeleute von mir, *Safron*, und meinen Genossen fünfzig Rubel zurückerhalten …»

Aussagen über die Entlohnung in Geld und Lebensmitteln enthält die Dingungsschrift zur Errichtung einer Kirche [1, S. 520]: «An Lohn hat dieser *Ondrej* den Zimmerern für diese Kirche mit Anbauten achtunddreißig Rubel zu zahlen und dazu auszuschütten: Roggenkorn zwanzig Tschetwerik, Hafer fünfzehn Tschetwerik, Gerste fünf Tschetwerik, Graupen und Hafermehl vier Tschetwerik, Flachssamen einen Tschetwerik, all dieses Schüttgut nach Tichwiner Zollmaß gemessen …» Nachfolgend wird die ratenweise Auszahlung für geleistete Arbeit vereinbart. Auch diese Vereinbarung enthält eine die Einhaltung der Vertragsbedingungen garantierende Klausel: Falls die Innung die vereinbarte Arbeit nicht fristgemäß oder in mangelhafter Qualität verrichtet, zieht der Auftraggeber auf dem Gerichtsweg eine Geldsumme ein, die die Vertragssumme bedeutend übertrifft.

Entlohnung

Die im Norden Rußlands verwendeten Baumaterialien, Werkzeuge, Konstruktions- und Organisationsformen waren bereits seit dem 11. bis 12. Jh. mit dem gesamtrussischen Baugeschehen eng verbunden. Somit ist es statthaft, Unterlagen aus archäologischen, archivarischen und ikonographischen Quellen von Nowgorod, Pskow, Wologda und Moskau heranzuziehen, von denen ja die Besiedlung der nördlichen Gebiete ausging.

Bei der Errichtung der dortigen weltlichen und kirchlichen Bauten wurden in erster Linie Bauholz, aber auch Metallerzeugnisse sowie Natur- und Kunststein verwendet.

Bauholz

Seit Urzeiten versorgten die Wälder des russischen Nordens das ganze Land mit dem wichtigsten Baumaterial. Als Bauholz fanden vorwiegend Nadel-, seltener Laubhölzer Verwendung. Bevorzugte Nadelhölzer waren die kernige Kiefer, Tanne und Lärche; und bei den Laubhölzern Espe, Linde und Eiche.

Von der weiten Verbreitung des Holzes als Werkstoff zeugen zahlreiche archivarische Belege aus dem 17. Jh., wie z. B. Verträge mit Lieferanten [106] über den Antransport von Bauholz für den Wohnungsbau in Moskau um 1681 bis 1682. Moskauer Märkte unterhielten ein beachtliches Angebot an verschiedenartigsten Holzerzeugnissen als wichtigsten Handelsposten.

Bauholz – Kiefer, Tanne – fand Verwendung als Rundholz, Schalholz, Latten, Bretter, Bohlen, Vierkantbalken, Pfosten u. a. m. Unter den spröden, weniger langlebigen Holzarten fand insbesondere die Espe dank ihrer wasserabweisenden Eigenschaften Verwendung bei der Herstellung von Dachschindeln. Andere Laubhölzer wurden zu untergeordneten Zwecken, wie zur Herstellung von Gerüsten, Leitern, Schablonen und Lehrbogen und anderen Vorrichtungen, verwendet. Harte Hölzer, insbesondere Eiche und Lärche, dienten zur Herstellung besonders wichtiger tragender Gebäudeteile – z. B. die unteren Blockkränze, mitunter auch die Hauptwände des Hauses. Weiches Lindenholz fand vorwiegend bei der Innenausstattung Verwendung.

In größeren Städten und ihrem Umland wurden die Holzbauten aus vorgefertigten Bauhölzern errichtet, die auf den Märkten in großer und vielfältiger Auswahl angeboten wurden. In entlegenen ländlichen Gegenden wurden alle Teile eines Bauwerks selbst hergestellt. Vor der Errichtung des Blockgehäuses fertigten Zimmerer alle Bretter, Bohlen, Latten für Fußboden, Decken und Dächer an, sie stellten die konstruktiven Verbindungen her und schnitzten die Zierelemente.

Zu den Merkmalen der Holzaufbereitung jener Zeiten gehörte die strenge Beachtung einer genauen Klassifizierung der Hölzer nach Arten. Nur die Kenntnis der Eigenschaften der verschiedenen Bauholzarten konnte ihre zweckentsprechende Verwendung für bestimmte Gebäudeteile sichern. Die Blockwandbalken wurden aus hochstämmigen, geraden, makellosen Bäumen gewonnen. Die Länge dieser Balken betrug im allgemeinen 3 oder 6 Sashen (etwa 6 bis 12 m), ihr Durchmesser am (oberen) Zopfende 8 bis 12 Zoll (etwa 36 bis 55 cm). Noch längere Balken wurden nur in besonderen Fällen verbaut, denn ihre Handhabung war bei dem damaligen Stand der Technik sehr schwierig. Für die Fußboden-, Decken- und Dachkonstruktionen wurden vorwiegend Balken und Bohlen aus Kiefer oder Tanne gebraucht, deren Stärke am Zopfende 0,33 bis 0,5 Arschin (etwa 24 bis 36 cm) betrug. Verschiedene Sorten niedrigwüchsigen Tannenholzes – Stangen und Latten – wurden für untergeordnete Teile der Dachkonstruktion, wie Sparren, Lattung u. dgl., verwendet. Aus Spaltbohlen und -brettern wurden Fußböden, Decken und Dachstühle gebaut. Es gab keine gesägten Bretter, denn Sägen kamen erst im 18. Jh. zur Anwendung. Bis dahin wurden Bretter und Bohlen durch Zerspalten der Stämme mittels Spaltaxt und Keilen hergestellt. In günstigsten Fällen konnten aus einem Stamm zwei bis drei Spalthölzer gewonnen werden. Die grob gespaltenen Hölzer wurden danach mit der Axt geglättet. Die russische Bezeichnung «tjoss» (Spaltholz) stammt aus jenen Zeiten.[33] Infolge ihrer mühevollen und wenig ergiebigen Herstellung waren Spaltbretter viel teurer als die später gebräuchlichen Sägebretter, und dennoch waren sie auch weiterhin sehr begehrt, denn ihre bautechnische Qualität war bedeutend höher. Spaltbretter sind elastischer, und sie haben eine höhere Bruchfestigkeit als Sägebretter. Sie werfen sich weniger, und unter Feuchtigkeitseinwirkung quellen sie weniger auf. Das hängt damit zusammen, daß beim Sägen von Brettern die gewachsenen Holzfasern vielfach durchschnitten werden, was die innere Festigkeit der Gewebestruktur beeinträchtigt. Aus dem gleichen Grund sind sie auch fäulnisanfälliger.

In alten Schriftstücken finden wir des öfteren Qualitätsbegriffe wie: ein «treffliches», «halbtreffliches», «halbfestes», «sehr gutes», «gutes» oder «mittelmäßiges» Spaltbrett. Diese Bezeichnungen deuteten auf die Güteklassen des Bauholzes hin, denen Merkmale zugrunde lagen wie etwa gleichbleibende Stärke und Breite, ebene Oberfläche und Fehlen von mechanischen und biologischen Schäden. «Trefflich» und «halbtrefflich» bezeichnete die höchste Qualität des Materials und seiner Bearbeitung [80, S. 8]. Einzelnen Archivakten ist zu entnehmen, daß Bretter von beachtlicher Breite gebraucht wurden, wie z. B.: «Kieferbretter 4 Sashen lag und am Zopfende 12 Zoll breit; Fußbodenbretter am Zopfende 8 Zoll breit, Lindenbretter am Zopfende 10 Zoll breit» usw. Vierkantbalken mit quadratischem oder rechteckigem Querschnitt dienten zur Herstellung von Tür- und Fenstergewänden und ähnlichen

Bauteilen. Pfosten quadratischen oder rechteckigen Querschnitts wurden vorwiegend aus Tanne, etwa 4 Zoll stark, hergestellt und in Vortreppen, Galerien und Innenräumen verbaut.[34]

Halbhölzer (längs halbierte Stämme) sowie Schalbretter und Schallatten (äußere, mit Rinde behaftete, abgespaltene Teile bei der Herstellung von Kantholz) fanden Verwendung bei der Herstellung der unteren Fußbodenlage und der Decken von Wohn- und Kirchenbauten.

Für die Abdeckung von Satteldächern fertigte man spezielle Dachbretter (aus Kiefer), denen ein leicht trogartiger Querschnitt gegeben wurde. Für runde Dachformen – Tonnen, Kuppeln, Trommeln – verwendete man kurze, verschieden geformte Schindeln. Als Dichtung gegen das Eindringen von Regen- und Tauwasser diente Birkenrinde, die unter den Deckbrettern oder Schindeln eingelegt wurde.

Die Gewinnung von Bauholz erfolgte auf folgende Weise. Die Bäume wurden stets vorzugsweise im Herbst gefällt, da während der Wintermonate das Holz durch Schädlinge nicht gefährdet war. Bald nach dem Fällen wurden die Stämme von Ästen und Reisig befreit und noch vor Eintritt des Frühlings am Fällungsort geschält. Somit war das im Herbst gefällte Holz im Frühling bereits baureif. Es wurde noch vor Wintersende auf Schlitten zu den Baustellen befördert. Beste Zeit fürs Bauen war der Frühling, da dann die frischen Hölzer im Sommer gut trockneten und, wenn nötig, im Herbst nachgerichtet werden konnten.

Metallerzeugnisse

Metallgewinnung und Herstellung von Metallerzeugnissen wurden in den nördlichen Gebieten Rußlands bereits im 9. Jh. betrieben. Erste Berichte über das Schmiedehandwerk der Slawen des 9. Jh. finden sich in orientalischen (des Choresmer Gelehrten *Al-Buruni*) wie auch europäischen *(Theophilos)* Berichten.

Nowgoroder Funde bezeugen, daß alle aus dem alten Rußland erhaltenen Schwarzmetallerzeugnisse von russischen Meistern stammen, die eine sehr komplizierte Herstellungstechnik beherrschten. Unter den zahlreichen ausgegrabenen Gegenständen befanden sich Metallbearbeitungsgeräte – Hämmer, Schmiede- und Schlosserwerkzeug, Nägel, Nagelzieher, Zangen, Ambosse, Lötzubehör, Bohrer, Körner – und viele Stücke eisernen Bauzubehörs: Klammern, Haken, Riegel, Tür-, Fenster- und Truhenangeln, Zierbeschläge für Türen und Torflügel, Schlösser, Schlüssel, Türklopfer usw. Diese Stücke waren in unterschiedlicher Qualität vorhanden, von den einfachsten und billigsten Schmiedeerzeugnissen bis zu feinsten und gediegensten Schlosserarbeiten. Das alles bestätigt den hohen Entwicklungsstand und das künstlerische Niveau der Metallbearbeitungstechnik.

Den Metallerzeugnissen gehörten sowohl dekorative Konstruktionsteile (wie z. B. ornamentierte Türangeln, Riegelkrampen, Schlüssel, Türgriffe, Leuchter, Feuerzeuge usw.) als auch Konstruktionsteile rein bautechnischer Bestimmung (Klammern, Bolzen, Haken, Zugeisen usw.) sowie auch einfache Nägel an.

Die kunstvoll geschmiedeten Beschläge, die von den Meistern selbst hergestellt wurden, verliehen den Türflügeln ein unverwechselbares Aussehen. Eine besonders charakteristische Gruppe bildeten die Schlösser russischer, mitunter auch fremder Meister, die sich unterschieden nach Kasten-, Einsteck- und Vorhängeschlössern aller Spielarten, einschließlich ihrer Beschläge, Krampen und Schlüssel von seltener Schönheit (Abb. 2.4).

Das Sortiment der gebräuchlichen Nägel war relativ umfangreich. Nach der Herstellungsart unterschied man geschmiedete und gezogene Nägel. Geschmiedet wurden sie auf dem Nageleisen, einer Stahlplatte mit Öffnungen, deren oberes Profil der Form der Nagelköpfe entsprach. Die glühenden Eisenstifte wurden durch die Öffnungen getrieben und die Köpfe ausgeschmiedet. Bolzen und große Nägel ließen sich nicht in einem Gang schmieden und mußten mehrmals erhitzt werden. Ihrer Länge nach wurden Nägel wie folgt unterschieden: «erster Hand» waren länger als die gesamte Stärke der zu verbindenden Teile, das hervorstehende Nagelende wurde umgebogen. Nägel «zweiter Hand» waren gleichlang wie die Gesamtstärke der zu verbindenden Teile, ließen sich also nicht umbiegen. Nägel «dritter Hand» waren noch kürzer. Der große Arbeitsaufwand bei der Herstellung von Nägeln bedingte deren hohen Preis im Vergleich zum Preis des Bauholzes, so daß beim ländlichen Bauen Nägel nur in geringen Mengen verwendet wurden.

Kunststein/Ziegel

Beim Bau von Öfen wurden sowohl Rohziegel als auch gebrannte verwendet. Sie wurden aus rotem oder gelbem, sorgfältig gereinigtem und geknetetem Ton in hölzernen Formen handgeformt. Wie aus alten Archivunterlagen hervorgeht, wurden sowohl in Kirchen als auch in Wohnhäusern die Ofenzüge und -ummantelungen aus rohen, die Feuerung dagegen aus gebrannten Ziegeln gemauert. Die Abmessungen der Ziegel betrugen 7 cm x 15 cm x 30 cm, waren also länger und breiter als die heute üblichen Ziegelsteinformate (Normalziegel). Gemauert wurde mit Lehmmörtel.

Die Schornsteine der städtischen Häuser aus dem 17. und 18. Jh. wurden ebenfalls mit Lehmmörtel gemauert, während die ländlichen Wohn- und Kirchenbauten auch weiterhin noch rauchfanglos beheizt wurden.

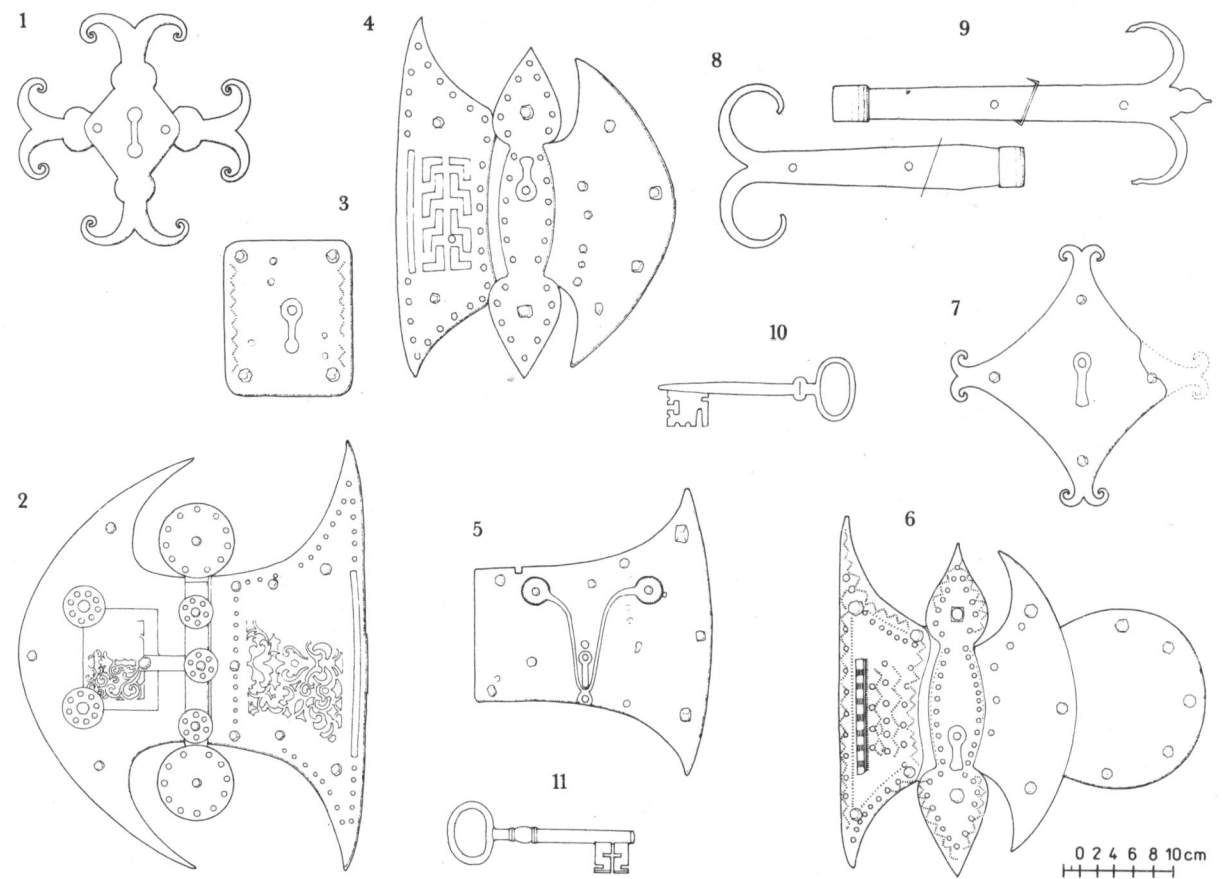

2.4
Beim Holzbau verwendete Gegenstände (Schlösser, Beschläge usw.)

1 Schloß aus Nowgorod, 10. bis 11. Jh.;
2 altrussisches Schloß, 16. Jh.;
3 Schloß von der Kapelle in Jamki, Kishi;
4 Scheunenschloß aus Jandomosero, Saoneshje;
5 Schloß der Mariä-Schutz-Kirche in Kishi;
6 Scheunenschloß aus Kaporje, Geb. Jaroslawl;
7 Schloß der Kapelle in Werchowje, Saoneshje;
8, 9 Türangeln von den Kapellen in Jamki und Sadubje, Saoneshje;
10 Schlüssel aus dem alten Nowgorod;
11 Schlüssel der Christi-Verklärungs-Kirche in Kishi

0 2 4 6 8 10cm

Naturstein

Im 18. Jh. wurde Naturstein zur Ausführung durchgehender Fundamente in städtischen Häusern verwendet, während bei ländlichen Bauten nur einzelne Gründungssteine unter die Wandecken und Vortreppen gesetzt wurden. Im Bereich der Gebiete Archangelsk und Wologda sowie im karelischen Saoneshje-Kreis verwendete man dazu die zahlreichen an den Fluß- und Seeufern verstreuten Feldsteine.

Fensteröffnungen und Flügelfenster wurden bis ins 17. Jh. mit Glimmer oder auch mit getrockneten Ochsenblasen ausgefüllt, erst im 18. Jh. fand das Glas breitere Verwendung. In der russischen Holzbaukunst bestanden die Außen- und Innendekorationen fast ausschließlich aus Schnitzwerk, so daß farbige Bemalungen nur selten in Innenräumen anzutreffen sind.

4.
Das Zimmermannswerkzeug

Natürlich konnten Holzbauwerke nur mit Hilfe verschiedenartiger Werkzeuge und Vorrichtungen geschaffen werden. Die für das Holzbauwesen jener Zeiten bezeichnende Handarbeit setzte sich aus vielerlei Tätigkeiten zusammen: Holzfällen, Aufspalten, Beschlagen und Behobeln, Meißeln, Bohren, später auch Sägen sowie verschiedenen Arten der Zierschnitzerei. Dementsprechend ließ sich das Zimmererwerkzeug des 18. bis 19. Jh. in unterschiedliche zweckbestimmte Arten unterteilen, und zwar:

– für vorbereitende Hauptarbeiten: Äxte, Schäleisen, Sägen, Keile, Schlegel;
– für Feinbearbeitung: Spaltmesser, Texel, Zieheisen, Hobel, Schrupphobel, Rauhbank, Schnitzmesser;
– für Hilfsarbeiten: Falzbeil, Meißel, Stemmeisen, Nuteisen, Schlangen- und Drillbohrer;
– für Meß- und Prüfarbeiten: Maßschnur, Winkelmaß, Reißmaß, Richtscheit, Zirkel, Zollstäbe.

Die Abb. 2.5 zeigt die wichtigsten in den nördlichen Gebieten gebräuchlichen Zimmererwerkzeuge[35]. Viele dieser im früheren Rußland weitverbreiteten Werkzeuge sind bis heute in kaum veränderter Form gebräuchlich, u. a. die Äxte, Hobel, Meißel, Bohrer, Sägen. Wenn man andererseits die Werkzeuge des nordischen Zimmerers aus dem 18. Jh. mit den Werkzeugen des alten Nowgorod vergleicht, so kann man sehen, daß manche bereits den Nowgoroder Zimmerern vertraut waren, wovon die bei Grabungen gefundenen Holzbearbeitungswerkzeuge aus dem 11. bis 14. Jh. zeugen. Dort finden sich Äxte, Texel, Schab- und Zieheisen, Meißel, Stemmeisen, Hobel, Schnitzmesser, Nagelzieher, Reißmaße. Alle Spalt- und Schneidewerkzeuge waren aus hochwertigem Stahl gefertigt.

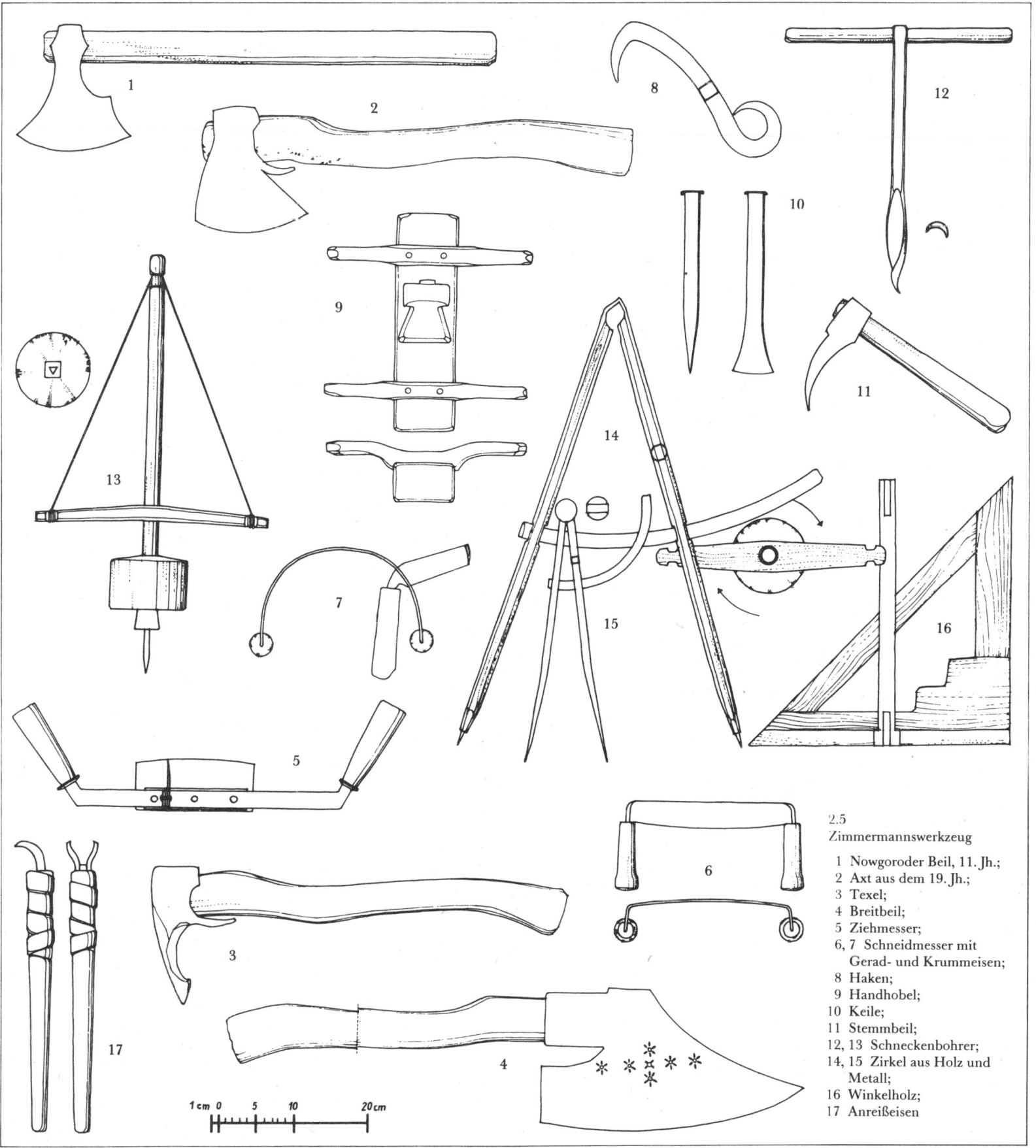

2.5
Zimmermannswerkzeug

1 Nowgoroder Beil, 11. Jh.;
2 Axt aus dem 19. Jh.;
3 Texel;
4 Breitbeil;
5 Ziehmesser;
6, 7 Schneidmesser mit
   Gerad- und Krummeisen;
8 Haken;
9 Handhobel;
10 Keile;
11 Stemmbeil;
12, 13 Schneckenbohrer;
14, 15 Zirkel aus Holz und
   Metall;
16 Winkelholz;
17 Anreißeisen

Kapitel 3

Die Zimmermannskunst

**1.
Konstruktionsprinzipien
im altrussischen
Holzbauwesen**

Die Herausbildung der Konstruktionsprinzipien im russischen Holzbauwesen wurde nicht nur von der Eigenart des Materials, den Natur- und Klimabedingungen und dem Entwicklungsstand der Technik stark beeinflußt, sondern nicht minder auch von den über Jahrhunderte überlieferten Bautraditionen. Ungeachtet der Unterschiedlichkeit der gestellten Bauaufgaben hatten sich einheitliche Konstruktionsprinzipien herausgebildet, die sowohl beim Bau privater als auch öffentlicher Bauwerke angewendet wurden. Diese lassen sich am augenfälligsten an den kirchlichen Bauten erkennen, die den Baumeistern bedeutend mehr Möglichkeiten zur Entwicklung verschiedenartiger rationeller konstruktionstechnischer Lösungen boten als die massenweise zu errichtenden Wohnhäuser.

Die Holzbaupraxis des 17. Jh. schuf originelle Konstruktionsmethoden, die die technischen Möglichkeiten jener Zeit widerspiegelten. Ein Hauptmerkmal ist die Vielfalt von Verkämmungen, Einbindungen, verborgenen Dübeln und Holznägeln sowie die relativ seltene Verwendung von Metall. Alle Verbindungen zeichnen sich durch eine genaue Passung der Teile und relativ massive Formen der Bauelemente mit einer großen Festigkeitsreserve aus. Die Verwendung von Metallnägeln war infolge der starken Abmessungen meist unangebracht. Zudem waren Metallnägel früher sehr teuer, so daß sie nur bei äußerster Notwendigkeit verwendet wurden, beispielsweise bei der Befestigung kleiner Konstruktionsteile, Zierdetails u. ä. Somit beruhten die Hauptkonstruktionen der Wohn- und Kirchbauten fast ausschließlich auf der weitestgehenden Nutzung der physikalischen Eigenschaften des Bauholzes und einem rationell gestalteten System von Verkämmungen und ähnlichen Verbindungen der einzelnen Bauteile.

Gründung der Wände

In den nördlichen Gebieten und z. T. auch den mittleren Breiten des Landes setzte man die Holzbauten direkt auf den Mutterboden, nur unter die Ecken und die Einbindungen von Querwänden wurden Feldsteine gelegt, die dem Wandgefüge unter Berücksichtigung des Bodenreliefs eine waagerechte Lage sicherten. Dort, wo der unterste Blockkranz über die Erdoberfläche angehoben war, wurde der Raum darunter mit kleineren Steinen ausgefüllt. Der Verzicht auf ein durchgehendes Fundament läßt sich damit erklären, daß das Blockhaus als Gebäudekonstruktion steif und unverformbar ist. Wie *R. M. Gabe* vermerkt, blieb in einigen Teilen Kareliens der Brauch erhalten, die Häuser an den Ecken auf eingerammte, am unteren Ende angekohlte Holzpflöcke (sog. Stühle) zu setzen [24, S. 201]. Das Ankohlen der Hölzer, die im Boden schwankenden Feuchtigkeitseinflüssen bei Anwesenheit von Sauerstoff ausgesetzt sind, ist ein sicherer Schutz gegen Fäulnis. Um der Fäulnis vorzubeugen, wurden seit ältesten Zeiten für die untersten Blockkränze besonders starke Bäume verwendet. Die der Mariä-Himmelfahrts-Kirche im karelischen Kondopoga haben beispielsweise 70 cm Durchmesser. Auch achtete man stets darauf, vorzugsweise besonders harte Hölzer (Eiche, Lärche) zu verarbeiten.

Die Wände

Die Holzwände aller Wohn- und Kirchbauten wurden einheitlich als Blockwände aus waagerecht aufeinandergelegten Baumstämmen (Rundhölzer, Vierkantbalken oder Halbhölzern) errichtet. Diese Wandbauart hatte erhebliche Vorteile gegenüber der in skandinavischen Ländern verbreiteten senkrechten Stellung der Wandbalken. Beim Austrocknen der Hölzer bildeten sich zwischen den senkrecht stehenden Balken Spalte, während die waagerecht liegenden Balken durch ihr eigenes Gewicht aufeinandergepreßt wurden.

Das gewöhnlich aus noch feuchtem Holz vormontierte Blockhaus wurde eine Zeitlang zum Setzen der Blockkränze einer Lufttrocknung ausgesetzt. Danach wurde es wieder auseinandergenommen und endgültig aufgestellt, wobei man die Fugen mit Moos ausstopfte. Das garantierte die größtmögliche Dichte des Blockhauses. Auf den Innenseiten wurden die Wände geglättet, indem die hervorstehenden Balkenrundungen (die «Buckel») mit der Axt abgespalten wurden. Für die weitere Bearbeitung verwendete man Schälbeil oder Texel. Das endgültige Glätten erfolgte dann mit dem zweihändigen Zieheisen. Dabei blieben die inneren Ecken des Hauses unbearbeitet, um so dem Durchfrieren an diesen Stellen entgegenzuwirken. In Wohnhäusern wurden gewöhnlich nur die mittleren, zwischen Sitzbank und Wandbrett gelegenen Wandteile geglättet, darunter und darüber behielten die Balken ihre ursprüngliche Gestalt. Wichtig sind die Eckverbände der Balken. Man teilt sie in zwei Hauptgruppen ein: entweder mit oder ohne Balkenüberstand. Zur ersten Gruppe gehören die einfache und die hakenartige Verkämmung sowie die Verschränkung, zur zweiten die Verblattung und die Verzinkung (Abb. 3.1).

Zu den ältesten Eckverbänden mit überstehenden Balkenköpfen gehört die «Verkämmung» (Abb. 3.1a); bei der in jeden Balken etwa 20 bis 25 cm von seinem Ende entfernt halbrunde Vertiefungen geschlagen wurden, in denen der nächsthöhere, rechtwinklig zu ihm verlaufende Balken zu liegen kommt. Es war dies die meistverbreitete Form des Eckverbandes[36]. Bei der hakenartigen Verkämmung wurden die Balkenenden auf Halbholz und die Vertiefungen an den Balkenoberseiten auf Viertelholz geschlagen (Abb. 3.1b). Im Falle der Verschränkung wurden in jedes Baumende zwei parallel liegende Vertiefungen in den oberen und unteren Teil des Rundholzes geschlagen (Abb. 3.1c). Die beiden letztgeschilderten Eckverbände sind etwas komplizierter und wurden daher in der bäuerlichen Baupraxis seltener angewandt.

In etlichen noch erhaltenen Bauwerken kann man die etwas abweichende Form der (gesperrten) Sparverschränkung vorfinden. Die Vertiefungen waren nur von geringer Tiefe, so daß Zwischenräume zwischen den Blockkränzen verblieben, die je nach Bestimmung des Gebäudeteils offengelassen oder nachträglich ausgefüllt wurden (Abb. 3.1d). Auf diese Weise konstruierte man Turmdächer, deren Gewicht möglichst gering zu halten war. Auch bei einigen bäuerlichen Wirtschaftsbauten in den Gebieten Archangelsk und Wologda – Ställen, Schobern, Unterbauten von Windmühlen – kam dieser gesperrte Blockverband häufig zur Anwendung.

Die nicht überstehenden Eckverbände – Verblattung und Verzinkung – sind ebenfalls im Wohnhaus- wie auch im Kirchenbau anzutreffen. Im Kirchenbau war besonders die Verblattung etwas weiter verbreitet; z. B. bei der Errichtung von Altaranbauten (Apsiden) und Vorhallen, von turmartigen Acht- und Vierkantaufbauten, an Kapellen und im 18. und 19. Jh. an Glockentürmen. Auch im hölzernen Festungsbau des 17. Jh. und an Wehrtürmen wurden sie gern verwendet.

Die nicht überstehende Verblattung mit parallelen Einschnitten (Abb. 3.1e) findet sich vorwiegend an Gebäuden mit polygonalem Grundriß, wie dem Altarraum der Christi-Verklärungs-Kirche in Kishi, dem Acht- und Vierkant des Torturmes des Nikolo-Karelischen Klosters und ähnlichen Denkmälern. Die schräggeschnittene Verzinkung (Abb. 3.1f) wurde nur bei Bauten mit rechtwinkligem Grundriß verwendet.

Die Abb. 3.1g und h zeigen zum Vergleich finnische Eckverbände.

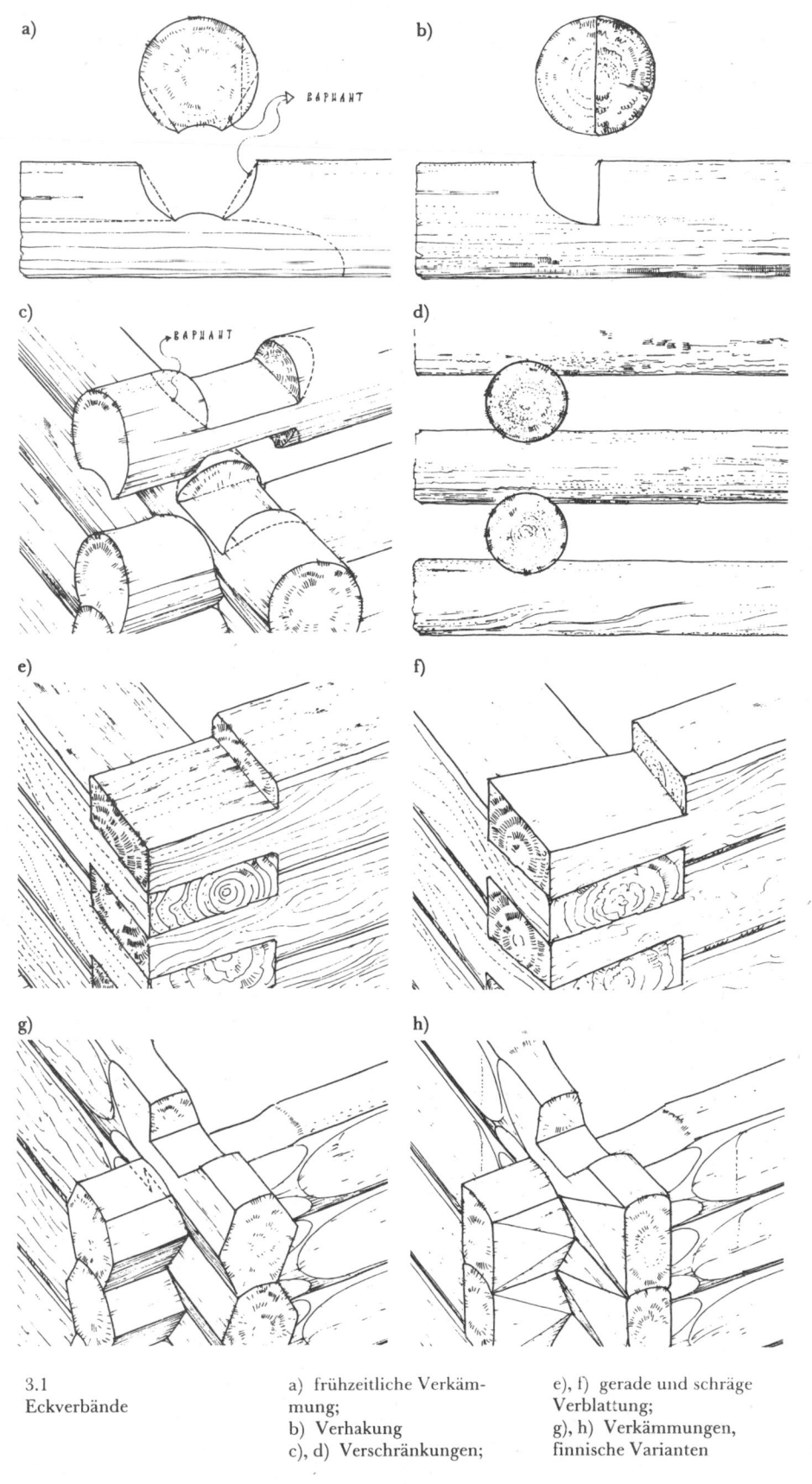

3.1
Eckverbände

a) frühzeitliche Verkämmung;
b) Verhakung
c), d) Verschränkungen;

e), f) gerade und schräge Verblattung;
g), h) Verkämmungen, finnische Varianten

Man unterschied bereits frühzeitig «warme» (d. h. wärmedämmende) und kalte Decken. Wohnhäuser und heizbare Kirchen hatten warme Decken und Fußböden; ungeheizte Kirchen, Wirtschaftsbauten, Festungstürme erhielten kalte oder «leere» Decken. In etlichen Fällen baute man in Wohnhäusern und besonders in Kirchen auch abgeschrägte oder gewölbte Decken ein. Die Decken hatten unterschiedliche Qualität der Holzbearbeitung in Abhängigkeit von der Bestimmung des Raumes, den materiellen Möglichkeiten und auch vom handwerklichen Können der Erbauer. Für Decken von Unter- und Bodengeschossen verwendete man einfache, entrindete Baumstämme, für Wohnstuben und Kirchen dagegen sorgfältig mit Ziehmesser und Hobel bearbeitete vierkantige Längsbalken, die in größeren Kirchenräumen auf schön geschnitzten Mittelstützen ruhten.

In den Wohnhäusern wurden die Deckenkonstruktionen von besonderen Tragbalken gestützt. So wurden beispielsweise in den Untergeschossen nördlicher Wohnhäuser vier, manchmal auch nur drei Längsbalken aus 18 bis 22 cm dickem Rundholz verlegt. Zwei von ihnen lagen nahe den Wänden (in etwa 25 cm Abstand), die übrigen im Mittelteil des Raumes. Auf beiden dem Eingang nächsten Längsbalken ruhten die Ofenstützbalken, wobei oft noch Stützpfähle unter die Längsbalken gesetzt wurden, damit sich diese unter der Last des Ofens nicht durchbogen. Über die Längsbalken wurde – in zwei Lagen – der Fußboden verlegt: die untere Lage aus dicken Schwarten, die, mit den Rundungen nach oben, genau aneinander gepaßt, mit Lehm verdichtet und einer Erdschüttung versehen wurden. Darüber kam die obere Lage aus 5 bis 7 cm starken Dielenbrettern.

Zweilagige Fußböden waren im russischen Wohnhausbau seit ältesten Zeiten bekannt. So wurden bei Ausgrabungen in Staraja Ladoga Wohnhäuser aus dem 8. bis 10. Jh. freigelegt, bei denen die Dielung aus fest aneinandergefügten Spaltbohlen aus Kiefernholz bestand, die untere Lage dagegen aus dicht aneinandergelegten Tannenstangen [87, S. 33]. Im Lauf der Jahrhunderte entwickelte man verschiedene Arten der Fugengestaltung zwischen den Dielenbrettern: die einfache glatte sowie die halbgespundete oder genutete und die ganzgespundete Fuge, auch einfache Fugen mit Zapfeinlagen kamen zu Verwendung. Die Dielenbretter wurden in Längsrichtung der Stube, d. h. von der Tür zur gegenüberliegenden Wand, verlegt, da man annahm, daß bei solcher Lage der Fußboden weniger abgetreten wird. In beheizten Kirchen wurden die Fußbodenkonstruktionen ähnlich gestaltet, nur wurden die Längsunterzüge stärker bemessen und in vielen Fällen mit Zwischenstützen aus Pfählen versehen, womit der höheren Belastung Rechnung getragen wurde.

Sobald das Blockgehäuse bis zur gewünschten Höhe aufgeführt war, verlegten die Zimmerer einen Blockkranz aus etwas dickeren Balken, auf die parallel zu den Längsbalken des Fußbodens die Deckenunterzüge aufgekämmt wurden. Es waren dies starke, vierkantig behauene Balken, deren Enden im allgemeinen nicht über die Wand nach außen reichten, sondern auf Halbholzdicke in die verstärkten Kranzhölzer der Blockwand eingelassen wurden. Um, besonders in weiter gespannten Kirchenräumen, eine sichtbare Durchbiegung der Deckenbalken zu vermeiden, haben erfahrene Meister

3.2
Wand- und Deckenkonstruktionen eines Saoneshjer Wohnhauses

deren Unterkante flachbogig in der zu erwartenden Durchbiegung entgegengesetzten Richtung beschlagen. Über die Deckenbalken wurden starke Bretter oder Schwarten (mit unten liegender glattgehobelter ebener Fläche) verlegt. Diese Deckenbretter wurden über die ganze Hausbreite derart verlegt, daß sie seitlich auf den Wandbalken und mittig auf den Deckenunterzügen ruhten. Sie wurden in der gleichen Weise aneinandergefügt oder gespundet wie die Dielenbretter. In Bauten zu wirtschaftlichen Zwecken waren Deckenkonstruktionen aus Stakhölzern anzutreffen. Abb. 3.2 zeigt die vorgenannte Konstruktion am Beispiel eines nordrussischen Wohnhauses aus dem Saoneshje-Kreis.

Erwähnenswert ist die frühe Deckenkonstruktion eines alten rauchfanglosen Wohnhauses aus Sagorje, Kreis Schunga [24, S. 42], in dem die Decke durch zwei Tragbalken in eine mittlere, waagerechte, und zwei seitliche, nach den Außenwänden geneigte Flächen geteilt wird. Hier sind die beiden Deckenbalken auf den über dem äußeren Blockkranz liegenden Giebelbalken aufge-

kämmt, so daß der Mittelteil der Decke höher liegt. Decken dieser Bauart sind auch in Kirchenbauten anzutreffen. Die Wladimir-Kirche im Kirchspiel Belosludsk hat eine sattelartige Deckenkonstruktion, bei der die Deckenbalken beidseitig auf einem mittleren Hauptbalken aufliegen, der zwischen der Ost- und der Westwand eingespannt ist. Im allgemeinen jedoch wurden die Decken von Kirch- und Kapellenräumen in der gleichen Bauweise ausgeführt wie in Wohnhäusern. Ausgenommen hiervon sind nur die eigentlichen Haupträume «Katholikone»[37] der Kirchen, in denen gewölbte, seltener schräge Decken von oftmals bedeutender Höhe anzutreffen sind.

Fußböden und Decken wurden vormontiert, damit sie bis zum Herbst trocknen konnten, dann wurden die Dielen- wie auch die Deckenbretter fest aneinandergefügt. Um die Wärme im Raum zu halten, wurden die Fugen der Deckenbretter mit Lehm gedichtet, mit Lehm-Kies-Mörtel überzogen und mit trockenem Laub, Moos oder Erdreich beschichtet.

An Wohnhäusern hatten die Dächer in den meisten Fällen nur ihre eigentliche praktische Funktion – den Schutz der Räumlichkeiten vor Niederschlagswasser – zu erfüllen. Im Kirchenbau dagegen wurden den Dächern darüber hinaus wichtige künstlerisch-ideelle Aufgaben übertragen. *I. E. Sabelin* betonte, daß sich das Dach seit alten Zeiten zu einem der wichtigsten Elemente jedweder baukünstlerischer Komposition entwickelt hatte, denn «nach alten Vorstellungen verkörperte sich die Schönheit eines Bauwerks in erster Linie in seinem oberen Abschluß, im Dach» [35, S. 57].

Die Dächer der Wohnhäuser ließen sich nach ihren konstruktiven Merkmalen in Pfetten- und Sparrendächer einteilen; in der äußeren Form entsprachen sie sowohl Sattel- als auch Walmdächern.

Eine schwierige ingenieurtechnische Aufgabe war die Errichtung des nagellosen Satteldaches auf Pfetten, die auf den bis ins Giebeldreieck hochgezogenen Stirnwänden ruhten, wobei man die Giebel aus nach oben sich verkürzenden Einzelbalken (russ. «samzy») ausführte. Zur Erhöhung der Standsicherheit wurden, wie aus den Abb. 3.3 und 3.4a und b ersichtlich, kurze Kegelwände in das Balkengefüge des Giebeldreiecks eingebunden. Diese Dachform gilt als hervorragendes Beispiel bäuerlicher Konstruktionslogik. Sie ist Ausdruck des eigenständigen Schöpfungsgeistes der russischen Zimmermeister und zweifellos in uralten Zeiten entstanden. Doch ist es schwierig, all ihre Entwicklungsetappen zu verfolgen, da die Bauernhäuser eine relativ kurze Lebensdauer haben. Dank ihrer Einfachheit war diese Bauart im russischen Norden weit verbreitet und beeinflußte die Entwicklung der Dachkonstruktionen benachbarter Karelen, Vepsen, östlichen Finnen.

Das Satteldach auf Sparren war entwicklungsgeschichtlich eine spätere Form. In früheren Zeiten waren Sparrendächer infolge ihres komplizierteren Aufbaus weit weniger verbreitet als Pfettendächer, obwohl ihre Herstellung wirtschaftlich vorteilhafter war.[38] Man unterschied zwei Arten von Sparrendachkonstruktionen: die nagellose mit Traufhaken sowie die traufhakenlose Bauart (Abb. 3.4b). In der zweiten Bauart wurden die Sparrenfüße in den obersten Balkenkranz des Blockhauses, den stärkeren Sparrenbalken, eingebunden. Der Dachüberstand wurde auf die in der Abbildung gezeigten Weise hergestellt. Die oberen Enden der Sparrenpaare wurden in Firsthöhe miteinander verblattet. Außerdem wurde jedes Sparrenpaar etwa in halber Höhe durch einen Kehlbalken verbunden.

Über die Sparren wurden Dachlatten verlegt. Die ältere Methode ging auf das Konstruktionsprinzip des einfachen Pfettendaches mit Traufhaken zurück. In diesem Fall liegen die Dachlatten, ähnlich den Pfetten, auf den geschlossenen Balkengiebeln und auf dem dazwischen liegenden Sparren. In südlicheren Breiten ersetzte man die geschlossenen Giebeldreiecke durch verstärkte Sparrenpaare. Das offene Giebeldreieck wurde stets mit einer Lattenverschalung geschlossen. Die Fuge zwischen den oberen Blockwandbalken und der Giebelverschalung wurde mit einem dekorativen Gesims verdeckt.

Diese Giebelform fand im Norden jedoch keine allgemeine Verbreitung. Die Dächer der dortigen Wohnhäuser hatten meistens so große Ausmaße, daß offene, lattenverschalte Giebel nicht die notwendige Standfestigkeit gewährten, die nur mit massiven Balkengiebeln erreicht werden konnte.

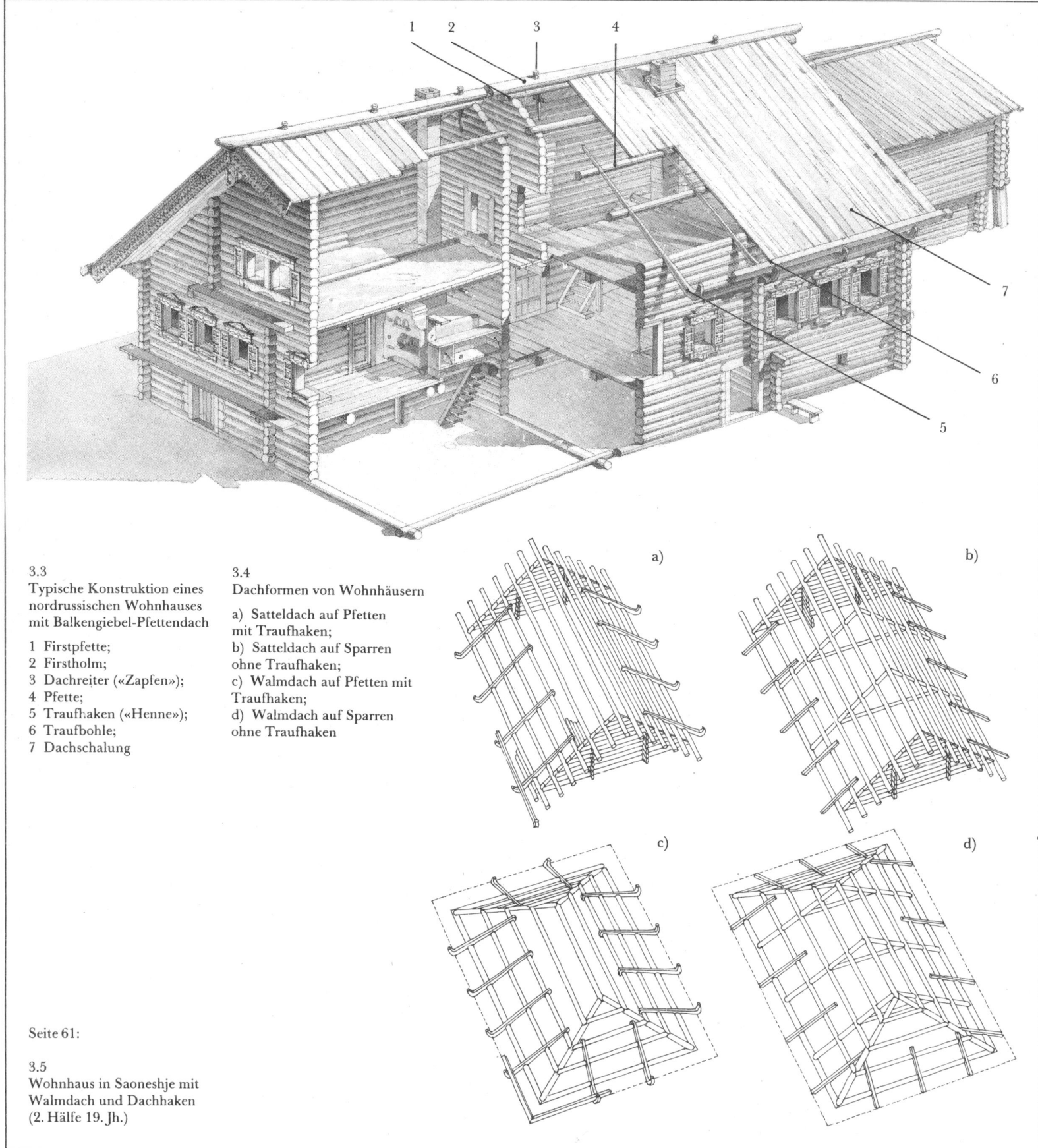

3.3
Typische Konstruktion eines
nordrussischen Wohnhauses
mit Balkengiebel-Pfettendach

1 Firstpfette;
2 Firstholm;
3 Dachreiter («Zapfen»);
4 Pfette;
5 Traufhaken («Henne»);
6 Traufbohle;
7 Dachschalung

3.4
Dachformen von Wohnhäusern

a) Satteldach auf Pfetten
mit Traufhaken;
b) Satteldach auf Sparren
ohne Traufhaken;
c) Walmdach auf Pfetten mit
Traufhaken;
d) Walmdach auf Sparren
ohne Traufhaken

a)

b)

c)

d)

Seite 61:

3.5
Wohnhaus in Saoneshje mit
Walmdach und Dachhaken
(2. Hälfte 19. Jh.)

Alte Formen von Walmdächern wurden früher mitunter auch «Haube» oder «Mantel» genannt. Sie sind auch auf Wohnhäusern aus dem 18. und 19. Jh. anzutreffen und wurden als Pfettendächer mit Traufhaken wie auch als traufhakenlose Sparrendächer ausgeführt (Abb. 3.4c und d). Bei letzteren wurden die äußeren senkrechten Sparrenpaare etwa 2 bis 3 m von den Hausecken entfernt auf den verstärkten oberen Wandbalkenkranz aufgekämmt. Schräggestellte Sparren bildeten die Walmfläche. Auf diesen ruhten waagerecht Dachlatten, die die Dachhaut trugen. Der Vergleich der Abb. 3.4c und d läßt erkennen, daß diese Dächer auf einem ähnlichen Konstruktionsprinzip beruhen.

Abb. 3.5 zeigt als Beispiel ein altes Wohnhaus mit Walmdach über Traufhaken aus dem Saoneshje-Kreis.

Zu bemerken sei noch, daß das nagellose Walmdach in der Anordnung der Traufhaken und Traufbohlen nicht konsequent durchdacht ist, da diese an den Ecken zusammentreffen und dort den freien Abfluß des Wassers behindern. Diese Stellen sind der Fäulnis stärker ausgesetzt.

Die Dächer der Kirchenbauten zeichnen sich durch die Mannigfaltigkeit ihrer bautechnischen Lösungen aus. Dies war bedingt durch gestalterische Formgebung, technische und wirtschaftliche Gegebenheiten wie auch durch die Bautraditionen der verschiedenen Zimmermannsinnungen und die Umweltbedingungen.

Das Dach war stets Hauptbestandteil der gestalterischen Gesamtkomposition. Es ist kein Zufall, daß die Dachformen maßgebend für die Klassifizierung der Holzkirchen sind, die nach Block-, Zeltdach-, Würfel-, Stufen-, Mehrkuppelkirchen usw. unterschieden werden. Innerhalb dieser Gruppen gibt es zahlreiche typische Untergruppen, was die Vielfalt der Dachformen

nachdrücklich unterstreicht. Ihre Herausbildung verlangte von den Baumeistern beste Vertrautheit mit den Baukonstruktionen und Materialeigenschaften sowie einen gediegenen künstlerischen Geschmack.

Das dreiteilige Kirchendach war die Regel und entsprach der Dreiteilung des Gebäudes in das Refektorium mit Vorraum, die Altarapsis und den Hauptbaukörper des Katholikons.

Die Dächer der Refektorien und der Vorräume ähnelten in ihrer Schlichtheit denen der Wohn- und Wirtschaftsbauten. Die Überdachung der Altarapsis erfolgte durch Satteldächer oder auch Tonnendächer. Dagegen waren die Dächer der Katholikone meist von besonders eigentümlicher Gestalt, hoch und steil und oftmals von recht kompliziertem Aufbau.

Neben den einfachen Pfetten- und Sparrendächern der Blockkapellen und Refektorien galt das besondere Augenmerk der Baumeister der Errichtung von Glockentürmen und turmartigen Überdachungen des Hauptraumes der Kirche. Hier entfaltete sich besonders vielseitig das Kunstschaffen des Volkes, dem wir das Entstehen zahlreicher wohldurchdachter origineller, komplizierter und materialgerechter Konstruktionen verdanken. Zu den interessantesten Problemen, vor die sich die Erbauer der Holzkirchbauten gestellt sahen, gehörte die Erreichung der notwendigen Stabilität und architektonischen Ausdruckskraft der Kirchen von oftmals beachtlicher Höhe [62, S. 63].

Die vielgestaltigen hochragenden Körper der Kirchen sind größtenteils in Form eines pyramidenförmigen Turmdaches über dem Katholikon der Kirche oder als freistehende Kirchtürme mit vier- oder achteckigem Grundriß ausgeführt. Die Errichtung solch hoher Bauten setzte großen Erfindungsgeist sowohl bei der Ent-

wicklung des allgemeinen Konstruktionssystems der Turmdachstühle als auch deren einzelner Bauteile voraus. Vielerorts entstanden einzigartige bautechnische Leistungen. Zu diesen gehören z. B. die Christi-Verklärungs-Kirche (1714) und die Mariä-Schutz-Kirche (1698), beide in Kishi, die Maria-Himmelfahrts-Kirche in Kondopoga (1774) oder auch die weniger bekannte Barbara-Kirche (1656) und ihr Glockenturm (Ende d. 18. Jh.) in Jandomosero, die Erzengel-Michaelis-Kirche (1683) im Juromsker Kirchspiel, Gebiet Archangelsk, die Georgien-Kirche im Dorfe Wershiny, Kreis Werchnetoremsk, die Christi-Geburts-Kirche (16. Jh.) aus dem Dorfe Peredki, Gebiet Nowgorod.

Einfache Turmdächer kirchlicher Bauten finden sich an Kapellen und Kirchen, die in großer Zahl über weite Teile der nördlichen Gebiete verstreut sind. Massenkomposition und Baukonstruktion solcher Kapellen entwickelten sich in zwei Richtungen: Entweder bildet der Baukörper des Kapellenhauses das Hauptelement

Turmdächer
von Kirchenbauten

3.6
Ostansicht der Kapelle der
Hl. Cyrik und Ulita in
Worobji, Saoneshje, 18. Jh.

Die Mariä-Himmelfahrts-Kapelle (Mitte d. 17. Jh.) in
Wassiljewo im Westen der Kishi-Insel gehört zu den ersten betont vertikalen Kompositionen in der Holzbaukunst des Saoneshje-Kreises. Hochstrebendes Element
ist hier ein in das Dach eingebundener, auf dem quadratischen Blockgehäuse der Vorhalle ruhender acht-
kantiger Glockenturm mit einem kleinen, sparrenge-
stützten Helm (Abb. 3.7). Der Hauptraum dieser Kapelle wird von einem einfachen, nach unten offenen
Pfettendach abgeschlossen.

Die Kapellen der zweiten Gruppe mit stärkerer vertikaler Betonung können auch als Zwischenglied zu noch
ausgeprägteren emporstrebenden Baukörpern gelten.
Hierher gehören Bauten, deren künstlerischer und bautechnischer Aufbau dem Typ der Turmkirchen nahekommt. Beispiele dafür sind die Georgien-Kapelle
(Ende d. 18. Jh.) in Ust-Jandoma sowie eine Kapelle im
Dorfe Korba, Kr. Saoneshje (Abb. 3.8).

Weitverbreitet ist das pyramidenförmige Turmdach
(russ. Schatjor), das eine lange Entwicklung hinter sich
hat, in deren Verlauf sich eine bewährte Bauart herausbildete. Seiner Konstruktion liegt ein System von Mittelstützen («Kaiserstuhl») nebst Ständern und Streben
zugrunde, die je nach Form und Größe des überdachten
Blockhauses in verschiedenen Konstruktionsvarianten
zusammenwirkten.

In ihrer äußeren Erscheinung nahmen die Turmdächer je nach den örtlichen Bedingungen, Erfordernissen
und Geschmacksrichtungen verschiedene Formen an,
waren höher oder niedriger und unterschieden sich
nach der Art der Aufstellung auf ihrem Unterbau. Immer wurden die Abmessungen ihres Grund- und Aufrisses bestimmt von der Gesamtkomposition des Bauwerks und den entsprechenden Ausmaßen der Innenräume der Kirche oder des Glockenturms. Mitbestimmend bei der Ausarbeitung der Konstruktionsformen
der Turmdächer waren auch Qualität und Abmessung
des zur Verfügung stehenden Bauholzes, vorwiegend
Kiefer oder Tanne.

Nach ihrer Bauart kann man die Turmdächer in drei
Hauptgruppen einteilen:
– in ganzer Höhe in Blockbauweise aus Rundhölzern
  (vollwandig oder gesperrt),
– desgl., aber nur bis zur halben Höhe; darüber als
  Sparrendachstuhl ausgeführt,
– Sparrendachstühle in ganzer Höhe des Turmdaches
  (Abb. 3.9).

Die älteste Form war der in ganzer Höhe im Blockverband vollwandig aus Rundholz errichtete Turmhelm. In diesem Fall bestand er aus massiven, durch
Streben miteinander verbundenen Außenwänden, die
die direkte Fortsetzung der Wände des zu überdachen-
den Turmsockels darstellten. Dabei liegt der Schwel-
lenkranz des Turmdaches auf dem unteren Blockkranz

der Gesamtkomposition, wobei ein kleines, ins Dach
eingebautes Geläut oder auch ein Kuppeltürmchen diesem Hauptkörper kompositionsmäßig untergeordnet ist,
oder aber der Schwerpunkt der gesamten baulichen Anordnung liegt in einem hohen Glockenturm. Die Kapellen der ersten Gruppe zählen zu den schlichtesten Bauwerken ihrer Art. Hierzu gehören z. B. die Cyrik-und-
Ulita-Kapelle (18. Jh.) im Dorfe Worobji, Kreis Saoneshje (Abb. 3.6), eine Blockbaukapelle (18. Jh.) in Fjo-
dorowskoje, Gebiet Archangelsk, sowie eine Kapelle
(18 Jh.) in Kaschira, Gebiet Nowgorod.

des Hohlkehlsimses, so daß die ganze Last unmittelbar auf die senkrechten Wände des tragenden prismatischen Sockels übertragen wird (Abb. 3.9 a). Zur Ableitung des Wassers wurde der Raum zwischen der Turmdachwand und dem ausbuchtenden ·Kehlsims mit weit auskragenden Latten abgedeckt. Die Blockkränze des Turmsockels und des Kehlsimses wurden mit Überständen verkämmt, die des Turmdaches dagegen ohne Überstände verblattet, was die Anbringung der aus Brettern bestehenden Dachhaut begünstigte.

Solche Blockwand-Turmhelme hielten auch starken Windbelastungen stand. Nachteilig wirkten sich der unwirtschaftliche Materialverbrauch und das beträchtliche Eigengewicht aus, das wiederum die Errichtung massiverer Blockwände des Unterbaus voraussetzte.

Der Wunsch nach Gewichtsminderung und Vervollkommnung der Konstruktion führte zu Turmdächern in gesperrter (gitterartiger) Blockbauweise, wobei trotz bedeutender Materialeinsparung der hohe Widerstand gegen Windbelastung erhalten blieb[39] (Abb. 3.9 b und 3.10).

Die weitere Gewichtsminderung des Turmdaches erforderte zusätzliche Konstruktionselemente zur Sicherung gegen Windbelastung. Diesem Zweck dienen eine

3.7
Dachkonstruktion der Kapelle in Wassiljewo bei Kishi

3.8
Südansicht der Kapelle in Korba, Kr. Saoneshje

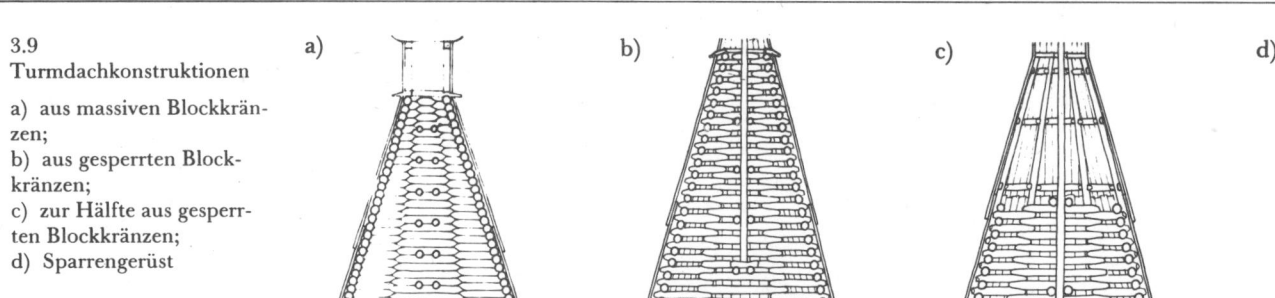

3.9
Turmdachkonstruktionen

a) aus massiven Blockkränzen;
b) aus gesperrten Blockkränzen;
c) zur Hälfte aus gesperrten Blockkränzen;
d) Sparrengerüst

a)   b)   c)   d)

3.10
Blockkränze des zerstörten Turmdaches der Himmelfahrts-Kirche in Tipinizy, Saoneshje

3.11
Perspektivischer Schnitt des Turmes der St.-Barbara-Kirche in Jandomosero, Saoneshje

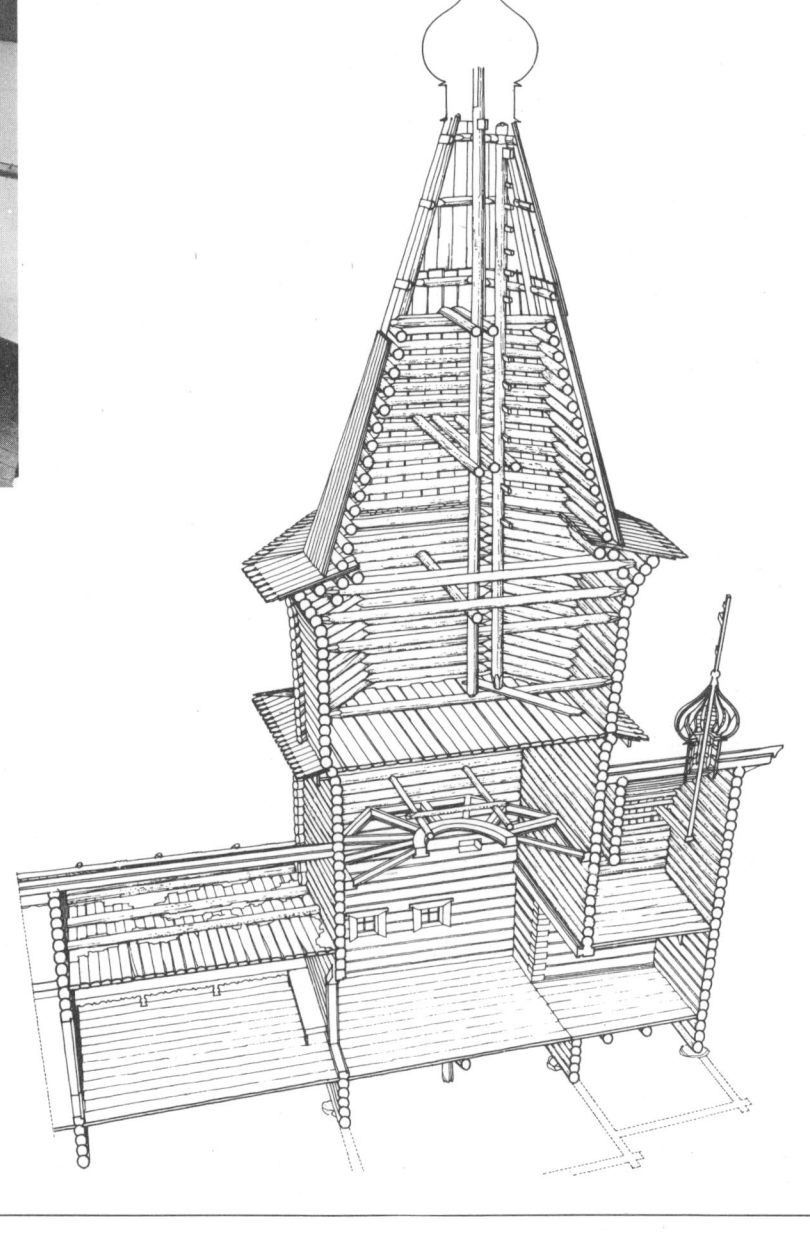

Seite 65:

3.12
Perspektivischer Schnitt der Jungfrauenkirche in Kimsha, Geb. Archangelsk

a) Stützbalken für die Tonnen;
b) Blockwand einer Tonne;
c) Mittelstütze des Turms;
d) Stützkranz der Trommel;
e) Stützkranz der Hauptkuppel
f) Befestigungsstäbe der Trommel;
g) Stützrahmen für die Trommelstäbe

1 Sparren des Turmdaches;
2 Hölzer der Turmkränze;
3 Verschalung aus Dachlatten;
4 Birkenrinde (Abdichtung) als Dichtungsmaterial

Mittelstütze (Kaiserstuhl) mit Tragbalken, Versteifungen sowie der Einbau eines besonderen Schwellenkranzes, der die Last des Turmdaches auf die Außenwände des Turmsockels überträgt.

Der ausschließliche Sparrendachstuhl kam dank seinem geringeren Gewicht vorwiegend zur Überdachung von Glockentürmen und kleinen Kapellen, relativ selten dagegen über den großen Kirchenräumen zur Anwendung. Bei seinem geringen Gewicht und großen Umfang ist er sehr windanfällig. Dieser Umstand erforderte, besonderes Augenmerk auf den Einbau und die Befestigung der zentralen Mittelstütze als wichtigstem Element der gesamten Dachstuhlkonstruktion sowie auf eine sichere Aussteifung des Turmdaches zu richten. Wie Abb. 3.11 zeigt, liegt der Tragbalken des Kaiserstuhls im unteren Teil des achteckigen Turmsockels. Die Zahl der Balkenschlösser ist groß, was dem Bestreben des Baumeisters nach hoher Standfestigkeit des Turmdachstuhls entspricht. Hier befindet sich neben der Mittelsäule noch eine senkrechte Leiter aus auf einen Stiel aufgekämmten Sprossen.

Bemerkenswert ist der Aufbau des Turmdachs der Jungfrauenkirche in Kimsha, Gebiet Archangelsk, das auf einem viereckigen Sockel ruht, dessen Abschluß zwei rechtwinklig einander durchdringende, kielförmig auslaufende Tonnendächer bilden (Abb. 3.12). Die Errichtung über einem solchen Tonnenkreuz war eine schwierige Aufgabe, die aber beispielhaft gelöst wurde. Der Sparrendachstuhl des Turms ruht auf den beiden einander kreuzenden Firstpfetten der Tonnendächer. In acht Punkten sind die Sparren abgestützt, während die Mittelstütze im Schnittpunkt der Pfetten befestigt ist.

Bei all diesen Beispielen besteht der hochstrebende Baukörper aus zwei Teilen: Im unteren befindet sich das eigentliche, von einer Zwischendecke, dem sogenannten Himmel, abgeschlossene Katholikon der Kirche, der obere Teil wird vom umfangreichen Raum eines Dachbodens eingenommen. Die beiden Bereiche stehen in einem ungünstigen Verhältnis zueinander, denn der relativ niedrige Kirchenraum nimmt nur einen geringen Teil der beachtlichen Gesamthöhe des Gebäudes ein. Offensichtlich ließen die komplizierten Dachkonstruktionen die nutzvolle Einbeziehung des oberen Raumes nicht zu.

Demgegenüber hat man in den benachbarten nordischen Ländern die Holzkirchen nach einem anderen bautechnischen Prinzip, nämlich als Skelettbau, errichtet, der die Nutzung des Innenraums in seiner vollen Höhe zuließ, wie das in der vielstufigen norwegischen Stabkirche in Borgund [29, S. 3 u. 62] der Fall ist, in deren Innenraum sämtliche Konstruktionsteile zugleich auch baukünstlerische Funktionen haben. Vom neutralen Hintergrund der Holzwände heben sich hier die mit Schnitzereien versehenen und bemalten Ständer und

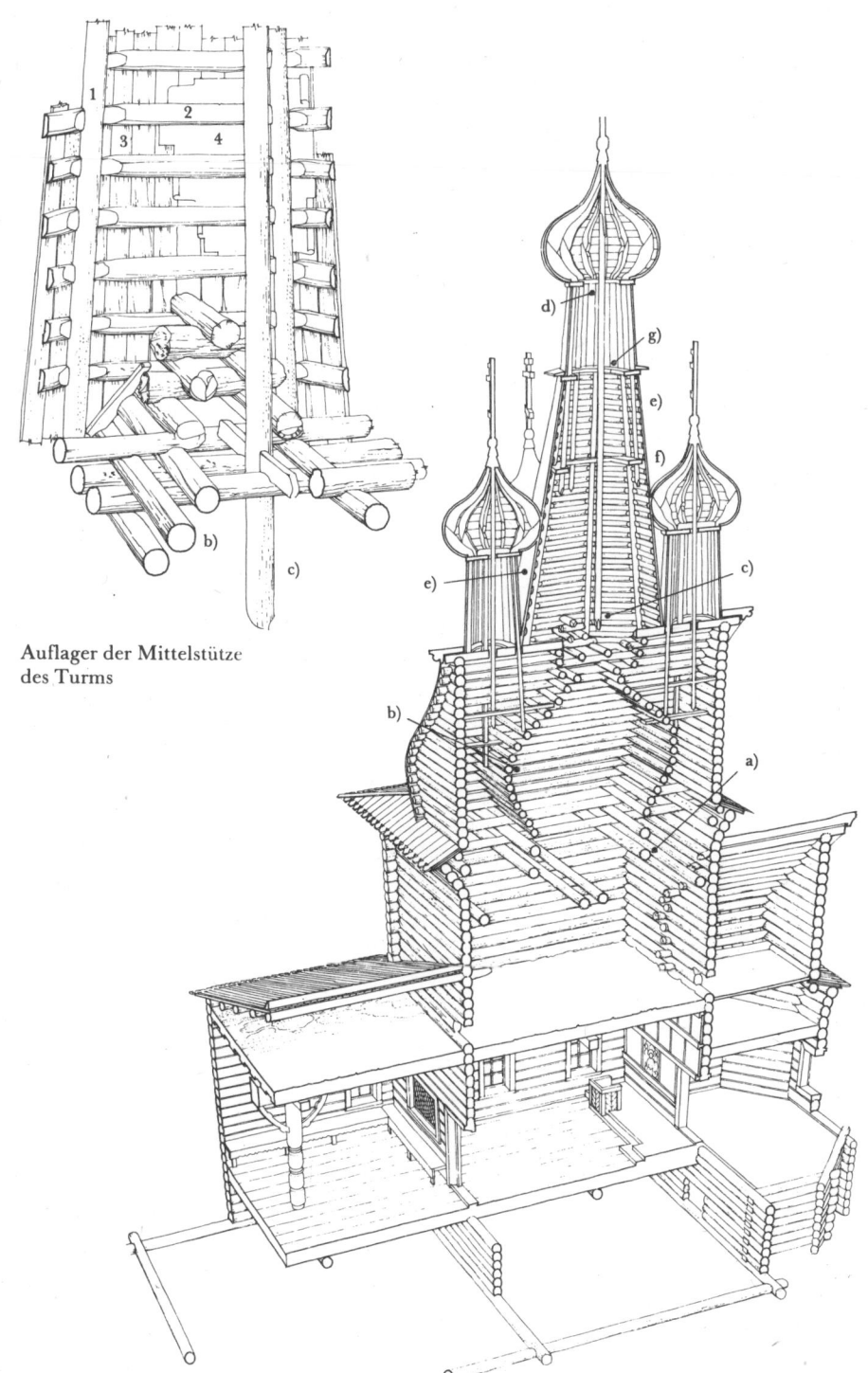

Auflager der Mittelstütze des Turms

Balken ab, so daß voller Einklang zwischen Konstruktion und ästhetischer Raumwirkung erreicht wurde (Abb. 3.13).

Anders ging man in Rußland bei der Errichtung von Überdachungen jener Hochbauten vor, deren Innenraum mit ihrer äußeren Erscheinung im Einklang stehen sollte. Zu solchen Bauwerken gehörten die Glok-

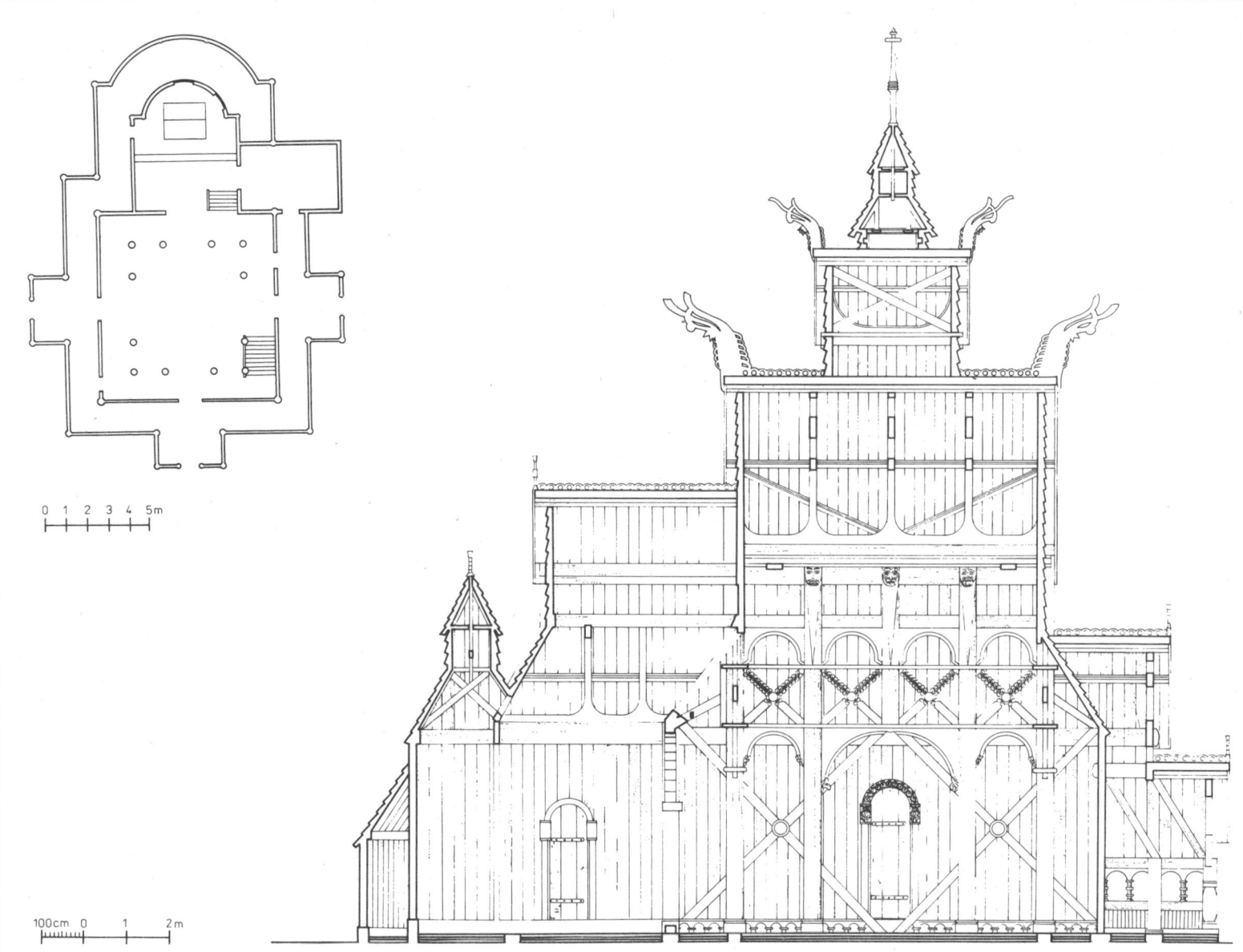

3.13
Grundriß und Längsschnitt
der Kirche in Borgund
(Norwegen), 12. Jh.

kentürme. Die Aufgabe ist insofern etwas schwieriger, da hier das Turmdach nicht direkt auf den massiven Blockwänden des Turmschaftes ruht, sondern über den offenen Glockenraum hinausragt.

Die Glockentürme des russischen Nordens sind in ihrer Mehrzahl wenigen traditionellen Typen zuzuordnen: In der ersten Gruppe trägt ein viereckiges Blockhaus ein achteckiges, offenes Glockengeschoß. Darüber befindet sich ein Sims aus Blockkränzen, die den Sparrendachstuhl des Turmhelms tragen. Bei Glockentürmen dieser Bauart hat das Turmdach eine Mittelstütze, die unter dem Glockengeschoß von einem Balkenkranz getragen wird, oben fest mit den Sparrenenden verbunden ist und über dem Turmdach in ein Kreuz ausläuft.

Bei der zweiten Gruppe hat der ganze Turmkörper eine hohe achteckige Form. Meist ruht er auf einem

niedrigen quadratischen Sockel. Zu dieser Bauart gehört der freistehende helmgekrönte Glockenturm aus dem Dorf Kuliga-Drakowanowo (Anfang d. 17. Jh.) im Krasnoborsker Kreis des Gebiets Archangelsk. Die das Glockengeschoß und den Turmhelm durchdringende Mittelstütze ruht hier ebenfalls auf einem unter dem Glockengeschoß, in Höhe des Hohlkehlgesimses liegenden und in die oberen Blockkränze des Achtkants eingebundenen Balkenkreuz aus zwei nebeneinander liegenden Balken und einem darunter liegenden Querbalken. Die in den inneren Winkeln der oberen Hälfte des Achtkants aufgesetzten Eckpfosten des Glockengeschosses tragen die als Auflager für die Turmdachsparren dienenden Blockkränze. Zu bemerken sei noch die unkonventionelle Lösung der krönenden Zwiebelkuppel, die hier unter Weglassung der traditionellen kleinen Trommel direkt auf dem Turmdach aufsitzt (Abb. 3.14).

Im Inneren der Glockentürme sind die offenliegenden Konstruktionsteile sichtbar. Sie wurden in vielen Fällen künstlerisch mit hohem Schauwert bearbeitet, denn die Glockentürme dienten nicht nur der Unterbringung des Geläuts, sondern waren auch, besonders an Festtagen, ein beliebtes Ausflugsziel der Bewohner der umliegenden Dörfer. Im Innern der Türme und auf der Glockenplattform sind sauber gearbeitete Treppen und Podeste mit geschnitzten Geländern und Brüstungen, Schnitzereien an ausschließlich konstruktiven Elementen wie auch an den als Säulen ausgebildeten Eckstützen des Glockengeschosses anzutreffen. Sparrendachstühle finden sich auch in den Turmdächern einiger Kirchen des russischen Nordens. So hat die Nikolaikirche des Mujesersker Klosters (17. Jh.) auf der Troizki-Insel des Muja-Sees ein sparrengestütztes Turmdach über dem Katholikon (Abb. 3.15). Jedoch ist nicht auszuschließen, daß hier der Sparrendachstuhl erst später anstelle eines alten Blockbalken-Turmdaches aufgesetzt wurde, worauf das Vorhandensein starker, in das Hohlkehlgesims eingebundener Rundhölzer deutet, auf denen ein in gesperrter Blockbauweise gezimmerter Turmhelm geruht haben könnte. Ein weiteres Beispiel ist die Peter-und-Pauls-Kirche (1620) im Dorf Lytschny-Ostrow am Ufer des Sandal-Sees in Karelien, die auch ein sparrengestütztes Turmdach hat. Hier sind die Tragkonstruktionen für die hohe Mittelstütze identisch mit denen der «Himmeldecke» des Katholikons. Eine ähnliche Konstruktion befindet sich in der mehrtürmigen Dreifaltigkeitskirche in Nenoksa, Gebiet Archangelsk [100, Bd. V, S. 13].

Große praktische Erfahrung war die Voraussetzung für das Herangehen an die Errichtung bemerkenswerter vieltürmiger Kirchen mit komplizierter Raum- und Massengliederung. Hier entfalteten die alten Baumeister all ihre Kenntnisse und Fertigkeiten nicht nur zur Schaffung einzigartiger Architektur, sondern auch zur Entwicklung neuartiger Konstruktionsprinzipien, z. B. bei der stützenlosen Überdeckung relativ großer Spannweiten, unter größtmöglicher Ausnutzung der bautechnischen Eigenschaften des Holzes. Solche Konstruktionen ermöglichten die freie Überspannung großer Räume und verliehen dem Kircheninnern eine große baukünstlerische Ausdruckskraft.

Zu den bemerkenswerten Beispielen dieser Art gehört die Deckenkonstruktion über dem achteckigen Raum der Christi-Verklärungs-Kirche in Kishi. Sie entspricht voll und ganz den funktionellen und künstlerischen Forderungen, die an einen festlichen, viele Menschen vereinenden Raum gestellt werden.

Das Neue und Schwierige der gestellten Aufgabe war die Forderung, einen 12 m breiten Raum zu überdek-

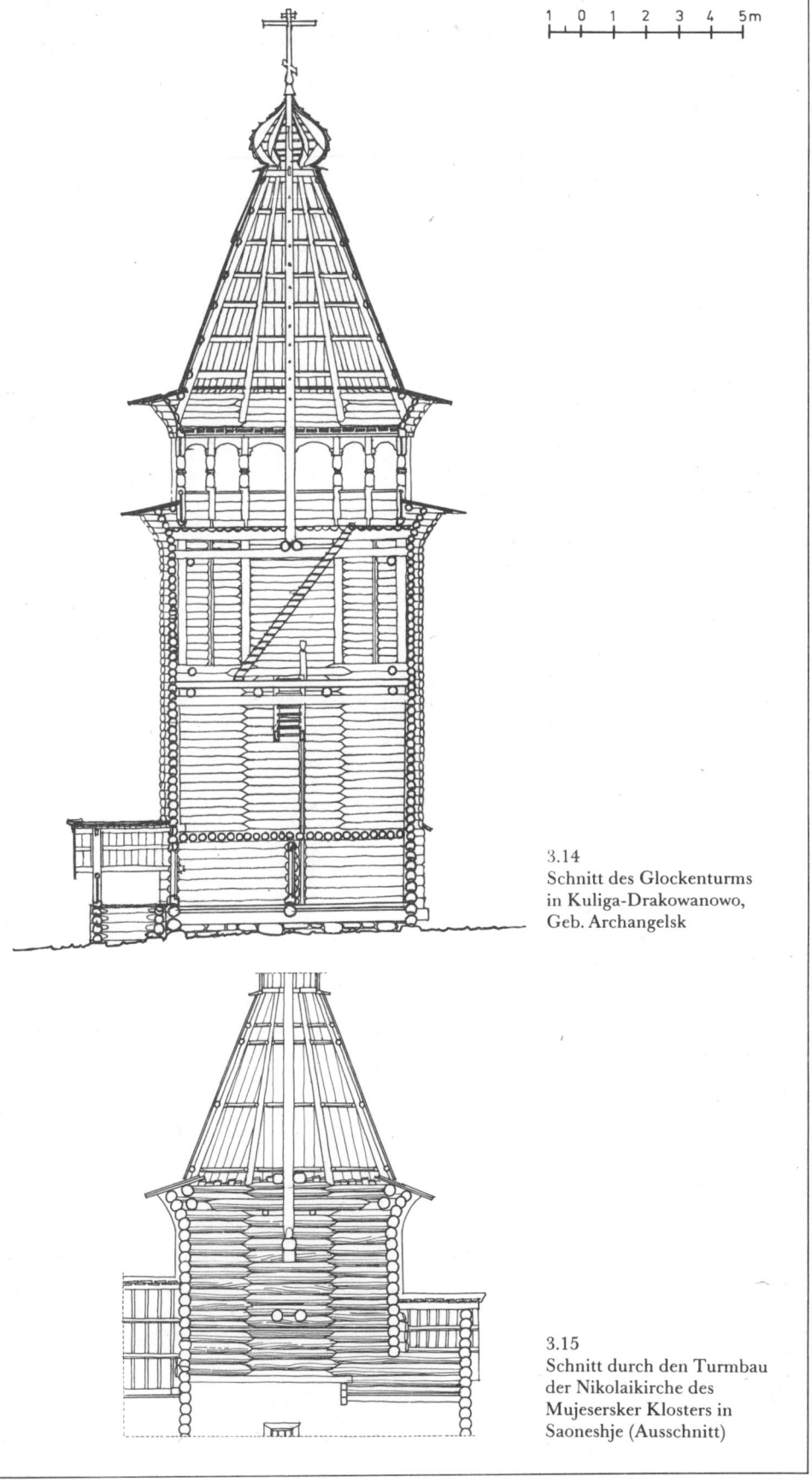

1 0 1 2 3 4 5m

3.14
Schnitt des Glockenturms in Kuliga-Drakowanowo, Geb. Archangelsk

3.15
Schnitt durch den Turmbau der Nikolaikirche des Mujesersker Klosters in Saoneshje (Ausschnitt)

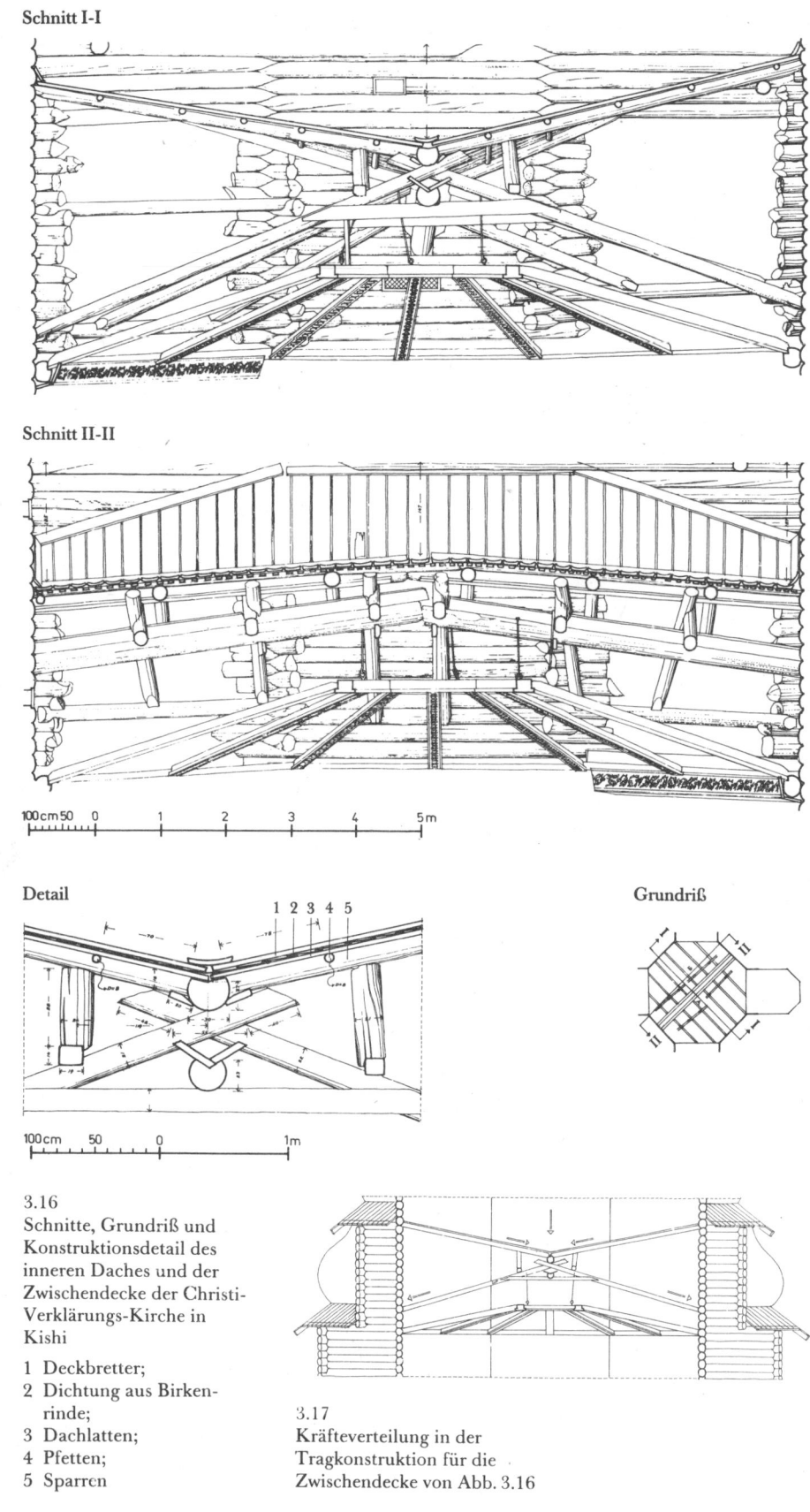

Schnitt I-I

Schnitt II-II

100 cm 50 0   1   2   3   4   5 m

Detail

1 2 3 4 5

Grundriß

100 cm   50   0   1 m

3.16
Schnitte, Grundriß und
Konstruktionsdetail des
inneren Daches und der
Zwischendecke der Christi-
Verklärungs-Kirche in
Kishi

1 Deckbretter;
2 Dichtung aus Birken-
  rinde;
3 Dachlatten;
4 Pfetten;
5 Sparren

3.17
Kräfteverteilung in der
Tragkonstruktion für die
Zwischendecke von Abb. 3.16

ken. Dazu bediente man sich zweier Konstruktionen. Die untere sichtbare Decke, die sich von früher errichteten Decken ähnlicher Art schon durch die großen Ausmaße des überspannten Raumes unterscheidet, stellt im Prinzip eine flach gewölbte Rippenkuppel mit oberem Spannring dar. Das Tragsystem besteht aus sechzehn 17 cm x 20 cm dicken zur Raummitte ansteigenden, mit Zierwerk versehenen Holzrippen, deren obere Enden in einen massiven Schlußring eingebunden sind. Dieser Ring hat einen Querschnitt von 23 cm x 30 cm, mißt 2,50 m im Durchmesser und wird aus acht miteinander verdübelten Segmenthölzern gebildet. Die unteren Enden der Rippen sind auf einen besonderen Blockkranz aufgekämmt, der innen an den Blockwänden des achteckigen Raumes verläuft und mit dekorativen Zierbrettern verblendet ist.

Diese weitgespannte Himmel-Decke mit ihrer reichen Bemalung vermittelt dem Innenraum seinen besonderen harmonischen Reiz. Die hervorstehenden ornamentgeschmückten, am Schlußring zusammenlaufenden Rippen sind von eindrucksvoller architektonischer Wirkung. Diese Himmeldecke ist freitragend und benötigt keine zusätzlichen Abstützungen, da sie nach dem Prinzip einer flachen Kuppel wirkt, deren Schubkräfte problemlos vom Turmunterbau und seinen Anbauten aufgenommen werden.

Das über dieser Decke befindliche innere Dach stellt ein selbständiges Konstruktionssystem dar. Auf den ersten Blick erinnert es an einen gewöhnlichen Sparrendachstuhl. Es ist jedoch eine eigenständige Lösung einer für damalige Zeiten schwierigen Bauaufgabe, nämlich ein inneres Dach mit den für den Wasserabfluß notwendigen Neigungen einzubauen, wozu ein weitgespanntes Sparrensystem zu entwickeln war (Abb. 3.16; 3.17).

Das Traggerüst besteht aus zwei Lagen Sparren, die, von oben gesehen, von den Außenwänden zur Gebäudemitte verlaufen. Die untere Lage besteht aus 12 schrägen, von den Außenwänden aus aufsteigenden Sparren (1 auf Abb. 3.17), deren sich überschneidende obere Enden miteinander verschränkt sind. Auf diesen Enden liegen zwei dicke Balken (2), die, nach den Außenwänden hin ansteigend, den umgekehrten «First» des inneren Daches bilden. Die obere Sparrenlage trägt dessen Dachhaut. Diese Sparren (3) sind mit ihren unteren Enden auf die Firstbalken (2) aufgekämmt, während die oberen in die Außenwände der Turmwände eingebunden sind. Somit übertragen die oberen Sparren (3) ihre Lasten auf die «Firstbalken» (2), die ihrerseits, auf die Enden der unteren Sparren (1) gestützt, die Belastungen über letztere auf die Außenwände und vier Anbauten weiterleiten, die etwa die Funktion von Strebepfeilern ausüben (Abb. 3.17). Zum Auffangen etwa noch durchsickernden Wassers wurden auf die

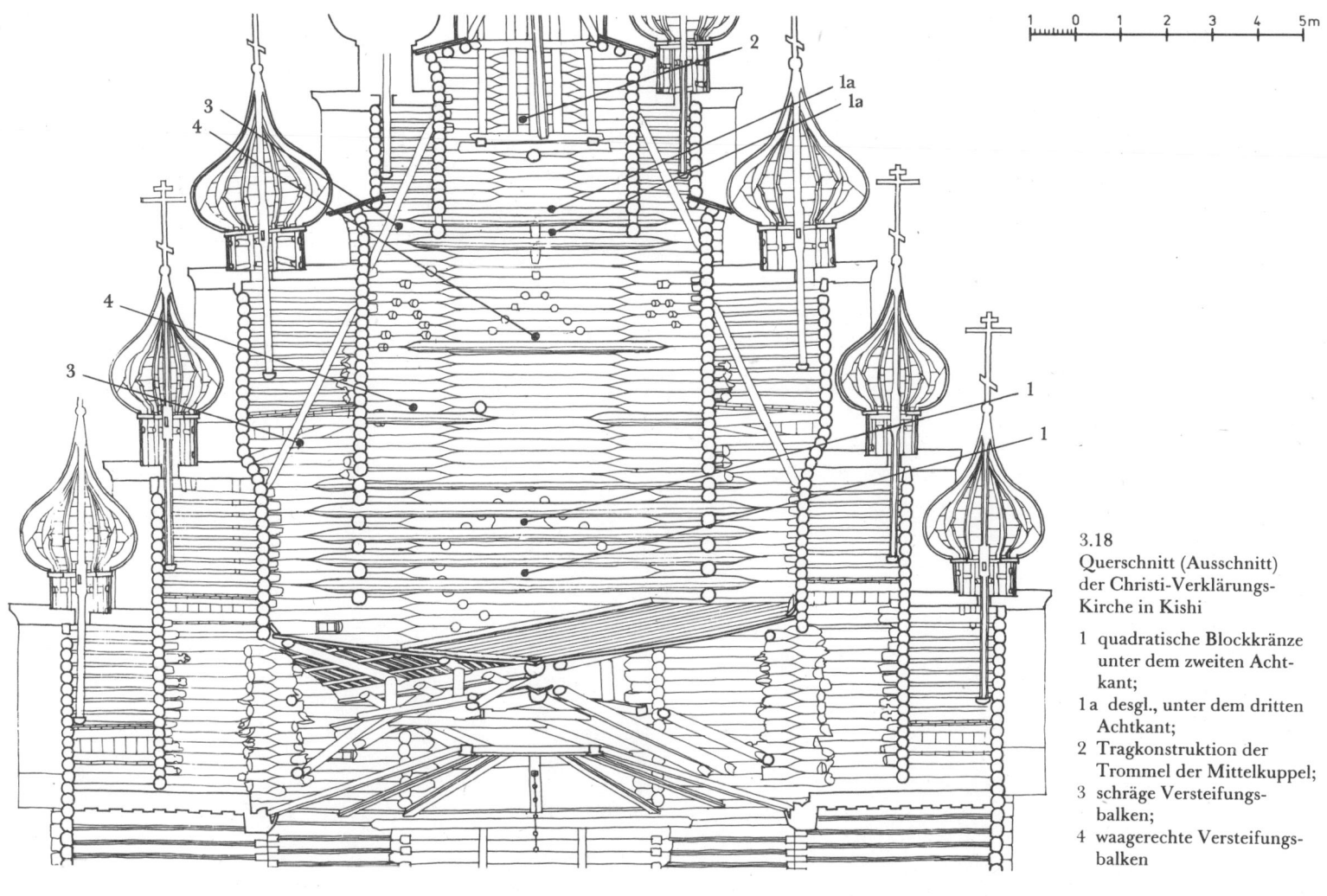

3.18
Querschnitt (Ausschnitt)
der Christi-Verklärungs-
Kirche in Kishi

1 quadratische Blockkränze
   unter dem zweiten Achtkant;
1a desgl., unter dem dritten
   Achtkant;
2 Tragkonstruktion der
   Trommel der Mittelkuppel;
3 schräge Versteifungs-
   balken;
4 waagerechte Versteifungs-
   balken

zwischen den unteren Sparren eingespannten Riegel (4) zusätzliche Balken gelegt, die die Abflußrinnen (5) tragen, die ebenso wie die höher gelegenen Abflußrinnen durch Wandöffnungen nach außen führen.

Die Erbauer der Christi-Verklärungs-Kirche waren nicht schlechthin Zimmerleute. Es handelte sich um erfahrene Baumeister, die sehr wohl wußten, daß die Monumentalität der Kirche besonderer konstruktiver Maßnahmen bedurfte. Eine so einzigartige Vieltürmigkeit wie die der Christi-Verklärungs-Kirche zu schaffen war mit für damalige Verhältnisse recht großen technischen Schwierigkeiten verbunden. Wie wir sehen, ist die Idee der hoch aufragenden Kirche aufgrund der vollkommenen technischen Lösung des Gesamtaufbaus wie auch der baulichen Verbindungen zwischen ihren vielgestaltigen Baukörpern glänzend verwirklicht worden. Die mannigfaltigen Überschneidungen geometrischer Körper ließen im Turminneren zusammen mit den traditionellen Tonnendächern im Dachstuhlraum des mächtigen Turmdachs ein kompliziertes System sich gegenseitig durchdringender Konstruktionsteile entstehen, wel-

ches als technisches Mittel zur Erlangung der baukünstlerischen Vollendung zwingend notwendig wurde. Somit stehen konstruktive Logik und künstlerischer Ausdruck in voller Übereinstimmung. Ein Blick auf Abb. 3.18 veranschaulicht das Gesagte auf beeindruckende Weise. Über dem überdachten Katholikon erheben sich mehrere nach oben kleiner werdende achteckige Baukörper, die sich auf «gesperrte» Blockgefüge aus starken Balken (1; 1 a) stützen, welche in die Außenwände eingebunden sind. Der oberste Turmsockel nimmt die Tragkonstruktion der Hauptkuppel (2) auf. Die Stabilität der einzelnen Sockelbauwerke wird durch schräg angesetzte Streben (3) im Inneren der überdachten Anbauten gesichert.

Dieser kurze Überblick über die bemerkenswertesten Deckenkonstruktionen im russischen Holzkirchenbau zeigt, daß die damaligen Baumeister, denen das Holz als einziges Baumaterial diente und die nur über relativ beschränkte technische Möglichkeiten verfügten, kühn und mit großer Erfindungsgabe recht schwierige künstlerische und technische Bauaufgaben zu lösen wußten.

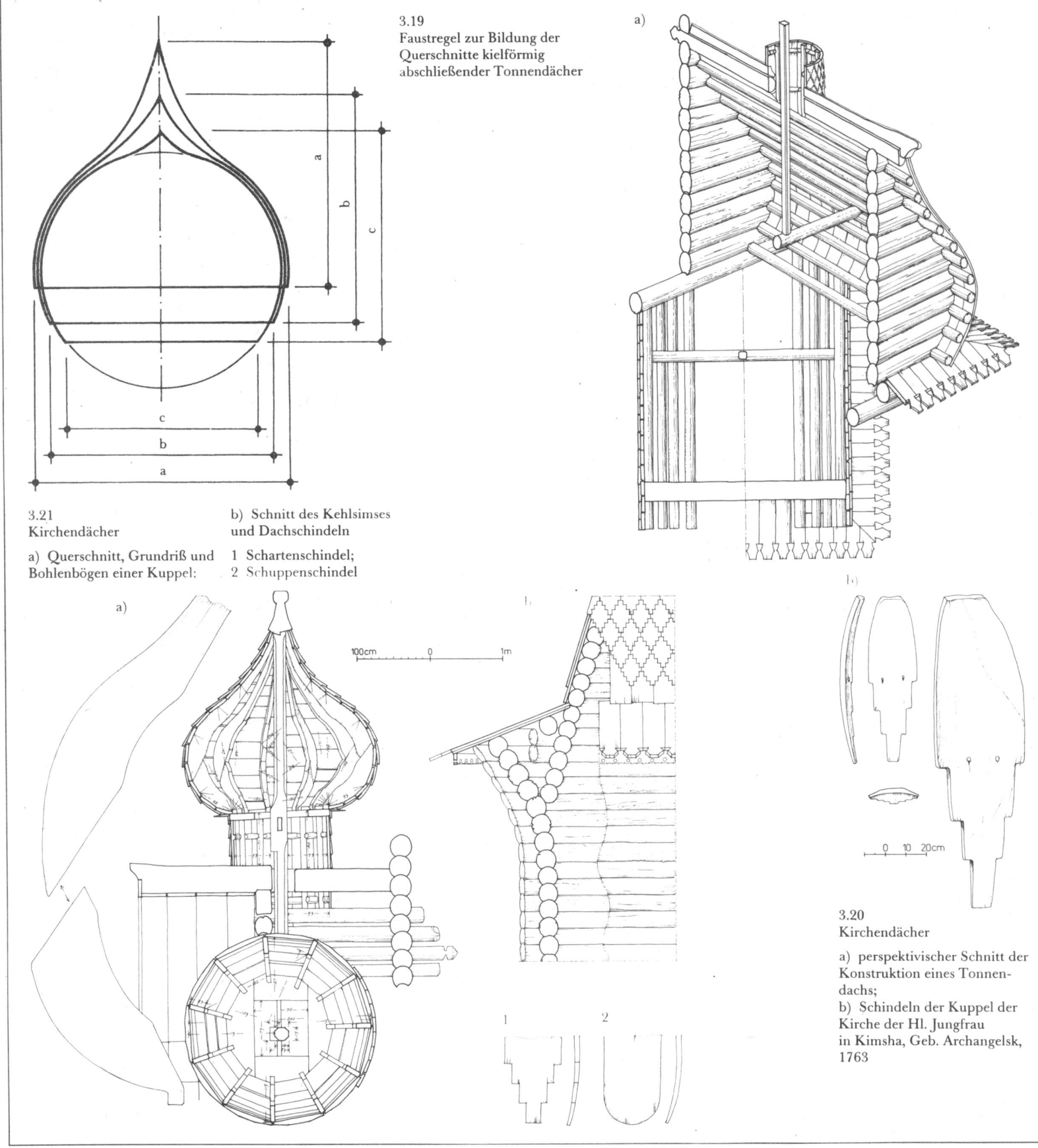

3.19
Faustregel zur Bildung der
Querschnitte kielförmig
abschließender Tonnendächer

3.21
Kirchendächer

a) Querschnitt, Grundriß und
Bohlenbögen einer Kuppel;

b) Schnitt des Kehlsimses
und Dachschindeln

1 Schartenschindel;
2 Schuppenschindel

100cm   0   1m

3.20
Kirchendächer

a) perspektivischer Schnitt der
Konstruktion eines Tonnendachs;
b) Schindeln der Kuppel der
Kirche der Hl. Jungfrau
in Kimsha, Geb. Archangelsk,
1763

0   10   20cm

Eine weitverbreitete Form des Kirchendaches ist das Tonnendach, das über zahlreichen Altarapsiden und sonstigen Gebäudeteilen als selbständiger Gebäudeabschluß wie auch in Kombinationen mit anderen Dachformen anzutreffen ist. Ihr geometrisches Bildungsgesetz wurde sehr treffend von I. E. Sabelin beschrieben: «… Da die Tonne einen vollen Kreis als Querschnitt hat, trennten die Zimmerer, um sie auf das Gebäude zu legen, ein Segment von der Höhe ⅓ bis ⅕ des Durchmessers ab, und ebendiesen Teil fügten sie der Höhe der (liegenden) Tonne hinzu, indem sie sie kielförmig abschlossen …» [35, S. 60]. Meistens ist die Höhe des Tonnendaches gleich der Breite seiner Grundfläche (Abb. 3.19).

Die Errichtung von Tonnendächern erfolgte nach Art des Pfettendaches. Die Blockwand des Giebels erhielt die Form des Tonnenquerschnitts. Die Pfetten wurden in alle Balkenenden des Giebels eingebunden. Handelte es sich um einen Anbau, wurden die Pfetten in die Blockwand des angrenzenden Gebäudeteils eingebunden. Auf den First eines Tonnendachs wurden oftmals die Trommeln kleiner Kuppeln aufgesetzt. Zu diesem Zweck wurde die Firstpfette auf die Trommelbreite unterbrochen. Die Mittelstütze der Kuppel wurde mittels zweier Querstangen an den Pfetten befestigt. Da in vielen Fällen die Tonnendächer nur mittlere Bereiche des zu überdeckenden Raumes überspannten und Randstreifen frei blieben, überdeckte man diese mit schrägen Latten, die auf den unteren Pfetten des Turmdachs und den oberen Kränzen des Blockwerks mit Gefälle nach außen verlegt wurden. Die unteren Enden der Latten erhielten Zierschnitzereien (Abb. 3.20).

Besonders zu erwähnen sind Dächer, bei denen sich zwei Tonnen im rechten Winkel kreuzen, also gegenseitig durchdringen. Am Kreuzungspunkt ihrer Firstpfetten setzte man oftmals eine kleine Kuppel oder einen turmhelmgekrönten Dachreiter.

Kuppeln und Trommeln bilden die markantesten Bekrönungen aller üblichen Dachformen im russischen Holzkirchenbau. Die meistverbreitete Kuppelform war die auf eine Trommel (den «Hals») gesetzte Zwiebelkuppel. Solche Kuppeln wurden nach einem bewährten, einheitlichen Muster gebaut, das fast überall im russischen Norden angewandt wurde. Das Hauptkonstruktionselement war die Mittelstütze, die unten im Dachraum befestigt wurde und oben in ein Kreuz mündete. Ihre Zwiebelform erhielt die Kuppel durch 5 bis 6 cm starke entsprechend zugeschnittene Holzschablonen, die in den oberen Teil der Trommel eingebunden und oben an der Mittelstütze befestigt wurden. Jede Schablone wurde aus zwei bis drei miteinander verblatteten Teilen gezimmert. Ihre Anzahl hing von der Größe einer Kuppel ab und betrug an kleinen acht bis

zehn, an größeren bis zu zwanzig Stück (z. B. in der Hauptkuppel der Christi-Verklärungs-Kirche in Kishi, deren Durchmesser 5 m beträgt). An die Schablonen wurden die 3 bis 4 cm starken Lattungsbretter angeschlagen, die zusammen eine vielkantige Oberfläche bildeten. Geschickte Meister verstanden es, die Kanten der Lattungsbretter so zu beschlagen, daß der Eindruck einer wirklich runden Kuppel entstand (Abb. 3.21).

Neben den auf Holzschablonen gefertigten sind auch noch in Blockbauweise gezimmerte Zwiebelkuppeln anzutreffen. Die Kuppel des Turmdaches der Kirche im Dorf Ljawlja (1585), Gebiet Archangelsk (Abb. 3.22), ist aus kurzen Rundhölzern im gesperrten Blockverband gezimmert und ruht auf dem ebenfalls im Blockverband errichteten pyramidenförmigen Turmdach.

Die Trommeln wurden aus senkrecht gestellten runden, 10 bis 12 cm starken Stangen gefertigt, die, durch kleine Holzklötze miteinander verbunden, den Trommelzylinder bildeten, der außen mit Brettern verschalt wurde. Die Stangen wurden auf die Dachstühle von Sattel- und Tonnendächern sowie auf Turmdächer aufgekämmt.

Das Hohlkehlgesims gehört zu den eigentümlichen Blockwandabschlüssen an rechteckigen und polygonalen Bauwerken. Es wurde zu dem rein funktionellen Zweck entwickelt, die Wandfläche vor Regenwasser zu schützen. Dabei läßt die lotosartige Ausweitung des oberen Wandabschlusses das ganze Gebäude schöner erscheinen und trägt viel zur Erhöhung der ästhetischen Wirkung bei. Der Aufbau des Hohlkehlgesimses ist

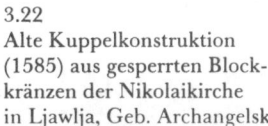

3.22
Alte Kuppelkonstruktion (1585) aus gesperrten Blockkränzen der Nikolaikirche in Ljawlja, Geb. Archangelsk

sehr einfach: Von einer bestimmten Höhe an verlängerte man die Blockbalken. Dank der schrittweisen, ausgewogenen Verlängerung der Blockbalken entstand die sanft gebogene Hohlkehle des Gesimses. Die entsprechend vorverlegten Eckverbindungen und Überstände gewährleisten seine große Absturzsicherheit, die durch drei bis vier eingezogene Riegelbalken, die zugleich auch die darüberliegende Decke tragen, noch erhöht wird. Der Zwischenraum zwischen dem oberen Blockkranz des Gesimses und dem unteren Rand des aufgesetzten Turmdaches wurde mit kurzen Dachlatten überdeckt, deren untere Enden mit Schnitzwerk geschmückt werden (vgl. Abb. 3.21).

Die Abdeckungen von Sattel- und Walmdächern wurden im Regelfall aus (gespaltenen oder gesägten) Brettern hergestellt. Alte schriftliche Belege zeugen von der weiten Verbreitung der Bretterdächer und ihrer sorgfältigen Ausführung.

Den gespaltenen Dachbrettern wurde ein trogartiger Querschnitt verliehen. Sie wurden gewöhnlich zweilagig verlegt. Die untere Lage kam, mit der Trogrinne nach oben, unmittelbar auf die Pfetten oder die Verlattung des Dachstuhls, darüber kam, mit versetzten Fugen, die zweite Bretterlage mit den Trogrinnen nach unten. In manchen Fällen waren die Bretter der oberen Lage weniger breit. Am Dachstuhl wurden diese Spaltbretter entweder nagellos durch die First- und Traufbohle festgehalten oder auch mit Nägeln befestigt. Auf alten Wohnhäusern und Scheunen in Karelien und Ostfinnland sind Holzdächer anzutreffen, bei denen die Bretter durch einen parallel zum First verlaufenden Streckbaum gesichert sind. Die Enden dieser Streckbäume sind an den Giebelseiten durch schnitzereigezierte Querhölzer, auch Querbügel genannt, miteinander verbunden.

Gesägte Dachbretter wurden stets mit Nägeln auf der Verlattung befestigt. Die zweilagige Eindeckung unterscheidet sich nur unwesentlich vom oben beschriebenen Dach aus gespaltenen Brettern und wurde vorwiegend an Wohn- und Kirchbauten angewandt. Wirtschafts-

bauten wurden vorwiegend einlagig abgedeckt. Gesägte Dachbretter erhielten in Gefällerichtung an den Rändern ihrer Oberfläche zwei Abflußrillen.

Dächer mit gewölbter Oberfläche – Tonnendächer, Kuppeln, Trommeln – wurden mit Schindeln gedeckt. Die Schindel war eine Art «Dachziegel» aus Holz, meistens hergestellt aus schmalen gespalteten Espenbrettern, mit den Abmessungen etwa 20 cm x 70 cm (vgl. Abb. 3.20 und 3.21). Die Schindeln wurden, beginnend an der Traufe, fest aneinanderstoßend, mit Nägeln auf der Verlattung befestigt, wobei die Schindeln jeder folgenden Reihe die unteren um ihre halbe Länge überlappten und ihre Fugen überdeckten. In einigen Fällen – wenn ebene Dachflächen mit Schindeln gedeckt wurden – erhielten letztere am oberen Rand einen kleinen Haken, mit dem sie, ähnlich wie Dachziegel, in die Verlattung eingehängt wurden.

Die Schuppen- und Scharschindeln unterschieden sich nur durch die dekorative Formgebung des unteren Randes voneinander.

Unter die äußeren aus Brettern, Schar- oder Schuppenschindeln gefertigten Abdeckungen wurde zur wasserfesten Dichtung eine Lage «Matten» aus Birkenrinde verlegt, die 1 bis 1½ Sashen lang und 10 bis 12 Zoll breit waren (etwa 30 cm x 300 cm). Dieses Dichtungsmaterial fand breite Verwendung im ganzen Lande, bis es Mitte des 18. Jh. wegen der hohen Brandgefahr verboten wurde. Dennoch wurden solche Matten aus Birkenrinde an entlegenen Orten des Nordens auch weiterhin verwendet.

Die im 18. bis 19. Jh. zunehmende fabrikmäßige Herstellung von Nägeln ermöglichte deren breitere Verwendung für Dachkonstruktionen, wodurch auch die Entwicklung neuer dekorativer Bauteile gefördert wurde. Die die Giebelfront überragenden Pfettenenden wurden nun mit Stirnbrettern verblendet, der Stoß zweier Stirnbretter im First mit einem schön geschnitzten Brett – dem Giebelfähnchen – abgedeckt. Die Spalten unter den Dachbrettern an den Hohlkehlgesimsen wurden mit Simsleisten abgedeckt.

Fenster, Türen, Tore

Die Wohnhäuser erhielten in früheren Zeiten fast ausschließlich kleine, nur einflügelige Fenster. Offensichtlich standen größeren Fenstern das rauhe Klima sowie auch der Umstand entgegen, daß solche Fensterfüllungen wie Glimmer und später auch Glas[41] unerschwinglich für die Bauern waren, so daß sie sich in den meisten Fällen mit kleinen Glimmerstücken sowie auch gespannten Ochsen- oder Fischblasen behalfen.

Die bauliche Gestaltung der *Fenster* als Schau- und Lichtöffnungen in den Wänden der Wohnhäuser und Kirchen durchlief eine lange Entwicklung. Auf Zeichnungen aus frühester Zeit ist zu erkennen, daß das Licht durch sogenannte *Schiebeluken* in die Räume fiel,

die in zwei übereinanderliegenden Stämmen ausgestemmt wurden. Innen wurden sie mit einem Brett, dem zwischen waagerechten Führungsleisten laufenden Schiebeladen, verschlossen. Erst später traten an den Holzbauten des Nordens auch größere Fenster mit Rahmengefüge in Erscheinung. Nach Darstellungen aus dem 17. bis 18. Jh.[42] zu urteilen, erhellte man damals die Wohnräume mit einem größeren, gerahmten, dem sogenannten *schönen* Fenster und zwei symmetrisch ihm zur Seite liegenden Schiebeluken. Diese Anordnung war noch bis ins 20. Jh. hinein an alten Häusern in den Gebieten Gorki und Kostroma anzutreffen. Im Lauf der Entwicklung jedoch verdrängten die «schönen» Fenster

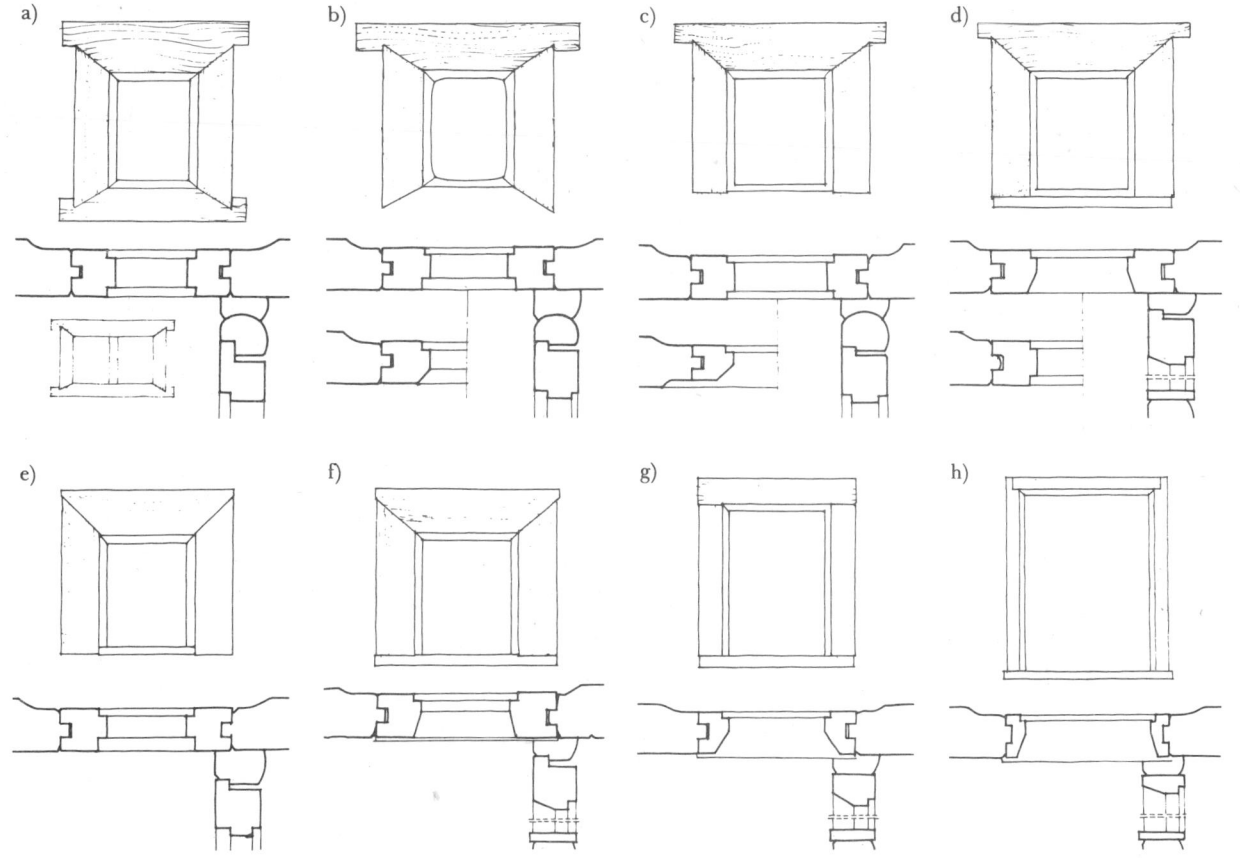

a) b) c) d)

e) f) g) h)

an den Wohnhausfassaden die Schiebeluken, die nur noch in unbewohnten Unter- und Bodengeschossen sowie an Wirtschaftsbauten Verwendung fanden. Die ältesten rahmengefaßten Fenster an Bauernhäusern des russischen Nordens waren noch ziemlich klein, mitunter erreichte ihre Höhe kaum einen Arschin (71 cm).

L. Pettersson [77], ein finnischer Forscher der Holzbaukunst des Nordens, trug Wesentliches zur Kenntnis der Entwicklung der rahmengefaßten Wandöffnungen bei. Bei den ältesten *vierseitig gefaßten Blockzargenfenstern* greifen Spunde der Wandbalkenenden in die Nute der Pfosten; diese sitzen mit ihren abgeschrägten Enden in den zangenartigen Ausschnitten des Sturz- und des Brüstungsbalkens. Solche Fenster waren lange Zeit üblich. Wir finden sie an der Christi-Verklärungs-Kirche (1714) sowie an mehreren Kapellen (Abb. 3.23). ·

Etwas anders konstruiert sind die *dreiseitig gefaßten Block- und Bohlenzargenfenster*, die im 17. bis 18. Jh. in den nordwestlichen Gebieten des Landes weit verbreitet waren. Von den vierseitigen unterschied sich die Umrahmung dieser Fenster dadurch, daß sie aus nur drei Gliedern, dem Sturzbalken und den beiden Pfosten bestand, letztere wurden unter Fortlassung des Brüstungsbalkens direkt in den die Fensteröffnung unten begrenzenden Blockwandbalken eingebunden. Anfangs (bis Mitte des 17. Jh.) waren dabei die oben abgeschrägten

Pfosten, ebenso wie bei den vierseitig gefaßten Fenstern, zangenartig mit den Sturzbalken verbunden. Als Beispiele hierfür seien die Fenster der Kapelle im Dorf Wolkostrow (17. Jh.) und der Barbara-Kirche in Jandomosero (1656) genannt (Abb. 3.23). Die Entwicklung der vierseitig und dreiseitig gefaßten Blockzargenfenster verlief offensichtlich gleichzeitig und unabhängig voneinander.

In der Folgezeit (etwa ab 2. Hälfte des 18. Jh.) wurden die unteren Pfostenenden der dreiseitig gefaßten Fenster nicht mehr abgeschrägt, sondern gerade in die darunter liegenden Blockwandbalken eingebunden (z. B. an der Kapelle im Dorf Jamki, am Vorraum der Kapelle im Dorf Wassiljewo bei Kishi). Später wurden auch die Sturzbalken ohne Zangenhaken ausgeführt, im 19. Jh. begann man die Pfosten ohne Abschrägung einzubinden, und schließlich wurden die Blockzargen durch Bohlen- und Bretterzargen minder starker Querschnitte ersetzt. In Abb. 3.23 sind die wesentlichen Entwicklungsstufen der Fensterrahmen dargestellt.

Die Konstruktion der Fensterflügel war bei älteren Bauwerken einfach, stabil und leicht auseinandernehmbar. Ihre Rahmenhölzer wurden an den Ecken nagellos miteinander verblattet oder gezinkt (Abb. 3.24). Derartige Flügelrahmen waren früher vorwiegend an Kirchenbauten, seit dem 19. Jh. auch an Wohnhäusern an-

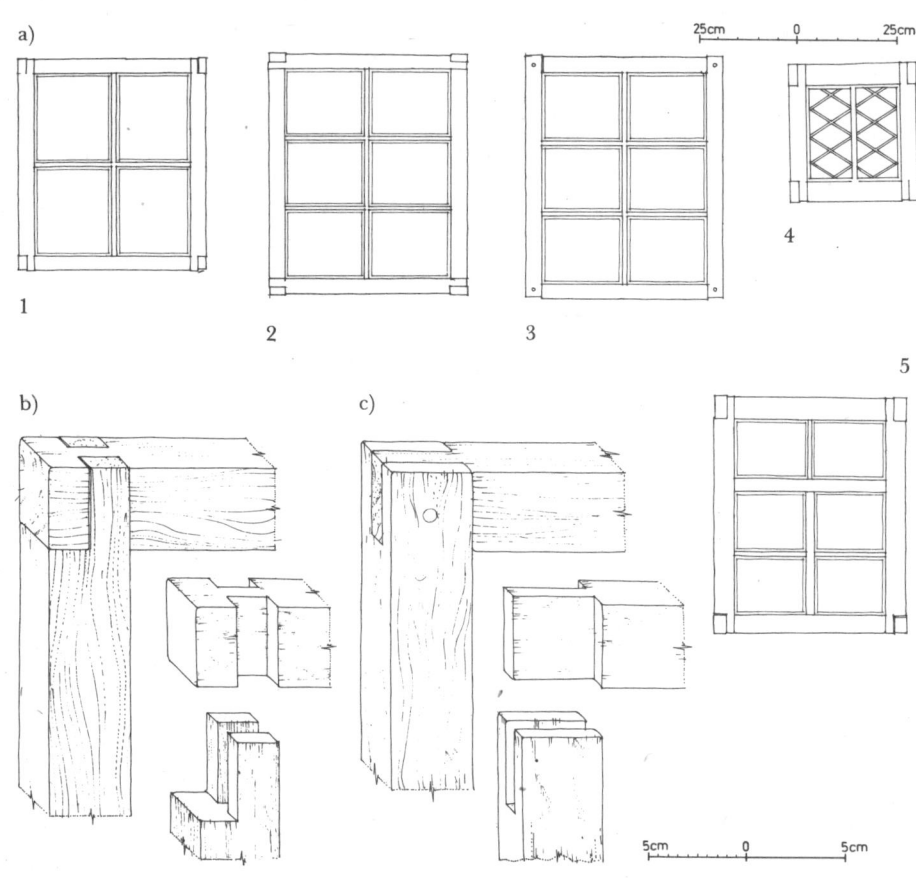

a)

25cm 0 25cm

1

2

3

4

5

b) c)

5cm 0 5cm

3.24
Fensterrahmenkonstruktionen

a) Formen von Fensterrahmen
1 am Haus *Jelisarow* in
Serjodka;
2 an der Kapelle in Wolkostrow;
3 an der Kapelle in Selezkoje;
4 an der Kapelle in
Ust-Jandoma;
5 am Haus *Jakowlew* in
Klestschoila

b), c) Eckverbände ohne
und mit Holznägeln

3.25
Tür mit zwei Pfosten einer
alten Scheune in Jandom-
osero Saoneshje,
Ende 18. Jh.

zutreffen. Späterhin kamen einfachere rechtwinklige Verbindungen der Rahmenhölzer zur Anwendung.

Die *Türöffnungen* der Wohnhäuser waren fast ausnahmslos rechteckig, mit dreiseitiger, an Wirtschaftsbauten mit zweiseitiger, nur aus Pfosten bestehender Umrahmung. In letzterem Fall übernahm der obere Blockbalken die Rolle des Türsturzes (Abb. 3.25). Im Kirchenbau finden wir zwei-, drei-, vier- und mehrseitig gefaßte Türöffnungen sowie auch solche mit bogenförmigem Sturz (Abb. 3.26). Zweiseitig gefaßte Kirchentüröffnungen bestanden, ähnlich wie bei den Profanbauten, aus zwei zwischen den die Türöffnung oben und unten begrenzenden Blockbalken eingebundenen, genuteten Pfosten. Am oberen Blockbalken wurde der Türanschlag durch Einkerbungen hergestellt. Vierseitig gefaßte Türöffnungen glichen in ihrem Aufbau den vierseitig gefaßten Fensteröffnungen, von denen sie sich nur dadurch unterschieden, daß das untere Rahmenholz – die Schwelle – ohne Verhakung auf den darunterliegenden Blockkranzbalken aufgesetzt wurde. Ein Beispiel dieser Art ist die Tür der Wladimir-Kirche, bei der die wuchtigen Rahmenhölzer schräg miteinander verschränkt sind (Abb. 3.28). Die bis Mitte des 18. Jh. meistverbreitete Bauart war die dreiseitige Türumrahmung, in ihrem Aufbau der dreiseitigen Fensterumrahmung ähnlich. Der Türsturz wurde in früheren Zeiten mit Kammblättern gefertigt, die die Setzungsfugen verdeckten; später ging man dazu über, die Rahmenhölzer rechtwinklig (ohne Abschrägung) miteinander zu verbinden. Als Schwelle diente der untere Blockkranzbalken, auf den die Türpfosten aufgepflockt wurden, und zwar früher mit schrägem, später mit rechtwinkligem Anschluß. Abb. 3.27 veranschaulicht den Aufbau einer dreiseitig gefaßten Türumrahmung – Pfosten, Schwelle, Sturz – und ihre Verbindung mit den Blockwandkränzen. Während in früheren Zeiten die Öffnungen aus der bereits errichteten Blockwand herausgeschnitten wurden, was mit technischen Schwierigkeiten verbunden war und obendrein Materialvergeudung bedeutete, wurden später bei der Errichtung der Blockhäuser die Fenster- und Türöffnungen gleich ausgespart. Das setzte jedoch genauere Berechnungen der Balkenstärken in den einzelnen Blockkranzabschnitten voraus. Die Kurzhölzer der zwischen den Öffnungen gelegenen Wandabschnitte wurden untereinander verdübelt und an den freien Enden durch die auf sie aufgespundeten Pfosten zusammengehalten.

Zu den Türflügeln bleibt zu vermerken, daß die Bauernhäuser fast ausschließlich einflügelige Türen hatten, die aus fest aneinandergefügten, durch zwei Querleisten verbundenen glattgehobelten Brettern bestanden. Die Hauptportale der Kirchen erhielten doppelflügelige Türen mit allen dazugehörigen Angeln, Metallbeschlägen, Schlössern und Griffen.

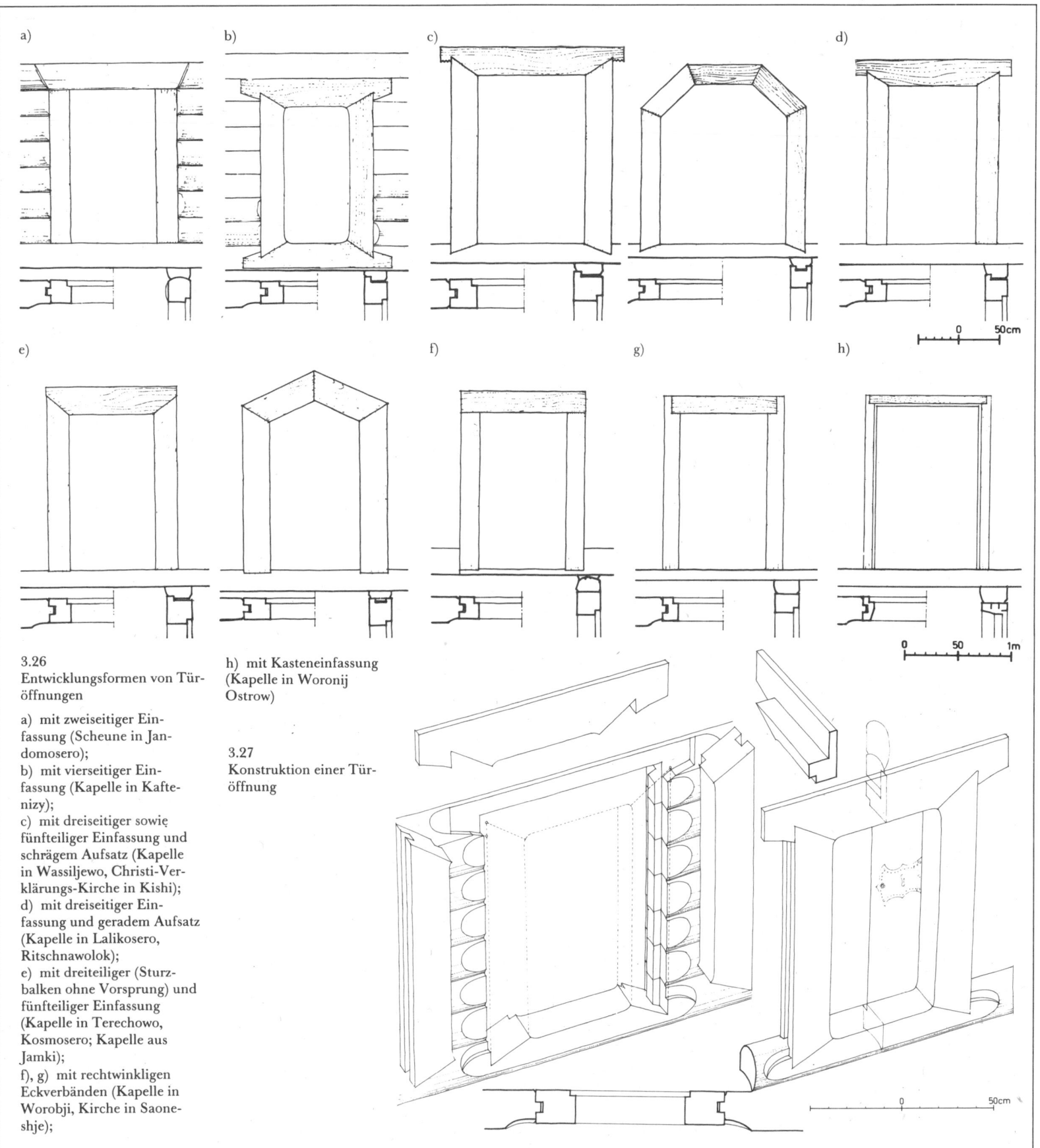

a)

b)

c)

d)

0   50 cm

e)

f)

g)

h)

0   50   1m

3.26
Entwicklungsformen von Türöffnungen

a) mit zweiseitiger Ein-
fassung (Scheune in Jan-
domosero);
b) mit vierseitiger Ein-
fassung (Kapelle in Kafte-
nizy);
c) mit dreiseitiger sowie
fünfteiliger Einfassung und
schrägem Aufsatz (Kapelle
in Wassiljewo, Christi-Verklärungs-Kirche in Kishi);
d) mit dreiseitiger Ein-
fassung und geradem Aufsatz
(Kapelle in Lalikosero,
Ritschnawolok);
e) mit dreiteiliger (Sturzbalken ohne Vorsprung) und
fünfteiliger Einfassung
(Kapelle in Terechowo,
Kosmosero; Kapelle aus
Jamki);
f), g) mit rechtwinkligen
Eckverbänden (Kapelle in
Worobji, Kirche in Saone-
shje);

h) mit Kasteneinfassung
(Kapelle in Woronij
Ostrow)

3.27
Konstruktion einer Tür-
öffnung

0   50 cm

3.30
Verriegelung aneinander-
grenzender Blockkästen von
Wohnhaus und Wirtschafts-
hof

3.28
Tür mit vierteiligem Futter
aus der Wladimir-Kirche in
Belaja Sluda, Geb. Wologda
(1642)

3.29
Auffahrt zum 1. Obergeschoß
eines Bauernhauses

Einfahrtstore in den Hofraum überdachter Bauerngehöfte wurden meist in der Höhe des Wohngeschosses, in einigen Fällen auch in Erdbodennähe angeordnet. In beiden Fällen wurden sie von massiven Holzpfosten flankiert, an denen die Torflügel aufgehängt waren. Der obere Torabschluß wurde oftmals als Bogen gestaltet, der aus dem Sturzbalken und abgerundeten Kopfbändern gebildet wurde, um die freitragende Spannweite des Tores zu reduzieren.

Auffahrten zum Hof führten über eine Rampe, deren Oberfläche durch dicht aneinandergereihte Rundbalken gebildet wurde, die auf schrägen Längsbohlen lagen. Deren obere Enden waren in die Blockwand eingelassen, während die unteren Enden auf einem in den Erdboden eingelassenen Tragbalken ruhten. Sehr einfach gestaltete sich die Fahrbahn der Rampe: Im mittleren Teil wurden die Rundbalken in ihrer ursprünglichen Form belassen, so daß die Hufe der Pferde einen festen Halt hatten. In Spurbreite wurden die Rundungen der Balken abgebeilt, wodurch zwei glatte Fahrspuren für die Wagenräder entstanden. In den meisten Fällen erhielten die Rampen, wie in Abb. 3.29 dargestellt, seitliche Geländer aus einfachen Holzstangen.

Mit viel Findigkeit lösten die altrussischen Zimmerer weitere verschiedenartige bautechnische Aufgaben, die bei der Errichtung von Wohnhäusern und Bauerngehöften auftraten; z. B. die Konstruktionen von Balkonen und Umgängen, Verbindungen zwischen nebeneinanderliegenden Blockhäusern (Abb. 3.30) wie auch den Einbau weitgespannter Decken. So entwickelten sie für die Überdeckung weiter Hofräume ein ausgeklügeltes Pfeiler- und Balkensystem. Interessant sind auch Viehställe, deren verschlissene Teile schnell und ohne Eingriff in die Hauptkonstruktionen erneuert werden konnten. Die Blockwände solcher Ställe, die infolge der bei der Viehhaltung unvermeidlichen Feuchtigkeitseinwirkung und mechanischen Beanspruchung oft erneuert werden mußten, wurden als selbständige, von den Außenwänden des Gehöfts unabhängige Bauteile eingesetzt. In den Balkendecken waren Schlitze angebracht, durch die das Futter von oben her hineingereicht wurde.

Im Norden Rußlands haben sich viele Zeugnisse der Volkskunst erhalten, von denen die Bauernhäuser mit ihrem prachtvollen Zierwerk besonders hervorzuheben sind. Zweifellos war in früheren Zeiten die dekorative Vielfalt noch unmittelbarer und eigentümlicher, zumal damals die Volkskunst fremden Einflüssen weniger ausgesetzt war. Aber auch das, was bis heute erhalten blieb, verlangt uns in seiner meisterlichen Vollendung Bewunderung ab.

Die äußere Erscheinung des russischen Dorfes hat sich bislang noch verhältnismäßig wenig verändert. Man kann Häuser finden, an denen sowohl alte eigenständige Formen mit sparsamem Dekor als auch spätere, reich ornamentierte anzutreffen sind.

Zu den spezifischen Merkmalen der dekorativen Ausstattung des russischen Bauernhauses gehört die besondere Art der Ornamentik in ihrer Maßstäblichkeit und der sparsamen, ausgewogenen Verteilung der Farbakzente. Auf der Hausfassade sind die Elemente des Dekors streng an die ihnen zugewiesenen Stellen gebunden, bestimmt durch die Architektonik der Bauformen.

Um die Eigenart des Dekors der Bauernhäuser zu ergründen, müssen wir uns mit dem künstlerischen Denken der Bauern vertraut machen, die der Entstehung der dekorativen Formen zugrunde liegenden Faktoren betrachten und verfolgen, wie sich diese im Bewußtsein des Künstlers niederschlagen. Diese Denkweise der russischen Meister – der Zimmerer, Holzschnitzer und Maler – ist wesentlich gekennzeichnet von ihrem Vermögen, die der Architektur eigene Ästhetik gefühlsmäßig mit den Eigenschaften von Baumaterial und Konstruktionen in Einklang zu bringen.

Zu den wichtigsten, die Lösung dekorativer Aufgaben am Bauwerk beeinflussenden Faktoren gehört die traditionsmäßige Verwendung überlieferter technischer wie auch baukünstlerischer Motive und deren schöpferische Verarbeitung bei der Entwicklung und Gestaltung neuer Formen. Auf solche Weise entstanden zahlreiche neue Schöpfungen dekorativen Beiwerks am Bauernhaus.

Ein weiterer bedeutender Faktor bestand im Einfluß der angewandten Kunst auf das künstlerische Denken und Schaffen des bäuerlichen Baumeisters. Vielerorts kann man die künstlerische Umsetzung der Ornamentik von Haushaltgegenständen – Spinnrädern, Stickereien, Geräten – in Dekorationselemente des Bauernhauses verfolgen. Diese organische Einheit künstlerischen Schaffens begünstigte die Umwandlung ornamentaler Motive verschiedener materieller Herkunft zu symbolischen Merkmalen des ästhetischen Geschmacks, insbesondere auch im Gebiet des russischen Nordens.

Als dritter Faktor wäre die Befähigung zur Integration fremder Dekorationsmotive in die eigenen Kunstformen und zur Verschmelzung zeitlich und inhaltlich unterschiedlicher Elemente zu einer künstlerischen Einheit zu nennen. So entfaltete sich beispielsweise die architekturbedingte Ornamentik im Saoneshje-Raum seit der 2. Hälfte des 18. Jh., als sich die Bekanntschaft seiner Einwohner mit der städtischen Kultur vertiefte. Dieser Umstand hätte wohl zum mechanischen Kopieren städtischer Dekorationsmotive verleiten können. Jedoch nichts dergleichen geschah. Gerade bei der Lösung solcher relativ neuen Dekorationselemente wie

2.
Bäuerliche Dekorationskunst

3.31
Dekorationselemente an der
Fassade eines Bauernhauses

1 Konsolen;
2 Flügel der Stirnbretter;
3 Giebelfähnchen (sog.
   Handtuch);
4 Stirnbrett;
5 Balkon;
6 Fensterumrahmungen;
7 Traufbohle;
8 Wandelgang

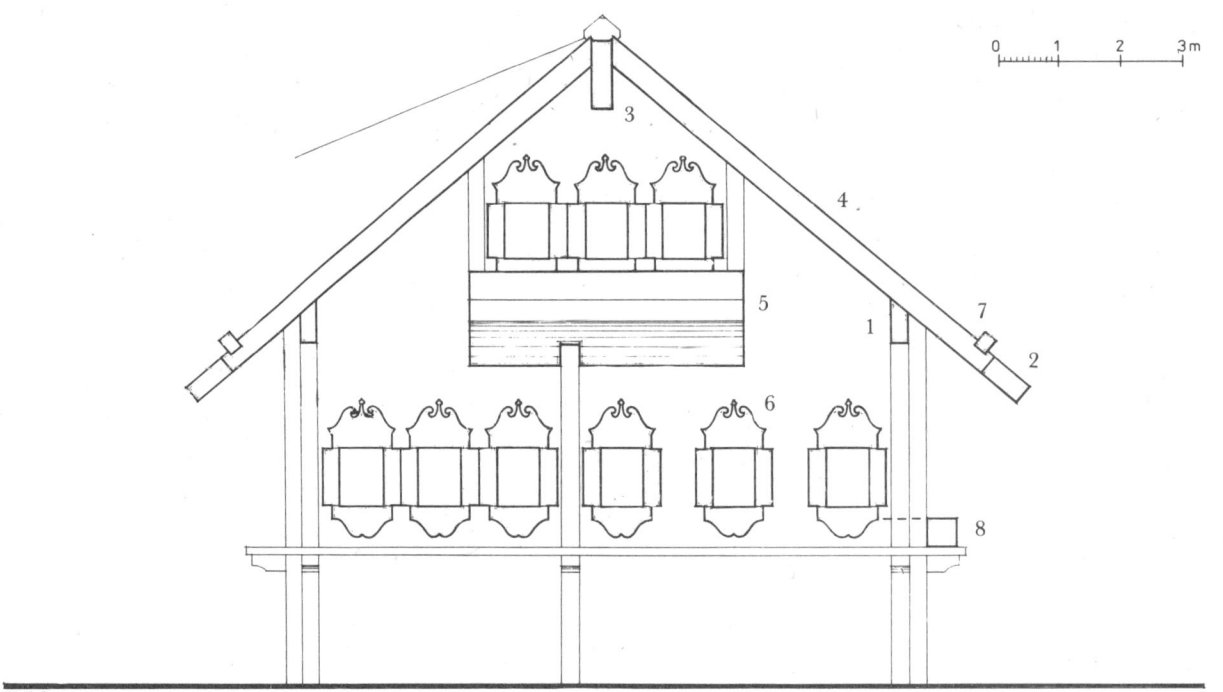

*Dekor der Konstruktions-
und Verkleidungselemente
des Bauernhauses*

Fensterumrahmungen oder Balkonbrüstungen blieb die künstlerische Eigenständigkeit voll erhalten. Die von den Formen des Barocks oder Klassizismus ausgehenden Motive wurden in neue, eigenwillige Ornamente umgewandelt.

Die Holzschnitzerei ist die tragende Dekorationsweise der russischen Holzbaukunst. Sie tritt vorwiegend an Wohnhäusern, in bescheidenerem Umfang auch an Kirchen und Wirtschaftsbauten in Erscheinung. Neben dem eindeutig bevorzugten geometrischen Ornament sind oft auch Motive aus der Pflanzen- und Tierwelt sowie stilisierte Formen aus Stickereien und dem Kunstgewerbe anzutreffen. Das Dekor der Bauernhäuser ist auf bestimmte Bauteile festgelegt (Abb. 3.31).

Die Konstruktionselemente des Bauernhauses bilden die erste Gruppe von Bauteilen, die gleichzeitig wichtige dekorative Funktionen übernehmen. Hierzu gehören die *Konsolen, Traufbohlen, Firstholme* und *Traufhaken.*

Gerade bei diesen Bauteilen, die dank ihrer äußeren Form und Stellung besonders ins Blickfeld fallen, wird die Fähigkeit bäuerlichen Kunstschaffens deutlich, mit einfachsten Mitteln große Ausdruckskraft zu erzielen.

Konsolen, die den weit über die Giebelwand ausladenden Dachüberhang stützen, werden meist durch zwei über die Giebelfront vorgezogene Blockbalken der Längswände gebildet. Die Balkenköpfe werden mit verschiedenartigen, oft geometrischen Schnitzereien dekoriert. Die Schnitzornamentik betont die Funktion der das Dach abstützenden Konsolen. Konstruktion und Dekoration bilden eine harmonische Einheit.

Die Schnitzereien sind sehr schlicht gehalten. Der Form nach sind es flächenhafte, einfach oder mehrfach gewölbte Ausrundungen, oft mit «klassizistischen» Hohlkehlen und verschiedenen anderen Motiven. Besonders interessant sind die geschnitzten Konsolen an Bauernhäusern in Karelien und im Gebiet Archangelsk (Abb. 3.32; 3.33). Abb. 3.34 zeigt eine originelle Konsole an einem Haus des Dorfes Korytowo in Kaschien.

Traufbohlen, Firstholme[43] und Traufhaken – sämtlich Elemente der Dachkonstruktion – wurden durch das ästhetische Empfinden der bäuerlichen Baumeister künstlerisch geformt.

Die *Traufbohlen* sind lange, von den *Traufhaken* getragene Hölzer, die der Traufe in ihrer ganzen Länge Halt geben. Ihr Schmuck besteht aus Schnitzereien, die sich meistens auf die Bohlenenden konzentrieren, jedoch zuweilen auch in großen Abständen gleichmäßig über die ganze Bohlenlänge verteilt sind. Vielgestaltig dekorierte Traufbohlen letzterer Art sind vorwiegend in Westkarelien anzutreffen, während im östlich gelegenen Saoneshje dieser Bauteil schlichter und vorwiegend mit geometrischen Mustern dekoriert wurde. Bemerkenswert sind die wulstartigen, in einen Kopf mit abgerundeten Kanten auslaufenden Enden dieser Bohlen. Auch bei völligem Fehlen von Schnitzornamenten ist die Plastik solcher Bohlenköpfe von künstlerischer Wirkung. Abb. 3.35 zeigt einige Beispiele an alten Bauernhäusern erhaltener Traufbohlenköpfe.

In den Gebieten Archangelsk und Wologda sind Traufbohlen mit eingearbeiteten Regenwasserrinnen nicht selten.

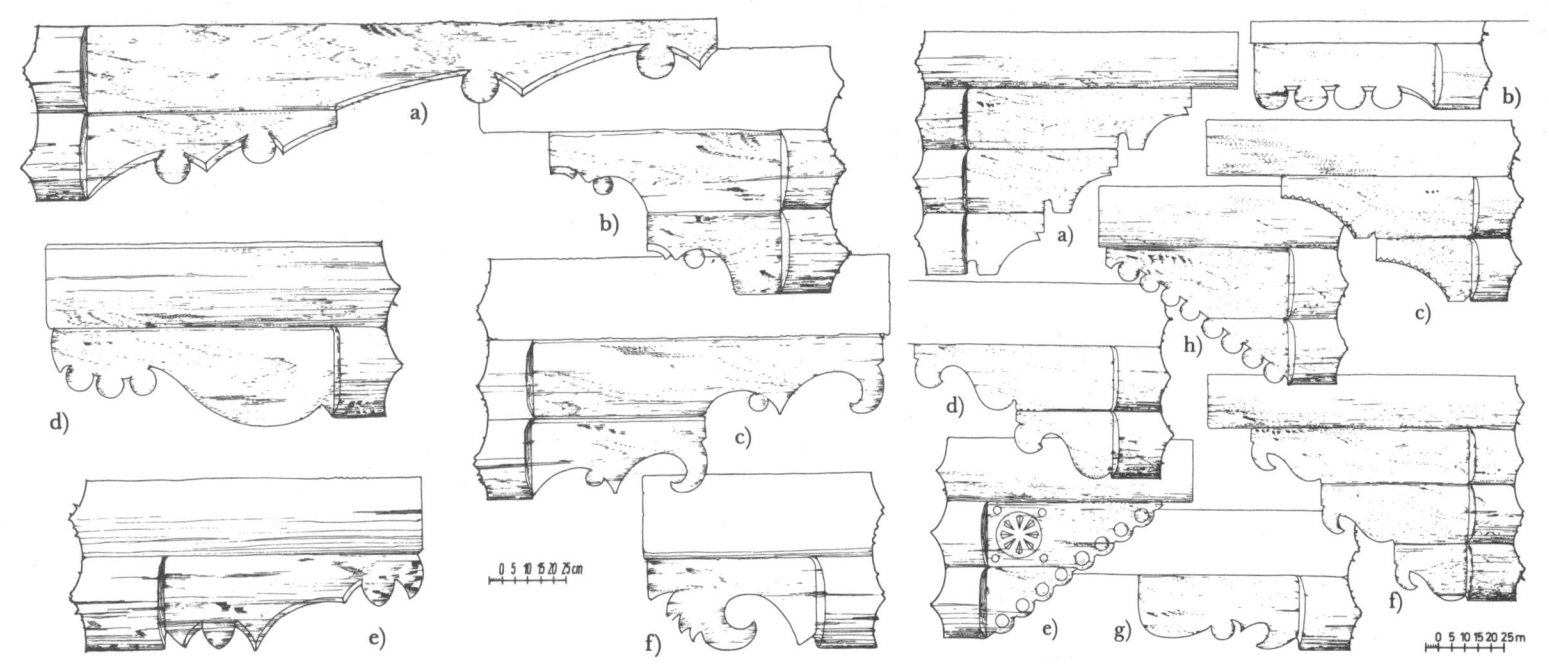

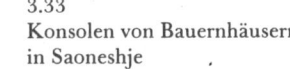

3.32
Konsolen an Bauernhäusern

in karelischen Dörfern:
a) Klestschoila;
b) Swjatonawolok;
c) Achpoila;

in Dörfern des Gebiets
Archangelsk:
d), e) Kimsha;
f) Dolgostschelje

3.33
Konsolen von Bauernhäusern
in Saoneshje

a), b) aus Pogost und
Tarassy (bei Welikaja Guba);
c) aus Terechowo (bei
Kosmosero);
d), e), f) aus Tarassy,
Werchowje, Pogost (bei
Welikaja Guba);
g) aus Sadnjaja (bei Tipinizy);
h) aus Sagubje (bei Schunga)

3.34
Konsole eines Hauses in
Korytowo, Saoneshje

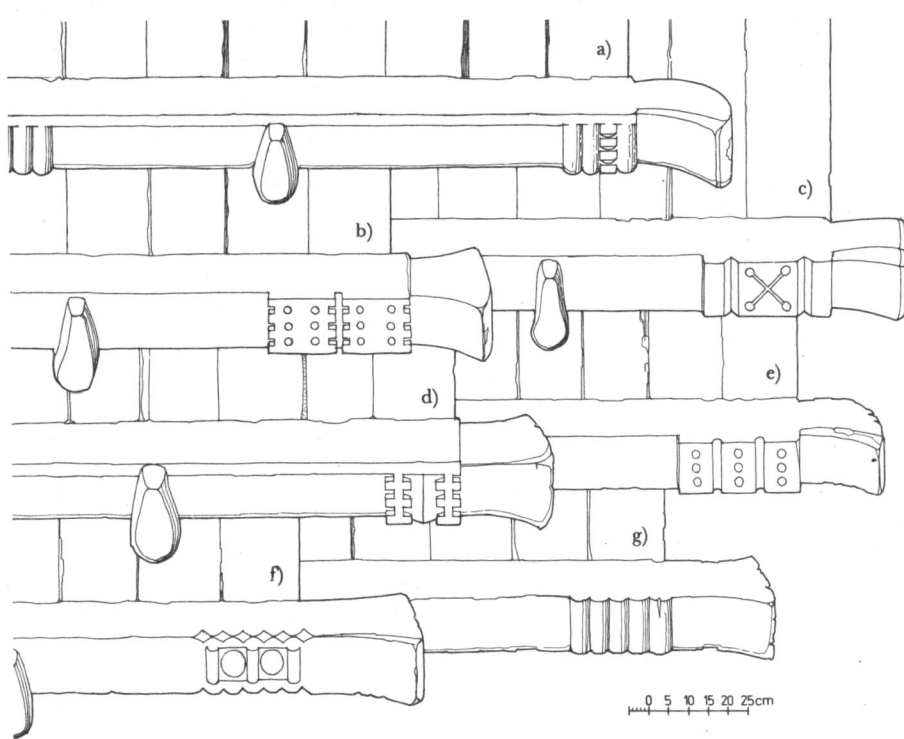

3.35
Traufbohlenköpfe ostkareli-
scher Bauernhäuser

a) aus Terechowo (bei
Kosmosero);
b) aus Tarassy (bei Welikaja
Guba);
c) aus Potanewstschina
(bei Jandomosero);
d), e) aus Tipinizy;
f) aus Kondopoga;
g) aus Demidowo (bei
Kosmosero)

Die *Firstholme* auf den Wohnhausdächern sind im karelischen Saoneshje und in den Gebieten Archangelsk
und Wologda unterschiedlich gestaltet. In den letzteren
laufen deren weit über der Hausfront ausladende Enden der massiven Holme in Tier- oder Vogelköpfe aus
(Abb. 3.36), während sie in Karelien schlichter gestaltet
sind.

Trotz ihrer Schlichtheit verbanden sich die aus den
massiven Firstholmenden geschnitzten Holmköpfe mit
den anderen Dachbauteilen (Konsolen, Dachhaken und
Traufbohlen) zu einer harmonischen Einheit, wobei die
in gleichen Abständen auf die Firstholme gesetzten
Zierzapfen mit ihren geschnitzten Köpfen dem Ganzen
einen ablesbaren Maßstab verliehen. Nur relativ selten
sind die Firstholme mit Reliefschnitzereien versehen,
wie z. B. Abb. 3.37 zeigt.

Die *Dach- oder Traufhaken* sind wesentliche Konstruktionsteile der Dachüberhänge. Während in Karelien
ihre Hakenform als solche künstlerisch durchgebildet
wurde, gestaltete man sie in den Gebieten Archangelsk
und Wologda mit Vorliebe als Vogelköpfe.

Die Ausschmückung sogenannter Konstruktionsteile
zählt zu den ältesten und eigenständigen, von fremden
Einflüssen weitgehend freien Beispielen bäuerlichen
Bautenschmucks, zu deren Ausführung vorwiegend die
altherkömmlichen Holzbearbeitungswerkzeuge, Axt
und Stemmeisen, benutzt wurden.

Blend- und Verkleidungselemente des Bauernhauses gehören zu einer zweiten Gruppe (*Stirnbretter, Giebelfähnchen, Fensterumrahmungen, Balkonbrüstungen* usw.), die ne-

ben ihrer dekorativen auch eine praktische Funktion
haben. So wurde seit frühen Zeiten die Setzungsfuge
über dem Sturz des Pfostenfensters mit einem dekorierten Frontbrett überdeckt. Seit dem 19. Jh. setzt man
Blendrahmen auf. Mit Stirnbrettern werden die Pfettenenden am Giebel verblendet und auch vor Eindringen von Feuchtigkeit in das Hirnholz geschützt.

Besonders deutlich tritt die Eigenart bäuerlichen
Kunstempfindens bei der Verzierung der Stirnbretter
und Giebelfähnchen in Erscheinung; zwei Bauteile, die
dank ihrer Lage und Form als krönende Elemente eine
wichtige Stellung im Schmuckwerk des Bauernhauses
haben.

Die *Stirnbretter* bilden den krönenden Abschluß des
Giebeldreiecks, die «Stirn» der Holzhäuser. Der Stoß
der beiden Stirnleisten im First wird mit dem Giebelfähnchen abgedeckt. In frühen Zeiten wurden die
Schnitzereien an den aus starken Brettern gefertigten
Stirnbrettern ausschließlich mit Axt und Stemmeisen
hergestellt, wobei das Ornament auch mehrschichtig
sein konnte. Die Fertigungstechnik bedingte die
schlichte und strenge Art des Ornaments. Eine derartige Bearbeitung des Holzes verlangt große Kunstfertigkeit und wurde hoch bewertet. Nach dem Einführen
von Bohrern und Sägen entwickelten sich neue Schnit-
zereiformen, die die Oberfläche der Leisten abwechs-
lungsreicher gestalteten: durchbrochene und halbver-
tiefte Kreise, gezähnte obere Säume, vielgestaltige untere Säume, was alles zusammen dem Schnitzornament
der Stirnbretter seine Eigenart verlieh. Die Gestaltung
der unteren Säume erfolgte in der Regel mit kleinen
kreisförmigen Löchern, zwischen die entweder kleine
Blätter oder Dreiecke gesetzt oder die Öffnungen durch
schräge Einschnitte mit dem Brettrand verbunden wurden, so daß sie einer Wogenreihe glichen, die zum
Dachfirst hinaufläuft (Abb. 3.38). Zwischen diesen beiden Spielarten gibt es zahlreiche Varianten. Der mittlere Streifen der Stirnleisten wurde mit Vorliebe von einer üppigen geometrischen Ornamentik eingenommen.
Seit der 2. Hälfte des 19. Jh. wurden, enstprechend den
Wandlungen des Kunstempfindens der Bauern, die Ornamente der Stirnbretter noch üppiger, bis sogar, gegen
Ende des 19. Jh., mehrschichtige Varianten aufkamen.

Unter den zahlreichen Formen der Stirnbretttorna-
mentik verschiedener Gebiete sind die der karelischen
und dort wiederum der Saoneshjer Wohnhäuser hervorzuheben (vgl. Abb. 3.38). Zu den besonderen Merkmalen der letzteren gehören die originellen durchbrochenen Schnitzereien an den unteren *Stirnbrettflügeln*, die
weit über die Wandflächen hinausragen. Die Muster
dieser Schnitzereien bestehen aus Kreisen und Rechtek-
ken, ausgefüllt mit geometrischen Verzierungen, bisweilen kombiniert mit Rosetten, kleinen Ringen, Kreuzmu-
stern u. a. m. Etliche Schnitzereien enthalten Motive

3.36
Hirschkopf als Firstholm-
abschluß an einem alten
Bauernhaus in Kimsha,
Geb. Archangelsk

3.37
Firstholmkopf an der
Mariä-Himmelfahrts-Kapelle
aus Wassiljewo (Freilichtmuseum Kishi)

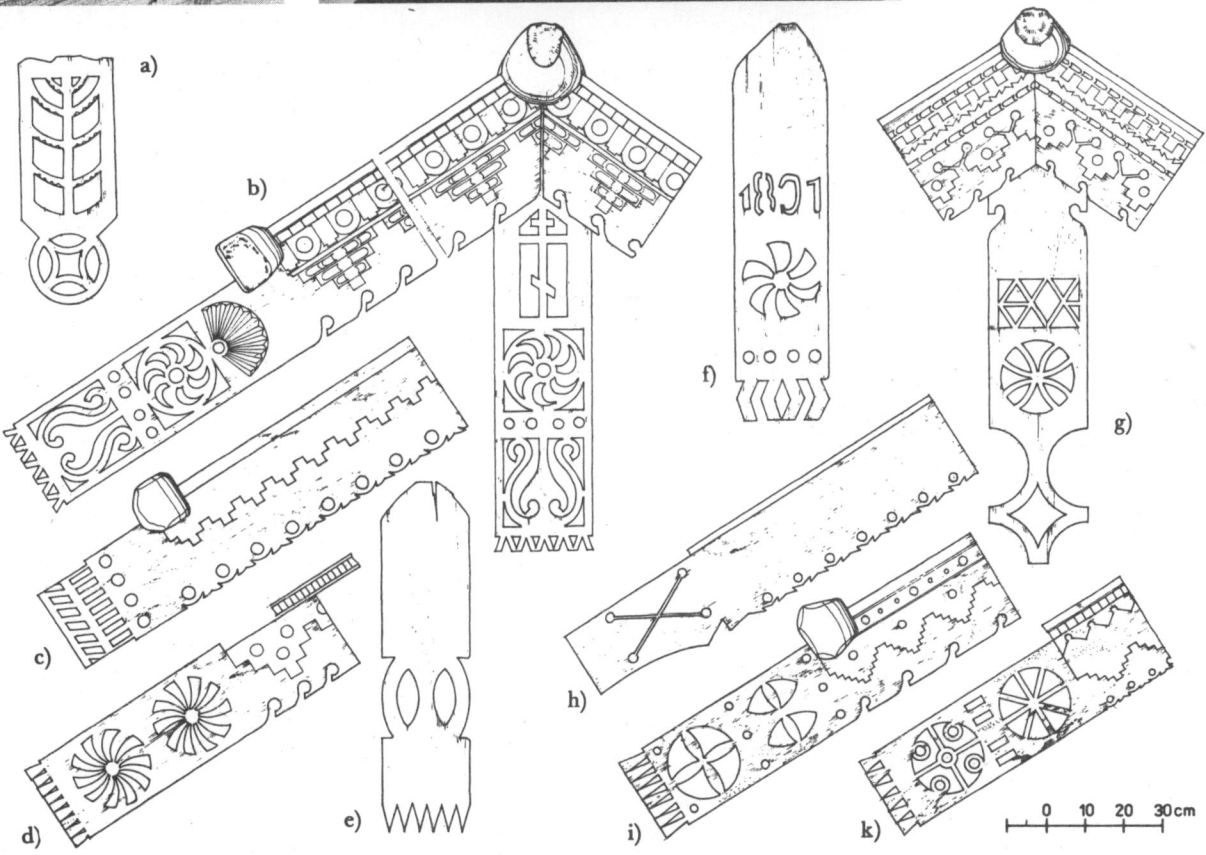

3.38
Formen von Stirnleisten
und Giebelfähnchen an
Saoneshjer Bauernhäusern

a), k) in Werchowje (bei
Welikaja Guba);
b) in Istomino (bei Jandomosero);
c) in Pogost (bei Welikaja
Guba);
d), e) in Tipinizy;
f), h) in Ust-Jandoma;
g), i) in Postapowskaja und
Radionowo (bei Jandomosero)

aus der Pflanzenwelt in flacher oder durchbrochener Ausführung (Abb. 3.39; 3.40).

Mit dem Reichtum ihrer Ausschmückung unterscheiden sich die karelischen Stirnbretter deutlich von denen aus anderen Gebieten (Abb. 3.41; 3.42). Im Gebiet Archangelsk sind nur selten welche zu finden, deren Enden durchbrochene Schnitzereien aufweisen, diese sind auch im ganzen viel schlichter gehalten. Im Gebiet Gorki tritt dieser Unterschied noch stärker in Erscheinung, da sich hier die architektonische Ausschmückung auf undurchbrochene Reliefornamentik beschränkt (Abb. 3.46). Diese Art ist kennzeichnend für das Gebiet Gorki, in den Nachbargebieten Wladimir und Kostroma sind die Schnitzereien noch zurückhaltender.

An den Stirnbrettern und *Giebelfähnchen* läßt sich deutlicher als an anderen Teilen die kompositionelle Ähnlichkeit der Schnitzornamentik mit Motiven der angewandten Dekorationskunst, insbesondere mit Stickmustern, ablesen. Dies mag bedingt sein durch die Tendenz zur Geometrisierung der Muster, die ja besonders den Techniken der Stickerei als auch der Holzschnitzerei entgegenkommt. Die alten Handtuchstickereien aus Saoneshje waren überwiegend in der Plattstichtechnik gearbeitet, die durch stufenförmige Konturen der Ornamente gekennzeichnet ist. Ganz ähnliche Muster finden sich im Schmuck der Stirnbretter, der neben den weitverbreiteten durchbrochenen und flachen Kreismustern zahlreiche abgestufte, rechtwinklige und halbkreisförmige Ausbuchtungen und Einschnitte aufweist (Abb. 3.47).

Daneben wurden oftmals auch Motive der Ausschmückung von Haushaltgegenständen verwendet, z. B. trapezförmige «Tropfen», durchbrochene und flache Kreis- und Halbkreisschnitzereien sowie auch abgestufte und ausgerundete Vorsprünge (Abb. 3.48).

Giebelfähnchen wurden an den Archangelsker und Wologdaer Häusern sehr einfach, dagegen in Karelien reicher gestaltet. Dabei herrschten durchbrochene Muster vor, die in den meisten Fällen die Schmuckmotive der Stirnbrettflügel wiederholten. Im oberen Teil des Fähnchens wurde in vielen Fällen das Entstehungsjahr des Hauses eingeschnitzt (vgl. Abb. 3.38).

Unter etwas anderen Bedingungen entwickelte sich die Holzbaukunst im Wolgagebiet. Unter den vielgestaltigen Dekorationen der Wohnhausfassaden im Gebiet Gorki ist die besondere Eleganz der Schnitzornamentik, der sogenannten *Tafelfriese*, hervorzuheben, die nur an Häusern dieser Gegend anzutreffen sind. Diese

3.40
Stirnleiste des Hauses *Nossow* in Rankowo (bei Jandomosero, Saoneshje)

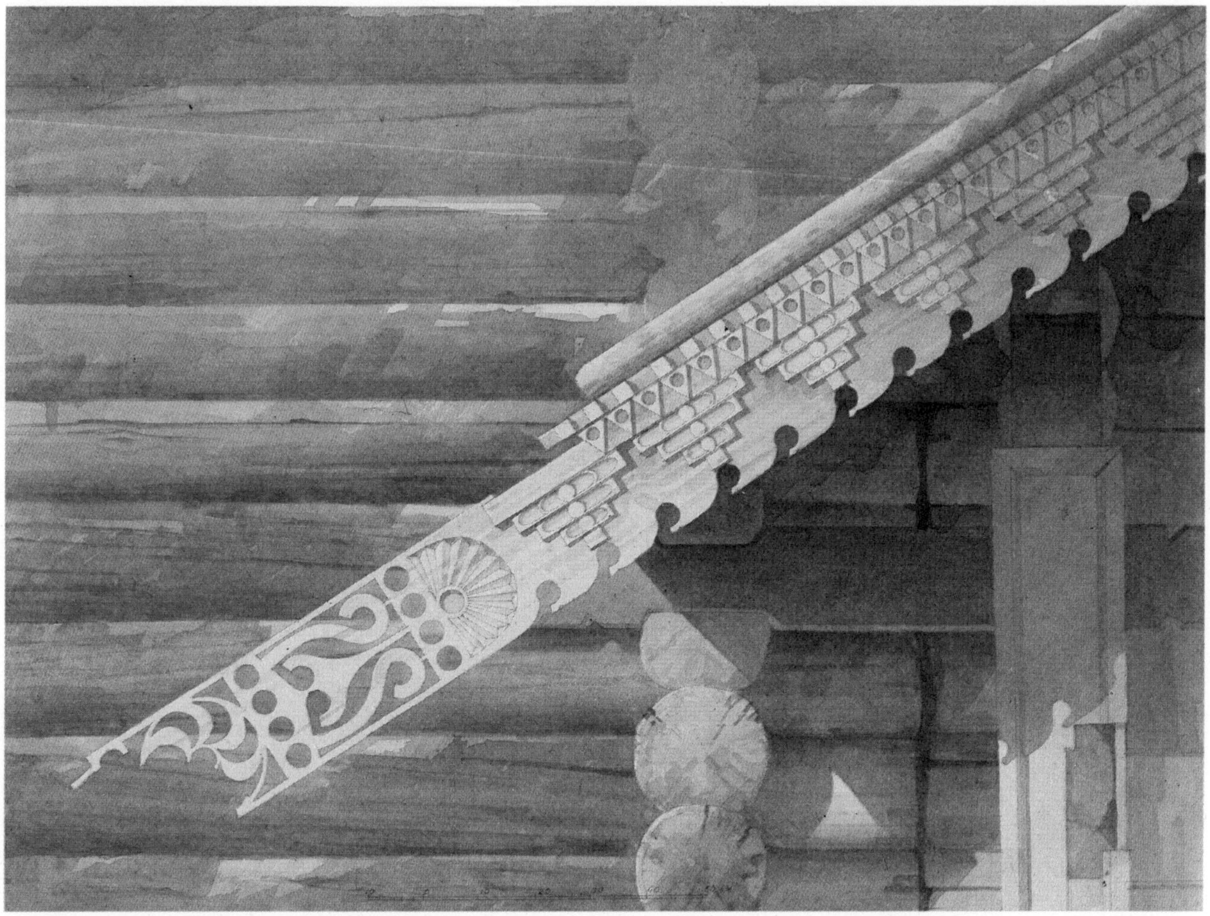

Friese befinden sich an der Giebelfront oberhalb der Fensterumrahmungen (Abb. 3.49) und erfüllen die praktische Aufgabe der Abdeckung des Spaltes zwischen dem oberen Blockbalken der Fassadenwand und dem Giebeldreieck des Satteldaches. Die Tafelfriese wurden auf zweierlei Art angebracht: Entweder beschränkten sie sich auf die Fassadenbreite zwischen den hervorstehenden Balkenenden der Seitenwände, oder aber sie nahmen die volle Fassadenbreite ein und erstreckten sich auch über die Seitenwände. Uns interessiert aber nicht so sehr die Tafel als solche, sondern ihr ornamentaler Schmuck mit vielgestaltigen Reliefschnitzereien, auf denen stilisierte Akanthusblätter, sagenhafte Vögel und Tiere u. a. m. dargestellt sind. Das Zusammenspiel von Schnitzerei und Holzmaserung verstärkt die malerische Wirkung (Abb. 3.50; 3.51; 3.52; 3.53).

Fensterumrahmungen gehören zu den prächtigsten Schmuckelementen der Bauernhäuser. Die lückenlose Darstellung der frühen Entwicklungsstufen wird durch das Fehlen von Materialien erschwert. Anhand wissenschaftlicher Arbeiten sowie erhaltener Bauwerke sind Rückschlüsse bis etwa zum Ende des 18. Jh. möglich.

Logischerweise gehören die zwischen zwei kleinen Fensterluken angeordneten «schönen» Fenster alter Bauernhäuser an den Anfang der Betrachtung über die Entwicklung der Schmuckrahmen. Diese Fenster wurden als erste dekoriert; später wurden die kleinen seitlichen Schiebefenster durch große Fenster abgelöst, so daß dann drei gleiche Fenster das Fassadenbild bestimmten. Bedingt durch die weitere Vergrößerung der Fensteröffnungen, veränderte sich auch ihre dekorative Bearbeitung. Das Futter, das die früheren starken Pfosten ablöste, entsprach nicht dem Kunstempfinden der Bauern und wurde alsbald mit einem die ganze Fensteröffnung umgebenden Blendrahmen verdeckt. Trotz der hohen Beständigkeit des bäuerlichen Wohnhaustyps mit seinen Raumgrößen und Konstruktionen sind aber die verschiedenen Schmuckelemente der Häuser, insbesondere der Fensterumrahmungen, äußerst mannigfaltig und flexibel gestaltet. Diese Vielfalt der architektonischen Ausschmückung verleiht den in ihren Grundformen einander gleichenden Bauernhäusern ihr unverwechselbares individuelles Antlitz. Hierin liegen die spezifischen Merkmale der Häuser im Archangelsker wie auch im Wologdaer Gebiet.

An alten Scheunen und einigen Nebenräumen der Wohnhäuser haben sich hier noch die kleinen orna-

3.41
Stirnbrett am Haus *Limonni-kow* in Jolkino,
Geb. Archangelsk

3.42
Stirnbrett eines Bauern-
hauses im Geb. Wladimir

3.43
Fensterumrahmung am Haus
Puchowa in Bolschoi-Cholni,
Kr. Kargopol, Geb. Archan-
gelsk

3.44
Fensterumrahmung am Haus
Limonnikow in Jolkino

3.45
Fensterumrahmung eines
Hauses im Geb. Kostroma

3.47
Handtuch-Stickmuster und
Schnitzornamentik an Stirn-
brettern

3.48
Schnitzornamentik an Spinnrocken und als Fassaden-
schmuck von Wohnhäusern

3.46
Stirnbrett eines Bauern-
hauses in Scholokscha,
Kr. Kstowo, Geb. Gorki; gear-
beitet von Holzschnitzer
S. D. Udalow, 1872

3.49
Teilansicht einer Giebel-
wand mit Fries in Koko-
rekowo, Kr. Lyskowo, Geb.
Gorki (1870)

3.50
Fries an einer Giebelwand
in Karaulowo, Kr. Kstowo,
Geb. Gorki (1880)

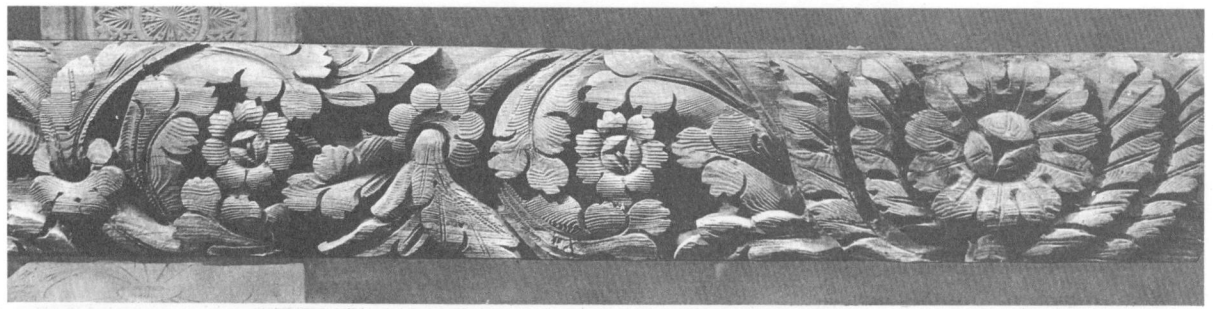

3.51
Friestafel-Fragment mit der
Darstellung des russischen
Märchenvogels Sirin (Zau-
bereule), Kr. Gorodetz,
Geb. Gorki

Zimmermannskunst

a)

3.52
Friestafel-Fragmente mit
Darstellungen von Löwen

a) mit Akanthuszweig;
b) mit Blumenvase;

aus dem Nordwesten des Gebiets Gorki

b)

3.53
Friestafel-Fragment mit der
Darstellung einer Wasser-
nymphe, aus dem Nordwesten
des Gebiets Gorki

3.54
Dekoration einer Fenster-
luke am Untergeschoß eines
Hauses in Wekon,
ASSR Komi

3.55
Fensterumrahmung in Pitschu-
ga, Geb. Archangelsk (nach
D. Milejew)

3.56
Fensterumrahmung in Kon-
dratjewskoje, Geb. Archangelsk (nach *T. Lapschina*)

3.57
Fensterumrahmung in Buly-
kino, Geb. Wologda

0 10 20 30 40 50cm

mentierten Fensterluken (Abb. 3.54) erhalten, deren
schön geschwungener Umriß zu den heute bereits seltenen und besonders markanten Erscheinungen in der
altrussischen Holzbaukunst gehört. Die Fenster der
Wohnräume waren stets rechteckig, und ihre Umrahmungen entsprachen dieser Form. Vorwiegend im Gebiet Archangelsk finden wir Umrahmungen alter Art,

denen das dreiseitig gefaßte Pfostenfenster zugrunde
liegt,[45] dessen Sturzbrett nicht nur als Dekoration, sondern als Abdeckung der Fuge zwischen Fenstersturz
und Blockbalken dient.

Die unscheinbare Grundform dieses Sturzbrettes
wurde durch Schnitzornamente mit klar gegliederten
Kompositionen aus geometrischen Figuren, Rosetten,

3.58
Fensterumrahmung am Hause
Jelisarow in Serjodka,
Saoneshje

3.59
Fensterumrahmung am Hause
Smirnow in Tarassy,
Saoneshje

Ringen, Phantasieblumen lebendig gestaltet (Abb. 3.55). So wurde die glatte Oberfläche des Brettes scheinbar aufgelöst. Wenn es sich obendrein um durchbrochene Schnitzereien handelte, erschien das Sturzbrett leicht und transparent, es hob sich mit seinem lebhaften Spiel von Licht und Schatten kontrastreich von der dunklen Blockwandfläche ab (Abb. 3.56). Fenster dieser Art fanden von alters her auch an Holzkirchen und -kapellen Verwendung, hier jedoch mit schlichterer Ausschmückung.

Eine andere Form sind die flachen, aus mehreren Brettern zusammengefügten Blendrahmen, deren Oberfläche mit geschnitzten oder gemalten Ornamenten bedeckt ist. Ungeachtet ihrer großen Vielfalt wurden sie nach einem einheitlichen Prinzip gebaut. Sie bestanden aus zwei senkrechten seitlichen Feldern, dem Sturzbrett mit Fenstersims und der Fensterbank, zu denen oftmals Fensterläden[46] hinzukamen. Die konstruktive Besonderheit dieser Blendrahmen besteht in ihrem baukastenartigen Aufbau. Neben ihrer praktischen Bestimmung als Abdeckung der unansehnlichen Fugen zwischen Fensterfutter und Blockwand dienten sie ausdrücklich der Ausschmückung der Fensterflucht (Abb. 3.43; 3.44;

3.45). Tatsächlich entwickelten sich die Fensterumrahmungen der russischen Bauernhäuser zu wichtigsten Elementen der künstlerischen Fassadengestaltung. In einigen Gegenden des Gebietes Wologda wurden die vom Fenstersims gekrönten Sturzbretter besonders liebevoll bearbeitet, so daß das eigentliche Sims mitunter zu einer schlichten Leiste reduziert wurde. Bevorzugte Schnitzereimuster auf solchen Sturzbrettern waren Ringe, Halbkreise, strahlenförmig einem Punkt entstrebende Linien, die möglicherweise Sonnenstrahlen symbolisieren (Abb. 3.57).

Von besonderem Reiz ist die dekorative Behandlung der Fenstergewände an Häusern in Saoneshje, die sich deutlich von der in den Nachbargebieten unterscheidet. Hier erscheinen eigenständige und entlehnte Motive in gegenseitiger Verflechtung, nachdem sie bereits früher getrennt anzutreffen waren. Die Fensterrahmen eigenständigen Ursprungs beschränkten sich auf einfache Lösungen aus glatten Brettern mit aufgelegten Leisten, dreieckige Ziergiebel, kleine geometrische Figuren (Abb. 3.58; 3.59). Seit Mitte des 18. und im Laufe des 19. Jh. trat der städtische Einfluß auf die Kunst des flachen Landes immer stärker in Erscheinung. In die Ar-

3.60
Fensterumrahmung am Hause
Morosow, Freiluftmuseum
Kishi, ASSR Karelien

3.61
Fensterumrahmung am Hause
Gagatsch in Tipinizy,
Saoneshje

chitektur der Bauernhäuser, insbesondere in die Ausschmückung ihrer Fenstergewände, wurden neue dekorative Formen aus Barock und Klassizismus aufgenommen. Besonderer Vorliebe erfreuten sich Fensterumrahmungen mit Voluten. Wie jede andere von außerhalb entlehnte Form erfuhr auch das fremde steinerne Volutenmotiv in Holz eine neue künstlerische Auslegung.

Die volutengeschmückten Fensterumrahmungen der Bauernhäuser in Saoneshje und im übrigen Karelien sind mannigfach gestaltet. Viele von ihnen haben massive Läden, manche sind farbig gestaltet. Besonders interessant sind jedoch ihre oberen Abschlüsse mit abwechslungsreich geformten Voluten, kleinen, den Raum zwischen den Voluten ausfüllenden Figuren, mit eigenartigen Aufbauten und mit ornamentengeschmückten Architraven. Nicht minder ausdrucksvoll sind die unteren Teile der Umrahmungen gestaltet, vorwiegend als halbkreisförmige, mit Schnitzornamenten bedeckte Platten. Die Abb. 3.60; 3.61 zeigen verschiedene barockartige Fensterrahmen von Häusern aus Saoneshje mit ihren Schnitzornamenten.

In den benachbarten Kreisen Kareliens bildete sich eine etwas andere Spielart der volutenverzierten Umrahmung, bei der die Eigenart des Holzes als Werkstoff

in den gebrochenen Umrissen der Voluten und den einfacher gezeichneten geometrischen Details zum Ausdruck kommt. Über der Fensteröffnung liegt ein schmales Brett als Untersatz für die Voluten, an die Stelle der Fensterläden sind zwei schmale, schlicht profilierte Bretter getreten. Der in Abb. 3.62 dargestellte Fensterrahmen veranschaulicht beispielhaft die Art der Umarbeitung barocker Formen in Karelien. Die Bilder veranschaulichen den Reichtum der Phantasie der Baumeister des Nordens und die Vielfalt der von ihnen geschaffenen Dekorationen der Fenstergewände, die sich im Stil des «Barocks» vollenden.

Ganz anders ist die Einstellung zur Ausschmückung der Fenster im Raume Mittelrußlands, insbesondere im Gebiet der mittleren Wolga. Dort waren Zimmerer und Holzschnitzer bestrebt, durch die malerische Gestaltung der Rahmendekoration zu beeindrucken, indem sie die Fensteröffnung von allen Seiten mit einem schnitzereibedeckten Rahmen umgaben.

Im Unterschied zum Norden entwickelte sich die Baukunst in Nishni-Nowgorod (heute Gorki) in engem Zusammenwirken mit der an den Kirchenbauten wie auch beim Bau der Wolgaschiffe entwickelten Schnitzkunst. Selbstverständlich war dieses originelle Schnitz dekor des Wolgagebietes eng verbunden mit der Entfaltung des Kunstgewerbes, dem weitverbreiteten Wanderarbeitertum, das wiederum den Einfluß der städtischen Lebensweise begünstigte.

Somit gebührt der baukünstlerischen Holzschnitzerei Nishni-Nowgorods besondere Beachtung [38]. Der eigentümliche architektonische Schmuck der Bauernhäuser des 19. Jh. im Wolgagebiet, deren Hauptmerkmal die reliefartige Schnitzerei ist, fesselt den Beschauer mit der hohen Meisterschaft und Findigkeit der bäuerlichen Meister. Zu den wichtigsten Merkmalen des Dekors der Bauernhäuser in Nishni-Nowgorod gehören Fensterrahmen mit offenstehenden Läden, die beinahe an das Simsbrett heranreichen, do daß die Hausfassade von einem durchgehenden Ziergürtel umgeben war, der fast die ganze Blockwandfläche einnahm.

Zu den typischen Merkmalen dieser Fensterumrahmungen gehören als «klassisches» Prinzip die vertikale Betonung des Fensters, das hohe *Sturzbrett* mit ausgebildetem Ziersims und das schmale *Brüstungsbrett.* Beiderseits der Fenster befanden sich reichdekorierte Läden. Alle Teile des Fensterrahmens wurden mit den verschiedensten Schnitzereimotiven bedeckt. Die Grundform der Fensterrahmen, wie auch ihr Schnitzwerk, stand stets in stilistischem Einklang mit der Schnitzerei der Simsbretter, Stirnbretter, Pilaster und mit der Umrahmung des Bodenkammerfensters (Abb. 3.63). Dabei bildete die Umrahmung des Bodenkammerfensters den vollendenden oberen Abschluß der gesamten Schnitzereikomposition des Hauses.

Das *Sturzbrett* wurde oftmals von einem schön gezeichneten Relief eingenommen, in dessen Mitte sich eine zentrale Figur, z. B. eine Märcheneule, ein Pfau oder andere sagenhaften Geschöpfe befanden (Abb. 3.69). Der abschließende Ziersims wurde breiter als das Sturzbrett gehalten und stand weit hervor; er wurde stets mit Kleinschnitzerei (Zahnschnitt, Eierstab, Tropfen u. dgl.) geziert. Typisch für die Fensterumrahmungen im Wolgagebiet sind rein dekorative (nicht verschließbare) Läden mit allen möglichen Reliefschnitzereien (Abb. 3.70).

Im Gebiet Kostroma wie auch in anderen Nachbargebieten sind neben den hier beschriebenen auch ganz einfache, anspruchslose, mit dezentem Rankenwerk geschmückte Fensterumrahmungen anzutreffen.

Der Einfluß von Kunstgewerbe, Wanderarbeit und städtischer Kultur beschränkte sich natürlich nicht nur auf die Gebiete des Nordwestens und der oberen Wolga, sondern erfaßte auch das bäuerliche Baugeschehen in südlicheren Breiten Rußlands. Im Gebiet Saratow an der mittleren Wolga sind an Bauernhäusern Fensterumrahmungen zu finden, die unter starkem Einfluß einer ausgesprochen städtischen «Barock»-Architektur stehen. Dabei ähneln sie nicht denen aus Sao-

3.62
Fensterumrahmung am Hause
Jakowlew in Klestschoila,
Karelien

3.63
Fensterumrahmung in
Dalnoje-Konstantinowo,
Geb. Gorki

3.64
Treppenvorbau des Hauses
Stscheglow in Irta, Lenski-
Kreis, Geb. Archangelsk

3.65
Toreinfahrt des rauchfang-
losen Hauses *Jekimowa* in
Ryschewo, Kr. Nowgorod

3.67
Zweiflügelige Vortreppe
der Christi-Geburts-Kirche
in Peredki, Kr. Nowgorod

3.68
Zweiflügelige Treppe der
Christi-Himmelfahrts-Kirche
in Kuschereki, Geb. Archangelsk

3.66
Detail des Tores von
Abb. 3.83

3.69
Darstellung des russischen
Märchenvogels Alkonost
auf einem Sturzbrett, nord-
westlich Gorki

3.70
Flügel eines Fensterladens
mit vertikaler und kreis-
förmiger Anordnung von
Akanthusblättern, nordwest-
lich Gorki

3.71
Alte Fensterumrahmung in
Saratow

3.74
Alte Fensterumrahmung in
Tjumen, Westsibirien

3.72
Alte Fensterumrahmung in
Saratow

3.73
Alte Fensterumrahmung in
Tjumen, Westsibirien

Zimmermannskunst

neshje, denn sie weisen einfacher gezeichnete Details über bogenförmigen Fensterstürzen auf (Abb. 3.71), bis hin zu verspielten gebrochenen Rundungen im Volutenmotiv (Abb. 3.72).

Ein weiterer Entwicklungsraum der russischen Holzbaukunst mit dekorativer Schnitzerei liegt in Sibirien.

Die Fensterumrahmungen an Häusern aus dem 19. Jh. in den Gebieten Tjumen und Tobolsk bezeugen eine lebendige und vielgestaltige Auslegung des Themas durch die sibirischen Baumeister. Das Architektur- und Bauschaffen Sibiriens entfaltete sich in untrennbarer Einheit mit der allgemeinen Entwicklung der russischen nationalen Kultur und war eng verbunden mit der Volkskunst des europäischen Rußlands. Dennoch entwickelten die sibirischen Meister ihre eigenen, nur in ihren Bereichen vorzufindenden Spielarten der Fensterrahmendekoration. Kennzeichnend für die westsibirischen Fensterrahmen ist die große Vielfalt ihrer Proportionen, Erscheinungsformen und Ornamentik. So findet man neben den gewöhnlichen «klassischen» Fenstern (Abb. 3.73) solche, deren Umrahmungen sehr komplizierte obere Abschlüsse oder auch ungewöhnlich hohe Brüstungsplatten aufweisen. Immer sind diese Flächen mit reichen Schnitzereien ausgeschmückt (Abb. 3.74).

Die farbliche Gestaltung der Fensterrahmen entspricht den allgemeinen künstlerischen Kompositionsprinzipien. Farbig betont werden nur die kontrastvoll hervorzuhebenden Einzelteile; helle Fensterrahmen mit grellen Farbakzenten heben sich gut von den dunklen Blockwänden ab. Farbig gestaltete Fensterumrahmungen sind auf der Saoneshje-Halbinsel anzutreffen, bevorzugt waren kontrastierende Kombinationen einiger weniger Farben – weiß, rot, grün, blau (Abb. 3.75).

Die *Balkons* der Wohnhäuser haben rein dekorative Bedeutung. Sie sind aus dem Dachraum nicht zugänglich, und ihre Lage steht in keiner Beziehung zur Fußbodenhöhe. Dennoch ist die Anlage eines Balkons eng verbunden mit den Konstruktionen des Dachbodens sowie auch der Bodenkammer, deren Längswände die Verbindung zwischen den Giebelfronten des Wohnhauses darstellen. Die vorgezogenen Blockbalkenenden dieser Wände tragen die dekorativen Balkons, so daß auch hier Konstruktion und Dekoration eine Einheit darstellen.

Man unterscheidet zwei Hauptformen der Balkons: die offenen mit einfacher Brüstung und die mit dekorativen Bögen überdeckten. An zahlreichen Wohnhäusern des russischen Nordens wurden offene Balkons angebracht, an deren Rückwand sich kleine Fenster befanden. Solche Balkons zeichneten sich durch ihre einfache Konstruktion und schlichtes Aussehen aus. Drei bis vier Paar vorgezogene Längswandbalken wurden mit ein oder zwei Bohlen verbunden, die so entstandene

schmale Plattform erhielt eine von zwei Eckpfosten begrenzte Brüstung.

War ein weiter Dachüberstand vorhanden, konnte der darunterliegende Balkon um eine loggiaartige Arkade bereichert werden. Ein derartiger schöner dekorativer Akzent am Dachgiebel war beliebt und weitverbreitet in der Form von ein- oder dreibögigen Balkons mit geschnitzten oder glatten Säulchen und einem lattenverkleideten Tympanon. An vornehmeren Häusern wurden die Schnitzereien am Balkon durch Farbgebung ergänzt (Abb. 3.76).

Die Unterseite der Balkons wurde allgemein durch die Hohlkehle gestaltet, die sich aus den sie tragenden, mit Brettern verkleideten Konsolen ergab. Die Oberfläche dieser Hohlkehle wurde meistens farbig gestrichen, die darüber an der Fassade liegende Bohle mit Schnitz-

3.75
Fensterumrahmung am Haus *Kornilow* in Kurgenizy, Saoneshje

3.76
Balkon des Hauses *Oschew-njewo*, Saoneshje

3.77
Balkon eines Hauses in Kotlas, Geb. Archangelsk

3.78
Balkon des Hauses *Jakowlew* in Klestschoila, Kr. Prjashino, Saoneshje

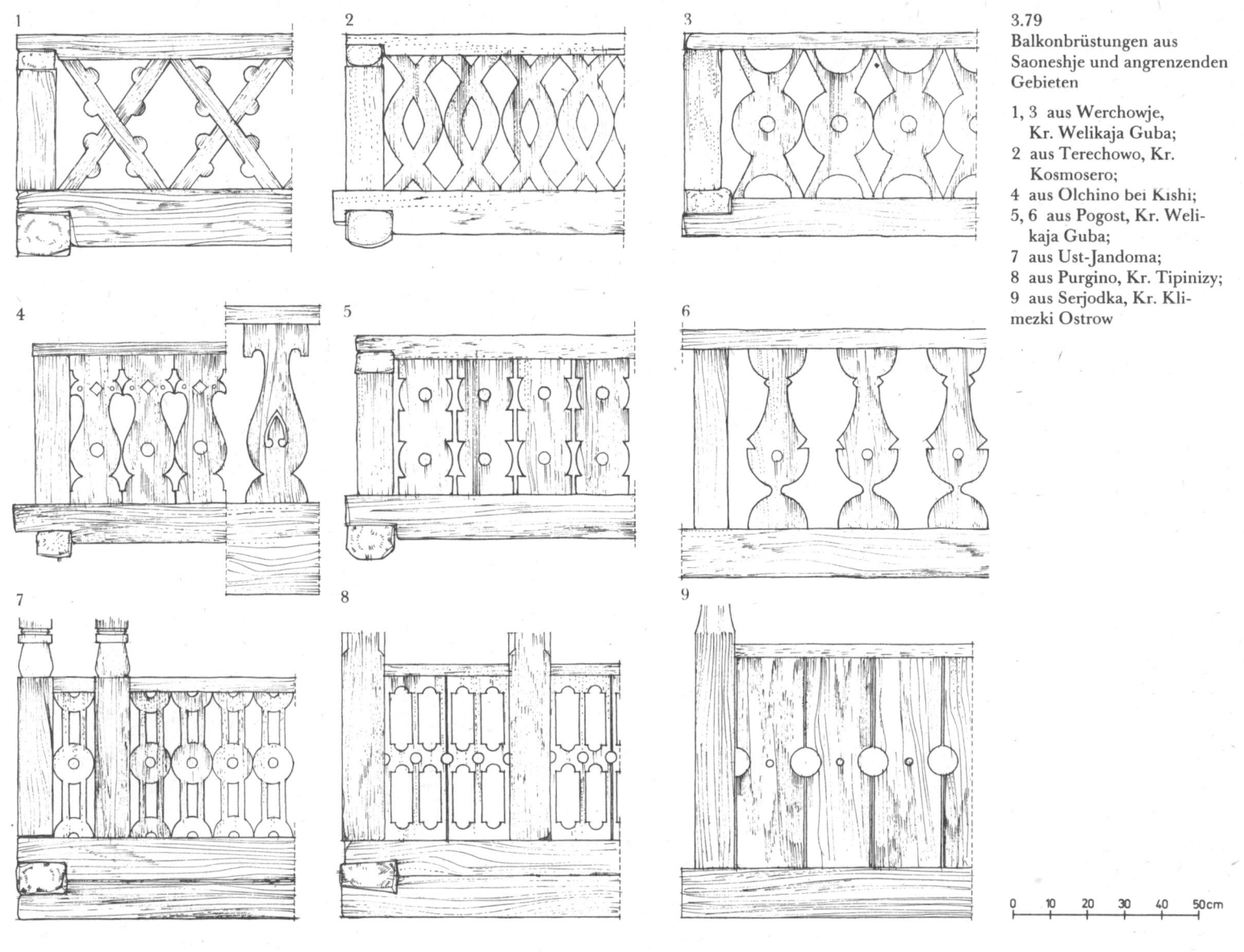

3.79
Balkonbrüstungen aus
Saoneshje und angrenzenden
Gebieten

1, 3 aus Werchowje,
    Kr. Welikaja Guba;
2 aus Terechowo, Kr.
    Kosmosero;
4 aus Olchino bei Kıshi;
5, 6 aus Pogost, Kr. Weli-
    kaja Guba;
7 aus Ust-Jandoma;
8 aus Purgino, Kr. Tipinizy;
9 aus Serjodka, Kr. Kli-
    mezki Ostrow

ornamenten dekoriert, ebenso wie die Pfeiler der Bal-
konarkaden.

Im Gebiet Archangelsk fand das Arkadenmotiv keine
Verbreitung, dort wurde der Balkonabschluß unter dem
Dachfirst durch einen Ziergiebel gebildet, der in einigen Fällen als «hochgezogener Vorhang mit Quastenbe-
hang» (Abb. 3.77) gestaltet wurde. Die Brüstung bestand aus gedrechselten Balustern oder figürlich ausgeschnittenen Brettern.

Die Gestaltung der Brüstungsfelder erfolgt nach bestimmten Regeln. Meist bestehen diese aus einer Reihe
zurechtgeschnittener Bretter, die zusammengefügt eine
Fläche mit durchbrochenen Ziermustern bilden, in anderen Fällen werden sie von flachen, ebenfalls aus Brettern geschnittenen Balustern gebildet. Die Kombina-
tionsmöglichkeiten der verschiedenen ausgeschnittenen

Figuren ergeben eine große Vielfalt der Brüstungsmu-
ster. Abb. 3.79 zeigt in Saoneshje verbreitete Brüstungs-
muster mit offenen und Arkadenbalkons.

Überhaupt zeichnen sich die Balkons in Karelien
durch ihr reiches Dekor aus. Insbesondere erhielten die
Arkadenbalkons als zusätzlichen Schmuck Rosettenan-
hänger, die an den Pfeilern, in den Bogenscheiteln, an
der Frontbohle angebracht wurden und mit ähnlichen
Rosetten an anderen Fassadenteilen – Stirnbrettern,
Dachfähnchen usw. – harmonierten. Das Beispiel einer
solchen Ausschmückung zeigt Abb. 3.78.

Die Betrachtung der eigentümlichen Ornamentik der
Balkonbrüstungen läßt den Schluß zu, daß sie eigenständiger Herkunft war und in enger Verbindung mit
der bäuerlichen angewandten Dekorationskunst (Stik-
kereien, Spitzen, Spinnräder) stand.

3.80
Aufgang eines alten Hauses
im Kreis Pudosh, ASSR
Karelien

3.81
Konsolen einer (abgebroche-
nen) Galerie am Hause
Jermolina in Pogost, Kr.
Welikaja Guba, Saoneshje

*Dekorative
Funktionselemente*

Zu dieser dritten Gruppe gehören funktionsbedingte Gebäudeteile, deren exponierte Lage ihre dekorative Betonung rechtfertigt.

Die *Vortreppen* mit den dazugehörigen Podesten sind äußere Anbauten, die meistens überdeckt sind, aber auch als Freitreppen ausgebildet sein können und zum Haupteingang des Hauses hinaufführen. Die einfachste Form der Vortreppe ist ein kleines Podest mit zwei oder drei Stufen. Liegt das Wohngeschoß über einem Untergeschoß, bedarf es einer aufwendigeren Vortreppe.

In den allermeisten Fällen wurden überdachte Vortreppen bevorzugt, deren oberes Podest von zwei oder auch nur einer starken, meist glattgehobelten Stütze getragen wurde, während das schräge Dach auf Säulchen oder Pfeilern ruhte. Die Vortreppen waren meist ein-, vereinzelt auch zweiflügelig. Sie wirkten außerordentlich dekorativ. Wichtigste Objekte der künstlerischen Bearbeitung waren hier geschnitzte oder glatte Säulchen, Giebelleisten, Podest- und Treppenbrüstungen. Ihre Ornamente entsprachen der Ausschmückung des ganzen Hauses. Als Beispiel sei die Vortreppe eines alten Wohnhauses aus dem Gebiet Archangelsk angeführt (Abb. 3.64).

Einflügelige freie wie auch überdeckte Vortreppen und ihr Dekor sind zweifellos älterer Herkunft und hatten Vorbilder in der altrussischen Architektur. Auch besteht eine nicht zu übersehende Ähnlichkeit der Architektur der Vortreppen von Bojarenhäusern und von Bauten des russischen Nordens; Gemeinsamkeiten bestehen in der Gesamtkomposition, der dreiteiligen Gliederung und auch in einigen Elementen des Dekors.

Eine ursprüngliche Beeinflussung des Baus der Vortreppen von Wohnhäusern durch den Kirchenbau muß verneint werden, da die Entstehung der Wohnbauten dem Kirchenbau voranging. Dennoch sind späterhin, im Verlauf der gleichzeitigen Weiterentwicklung des Wohnungs- und des Kirchenbaus, gegenseitige Einflüsse, besonders in der Entwicklung der dekorativen Formen, nicht auszuschließen. Als Beispiel sei auf das

Wohnhaus des *Klopow* verwiesen, dessen Vortreppe eine Nachbildung derselben an der Mariä-Verklärungs-Kirche in Kishi ist. Andererseits läßt sich an der Vortreppe der Mariä-Schutz-Kirche in Kishi der Einfluß der Gestaltung etlicher Wohnhäuser aus Saoneshje verfolgen (Abb. 3.80).

In den bisherigen Forschungen wurde den *Galerien* wenig Aufmerksamkeit geschenkt, obwohl sie einen nicht zu unterschätzenden Platz in der dekorativen Gestaltung des Hauses einnehmen. Sie dienen rein praktischen Zwecken, nämlich allabendlich, besonders bei starkem Frost, die Fenster mit Schutzbrettern abzudecken. Diese Art des Wärmeschutzes war altüberliefert und bewahrte sich bis in die 2. Hälfte des 19. Jh., als das Glas erschwinglich wurde und man sich Doppelfenster leisten konnte. Nun verloren die Galerien ihre praktische Bedeutung, dennoch wurden sie auch weiterhin ihrer dekorativen Wirkung zuliebe angelegt.

An reich dekorierten Häusern erhielten die Galerien Geländer. Häuser mit bescheidenem Schmuck hatten bisweilen geländerlose Galerien. Die Umgänge wurden in Fußbodenhöhe des Wohngeschosses angeordnet und auf Konsolen gelagert, deren Enden oftmals mit Schnitzereien verziert wurden (Abb. 3.81). Auf diese Konsolen wurden Laufbretter gelegt und das Geländer aufgesetzt.

Letzteres bestand aus Eck- und Zwischenpfosten sowie einem Brüstungsholm und Balustern. In der Gesamtkomposition der Hausfassade spielten die Galerien mit ihrem Geländer eine wichtige Rolle als stark betonter waagerechter Gürtel, der die Bedeutung des Hauptraumes – des Wohngeschosses – betonte und dieses vom untergeordneten Erdgeschoß abhob.

Auffahrten und *Tore* haben die ursprünglichen Merkmale ihres Aufbaus und Dekors weitgehend bewahrt. Aus künstlerischer Sicht sind allein schon die praktisch bedingten Formen der Tore (Abb. 3.65; 3.66; 3.82; 3.83; 3.84) sowie die ausdrucksvollen plastisch gestalteten Pfostenköpfe an den Auffahrtsgeländern (Abb. 3.85) von Interesse.

Zum Abschluß unserer Betrachtungen des Dekors der Bauernhäuser muß bemerkt werden, daß mit Beginn des 20. Jh. das russische Dorf seine Traditionen der künstlerischen Gestaltung der Bauernhäuser in dem Maße einbüßte, als die Woge städtischer Modeerscheinungen das Dorf zu überfluten, die Architektur der Wohn- und Kirchenbauten zu überwuchern begann und ihre künstlerische Geschlossenheit beeinträchtigte. Es bedarf der Anstrengungen der gesamten Gesellschaft, das Vorhandene zu bewahren, nutzbar zu machen und in die Zukunft fortwirken zu lassen.

3.82
Schnitzereien an Toreinfahrten

1 Saoneshje;
2, 3 Geb. Archangelsk

3.83
Toreinfahrt am Hause *Solin*
in Sologusowo, Kr. Gorodez,
Geb. Gorki

Seite 101:

3.86
Traufsimse mit Zierleisten
an Überdachungen der
Christi-Verklärungs-Kirche
in Kishi, Karelien

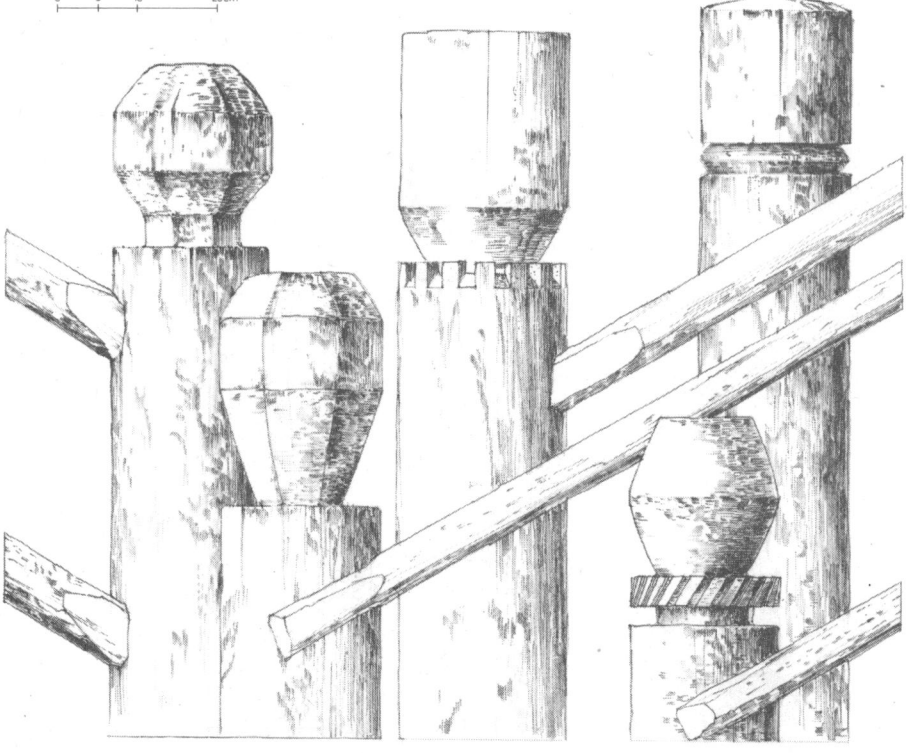

3.84
Fragment der Toreinfahrt
eines alten Hauses in Tjumen, Westsibirien

3.85
Pfostenköpfe von Auffahrten
an Wohnhäusern karelischer
Dörfer

Das Dekor der Kirchenbauten ist weit zurückhaltender. Ihre Baumeister betonten durch Zierwerk nur die bedeutungsvollsten Stellen, um den Gesamteindruck des Bauwerks nicht zu übertönen. Somit war das Äußere der Holzkirchen meist arm an Schnitzereien, während im Inneren die Schnitzornamente farbig gestaltet und von Malerei begleitet wurden.

Somit ist es zweckmäßig, zwischen der dekorativen Gestaltung der Außenfronten und der des Innenraumes der Kirchenbauten zu unterscheiden.

Die einzelnen Elemente des äußeren Schmuckes sind größtenteils dieselben wie bei den Wohnhäusern, zumal etliche Räumlichkeiten der Kirche aus typologischer Sicht denen der Wohnhäuser gleichen. Das bezieht sich z. B. auf das Refektorium und die Vorhalle. Auch hier begegnen wir Traufbohlen, Firstholmen, Giebelbrettern, Fensterumrahmungen, Vortreppen usw., allerdings mit bescheidenerer Ausstattung. All diese Elemente kehren am Refektorium, am Katholikon und an der Altarapsis wieder. Zu den im Holzkirchenbau verbreiteten Schmuckelementen gehören weiterhin die an Türmen, Altarapsiden, Vortreppen und Glockentürmen angebrachten *Ziersimse* (Abb. 3.86). Ein weiteres Schmuckelement sind die pfeilartig an den Traufen auslaufenden Enden der Dachbretter, mit denen, ausgenommen die Pfettendächer von Refektorien, die meisten Kirchendächer mit recht- oder vieleckigem Grundriß verziert wurden.

Besonders eigentümlich ist die vorwiegend in Saoneshje und Nachbargebieten beliebte Ausschmückung achteckiger Unterbauten mit einem *Ziergürtel* aus geschnitzten, sägeartig aneinandergereihten Brettern. Dieser sogenannte *Winkelstabfries* ist nicht nur eine schöne,

die Wucht des Bauwerks betonende Verzierung. Er erfüllt außerdem den praktischen Zweck, das Regenwasser von der Wand abzuleiten, wozu er mit Brettern abgedeckt und mit schräggestellten Wasserspeiern versehen ist (Abb. 3.87).

Das Dekor der Kirchenvortreppen wiederholt vorwiegend die Zierelemente der Vortreppen von Wohnhäusern: geschnitzte Säulchen, Stirnleisten, Ziersimse und Baluster. Abb. 3.88 zeigt die Vielfalt ihrer geschnitzten Säulchen. Die den Witterungsunbilden besonders ausgesetzten Vortreppen mußten oft erneuert werden, so daß ältere Formen nicht erhalten sind. Im Laufe des 19. Jh. erhielten leider etliche Holzkirchen neue Vortreppen, die nichts mit der altrussischen Holzbaukunst gemein haben. Dennoch bewahren zahlreiche erneuerte Vortreppen in ihrer Gesamtanlage Merkmale, die der alten Bauweise entsprechen. Ihre Gestalt ist mannigfaltig und wird bestimmt vom Gebäudetyp der Kirche, ihrer Größe, von ihrer Lage auf dem Grundstück und ihrer Beziehung zur umliegenden Bebauung. Beispielhaft sind insbesondere die zweiflügeligen Vortreppen an Kirchen und Kapellen in den Gebieten Nowgorod und Archangelsk (Abb. 3.67; 3.68).

Ganz im Gegensatz zu den Umrahmungen der Wohnhausfenster fallen die Fenster der Holzkirchen durch ihre Schlichtheit und die Bescheidenheit ihres Dekors auf (Abb. 3.89).

Wie bereits erwähnt, überraschen die Innenräume der nordrussischen Kirchen den Besucher mit ihrer geringen Höhe, in krassem Gegensatz zur wuchtigen Außenarchitektur. Die Innenräume waren niedrig und düster, wogegen die innere Ausstattung von überwältigender Ausdruckskraft in ihrer Eigentümlichkeit, Schlichtheit und künstlerischen Vollendung ist. Im Katholikon der Kirche wird alle Aufmerksamkeit auf die Altarwand, die Ikonostase, konzentriert. Die Meister setzten all ihr Feingefühl ein bei der Gestaltung der Altarwandleisten, der heiligen Pforte, der Auswahl und Anordnung der Heiligenbilder (Abb. 3.90; 3.91; 3.92). Die Vertrautheit mit dem Werkstoff, ihr Vermögen, ihn der Malerei zuzuordnen, schuf hier die vollendete Einheit der Ikonostase mit den übrigen Komponenten des Innenraums – der Decke, den massiven Fenster- und Türpfosten, den Chorstufen.

Die Refektorien alter Kirchen stellten Räume dar, deren Innenausstattung neben religiösen auch weltlichen Eigenheiten des Lebens der bäuerlichen Gemeinde entsprachen. Da die Kirchen die einzigen Gesellschaftsbauten waren, in denen sich die ganze Einwohnerschaft des Dorfes versammeln konnte, erwuchs die Forderung, ihr einen Raum einzugliedern, in dem die Bauern ihre weltlichen Angelegenheiten besprechen konnten: das Refektorium. Hier wurden landwirtschaftliche Fragen erörtert, Handelskontrakte geschlossen,

3.87
Winkelstabfries an der
Mariä-Schutz-Kirche in
Kishi, Karelien

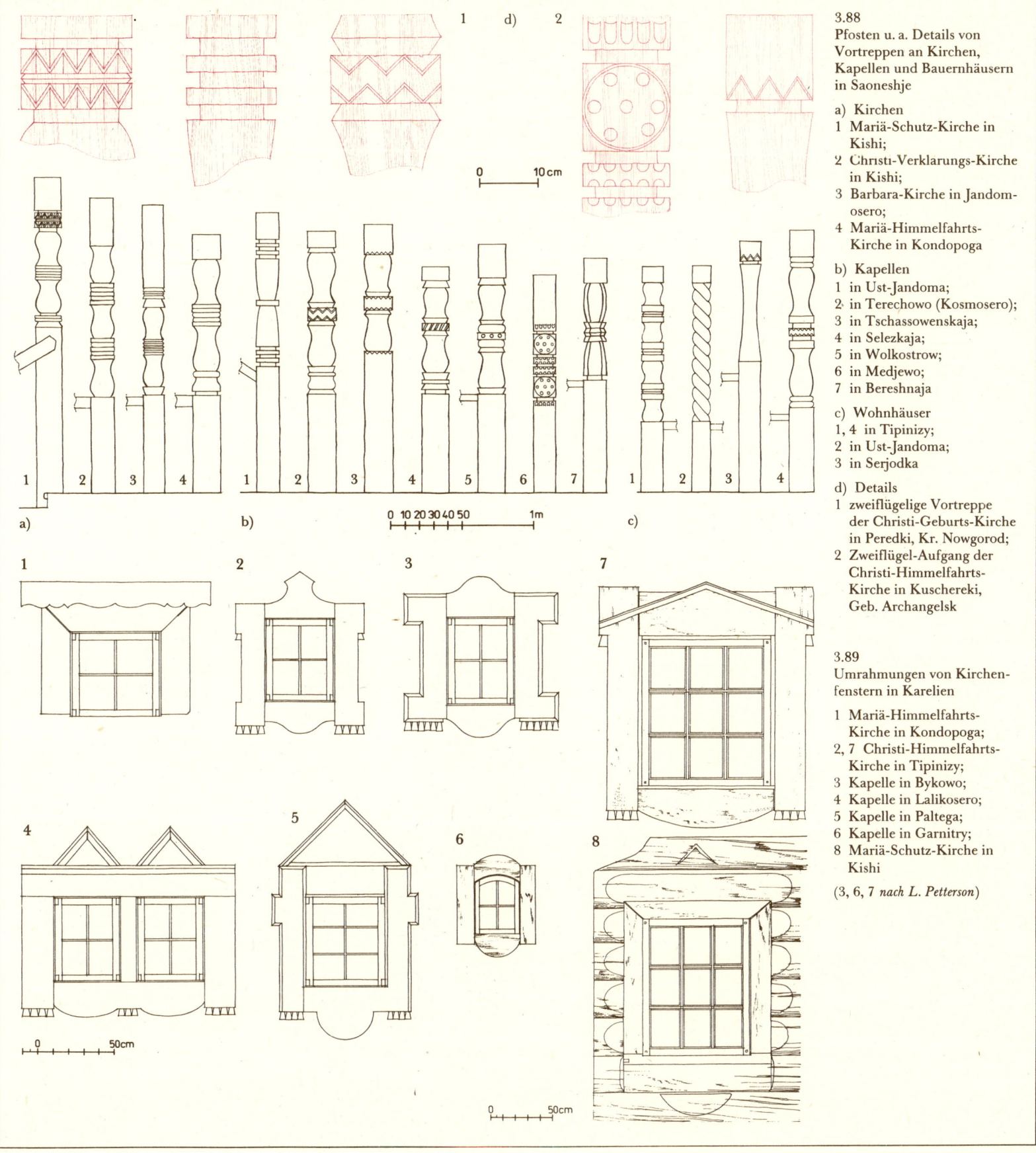

3.88
Pfosten u. a. Details von Vortreppen an Kirchen, Kapellen und Bauernhäusern in Saoneshje

a) Kirchen
1 Mariä-Schutz-Kirche in Kishi;
2 Christi-Verklarungs-Kirche in Kishi;
3 Barbara-Kirche in Jandomosero;
4 Mariä-Himmelfahrts-Kirche in Kondopoga

b) Kapellen
1 in Ust-Jandoma;
2 in Terechowo (Kosmosero);
3 in Tschassowenskaja;
4 in Selezkaja;
5 in Wolkostrow;
6 in Medjewo;
7 in Bereshnaja

c) Wohnhäuser
1, 4 in Tipinizy;
2 in Ust-Jandoma;
3 in Serjodka

d) Details
1 zweiflügelige Vortreppe der Christi-Geburts-Kirche in Peredki, Kr. Nowgorod;
2 Zweiflügel-Aufgang der Christi-Himmelfahrts-Kirche in Kuschereki, Geb. Archangelsk

3.89
Umrahmungen von Kirchenfenstern in Karelien

1 Mariä-Himmelfahrts-Kirche in Kondopoga;
2, 7 Christi-Himmelfahrts-Kirche in Tipinizy;
3 Kapelle in Bykowo;
4 Kapelle in Lalikosero;
5 Kapelle in Paltega;
6 Kapelle in Garnitry;
8 Mariä-Schutz-Kirche in Kishi

(3, 6, 7 *nach L. Petterson*)

3.90
Teilansicht der Ikonostase
in der Mariä-Schutz-Kirche
in Kishi

3.91
Heilige Pforte der Ikono-
stase in der Mariä-Schutz-
Kirche

3.92
In barocker Manier erneu-
erte Ikonostase der Christi-
Verklärungs-Kirche in Kishi

　　　　Zimmermannskunst

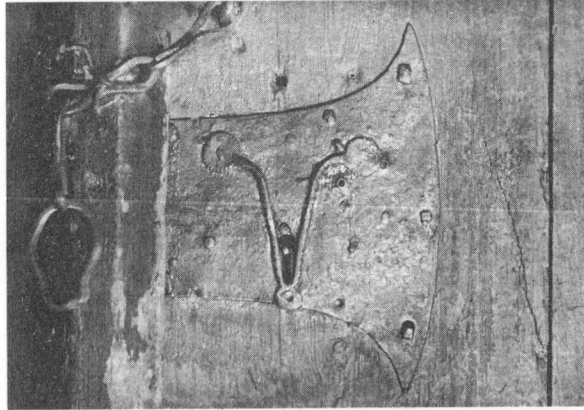

3.93
Sitzbank im Vorraum der
Mariä-Himmelfahrts-Kirche
in Wassiljewo bei Kishi

3.94
Hellebarden-Türbeschlag am
Portal der Mariä-Schutz-
Kirche in Kishi

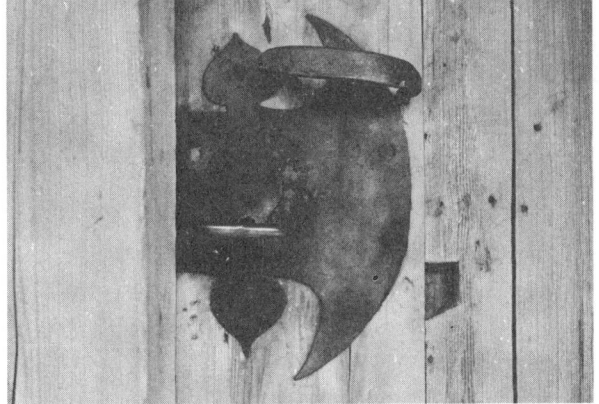

3.95
Hellebarden-Türbeschlag am
Hause *Jerschow* in Portjug,
Geb. Kostroma

3.96
Türgriff am Hause *Jerschow*
in Portjug, Geb. Kostroma

Zarenerlasse verkündigt, Gericht gehalten u. a. m. An großen Feiertagen fand man sich nach altem Brauch zusammen zum Festessen, der sogenannten Bratschina [99, S. 91]. «Dieser Brauch, die Bratschina, war in Rußland bekanntlich von alters her üblich und geht auf die Zeiten des alten Nowgorod zurück ...», während an gewöhnlichen Sonntagen hier Gespräche geführt wurden «über verschiedene kirchliche oder weltliche Angelegenheiten». Solche Refektorien sind kennzeichnend für die Holzkirchen des Nordens, in den steinernen Kirchen des 16. Jh. waren sie nicht üblich.

Im Umkreis von Saoneshje hat der Raum des Refektoriums viel Gemeinsamkeit mit der Wohnstube des Bauernhauses, nach Art seiner Ausstattung ist es die «gute Stube». Wohnstube und Refektorium ähneln einander in der Grundrißform, die fast immer einem Quadrat nahekommt. Längs der Wände stehen breite, fest eingebaute Bänke, in der Ecke neben der Eingangstür steht der Ofen (in Refektorien an der Nordseite); in der Wohnstube wurden die drei Fenster meistens gegenüber der Eingangstür angebracht, im Refektorium der Kirche lagen sie an den Seitenwänden, was wohl der einzige wesentliche Unterschied war. Insofern, als das Refektorium sich funktionsmäßig vom Schiff unterschied, war auch seine dekorative Ausstattung einfacher: glattgehobelte Wände, Pfostenfenster, Türen mit abgeschrägtem Sturz, starke Deckenbalken und an den Wänden Bänke mit verzierter Vorderkante (durch letztere unterschieden sie sich von den Bänken in den Wohnstuben). Öfter wurden auch die Füße der Bänke figürlich gestaltet (Abb. 3.93).

Von großem Interesse sind die kunstvollen Vorrichtungen aus Metall an den Türen der Kirchen, Wohnhäuser und Speicher: Schloßbeschläge, Schlüssel, Türangel usw.[47] Ein besonderes Schloß wurde eigens für das Portal der Mariä-Schutz-Kirche in Kishi geschmiedet. Sein kunstvoll gefertigter «Hellebarden»-Beschlag ist auf Abb. 3.94 dargestellt. Abb. 3.95; 3.96 zeigen geschmiedete Türbeschläge von Wohn- und Wirtschaftsbauten.

Eine Zusammenstellung von Schloßbeschlägen an Türen von Kirchen und Speichern zeigt Abb. 2.4.

Kapitel 4

Profanbauten

Das Bauernhaus als eine Synthese von Architektur, angewandter Kunst und Bauhandwerk ist jene Quelle, aus
der die Meister der Volksbaukunst ihr technisches Wissen und die künstlerische Grundhaltung für die Errichtung größerer Bauwerke schöpften.

Die Architektur des russischen Bauernhauses bewahrte bis ins 19., ja noch bis zu Beginn des 20. Jh. Wesenszüge der Wohnkultur längst vergangener Zeiten,
was durch die geschichtlichen und geographischen Bedingungen begünstigt wurde, die insbesondere die entlegenen Gegenden wie Karelien oder Archangelsk, Wologda u. a. m. kennzeichneten.

Das Bauernhaus und seine
räumliche Ordnung

Von der Wohnzelle als Grundelement ausgehend, vollzog sich mit der Evolution der menschlichen Gesellschaft die schrittweise Vervollkommnung der verschiedenen Wohnungstypen. In der Wohnung erfüllten sich
die menschlichen Bedürfnisse, Interessen und ästhetischen Vorstellungen eher und umfassender als in belie-
bigen anderen Bauwerken. Wohnhäuser machen die
Hauptmasse aller baulichen Substanz auch im ländlichen Siedlungsraum aus. Im russischen Norden blieb
der Hauptraum der bäuerlichen Wohnung, die Stube –
ein Wohnraum mit Ofen in Ecklage –, seit ältesten Zeiten bis hinein in unser 20. Jh. ohne wesentliche Veränderungen erhalten; wobei sie in den verschiedenen Landesteilen auch eigene, von örtlichen Bedingungen ge-
prägte Besonderheiten aufwies.

Auf seinem langen Werdegang vom primitiven Pfahl-
bau [15] über Erdhütte und Reisigzelt zum Blockbau
gewann das russische Wohnhaus Gestalt, wobei diese
weniger von den sozialen Verhältnissen als den örtlichen Bedingungen geprägt wurde.

So verwandelte sich das mittelrussische Bauernhaus
mit dem offenen Hof bei seiner Wanderung in den rauhen Norden zu einem in sich geschlossenen Ganzen mit
überdachtem Hof und hoch über dem Erdboden ange-
hobenen Räumen. «... Unter dem Schutz eines gemeinsamen Daches ist hier die Wohnstatt des Menschen mit
Hof und Stall und allen Wirtschaftsräumen zusammen-
gefaßt. Auffallend ist dabei, daß jedes noch so bescheidene Wohnhaus zweigeschossig war, der untere Raum
aber unbewohnt blieb, indem er vorwiegend der Erhaltung der Wärme, aber auch der Aufbewahrung von

Haushaltgegenständen diente. Bemerkenswert ist die
brückenartige Auffahrt zu jenem Teil des Obergeschosses, in dem Hof und Scheune liegen. Hier oben bewahrt
man Getreide, Heu und Stroh, während unten das Vieh
untergebracht wird» [87, S. 68–70].

Die *geschlossenen Bauernhöfe* hatten sich in den russisch besiedelten nördlichen Gebieten bereits in sehr
frühen Zeiten herausgebildet. Sie waren eine Weiterentwicklung alter Nowgoroder Bauformen, wie dem zwei-
räumigen (Stube und Diele) oder dreiräumigen (Stube
– Diele – Stube) Wohnhaus mit dem ihm angeglieder-
ten Hofraum. Hierbei erfolgte die Reihung von Wohn-
und Wirtschaftsräumen entweder hintereinander unter
einem gemeinsamen langgestreckten Satteldach oder
aber in zwei nebeneinander liegenden Linien, zunächst
unter zwei gesonderten, parallelen Satteldächern. Die
zweite Form wurde später mit einem breiten, gemeinsamen Satteldach versehen, wodurch diese zweireihige
Grundrißform nach außen hin nicht mehr direkt in Erscheinung trat.

Im Volksmund ist für das langgestreckte *Bauernhaus*
mit einfacher Reihung heute noch die alte Bezeichnung
«Brus» (auf deutsch etwa «Stange»), für das *breite dop-*
peltgereihte dagegen «Kóschel» (deutsch etwa «Beutel»)
geläufig. Ein Fund in Staraja Ladoga[48] bestätigt die Annahme, daß geschlossene Höfe in weiten Teilen des
Nowgoroder Landes verbreitet waren, woraus sich folgern läßt, daß bereits zur Zeit der russischen Kolonisierung dieser Haustyp unter dem Einfluß der Klimabedingungen Gestalt angenommen hatte.

Im Wohnbereich des geschlossenen Bauernhofs, dem
eigentlichen Wohnhaus, bildet die aus der ursprünglichen Wohnzelle entwickelte *Stube* den Hauptraum. Sie
hat eine bevorzugte Lage im Hause, ist beheizbar, und
ihre Decken und Fußböden sind wärmegedämmt. Im
allgemeinen ist die Stube annähernd quadratisch, etwa
2,2 bis 2,5 m hoch und dient gleichzeitig als Wohnraum, Küche, Arbeits-, Eß- und Schlafraum. Auch
Gäste werden in der Stube empfangen.

Die weitere Entwicklung vollzog sich durch die Einbeziehung zusätzlicher Wohn- und Wirtschaftsräume,
Hof und Scheune wurden weiträumiger, Dach- und
Deckenkonstruktionen vervollkommnet. Die Evolution
der bäuerlichen Wohnweise brachte einen neuen

4.1
Rauchfangloses
Bauernhaus
der *Mudrows* in
Cholmy,
Saoneshje

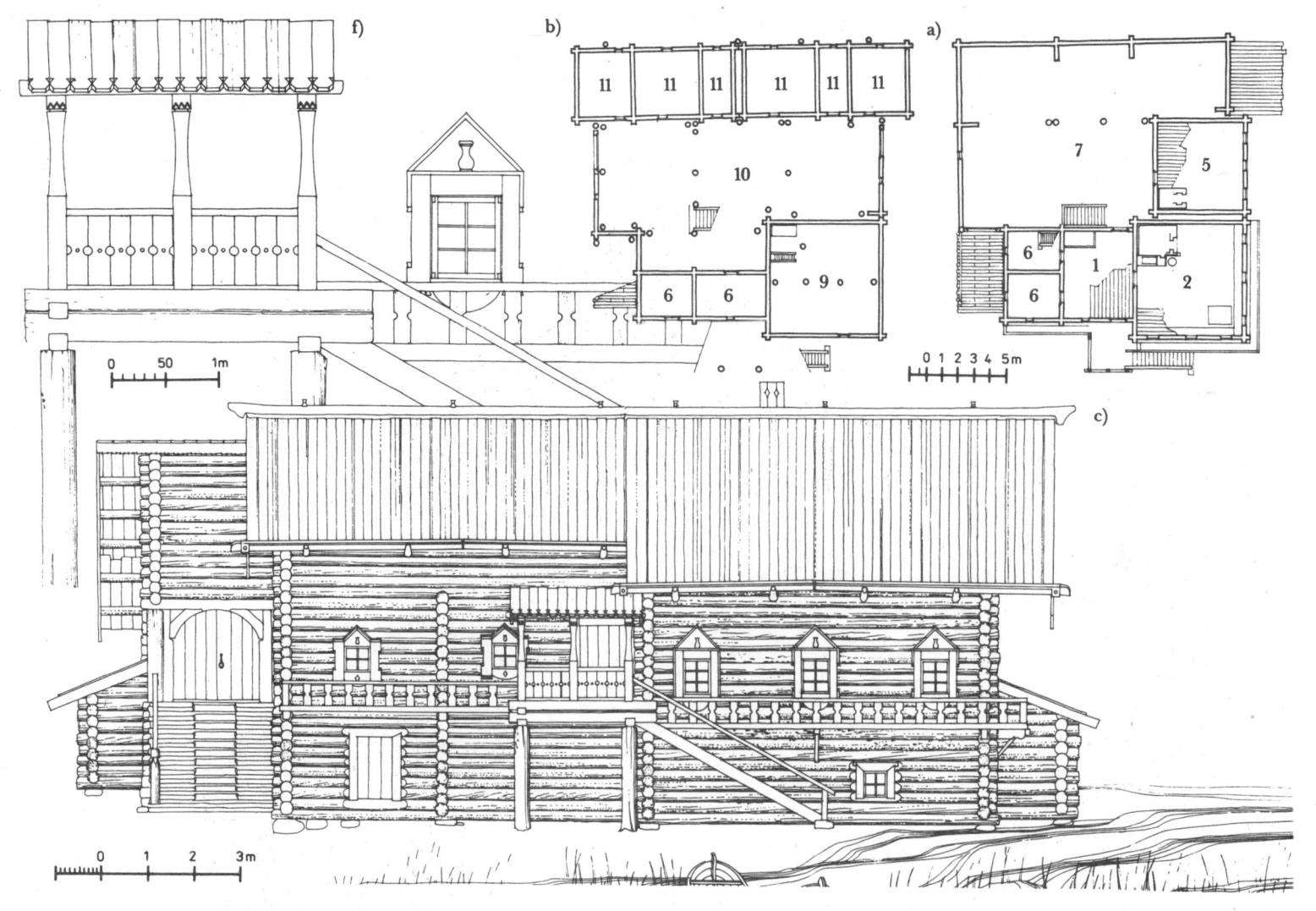

a) f) b) a) c)

4.2
Rauchfangloses Bauernhaus
der *Jelisarows* in Serjodka,
Saoneshje, 1879

a) Grundriß des Wohn-
geschosses;
b) Grundriß des Unter-
geschosses;
c) Hauptfassade;
d) Längsschnitt;
e) Seitenansicht mit Auf-
fahrt;
f) Fragment der Vortreppe

1 Flur;
2 Bauernstube;
5 Nebenzimmer;
6 Vorratskammer;
7 Scheune;
9 Futterkammer;
10 Hof;
11 Stallung

Haushaltgegenstände (Trinkschale, Rocken, Spinnrad)

Wohnhaustyp – das «Fünfwändehaus» – hervor, bei
dem das rechteckige Blockhaus durch die quergestellte
fünfte Wand in zwei meist ungleiche Räume, eine größere und eine kleinere Stube, getrennt wird. Als näch-
ster Schritt entstand dann, vorwiegend im Gebiet Archangelsk, das «Sechswändehaus» mit zwei Querwänden, bestehend aus zwei Stuben mit eigenen Öfen und
einer kleineren, dazwischen liegenden Diele. Gebiets-
weise gab es auch andere Formen der Aufteilung des
Wohnungsgrundrisses. Im Gebiet Archangelsk wurde
mitunter der Wohnbereich des geschlossenen Bauernhofes aus zwei unter gemeinsamen Dach dicht aneinander gerückten Blockgehäusen gestaltet. Ein derartiges
Doppelhaus kann, wie auch das Sechswändehaus, von
zwei selbständigen Familien (z. B. der des Vaters und
des verheirateten Sohnes) wie auch von einer großen
Familie bewohnt werden.

Die *Diele* gehört ebenfalls zu den Haupträumen des
Hauses und dient als Wärmeschleuse. Sie nimmt meistens die volle Breite des Hauses an seiner Eingangs-

seite ein; ihr rechteckiger Grundriß hat meist Seitenver-
hältnisse von etwa 2:3. Die Funktion der Diele ist
raumverbindend. Von ihr aus kann man in alle Räume
des Hauses gelangen; außerdem führen von der Diele
Treppen ins Untergeschoß und zur Dachkammer.

Das *Sommer- oder Seitenzimmer* ist ein im Grundriß des
Fünfwändehauses L-förmig an die Diele angewinkelter
oder in selteneren Fällen bei Vierwändehäusern gegenüber der Wohnstubentür angebauter, ofenloser Raum,
der nur in der warmen Jahreszeit bewohnt wurde. Es
kam jedoch vor, daß z. B. bei Familienzuwachs dieses
Zimmer wintermäßig mit Ofen oder beheizter Liegebank, wärmegedämmter Decke und Fußboden ausgestattet wurde. Die Vorratskammern wurden bei Fünf-
wändehäusern oftmals L-förmig anstelle des Sommer-
zimmers mit Zugang von der Diele angebaut oder als
besondere Blockgehäuse an der Scheunenseite. In diesen Kammern wurden vorwiegend Haushaltgegenstände, Kleidungsstücke, Schuhwerk, Stoffe, Gerätschaften u. dgl. aufbewahrt.

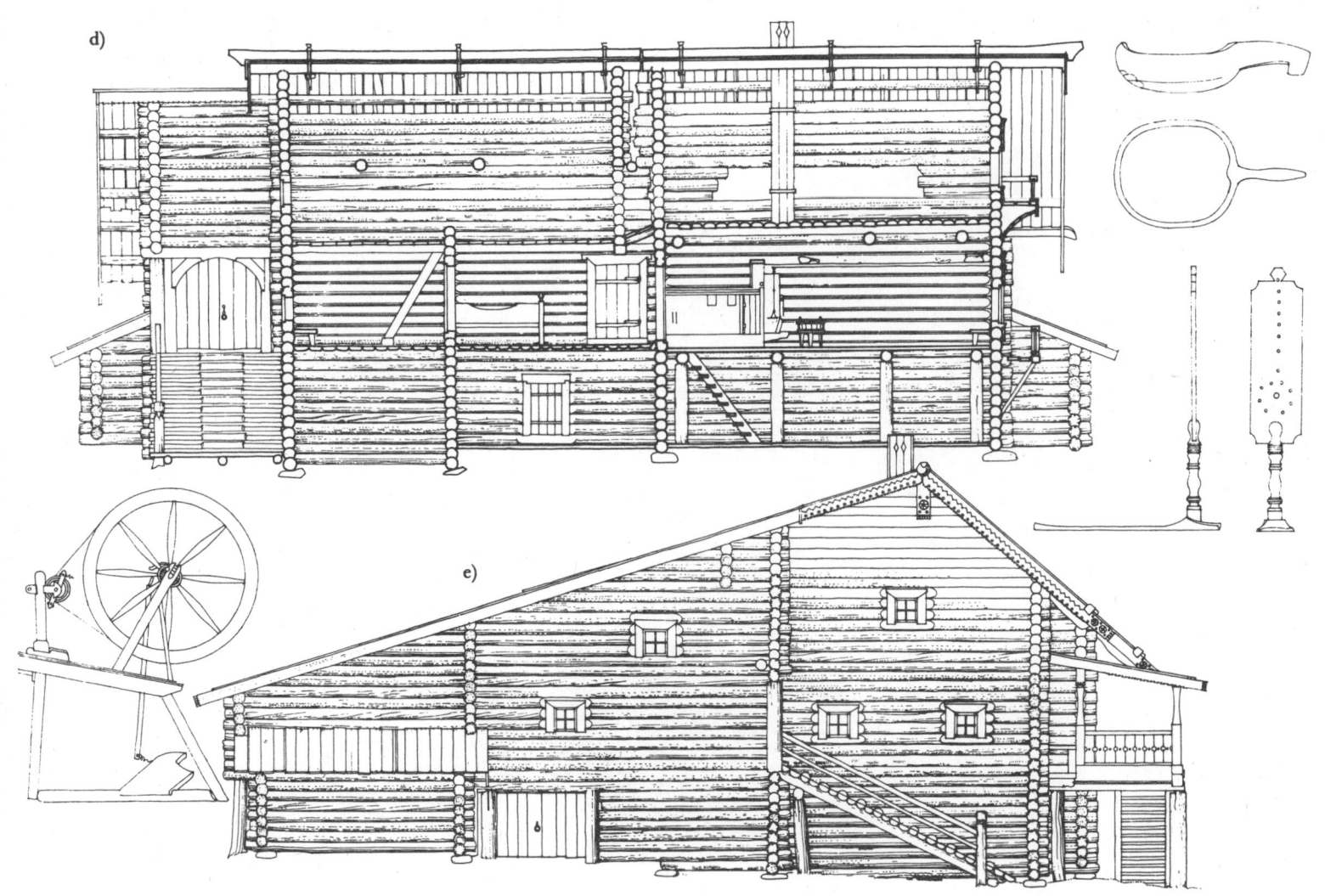

d)

e)

Dachkammern befanden sich im Bodenraum von Häusern mit Pfettendach und festen Giebelwänden, hinter denen sich ein zusätzlicher Raum als Sommerwohnung oder Lagerkammer schaffen ließ. Auch unter einseitig oder (seltener) beidseitig gewalmten Dächern wurden bisweilen solche Bodenkammern eingerichtet.

Hof und *Scheune* grenzten unmittelbar an den bewohnten Bereich des Hauses und hatten mit diesem, unabhängig vom Haustyp, ein gemeinsames Dach. Die Scheune befand sich im oberen Geschoß und eignete sich besonders zur Aufbewahrung von Viehfutter und Gerätschaften. Darunter befand sich im Erdgeschoß der Hof mit den Viehställen. Häuser mit hohem Untergeschoß waren besonders im Norden weit verbreitet, während man in Mittelrußland die Wohnhäuser über niedrigen Sockelgeschossen errichtete (vgl. Kapitel 1).

Die weltverlassene Einsamkeit vieler nördlicher Landstriche, ihre Lage abseits der großen Handelsstraßen und Kulturzentren begünstigte über lange Zeiten die Erhaltung alter Wohnformen. Zu diesen gehören vorrangig auch die rauchfanglosen Wohnhäuser, von denen nur noch wenige und auch nur an ganz entlegenen Orten erhalten sind. Viel Ähnlichkeit mit ihnen haben die «schwarzgeheizten» Badehäuser.

Ein Beispiel für ein rauchfangloses Bauernhaus ist das ins Freilichtmuseum Kishi übergeführte Wohnhaus *Jelisarow* aus dem Saoneshje-Dorf Serjodka (Abb. 4.2).

Es hat ein hohes Untergeschoß und stellt eine Spielart des Haustyps «Kóschel» dar. Von besonderem Interesse ist der Aufbau der großen Stube mit dem mächtigen rauchfanglosen Ofen, der mit 5,5 m² Grundfläche einen beträchtlichen Platz im Innenraum einnimmt. Einen Eindruck vermitteln Abb. 4.3 und 4.4.

Abb. 4.1 zeigt als weiteres Beispiel das rauchfanglose Haus des *Mudrow* aus dem Dorfe Cholmy in Saoneshje, das sich von dem eben beschriebenen durch größere Ausmaße und schlichteres Dekor unterscheidet.

Anders geartet sind die planerischen, konstruktiven

Rauchfanglose Bauernhäuser und traditionelle Wohnhaustypen

und baukünstlerischen Eigenschaften der Bauernhäuser in den Gebieten Nowgorod und Archangelsk, was beispielsweise an dem aus der 1. Hälfte des 19. Jh. stammenden rauchfanglosen Haus *Jekimowa* aus dem Dorfe Ryschewo, Gebiet Nowgorod (Abb. 4.5), zu erkennen ist. Ein Vergleich dieses Hauses mit dem Haus *Jelisarow* zeigt, daß letzteres einen typisch nordischen geschlossenen Bauernhof darstellt, während das erstere ein gewöhnliches Bauernhaus mit Untergeschoß und angrenzendem offenem Hof ist, wie es in Mittelrußland üblich ist. Der Grundriß dieses Hauses weist keine wesentlichen Unterschiede von dem des Hauses *Jelisarow* auf. Bemerkenswert seine äußere Gestalt und die schöne dekorative Ausschmückung (Abb. 4.6).

Im Dorf Brussenez, Kreis Totma, Geb. Wologda, befand sich ein rauchfangloses «Brus»-Haus aus dem 18. Jh., und zwar ein Fünfwändeháus, dessen breite Diele Ausgänge nach beiden Seiten hatte; der Diele war in ganzer Breite die Scheune angegliedert. Über all diesen Räumen lag ein symmetrisches Satteldach (Abb. 4.7).

Die drei im Onegabereich verbreiteten Hauptformen des geschlossenen Bauernhofes sind in Abb. 4.8 vergleichsweise dargestellt.

Der «Kóschel»-Typ ist gekennzeichnet durch einen großen Hof, dessen Fläche die der Wohnung um das Anderthalb- bis Zweifache übertrifft; beide sind integrierte Bestandteile eines einheitlichen Baukörpers. Der eigentlichen Wohnung liegt ein Sechswände- (Stube – Diele – Stube) oder ein Fünfwändehaus zugrunde, wobei dann an letzteres ein Anbau mit Diele und Sommerzimmer grenzt, so daß ein interner L-förmiger Grundrißteil entsteht. Der Hof grenzt an die Langseite der

4.3
Rauchfangloses Bauernhaus der *Jelisarows* in Serjodka; Teil der Seitenfassade mit Auffahrt

4.4
Rauchfangloses Bauernhaus der *Jelisarows* in Serjodka; Seitenansicht

Wohnung oder ragt bisweilen etwas darüber hinaus. Die Fassade des Wohnungsteils ist durch einen reichen Schmuck gegenüber dem Wirtschaftsteil deutlich hervorgehoben. Geschnitzte Balkonbrüstungen, Fensterrahmen, Stirnbretter, Laubengänge betonen den Wohnbereich. Sie heben sich deutlich von der sparsam dekorierten Wand des Hofbereichs ab.

Als klassisches Beispiel des «Kóschel»-Hauses sei das 1870 erbaute Haus *Schwedow* in dem Dorf Istomino bei Jandomosero im mittleren Teil der Saoneshje-Halbinsel vorgestellt. Der Zusammenschluß von Wohn- und Hofbereich erscheint hier vorbildlich. Bei nahezu quadratischer Grundrißform übertrifft der Hof den Wohnbereich um das Anderthalbfache an Breite. Die Wände von Hof- und Wohnbereich gehen unmittelbar ineinander über. Das *Schwedow*sche Haus weist den typischen Schmuck nordrussischer Bauernhäuser auf. Den oberen Abschluß der Fassade des Wohnbereiches bildet ein symmetrisches Giebeldreieck, dessen einer Schenkel jedoch nur Dekoration darstellt, die sich scharf von der Blockwand des weniger steilen Hofgiebels abhebt (Abb. 4.9).

Bauernhäuser gleicher oder ähnlicher Bauart sind überall in Karelien anzutreffen.

Nicht minder beispielhaft ist das 1876 errichtete zweigeschossige «Kóschel»-Haus (Abb. 4.10). Innerhalb eines rechteckigen Gesamtgrundrisses bildet der Wohnbereich einen L-förmigen Grundriß. Eine kleinere Vorratskammer ist als besonderer Blockkasten daneben gesetzt. Von anderen Häusern ähnlicher Bauart unterscheidet sich dieses durch die Lage seines Sechswändewohnbereichs an der Schmalseite des Gesamtgrundrisses. Rückwärtig liegt, seitlich begrenzt von den weitergeführten Wänden des Wohnbereichs, der geräumige Scheunenhof.

An der Seitenfassade sind Wohn- und Hofteil klar abgegrenzt durch die vorspringende Einbindung der Querwand sowie die unterschiedliche Fülle des Schmuckwerkes. Balkonlauben, Umgang, Fensterrahmen betonen den Wohnbereich. Besonders beeindruckend ist die Balkonlaube mit ihren Bogenöffnungen und gedrechselten Brüstungsstäben und die volkstümliche Interpretation barocker Formen an den Sturzbrettern (Abb. 4.42).

Verschiedene Spielarten derartiger Wohnhäuser sind auch in anderen Teilen des russischen Nordens verbreitet. Erwähnenswert ist das Haus *Lokschina* im Dorf Taratino. Die Grundrißgestaltung dieses zweizeiligen «Kóschel»-Hauses ähnelt der aus Saoneshje bekannten. Auch hier hat der Gesamtgrundriß des geschlossenen Hofes annähernd quadratische Form. Die Wohnung besteht aus zwei miteinander verbundenen Vierwandgehäusen, an die der Hof angrenzt. Der Hauptunterschied besteht in der Gestaltung der Fassade, deren dekorative

4.5
Rauchfangloses Bauernhaus *Jekimowa* in Ryschewo, Kr. Nowgorod, 1. Hälfte des 19. Jh.

4.6
Fensterumrahmungen am rauchfanglosen Bauernhaus von *Jekimowa* in Ryschewo

4.7
Seitenansicht des rauchfanglosen Bauernhauses von *Popowa* in Pogost, Bez. Karpogorsk, Geb. Archangelsk

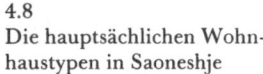

4.8
Die hauptsächlichen Wohn-
haustypen in Saoneshje

1 «Kóschel» («Beutel»),
   Bauernhaus *Petunow* in
   Pogost;
2 «Brus» («Stange»),
   Bauernhaus *Smirnow* in
   Tarassy;
3 «Glagol» («Haken»),
   Bauernhaus *Lopatkin* in
   Tarassy

Die Wohnräume der Häuser
sind schraffiert

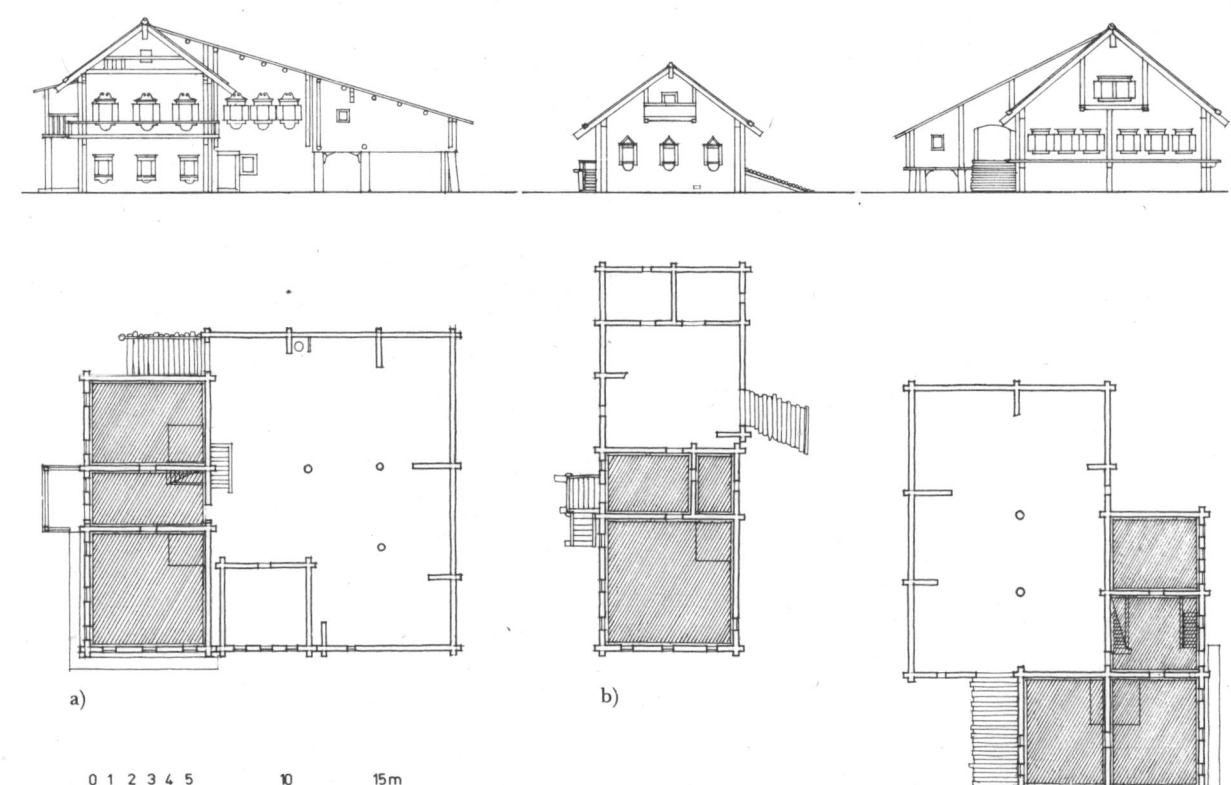

a)

b)

c)

0 1 2 3 4 5   10   15m

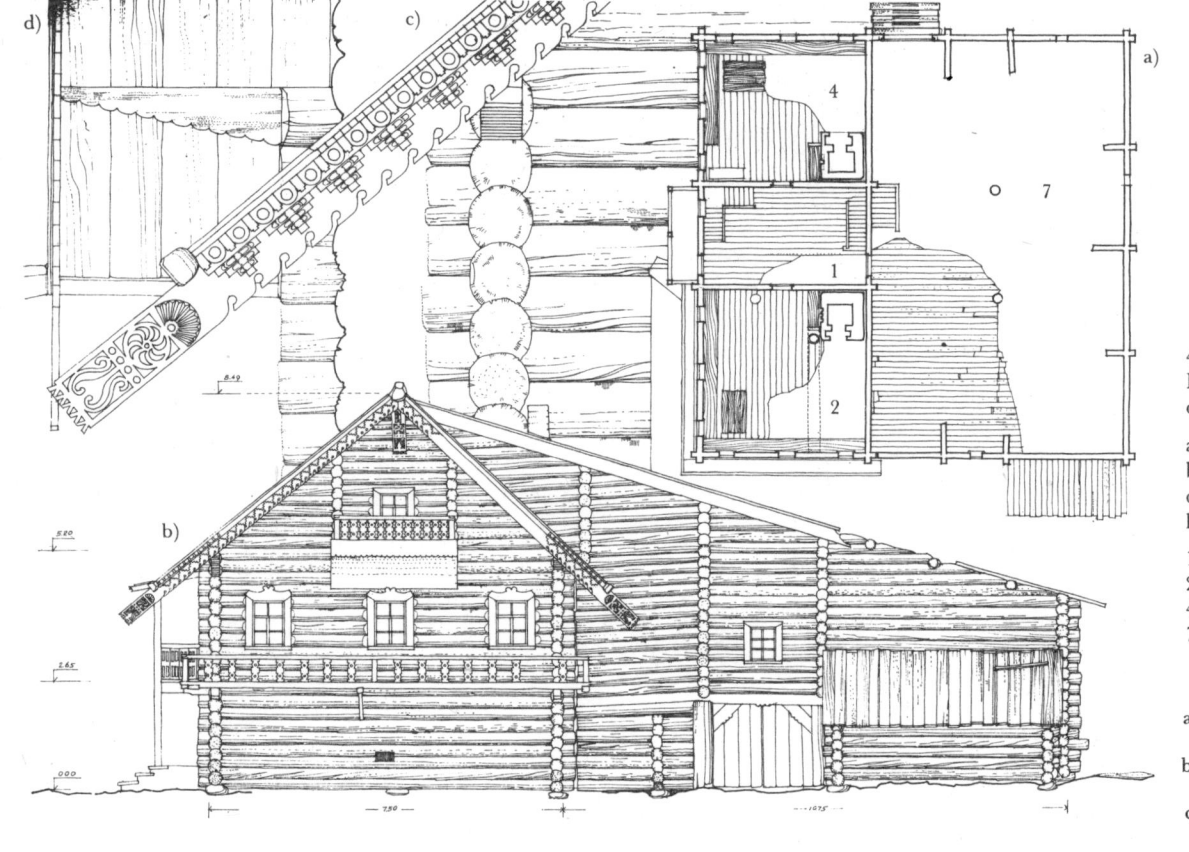

d)

c)

a)

b)

4
1
2
7

4.9
Das Haus *Schwedow* in Jandomosero, Saoneshje

a) Grundriß;
b) Aufriß;
c), d) Details der Dach-
      leiste und der Konsole

1 Flur;
2 Stube;
4 zweite Stube;
7 Scheune

a) 100cm 0 1 2 3 4 5   10m
b) 100cm   0   1   2   3   4   5m
c) 10cm 0 10 20 30 40 50   1m

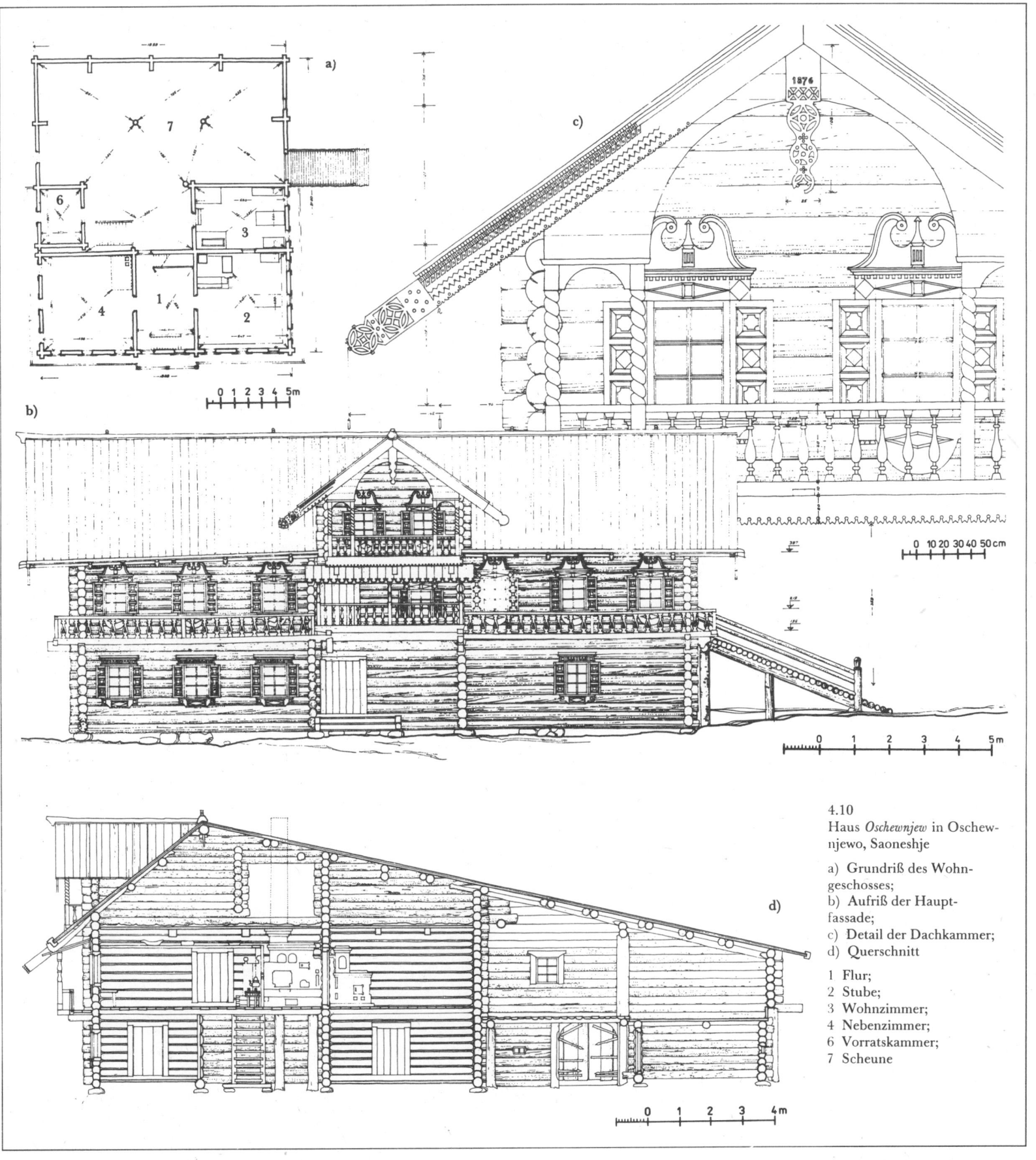

a)

b)

c)

d)

4.10
Haus *Oschewnjew* in Oschew-
njewo, Saoneshje

a) Grundriß des Wohn-
geschosses;
b) Aufriß der Haupt-
fassade;
c) Detail der Dachkammer;
d) Querschnitt

1 Flur;
2 Stube;
3 Wohnzimmer;
4 Nebenzimmer;
6 Vorratskammer;
7 Scheune

Bearbeitung ausgesprochen zurückhaltend, aber dennoch von großer Ausdruckskraft ist (Abb. 4.12).

Sibirien hat ebenfalls eine interessanten Beitrag zur Bereicherung der Architektur des Holzhausbaus geleistet. Im 17. Jh. entfaltete sich die intensive Besiedlung des Urals und der angrenzenden Gebiete Sibiriens durch Auswanderer aus dem europäischen Rußland. Ungeachtet der bunten Zusammensetzung und zeitlichen Ausdehnung des bäuerlichen Umsiedlerstromes entstand dort eine höchst eigenständige Wohnungsform, die allgemeine Merkmale der altrussischen Baukunst bewahrte. Die Abgeschiedenheit von alten Siedlungszentren und belebten Handelsstraßen begünstigte die Wahrung alter Bautraditionen. Hierzu gehören insbesondere die erhaltenen interessanten Beispiele offener, zweizeiliger Grundrisse von «Zwillings»- und «Drillings»-Häusern, die in den zentralen Gebieten Rußlands nicht mehr anzutreffen sind. Abb. 4.13 zeigt ein Zwillingshaus als Beispiel der offenen, zweizeiligen Reihung. Wohnung und Hof liegen unter getrennten Dächern. Derartige Bauernhäuser sind auch noch in einigen Gegenden des mittleren Urals erhalten geblieben. In Abb. 4.14 ist ein «Drillings»-Haus dargestellt.

«Brus»-Häuser sind in den nordrussischen Gebieten seltener anzutreffen und nicht so gleichmäßig verteilt wie die «Kóschel»-Häuser. Man errichtete sie vorzugs-

weise in größeren, dicht bebauten Dörfern, da sie sich besonders für schmale Grundstücke eigneten. Beispielhaft für die einzeilige Anordnung ist das im 19. Jh. erbaute Vierwändehaus *Smirnow* im Dorf Tarassy bei Welikaja Guba. Sein Grundriß ist klar und einfach gestaltet. An die Stube grenzt die Diele, hinter der sich die Scheune mit darunterliegendem Hof und Stall befindet. Zur Diele führt eine Vortreppe, zur Scheune eine aus Bohlen gezimmerte Auffahrt hinauf, welche zum bequemen Einbiegen von der Straße aus schräg zur Hauswand gestellt ist. Der ganze, von einem symmetrischen Satteldach gedeckte Bau ruht auf einem niedrigen Sokkelgeschoß. Der Fassadenschmuck des Hauses besteht aus schönen Fensterumrahmungen und geschnitzten Stirnbrettern an der Hauptfassade (Abb. 4.15).

Die weitere Entwicklung dieses Haustyps ist gekennzeichnet durch Komplizierung des Grundrisses des Wohnbereichs sowie durch Zunahme der Abmessungen von Hof und Scheune. Das läßt sich am Beispiel eines 1801 errichteten Hauses verfolgen. Das Anwesen des Bauern *Kukujew* [65, S. 124] hat den Grundriß eines weiterentwickelten «Brus»-Hauses, dem ein Fünfwandhaus mit angegliederter Diele zugrunde liegt. An Diele und Wohnung grenzt eine breite Scheune, die etwas über die eine Seitenwand hinausragt. In diesem Vorsprung der Scheune führt die Auffahrt hinauf. Der

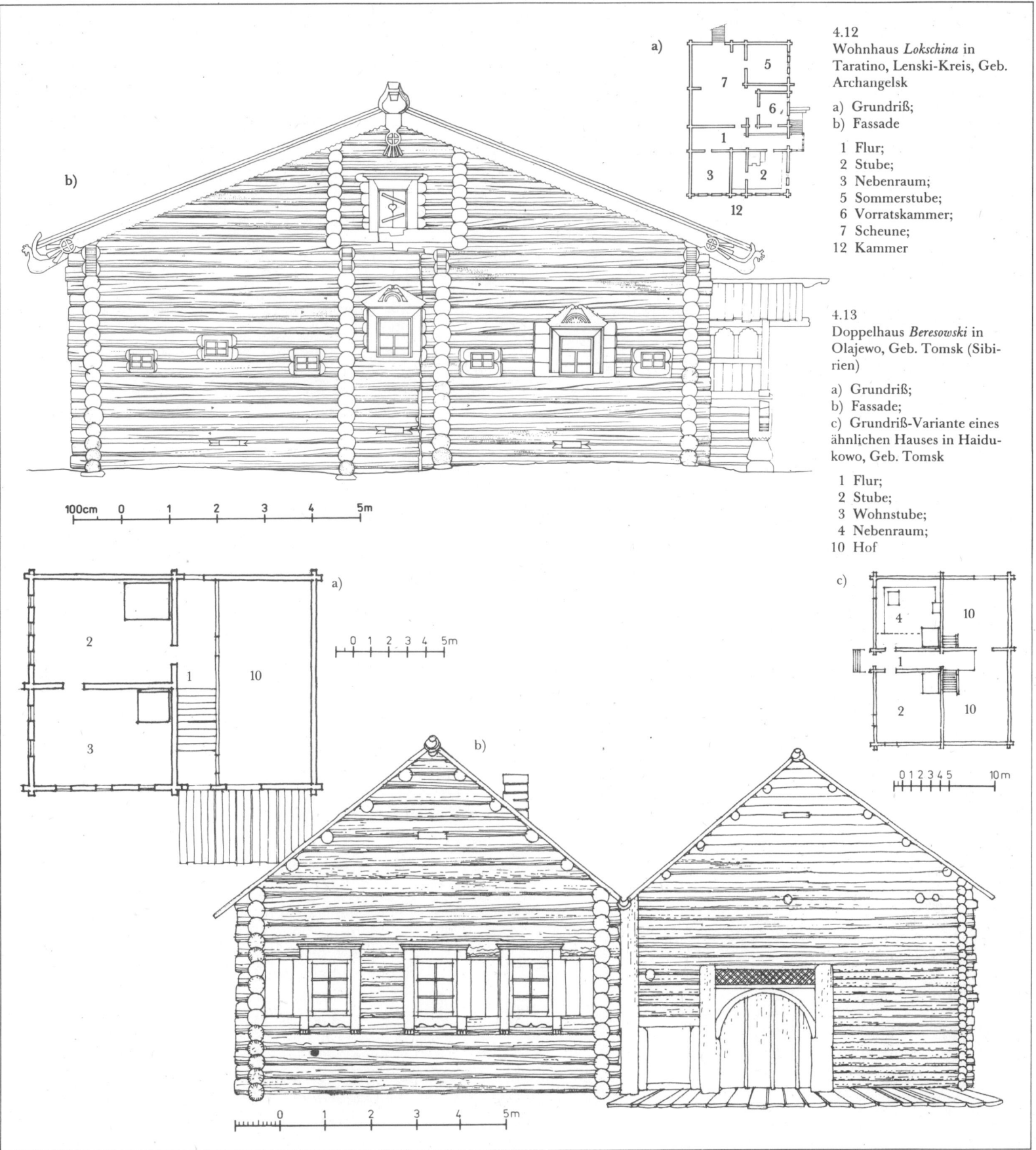

a)

4.12
Wohnhaus *Lokschina* in
Taratino, Lenski-Kreis, Geb.
Archangelsk

a) Grundriß;
b) Fassade

1 Flur;
2 Stube;
3 Nebenraum;
5 Sommerstube;
6 Vorratskammer;
7 Scheune;
12 Kammer

4.13
Doppelhaus *Beresowski* in
Olajewo, Geb. Tomsk (Sibi-
rien)

a) Grundriß;
b) Fassade;
c) Grundriß-Variante eines
ähnlichen Hauses in Haidu-
kowo, Geb. Tomsk

1 Flur;
2 Stube;
3 Wohnstube;
4 Nebenraum;
10 Hof

b)

100cm 0   1   2   3   4   5m

0 1 2 3 4 5m

c)

0 1 2 3 4 5   10m

0   1   2   3   4   5m

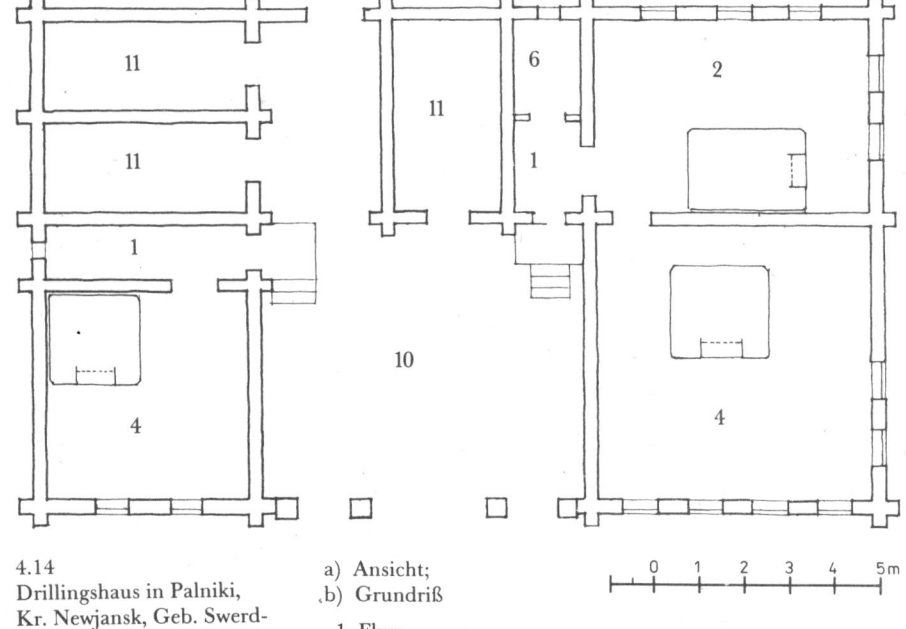

4.14
Drillingshaus in Palniki,
Kr. Newjansk, Geb. Swerd-
lowsk

a) Ansicht;
b) Grundriß

1 Flur;
2 Stube;
4 Nebenzimmer;
6 Kammer;
10 Hof;
11 Ställe

Wohnbereich besteht aus Haupt- und Nebenstube, die durch eine Blockwand getrennt sind. Im Untergeschoß des Hauses befinden sich Vorratskammern und Viehhof (Abb. 4.16).

Wohnhäuser mit einzeiliger Grundrißgestaltung finden sich auch in den Gebieten Nowgorod, Wologda und insbesondere Archangelsk. So gehört zu diesem Gebäudetyp ein Haus im Dorfe Sytinka. Es handelt sich hier um ein vierwandiges Wohngebäude, an das eine Diele und dahinter ein Scheunenhof angegliedert sind. Alle Räume liegen unter einem symmetrischen Satteldach, das zwischen Diele und Scheune eine kleine Stufe aufweist (Abb. 4.17).

Typisch für das Gebiet Archangelsk ist der Wohnbereich, der hier meist aus zwei Blockgehäusen besteht, die entweder unmittelbar aneinander grenzen oder mit einigem Abstand voneinander stehen, so daß zwischen ihnen ein zusätzlicher Wohnraum eingefügt wurde.

Die Bauernhäuser in den Ortschaften an den Ufern des Mesen und seiner Zuflüsse im Gebiet Archangelsk weisen andere Besonderheiten auf. Die Mesener Dörfer wurden im Regelfall dicht gedrängt auf den hohen Steilufern der breiten Flußläufe angelegt. Mit ihren zum Fluß gewandten Fassaden bildeten sie mehrere parallele Straßenfronten. Der Hauptplatz eines solchen

Dorfes war für die Aufnahme einer oder mehrerer Kirchen bestimmt. Die Wirtschaftsbauten – Badehäuser, Speicher usw. – standen in der Nähe der Häuser, während am Dorfrand zahlreiche Mühlen ihren Platz fanden.

Das Mesener Bauernhaus ist meist ein großer zweigeschossiger Bau mit Satteldach, in dem Wohn- und Scheunenbereich ein einheitliches Raumgefüge bilden, bestehend aus einer fünf- oder sechswandigen Wohnung mit Diele und Kammern und einem geräumigen Scheunenhof. Derart gestaltet ist das 1899 errichtete Haus im Dorf Kimsha (Abb. 4.18). Es besteht aus einem Fünfwändegehäuse mit zwei Wohnstuben und dahinterliegender Diele, an die zwei gesonderte Blockgehäuse als zusätzliche Wohnräume angefügt sind. Traditionsgemäß grenzt ihr Hofbereich unmittelbar an Diele und Wohnung (siehe auch Abb. 4.43).

Während die Architektur und insbesondere das Dekorum der Bauernhäuser des Mesener Kreises im Gebiet Archangelsk sehr zurückhaltend sind, zeichnen sich die Fassaden der karelischen Bauernhäuser durch großen Reichtum der dekorativen Formen aus, wovon beispielsweise ein Haus aus Klestschoila im Prjasha-Kreis der Karelischen ASSR zeigt (Abb. 4.19; 4.20; 4.44). Ein typisches «Brus»-Haus, bestehend aus Fünfwandwohnung (zwei Wohnstuben), Diele mit Kammer und einem Scheunenhof. Im Grundriß gleicht das untere Geschoß dem oberen. Bemerkenswert ist der Aufbau der Hauptfassade mit ihrem reichen Dekor an Konsolen, Traufbohlen, Stirnbrettern, Fensterrahmen und am Balkon, in dem die Eigentümlichkeit karelischen Kunstempfindens zum Ausdruck kommt: ein treffendes Beispiel der Verschmelzung der russischen und karelischen Dekorationskunst (Abb. 4.19; 4.20). In diesem Zusam-

4.15
Haus *Smirnow* in Tarassy bei Welikaja Guba, Saoneshje

a) Grundriß;
b) Fassade

1 Flur;
2 Stube;
6 Vorratskammer;
7 Scheune;
8 Verschläge

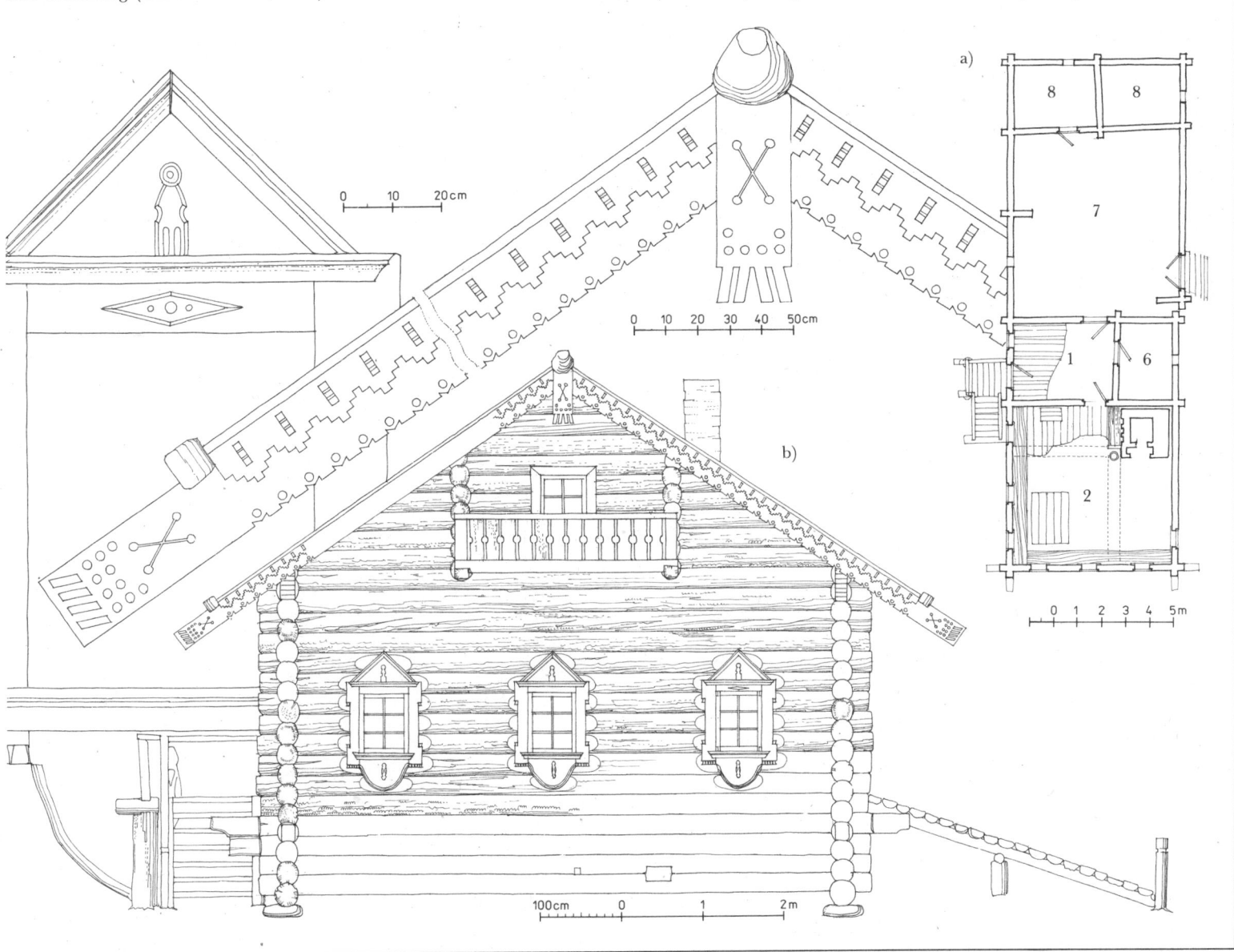

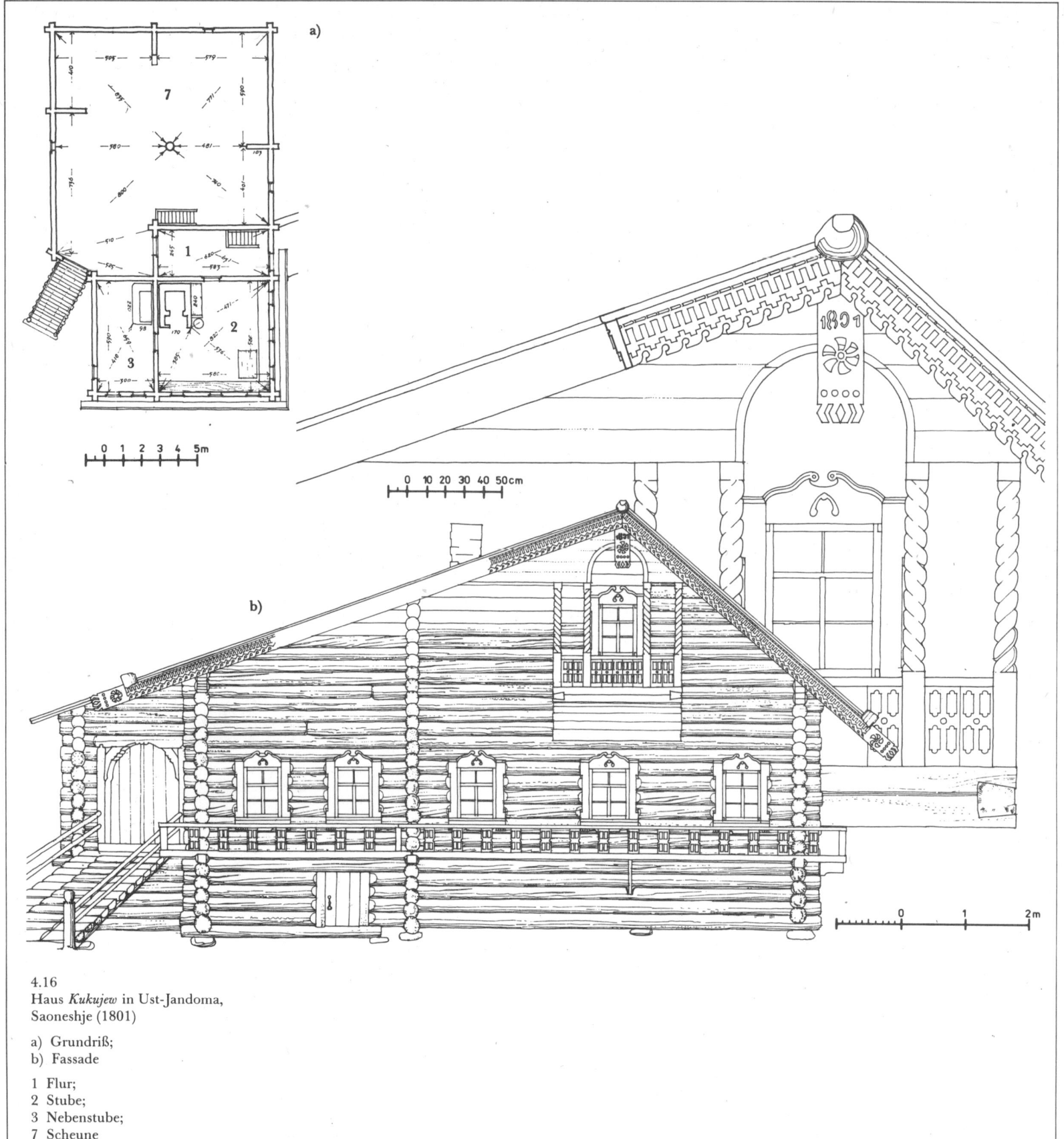

4.16
Haus *Kukujew* in Ust-Jandoma,
Saoneshje (1801)

a) Grundriß;
b) Fassade

1 Flur;
2 Stube;
3 Nebenstube;
7 Scheune

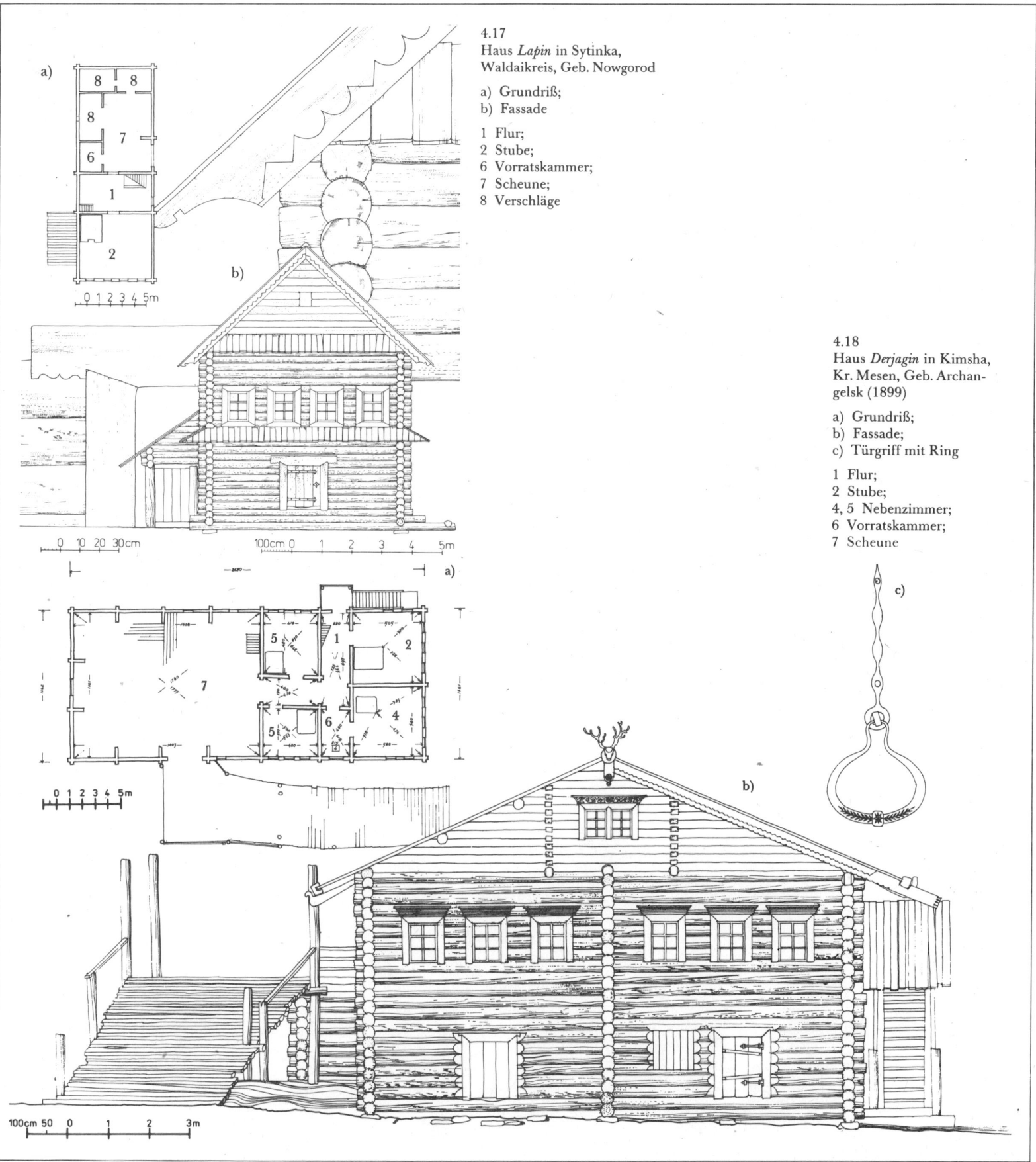

4.17
Haus *Lapin* in Sytinka,
Waldaikreis, Geb. Nowgorod

a) Grundriß;
b) Fassade

1 Flur;
2 Stube;
6 Vorratskammer;
7 Scheune;
8 Verschläge

4.18
Haus *Derjagin* in Kimsha,
Kr. Mesen, Geb. Archangelsk (1899)

a) Grundriß;
b) Fassade;
c) Türgriff mit Ring

1 Flur;
2 Stube;
4, 5 Nebenzimmer;
6 Vorratskammer;
7 Scheune

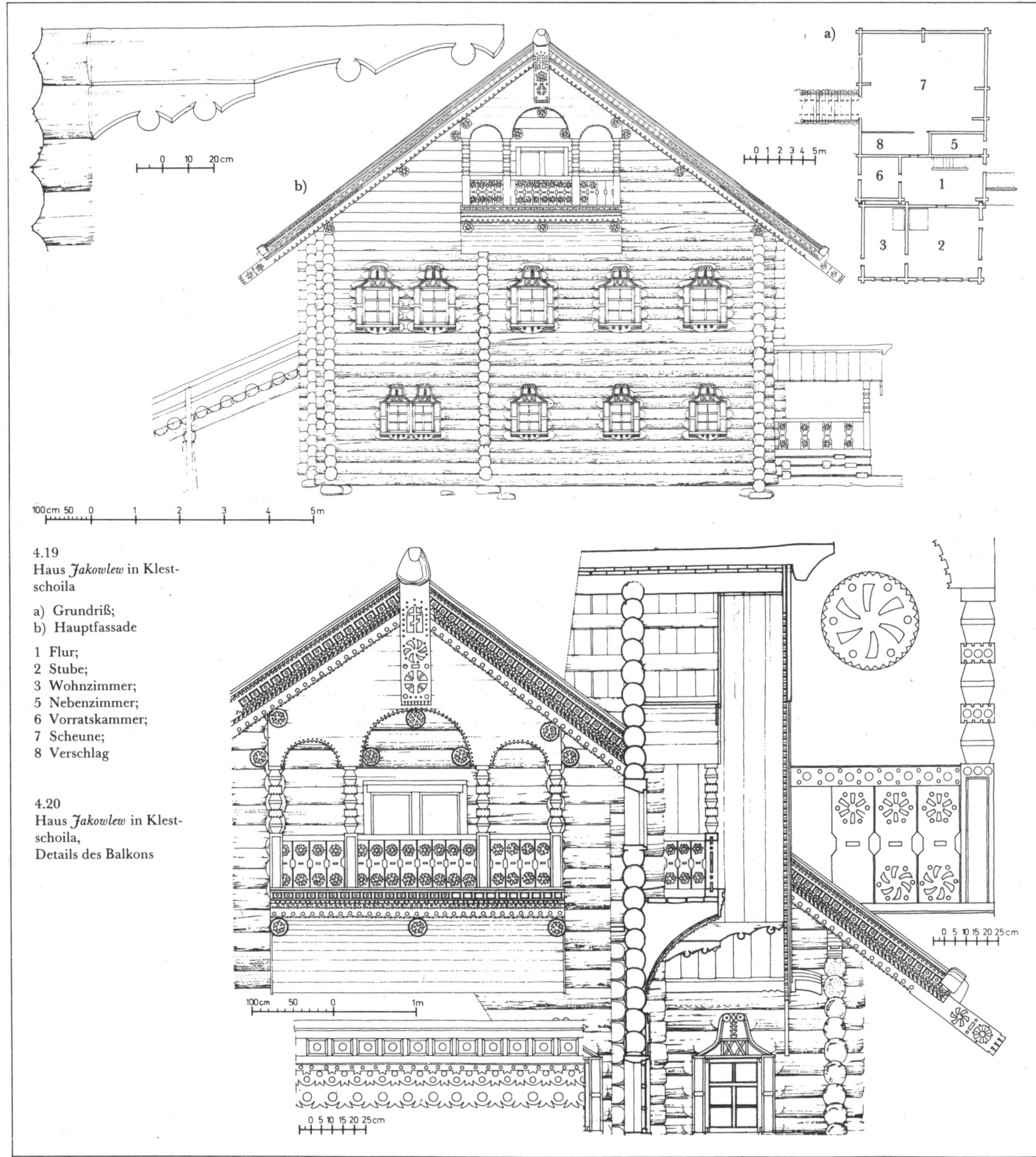

a)

7

8   5

6   1

3   2

b)

0 10 20 cm

0 1 2 3 4 5m

100cm 50 0   1   2   3   4   5m

4.19
Haus *Jakowlew* in Klest-
schoila

a) Grundriß;
b) Hauptfassade

1 Flur;
2 Stube;
3 Wohnzimmer;
5 Nebenzimmer;
6 Vorratskammer;
7 Scheune;
8 Verschlag

4.20
Haus *Jakowlew* in Klest-
schoila,
Details des Balkons

100cm   50   0   1m

0 5 10 15 20 25cm

0 5 10 15 20 25cm

0 5 10 15 20 25 cm

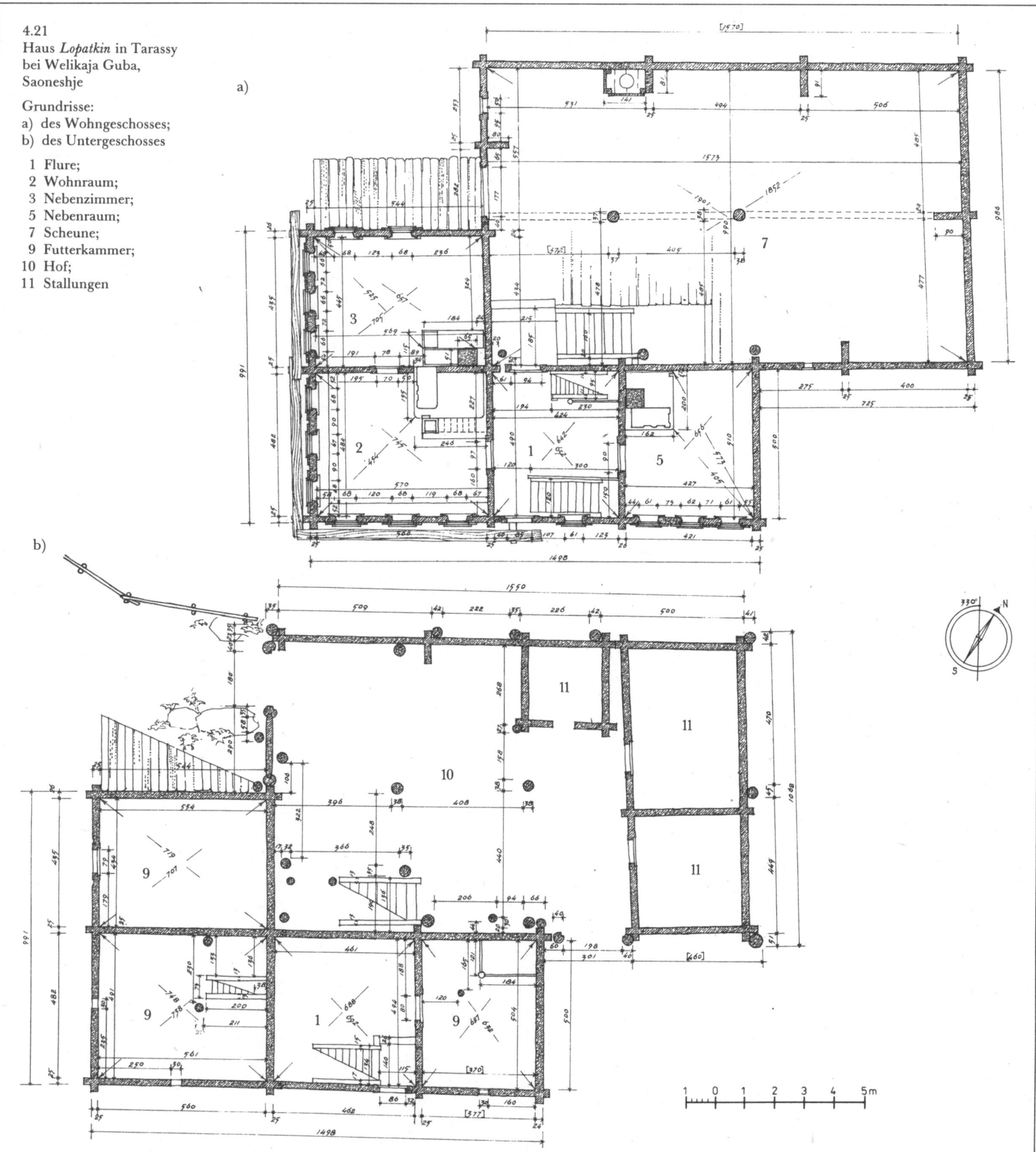

4.21
Haus *Lopatkin* in Tarassy
bei Welikaja Guba,
Saoneshje

a)

Grundrisse:
a) des Wohngeschosses;
b) des Untergeschosses

1 Flure;
2 Wohnraum;
3 Nebenzimmer;
5 Nebenraum;
7 Scheune;
9 Futterkammer;
10 Hof;
11 Stallungen

b)

menhang ist erwähnenswert, daß auch Wohnhäuser der «Brus»-Form in den östlichen Teilen Finnlands, die von Einwohnern karelischer Herkunft erbaut wurden, unter dem Einfluß russischer Wohnkultur stehen [107, S. 16].

Anhand der Analyse von ikonographischen und archäologischen Dokumenten kann angenommen werden, daß die Häuser einzeiliger Reihung wahrscheinlich älteren Ursprungs sind als die «Kóschel-Häuser». Ausgegrabene Reste alter Wohnbauten lassen erkennen, daß sie bereits im Zeitraum vom 11. bis 17. Jh. existierten.

Entwicklung der Hausgrundrisse

Gehobene Ansprüche und Notwendigkeiten führten folgerichtig zur Erweiterung des Wohnraumes. Beispielsweise entstanden Fünfwändehäuser durch Angliederung einer Diele mit zusätzlichem Sommerzimmer.

Der Anbau eines weiteren Raumes an das ursprüngliche Blockhaus führte oft zur winkelförmigen Ausbildung des Grundrisses.

Beispielhaft für diese Bauart war das in den 60er Jahren des vorigen Jh. errichtete Gehöft des *Lopatkin* in Tarassy.

Dieser Hof hatte einen gut ausgebildeten, doppelt gewinkelten Grundriß («Glagol»[49]). Das Raumgefüge seines Wohnbereichs war wohldurchdacht. Jeder Wohnraum war für sich beheizbar. Die erste Stube war Wohn-, Arbeits- und Speiseraum, die zweite diente mit ihrem kleineren, als Liegebank ausgebildeten Ofen als Schlafraum. Jenseits der Diele befand sich eine dritte Stube mit eigenem russischem Ofen. Der Wirtschaftsbereich bestand aus der Scheune und dem darunterliegenden Hof mit Viehstall (Abb. 4.21).

Das Haus *Lopatkins* stand an der Hauptstraße des Dorfes. Seine wohlproportionierte, mit gediegenem traditionellem Schnitzwerk dekorierte Fassade zeichnete es

vor den Nachbarhäusern aus. Die von einem steilen Giebel gekrönte Fassadenwand war in zwei ungleiche, der Größe der dahinterliegenden Stuben entsprechende Teile gegliedert. Die zum Zeitpunkt der Aufmessungen erhalten gebliebenen Teile des Dekors zeugten von meisterlicher Beherrschung der Holzbearbeitung. Die Baukonstruktion des Hauses entsprach den üblichen Traditionen des Wohnungsbaus in Saoneshje (Abb. 4.22; 4.23; 4.24; 4.25).

Im 19. Jh. jedoch erfolgten merkliche Wandlungen in der Architektur des russischen Bauernhauses, die auf den verstärkten Einfluß der Städte auf die ländliche Lebensweise zurückzuführen waren. Im äußeren Ansehen wie auch der Innenausstattung der Bauernhäuser machte sich eine Komplizierung der Grundrißformen und der räumlichen Lösungen bemerkbar.

Typisch dafür ist das 1871 im Dorf Werchowje auf der Saoneshje-Halbinsel erbaute Haus des *A. Kostin* mit seinem komplizierten Grundriß (Abb. 4.26). Sein Eigentümer gehörte der wohlhabenden Schicht an und befaßte sich nicht nur mit Landwirtschaft, sondern trieb auch Gewerbe und Handel. Der Grundriß fußt auf einem L-förmigen erweiterten Fünfwändehaus. Im Wohnteil des Obergeschosses befindet sich außer den beiden traditionellen Stuben noch ein Sommerzimmer, im Erdgeschoß wiederholt sich der Grundriß des Obergeschosses (Abb. 4.30). Dank seiner Doppelgeschossigkeit vereint das *Kostin*sche Haus unter seinem Dach eine Vielzahl von Wohn- und Wirtschaftsräumen. Scheune und Hof grenzen an den inneren Winkel des Grundrisses an, so daß der Gesamtgrundriß aus zwei ineinandergeschachtelten L-förmigen Teilen zusammengesetzt ist.

Die architektonisch-dekorativen Prinzipien der russi-

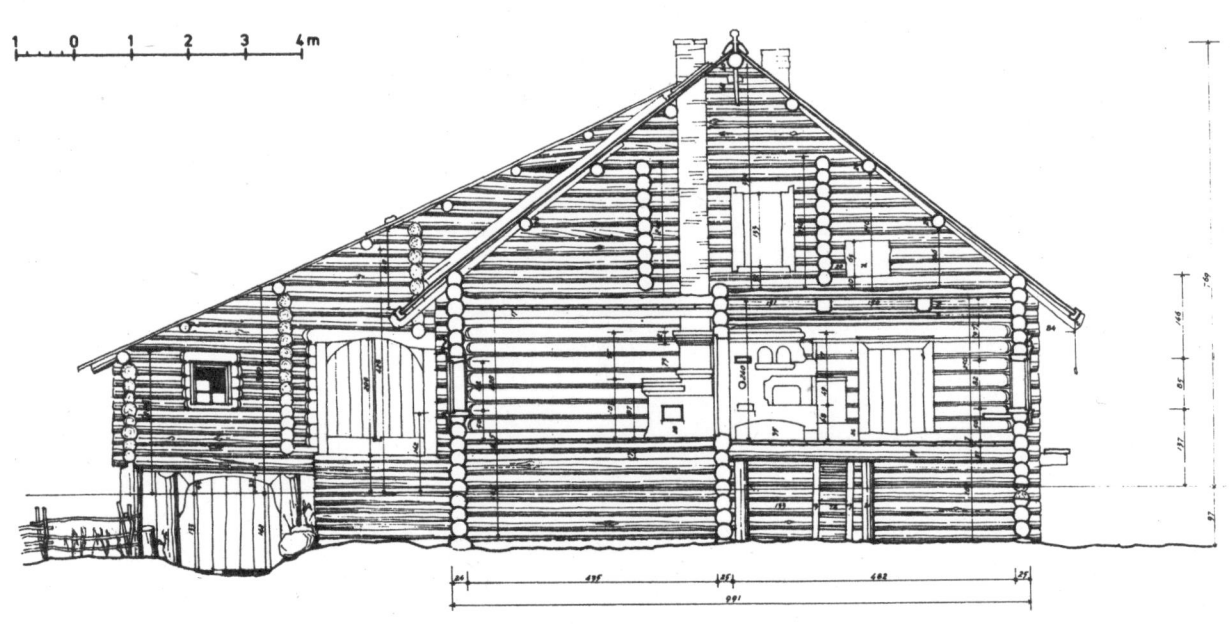

4.22
Haus *Lopatkin* in Tarassy, Querschnitt

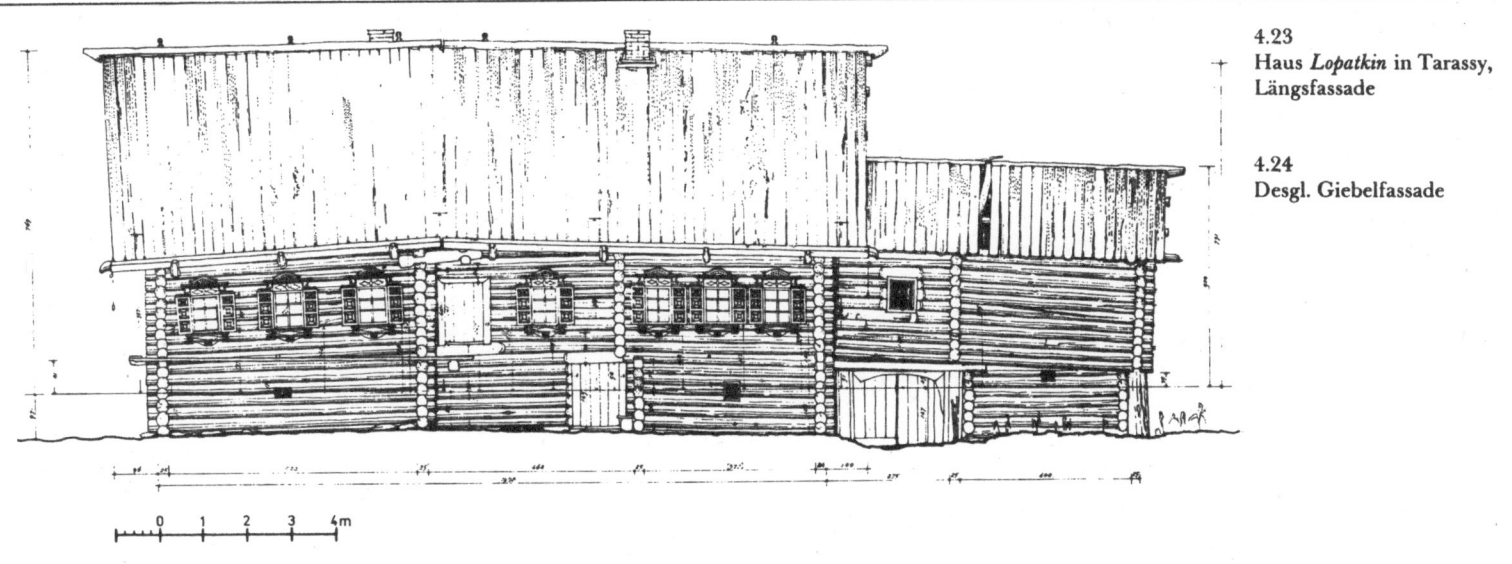

4.23
Haus *Lopatkin* in Tarassy,
Längsfassade

4.24
Desgl. Giebelfassade

0 1 2 3 4m

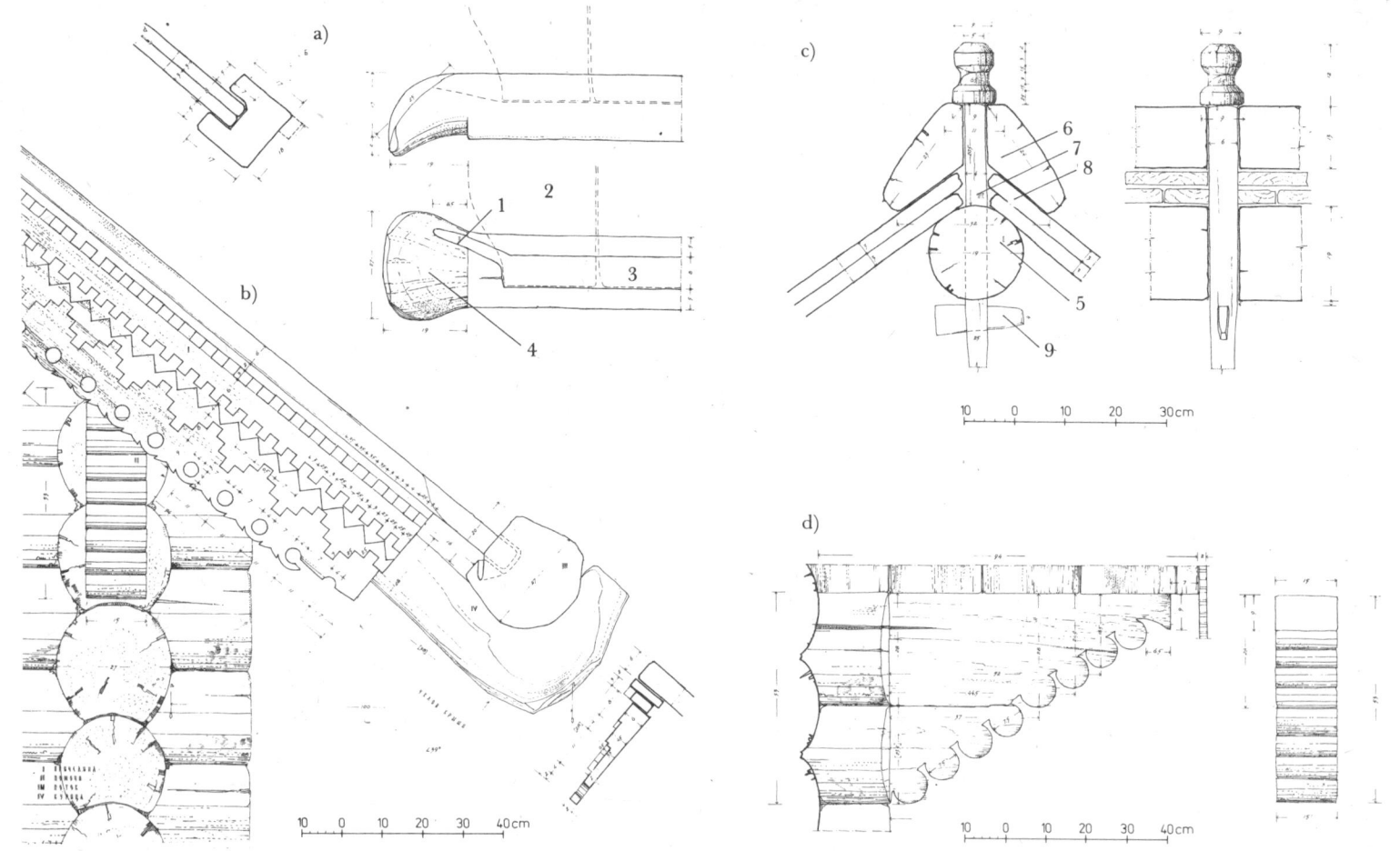

a)

1
2
3
4

b)

c)
6
7
8
5
9

10 0 10 20 30cm

d)

10 0 10 20 30 40cm

10 0 10 20 30 40cm

4.25
Haus *Lopatkin* in Tarassy,
Fassadendetails

a) Traufbohle
1 Abflußrinne;
2 Dachbretter;
3 Einschub für die Dach-
  bretter;
4 Kopf der Traufbohle

b) Stirnbrett

c) Firstkonstruktion
5 Firstpfette;
6 Firstholm;
7 Firstzapfen;
8 Dachlatten;
9 Firstkeil

d) Konsole

schen Volksbaukunst in ihrer Saoneshjer Form sind im *Kostin*schen Haus voll und ganz zur Geltung gekommen. Kennzeichnend sind die Hauptfassade des Hauses mit dem symmetrischen Giebel sowie die zurückversetzte Wand des Hofbereichs. Die Blockwandfläche der vorderen Front ist reich dekoriert mit volkstümlich verarbeiteten barocken Formen der Fensterumrahmungen, Balkon-Brüstungen und darüberliegenden Stirnleisten (Abb. 4.27; 4.28; 4.29; 4.46).

Die oben behandelten, auf weiterentwickelten Fünfwändehäusern beruhenden Wohnhausformen sind typisch für den Saoneshje-Bereich. In den benachbarten Bezirken – Kondopoga, Swjatosero, Sjamosero – wie in anderen Teilen Kareliens wurden auch geschlossene Höfe mit anderen Grundrißformen gebaut.

Unregelmäßige Grundrißformen wurden auch bei zweizeiliger Reihung von Wohn- und Hofbereich entwickelt, wobei beide Teile eigene Dächer erhielten. Derart gestaltet ist ein Haus im Dorfe Sim, Gebiet Perm. Der Sechswändewohnbereich grenzt mit seiner Langseite an den noch längeren Hofbereich, so daß sich ein L-förmiger Grundriß ergibt. Zum Unterschied von den beiden vorigen Beispielen ist das architektonische Antlitz des *Walkow*schen Hauses äußerst streng, fast ohne

zierendes Beiwerk (Abb. 4.31). Bei aller Bescheidenheit zeugt auch diese Architektur von schöpferischer Phantasie und zimmermannsmäßigem Können der Erbauer. Die Abb. 4.32; 4.33; 4.34; 4.35 zeigen Wohnhäuser mit komplizierter Grundrißgestaltung und Baukörperanordnung aus dem Gebiet Archangelsk.

Die Bauernhäuser Mittelrußlands unterscheiden sich von den bisher behandelten aus den Nordgebieten nicht nur im Grundriß, sondern in der äußeren Gestaltung. Von Belang ist, daß sie vorwiegend freiliegende, umfriedete, von Wirtschaftsbauten gesäumte Höfe haben. Ihr äußeres Antlitz ist gekennzeichnet durch verfeinertes Zierwerk von großer dekorativer Wirkung.

Beispielhaft ist das Haus *Jerschow* aus dem Dorf Portjug, Gebiet Kostroma. Es besteht aus zwei miteinander verbundenen, auf ein Sockelgeschoß gesetzten und mit einem gemeinsamen Dach versehenen Vierwändehäusern (Abb. 4.36). Bemerkenswert ist das auf zwei Konsolen ruhende Vortreppenpodest – eine nordöstlich von Kostroma verbreitete Bauweise. Das Haus hat schöne Fensterrahmen (Abb. 4.37) und weiteres Zierwerk. In dem nach russischen Traditionen ausgestatteten Innenraum fällt besonders der mit Schnitzwerk dekorierte Ofen auf (Abb. 4.38).

4:26
Haus *Kostin* in Werchowje,
Saoneshje (Zeichnung des
Verfassers, 1940)

4.27
Haus *Kostin* in Werchowje,
Giebelansicht

4.29
Haus *Kostin* in Werchowje,
Längsschnitt

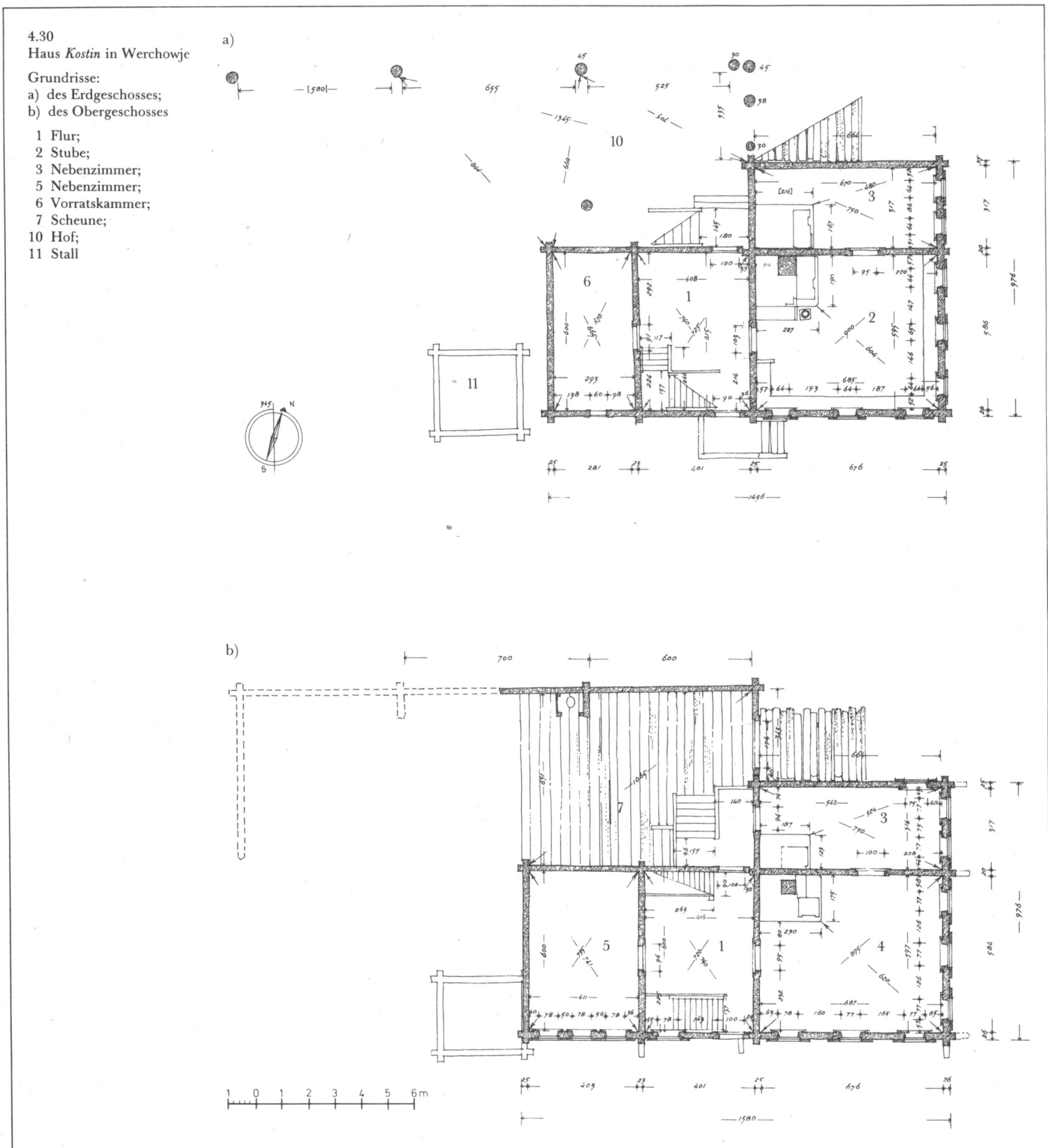

4.30
Haus *Kostin* in Werchowje

Grundrisse:
a) des Erdgeschosses;
b) des Obergeschosses

1 Flur;
2 Stube;
3 Nebenzimmer;
5 Nebenzimmer;
6 Vorratskammer;
7 Scheune;
10 Hof;
11 Stall

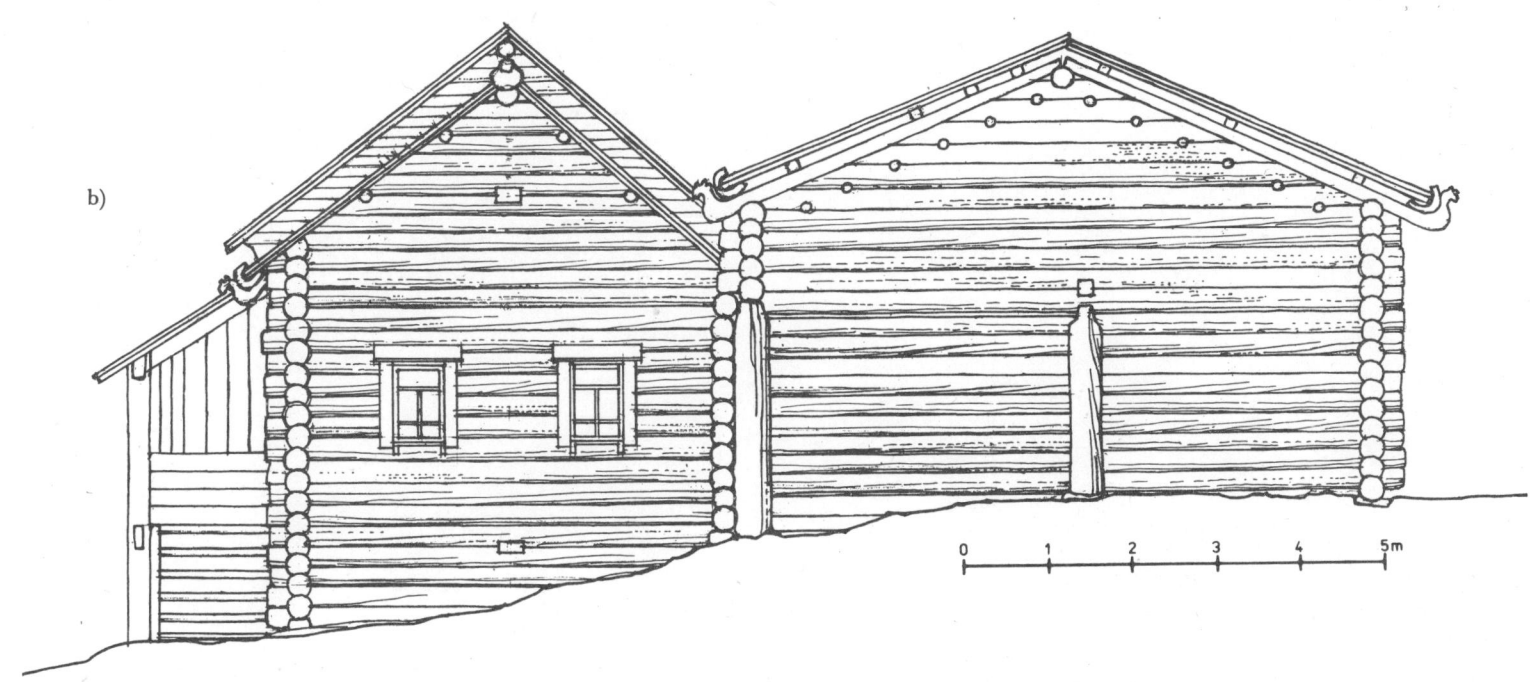

b)

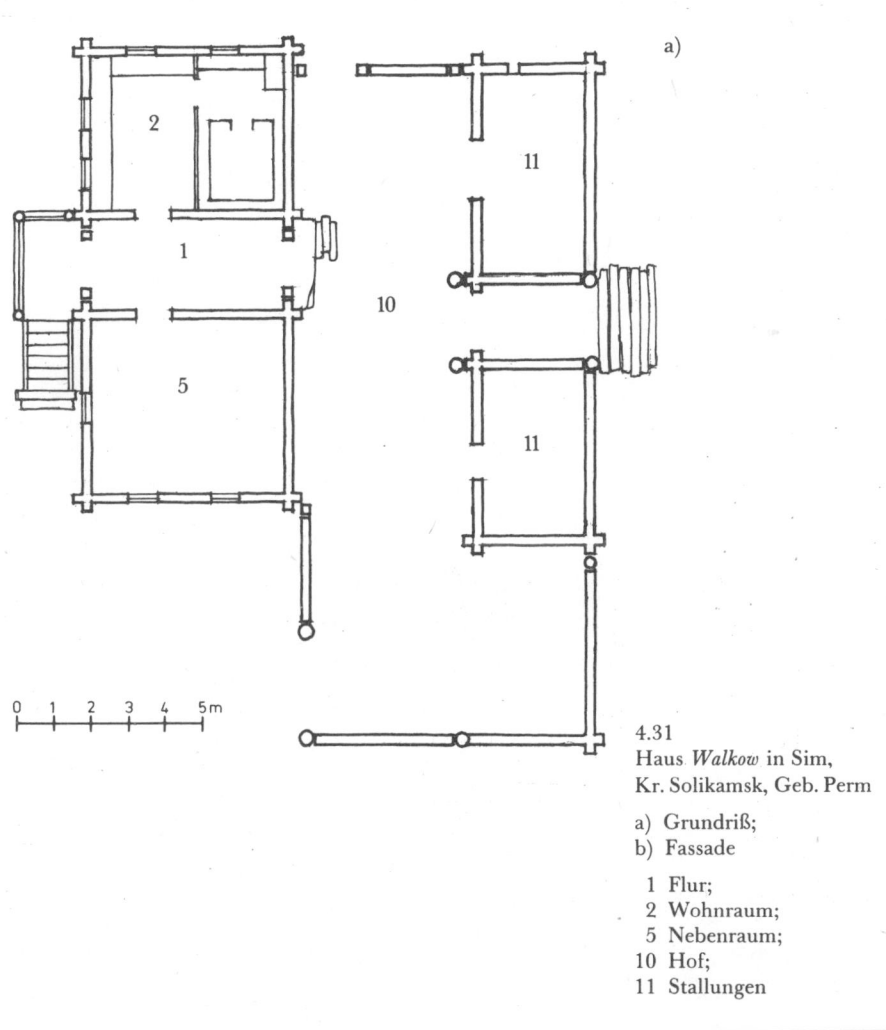

a)

Ausgehend von den weitverbreiteten Vier- und Fünf-wändehäusern, wurde im Osten Mittelrußlands der Fünfwändetyp durch den Anbau eines zusätzlichen Blockkastens an seine Längsseite weiter entwickelt, so daß sich ein nahezu quadratischer Grundriß ergab. An zwei Seiten wurde dann ein Wirtschaftsteil angegliedert. Abb. 4.39 zeigt ein solches Haus. Neben seinen beiden Hauptstuben liegt eine Diele mit Vorratskammer und Innentreppe; beide Geschosse haben den gleichen Grundriß. An die rechte und hintere Wand des Wohnbereichs grenzt der unter gesondertem Dach liegende eingeschossige Hofanbau.

Nicht im Schmuck, sondern in der Höhe unterscheidet sich die Hauptfassade des *Korotkow*schen Hauses von den im Gebiet Gorki üblichen Häusern, die in der Regel dem in Abb. 4.40 gezeigten entsprechen (siehe auch Abb. 4.45).

Aus den Gebieten Nord- und Mittelrußlands und Sibiriens drang die russische Holzbauweise auch in südlichere Breiten, insbesondere in den Raum der mittleren Wolga, vor, jedoch nur dort, wo größere Flußläufe die Anlieferung von Bauholz auf dem Wasserweg ermöglichten.

Der städtische Einfluß auf das bäuerliche Bauen zeigte sich in diesen Gebieten nicht nur in der Grundrißgestaltung, sondern auch in der äußeren Erscheinung der Häuser. Abb. 4.41 zeigt den Teil einer Fassade des 1914 von *P. Wlassow* erbauten Holzhauses im Gebiet Saratow. Dieses Blockhaus erhielt nachträglich eine Bretterverschalung und wurde mit originellen «barokken» Fensterrahmen dekoriert.

4.31
Haus *Walkow* in Sim,
Kr. Solikamsk, Geb. Perm

a) Grundriß;
b) Fassade

1 Flur;
2 Wohnraum;
5 Nebenraum;
10 Hof;
11 Stallungen

Profanbauten

4.34
Haus *Limonnikow*, Seitenansicht

4.35
Hütte *Peters I.* im Kr. Cholmogory, Geb. Archangelsk

Seite 130:

4.32
Haus *Puchowa* in Bolschoi
Cholui, Kr. Kargopol,
Geb. Archangelsk, Seiten-
ansicht

4.33
Haus *Limonnikow* in Jolkino,
Kr. Mesen, Geb. Archan-
gelsk, Vorderansicht

4.36
Haus *Jerschow* in Portjug,
Kr. Meshewsk,
Geb. Kostroma

4.37
Fensterumrahmung am Haus
Jerschow in Portjug

4.38
Blick in die Wohnstube des
*Jerschow*schen Hauses

4.39
Haus *Korotkow* in Tschornaja,
Kr. Balachna, Geb. Gorki

 1 Flur;
 2 Stube;
 3 Nebenzimmer;
 6 Vorratskammer;
 7 Scheune;
 8 Verschlag;
10 Hof

4.40
Wohnhaus in Lukerjino,
Kr. Kstowo, Geb. Gorki
(1870)

4.41
Fensterumrahmung am Haus
Nikitina in Serebrjakowo,
Geb. Saratow

4.42
Fassadendetail am Haus
Oschewnjew (1876), Saoneshje

4.43
Giebelansicht des *Jakowlew-*
schen Hauses in Klestschoila

4.44
Haus *Zygarjow* in Wyjemowo,
Lenski-Kreis, Geb. Archan-
gelsk

4.45
Wohnhaus im Gebiet
Kostroma

4.46
Haus *Sergejew* in Lipowizy,
Kr. Medweshjegorsk,
Karelien

4.47
Perspektivischer Schnitt
des *Subow*schen Hauses

Wohnstube, Nebenzimmer,
Räume im Untergeschoß

100cm 50   0   1m

Innenräume und ihre
Ausstattung

Bei aller Vielfalt der Raumgefüge und Grundrißlösungen russischer Bauernhäuser blieb ihre Inneneinrichtung in den Grundzügen über lange Zeiten unverändert. Vor mehr als hundert Jahren schrieb der Ethnograph *Rybnikow* [92, S. 23]: «Die Stube ist stets quadratisch, die Länge ihrer Seiten beträgt etwa 4 Sashen. An allen vier Wänden sind *Sitzbänke* angebracht. Neben der zur Stubenmitte zugewandten Ofenecke steht eine Stütze, genannt der *Ofenbaum*, auf dem zwei Ablagebretter liegen, deren eines zur Vorder-, das andere zur Seitenwand reicht, in der drei Fenster liegen. Diese Bretter heißen Woronetz …» usw. Diese Beschreibung paßt genau auf die Einrichtung der Bauernstuben im heutigen Saoneshje, wo die Traditionen gewahrt blieben.

Hauptblickfang in der Stube ist der weißgetünchte *russische Ofen*, der sich scharf von dem Hintergrund der Blockwände abhebt. Wie bereits erwähnt, ist die Feueröffnung des Ofens meist zur Hauptfassade, seltener zur Seitenwand gerichtet. Er steht auf einem festen Balkenkranz. Daneben liegt, umgeben von einem hölzernen Verschlag, die Treppe ins Untergeschoß. Die kurzen Seitenwände dieses Verschlags befinden sich in der Fortsetzung der Vorder- und Hinterwand des Ofenuntersatzes. Der Bestimmung von Form und Größe des Ofens wurde sowohl aus wärmetechnischer als auch aus ästhetischer Sicht große Bedeutung beigemessen. Seine von der Bauweise abhängende Form war entscheidend für die Gestaltung des Innenraumes. Im Zusammenspiel mit den festgefügten Blockwänden, ihren abgeschrägten Balkenkanten, den kraftvollen Deckenbalken, breiten Fußboden- und Deckenbohlen, massiven Wandbänken, Ablagebrettern, Fenster- und Türpfosten kam die Gestalt des Ofens zu besonders intensiver Wir-

kung! So wurde eine vollendete Harmonie des Innenraumes mit all seinen bäuerlichen Haushaltutensilien erreicht. Die hölzernen Teile des Ofens, die Ofenschränkchen, Tische, Gerätschaften wie Spinnräder und -rocken, Kübel, Waschtröge usw., sowie auch die Stäbe des Treppengeländers in der Diele wurden bemalt und mit Schnitzwerk versehen. Außer den Ein- und Ausbauten befanden sich in den geräumigen Stuben auch bewegliche, im gleichen Stil gearbeitete Bettgestelle, Tische, Truhen usw.

In vielen russischen Stuben fallen die Decke und die beiden oberen Blockkränze durch ihren eigenartigen schwarzen Glanz auf. Das beruht auf einer alten Tradition, die sich aus den Zeiten der rauchfanglosen Häuser erhielt, als der Rauch die Decken schwärzte. In karelischen rauchfanglosen Häusern streute man beim Heizen Eierschalen ins Feuer, damit der dadurch entstehende grünliche Rauch der Decke ihren Glanz verlieh. In den mit modernen Öfen beheizten russischen Stuben der 2. Hälfte des 19. Jh. ging man dazu über, die Decken einfach mit schwarzer Ölfarbe zu streichen. Eine derartige schwarze Decke harmoniert bestens mit dem Weiß des Ofens, den hellen Wänden und anderen Holzteilen, die regelmäßig abgeschabt und gescheuert wurden.

Als Beispiele aus Saoneshje, wo noch die alten Traditionen der Innenraumgestaltung erhalten sind, seien hier die Stuben der Häuser der Bauern *I. Subow* im Dorfe Tipinizy (Abb. 4.47; 4.48) sowie *Kostin* im Dorfe Werchowje (Abb. 4.49; 4.50) angeführt. Eine Besonderheit des *Subow*schen Hauses sind die 23 cm starken, runden Deckenbalken, die ihrerseits von drei ebensolchen runden Querbalken getragen werden. Diese Anordnung ermöglicht es, den Schlitz über den unteren Balken praktisch zu nutzen, z. B. zum Trocknen von Netzen, Kleidungsstücken u. dgl. Der große russische Ofen (1,75 m x 2,03 m) steht in der Ecke links von der Eingangstür; er ist aus Rohziegeln aufgemauert, mit Lehm bestrichen und weiß getüncht. An der freiliegenden Ofenecke steht der 1,75 m hohe Ofenbaum, auf dem rechtwinklig zueinander die beiden Ablagebretter liegen, deren Enden in die Wände eingelassen sind. Alle hölzernen Teile der Ofenecke sind mit kunstvoller Schnitzerei geziert. An zwei Wänden befinden sich Sitzbänke, über denen Wandbretter zur Aufbewahrung von Hausrat angebracht sind. In der Stube befinden sich nur wenige bewegliche Möbel: ein niedriger Eßtisch,

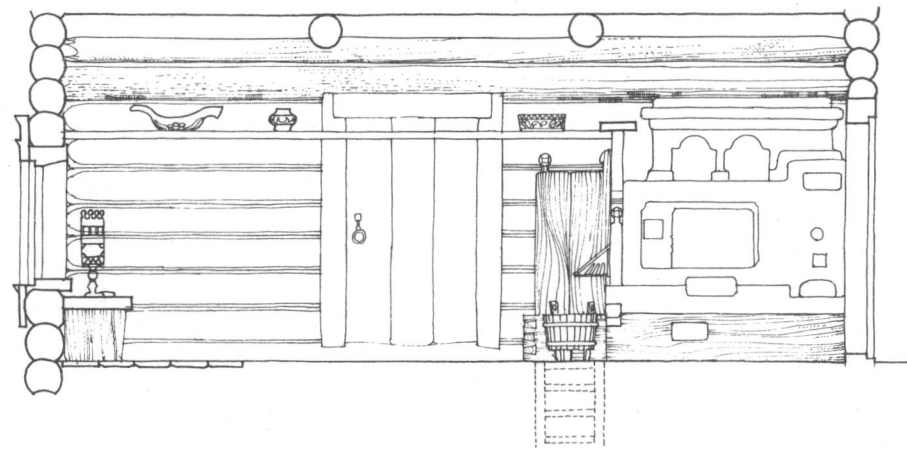

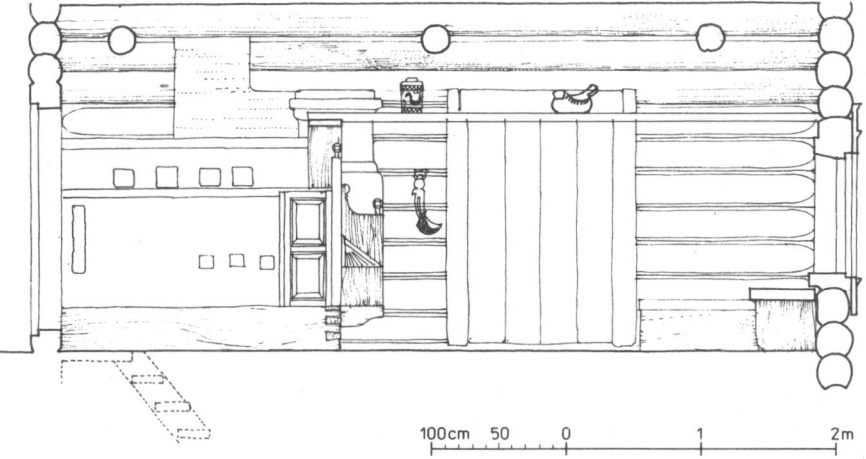

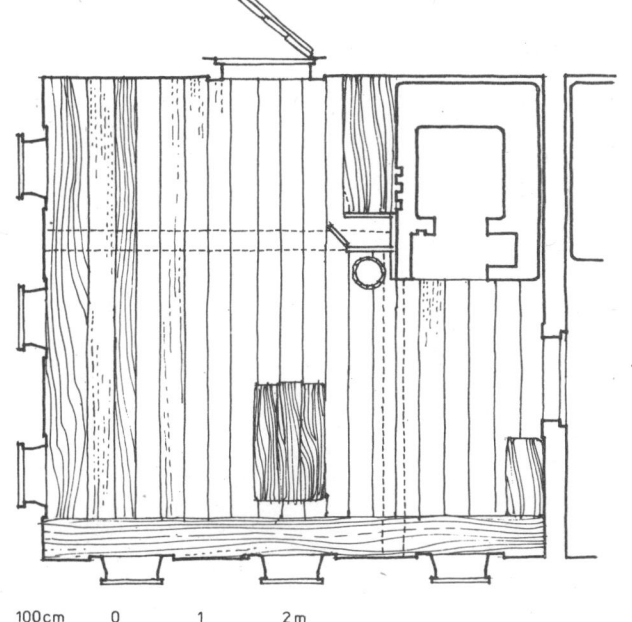

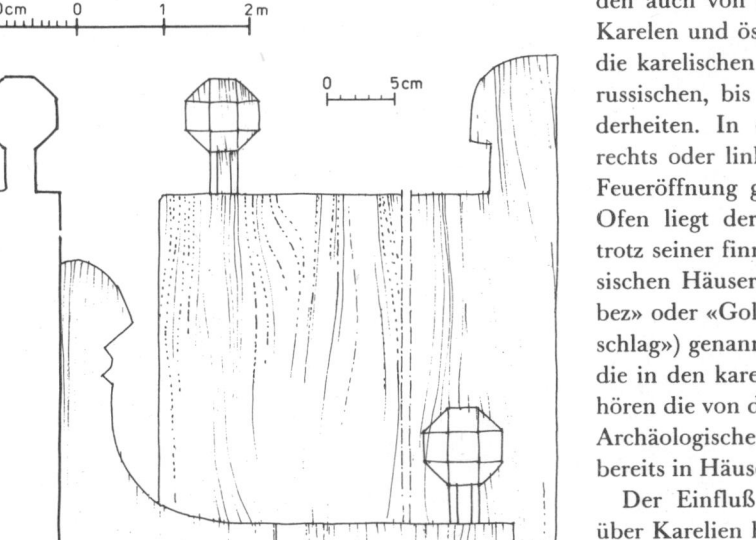

ein Küchentisch und ein geschnitztes aufhängbares Wandschränkchen.

Russische Prinzipien der Innenraumgestaltung wurden auch von den Nachbarvölkern, insbesondere den Karelen und östlichen Finnen angenommen. So hatten die karelischen Häuser viel Gemeinsamkeiten mit den russischen, bis auf einige spezifisch karelische Besonderheiten. In der karelischen Stube liegt der Ofen rechts oder links von der Eingangstür, jedoch mit der Feueröffnung gegenüber der Seitenwand. Neben dem Ofen liegt der Einstieg ins Untergeschoß; dieser ist trotz seiner finnischen Bezeichnung «Kosono» den russischen Häusern entlehnt, wo diese Einrichtung «Golbez» oder «Golubez» (etwa «Verschlag» oder «Taubenschlag») genannt wird [69, S. 101]. Zu weiteren Details, die in den karelischen Stuben Verwendung finden, gehören die von den Russen übernommenen Wandbänke. Archäologischen Quellen zufolge gab es solche Bänke bereits in Häusern des mittelalterlichen Nowgorod.

Der Einfluß der russischen Kultur erstreckte sich über Karelien hinaus bis auf die Wohnhäuser Ostfinnlands, wo man ebenfalls Stubeneinrichtungen nach russischer Art antreffen kann.

4.48
Innenraum des Hauses *Subow* in Tipinizy, Saoneshje

Grundriß; Aufrisse; Detail des Ofenbankpfostens

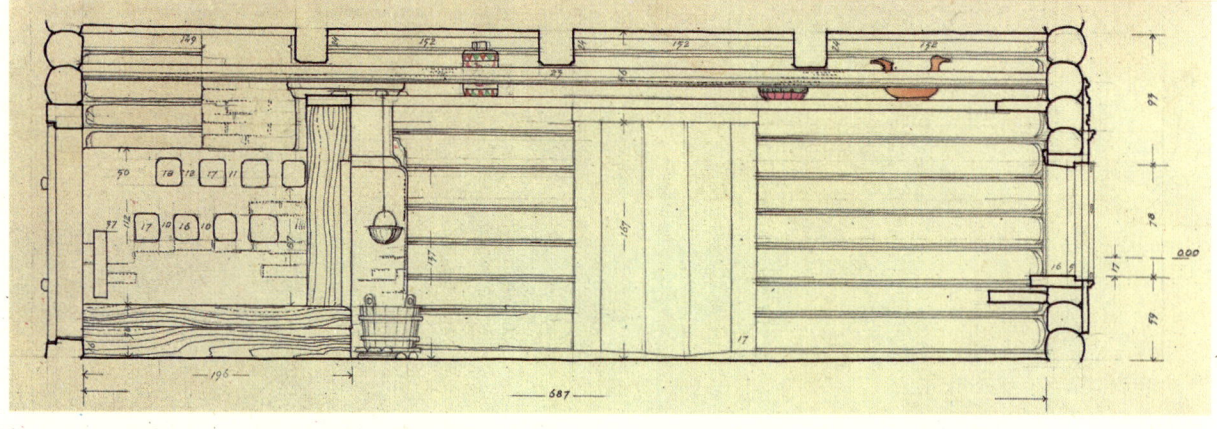

4.49
Wohnstube im 1. Obergeschoß
des Hauses *Kostin* in
Werchowje, Saoneshje

4.50
Innenansicht der Wohnstube
im 1. Obergeschoß des
*Kostin*schen Hauses

Seite 139:

4.51
Aufgeständerter Speicher
in Waimuschi, Kr. Pinega,
Geb. Archangelsk (1880)

Die ländlichen Wirtschaftsbauten entsprachen der Lebensweise des russischen Dorfes. Sie sind bestimmt für die Speicherung von Vorräten an Nahrungs- und Futtermitteln sowie deren produktionstechnische Bearbeitung.

und Pinega in den Dörfern Waimuschi und Jedomy des Archangelsker Gebietes (Abb. 4.51; 4.59).

Zum Einraumtyp gehören die einfachsten Blockhausspeicher, die – wie auch die Wohnhäuser – unmittelbar auf dem Erdboden gegründet wurden, indem man Feldsteine unter die Eckverbindungen legte. Sollte ein derartiger Speicher in Uferlage errichtet werden, so gründete man seine Wasserfront auf Rammpfählen, die Landseite wiederum ebenerdig auf Feldsteinen. So auch der Speicher des Fischers *Maruschin* im Saoneshjer Dorfe Werchowje. Der Eingang liegt an seiner Längsseite und ist über einen freitragenden Laufsteg zu erreichen. Besonders zu erwähnen ist an diesem Speicher das traufhakenlose, weit über den Laufsteg auskragende Satteldach. Dieser Dachvorsprung ruht auf schnitzereiverzierten Auskragungen der oberen Blockbalken der Seitenwände (Abb. 4.52). Im Innenraum befindet sich ein Hängeboden zum Ablegen von Fanggeräten, zu dem eine steile Treppe hinaufführt. An der Rückwand liegen Verschläge zur Aufbewahrung verschiedener Güter. Derart gestaltete Speicher waren in nördlichen Gebieten beim bäuerlichen Mittelstand weit verbreitet (Abb. 4.53).

Der Anbau einer Vorlaube bot bei schlechtem Wetter beim Ein- und Auslagern von Gütern den nötigen Schutz. Der Speicher (Abb. 4.54) besteht aus einem

Speicher und Scheunen

Sie dienen der Lagerung von Getreide-, Fleisch- und Fischvorräten, der Aufbewahrung von Jagd- und Fischfangzubehör sowie auch Hausrat. Die Standorte der Speicher[50], wie auch ihre bauliche Konstruktion wurde von den Bauherren mit großer Sorgfalt bestimmt. Sie wurden stets abseits der Wohnhäuser errichtet, um bei Feuersbrünsten einem Übergreifen der Flammen vorzubeugen. Jedoch sollten sie möglichst im Blickfeld der Wohnungsfenster liegen.

Bei aller Gemeinsamkeit bautechnischer und gestalterischer Grundzüge der Scheunen und Speicher entstand doch eine Vielzahl typischer Gebäude. So gibt es ein-, zwei-, seltener dreiräumige Speicher, solche mit oder ohne Balkone und Hängeböden in ein- oder zweigeschossiger Bauweise. Zu den ältesten und primitivsten Formen gehört der pfahlgestützte Speicher. Noch in der ersten Hälfte unseres Jh. wurden sie in großer Zahl in Karelien und im Gebiet Archangelsk vorgefunden. Heute sind sie nur noch selten und in entlegenen Gegenden anzutreffen, z. B. an den Flüssen Wischera

4.52
Speicher in Werchowje,
Saoneshje

Profanbauten

zweigeschossigen Blockhaus über quadratischem Grundriß, bedeckt von einem Satteldach mit Traufhaken, unter dessen weitem Giebelvorsprung sich eine zweigeschossige Balkonlaube mit offenliegender steiler Treppe befindet. Sparsam verteiltes Schnitzwerk an Stirnleisten, Giebelfähnchen, Traufbohlen und Laubensäulchen betont die schlichte Strenge der Blockwand und gereicht dem kleinen Bauwerk zu künstlerischer Vollendung.

Eingangslauben und Vordächer an Einraumspeichern waren Vorläufer des geschlossenen Vorraumes, zunächst als äußerer Anbau aus Brettern, später durch die Teilung des Speicherraumes in Haupt- und Vorraum. Dieser Art ist auch der 1940 aufgefundene Einraumspeicher mit Vorraum aus dem Saoneshjer Kirchspiel Jandomosero (Abb. 4.55).

Die weitere Entwicklung der Speicherbauten vollzog sich vorwiegend durch die Vergrößerung ihres Fassungsvermögens. Mit der Aufgliederung des Innenraums durch eine massive Blockwand in zwei gleiche Teile entstand der Typ des Fünfwände- oder Zweikammerspeichers mit zwei unter gemeinsamem Dach liegenden Lagerräumen und der durch den Dachüberstand geschützten laubenartigen Rampe (Abb. 4.60).

Zu diesem Zweikammertyp gehört auch der Ende des 19. Jh. errichtete Speicher in Serjodka. Dieser Speicher steht am Wasser mit der Längsachse quer zum Ufer, so daß Boote gut anlegen können. Sein rechteckiger Grundriß ist durch eine Querwand in zwei Räume mit getrennten Eingängen geteilt, von denen der dem Wasser zugewandte der Lagerung von Fanggut, der andere der Aufbewahrung von Fanggeräten diente. Den ganzen Bau überdeckt ein unsymmetrisches Satteldach, das weit über die Vorderfront mit der Rampe hinausragt (Abb. 4.56). Der Dachüberstand ruht auf geschnitzten Stützen, die zusammen mit weiteren dekorativen Bauteilen der strengen Architektur des Speichers große künstlerische Ausdruckskraft verleihen.

Die Vielfalt der architektonischen Lösungen der Speicher wurde nicht allein durch die Kunstfertigkeit der Zimmerer, sondern auch von den praktischen Überlegungen ihrer Eigentümer bestimmt, wobei die Größe der Speicher mit steigendem Wohlstand zunahm. Besonders wohlhabende Bauern errichteten geräumige Dreiraumspeicher, die an die «Brus»-Häuser erinnern. Sie bestehen aus drei aneinandergereihten verschieden großen Blockkästen.

Den Saoneshjer Speichern sei nun ein Einkammerspeicher aus dem Dorf Kimsha, Gebiet Archangelsk (Abb. 4.57), gegenübergestellt. Sein Blockkasten mit den Seitenlängen 3,40 m x 3,42 m hat zwei durch eine steile Treppe verbundene Geschosse. Auffallend an diesem Speicher ist sein nach vorn ausladendes Giebeldreieck, das guten Wetterschutz über der Eingangstür ge-

währt. Auch hier wird die rauhe Blockwand belebt vom zierenden Schnitzwerk an den bizarren Traufhaken, an den Wasserspeiern der Traufbohlen und am Firstholm.

In Rußlands mittleren Breiten sind die Speicher nicht minder mannigfaltig in Form und Aufbau und lassen typische Merkmale der jeweiligen Gebiete erkennen. Noch weiter südlich errichtete man Speicher nach anderen Konstruktionsprinzipien, leichterer Skelettbau ersetzte den Blockbau, die Dächer wurden flacher (Abb. 4.58).

Scheunen und Darren als ackerbaugebundene Wirtschaftsbauten sind je nach Klima- und Bodenbedingungen recht ungleichmäßig verteilt und nahmen in den jeweiligen Gebieten vielfältige Gestalt an. Da in den nordrussischen Gebieten der Ackerbau relativ schwach entwickelt ist, gibt es dort nur wenig Scheunen. Diese sind meist in den mittelrussischen Gebieten verbreitet, wo gute Bedingungen für den Ackerbau bestehen.

Dennoch sind auch in den nördlichen Gebieten zum Trocknen und Dreschen des Getreides Einraumscheunen mit Vordächern anzutreffen. Sie bestehen aus großen, durch eine Zwischendecke aus Stangen in zwei Ebenen geteilte Blockhäuser. In der unteren Ebene steht der essenlose Trockenofen, in der oberen lagert das zu trocknende Getreide. Der Rauch entweicht durch das Scheunentor oder ein besonderes Rauchfenster. Die Außenarchitektur dieser Bauten wird geprägt durch ihre Vorderfront mit dem Scheunentor und dem beachtlichen Dachüberstand, gestützt von zwei aus den Stirnwänden herausragenden Konsolen. Blockbauweise, Lattendach mit Dachhaken und Traufbohlen verleihen ihnen Ähnlichkeit mit den Speichern.

4.53
Speicher in Peldosha,
Kr. Prjasha, Karelien
(Ende 19. Jh.)

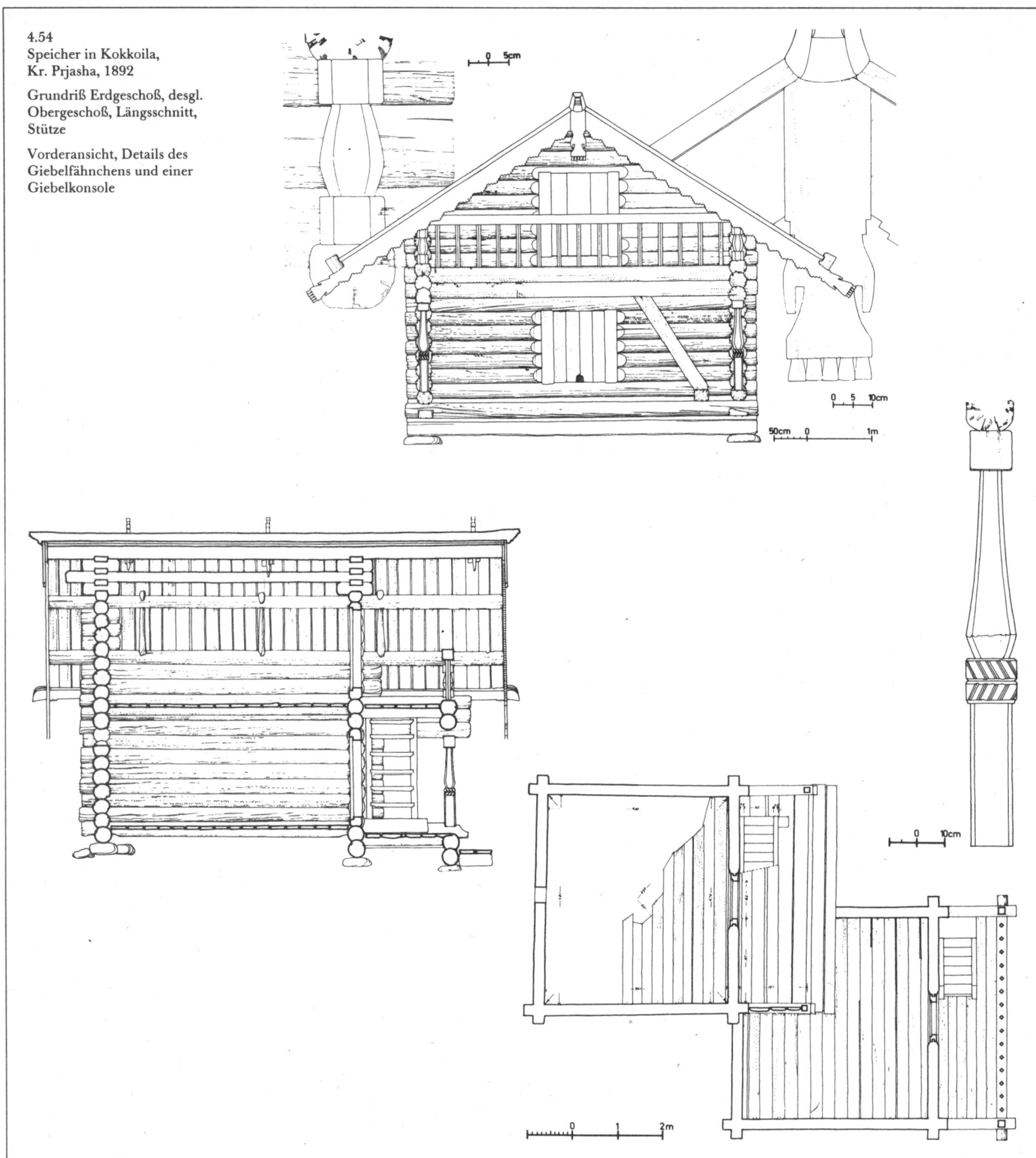

4.54
Speicher in Kokkoila,
Kr. Prjasha, 1892

Grundriß Erdgeschoß, desgl.
Obergeschoß, Längsschnitt,
Stütze

Vorderansicht, Details des
Giebelfähnchens und einer
Giebelkonsole

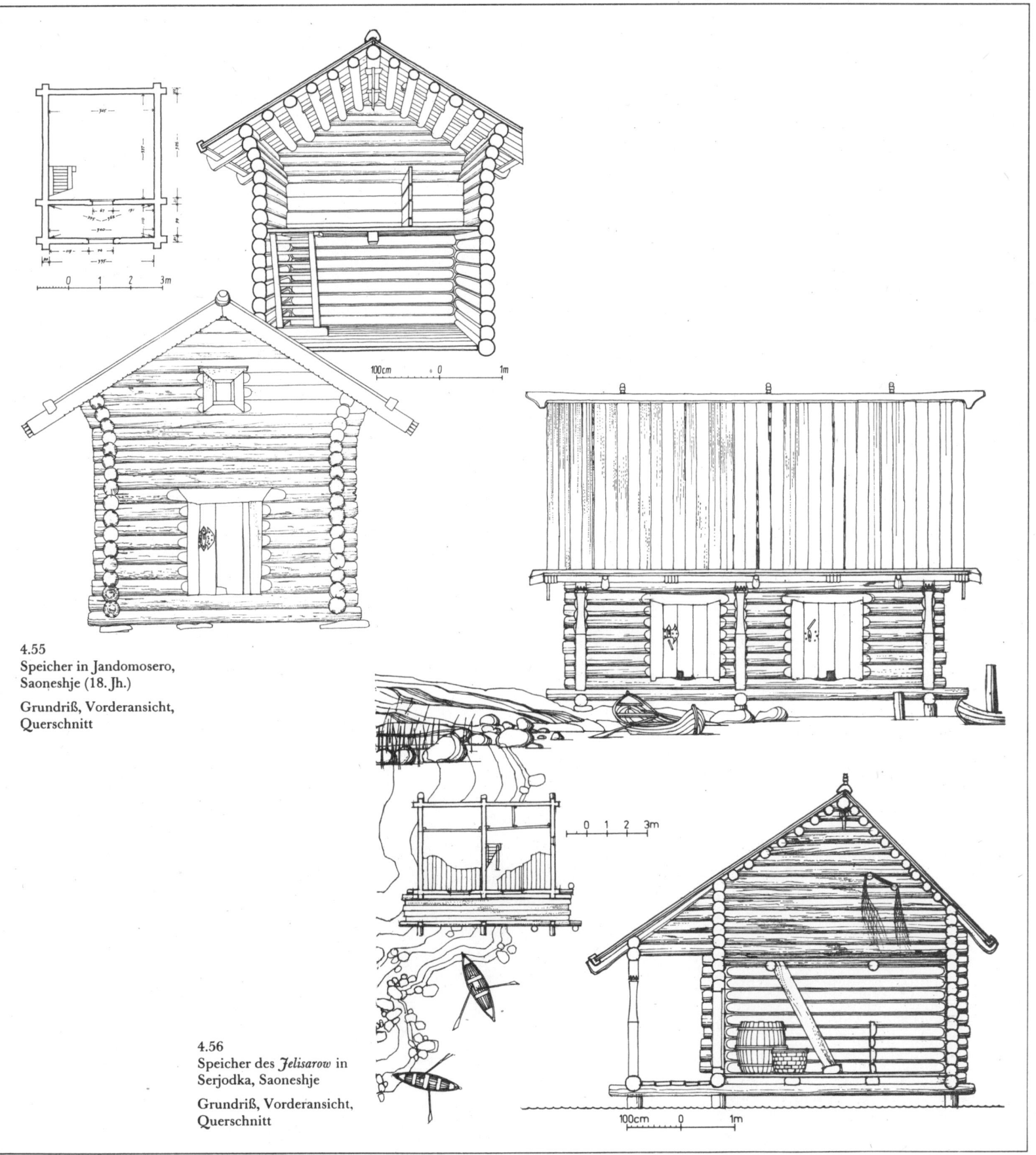

4.55
Speicher in Jandomosero,
Saoneshje (18. Jh.)

Grundriß, Vorderansicht,
Querschnitt

4.56
Speicher des *Jelisarow* in
Serjodka, Saoneshje

Grundriß, Vorderansicht,
Querschnitt

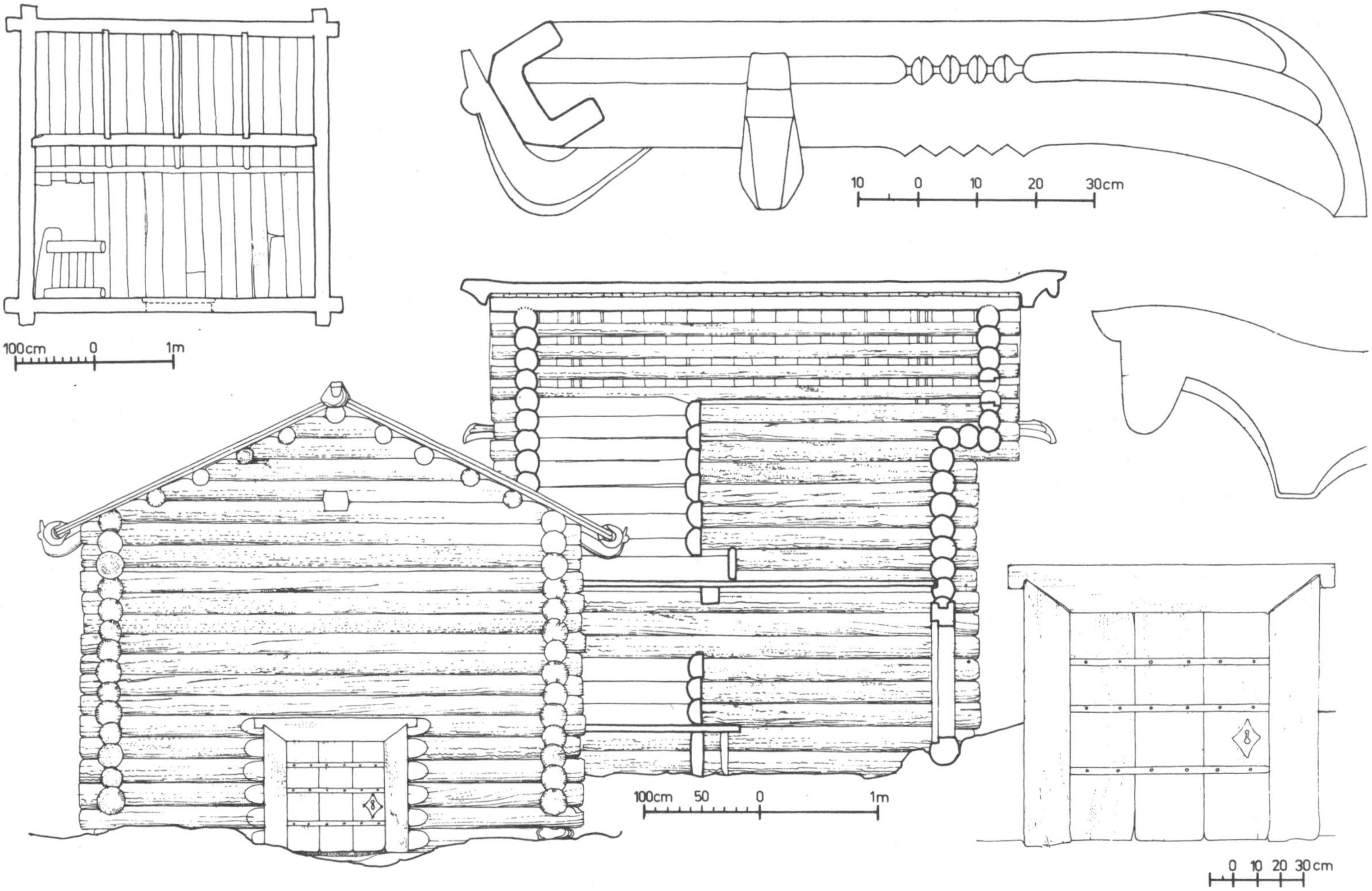

4.57
Speicher in Kimsha,
Kr. Mesen, Geb. Archan-
gelsk

Grundriß, Vorderansicht,
Längsschnitt, Tür, Wasserspeier, Kopf des First-
holms

4.58
Speicher in Rasboistschina,
Geb. Saratow

Seite 145:

4.59
Speicher für Sommernutzung
in Chornemskaja,
Geb. Archangelsk

4.60
Speicher in Kalitinskaja,
Kr. Kargopol, Geb. Archan-
gelsk

Profanbauten

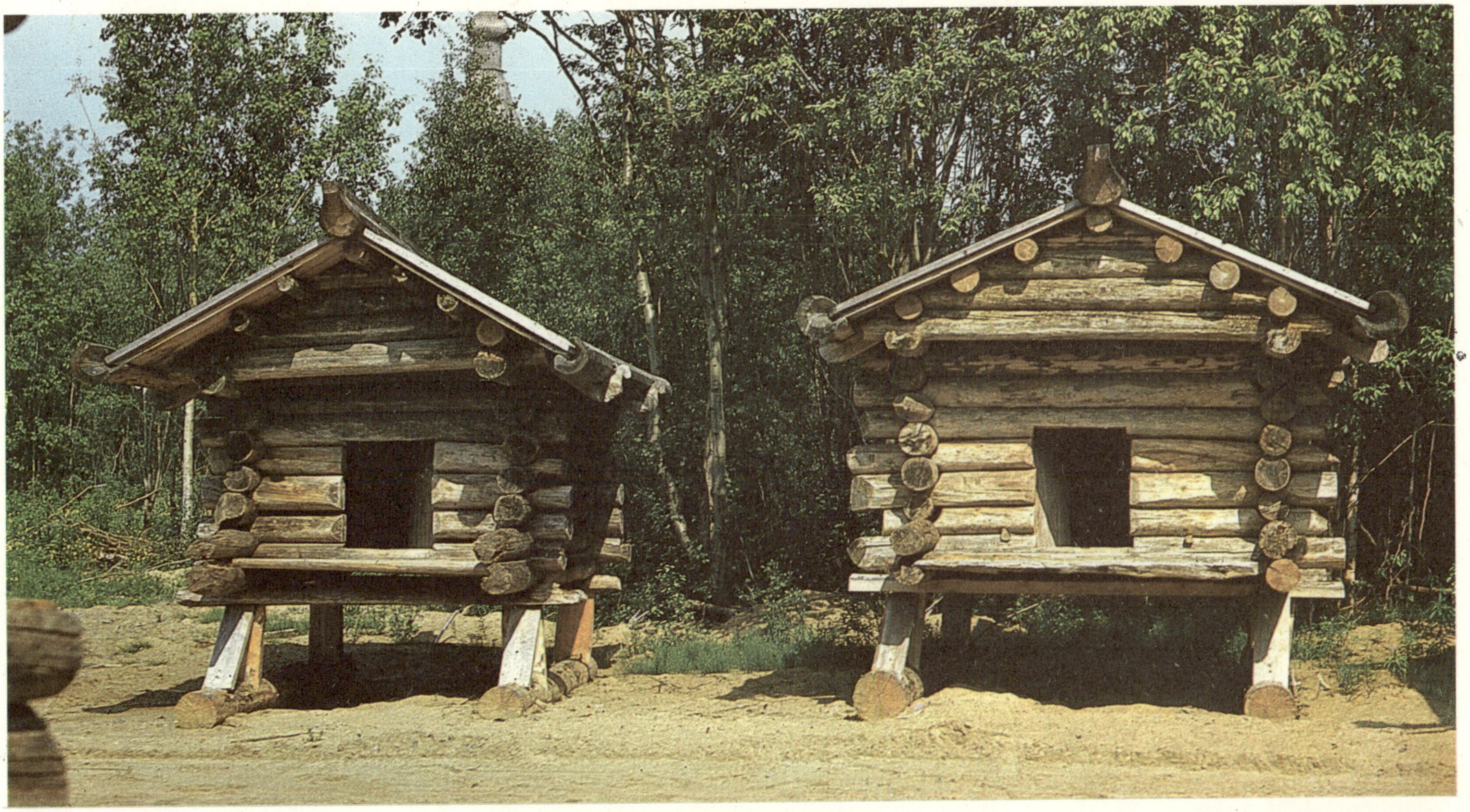

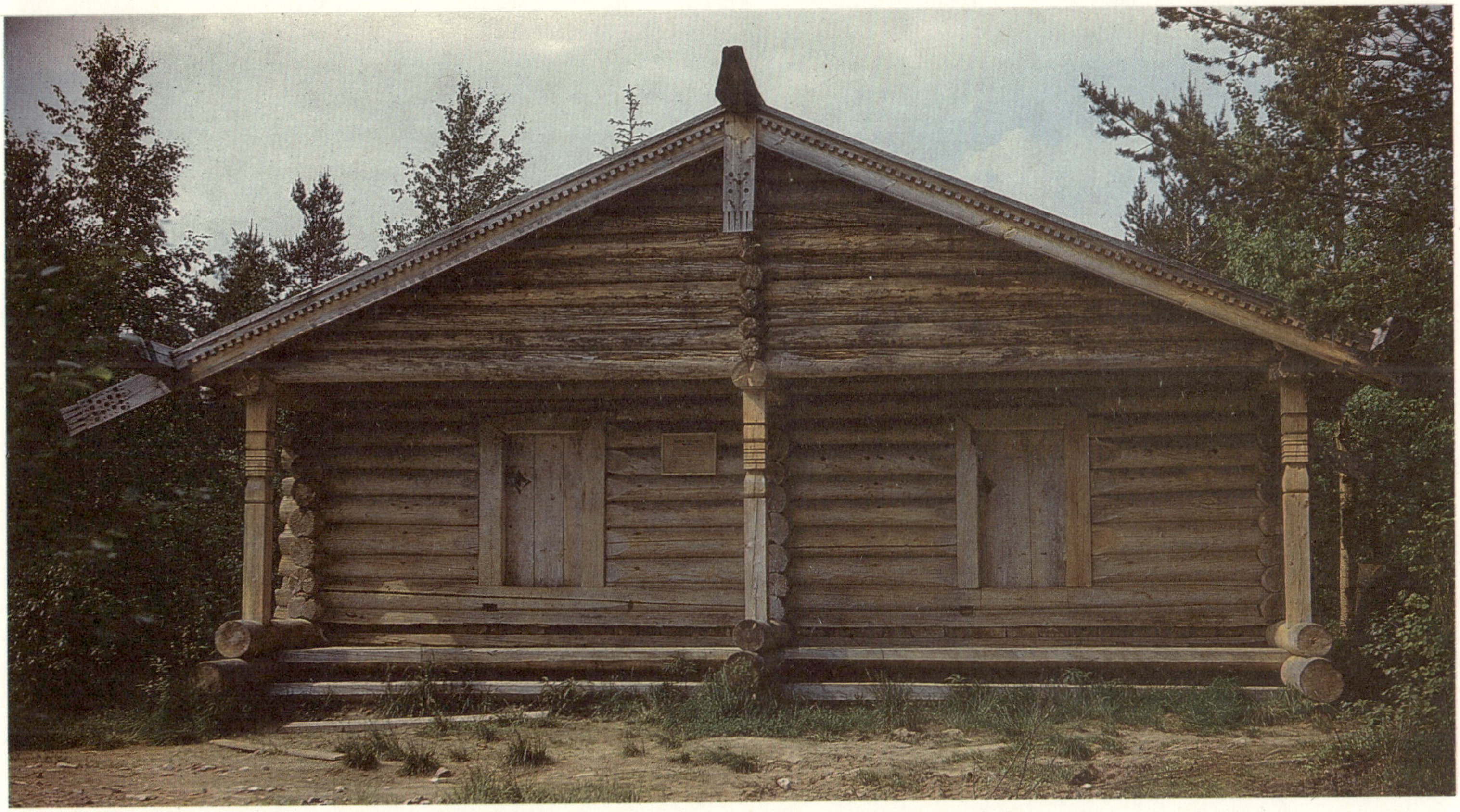

Badestuben

Sie wurden im alten Rußland seit frühesten Zeiten gebaut und waren weitverbreitet. Die Badestube (Sauna) gehörte zu den wesentlichen und ältesten ethnischen Merkmalen der nördlichen Russen. Die Hitze und das Schwitzen in der Badestube waren wohltuend und förderten die Genesung von Erkrankungen. Diese sicher unvollständige Aufzählung der Vorzüge der russischen Sauna zeugt von der großen Rolle, die sie im Leben der Russen spielte. Die Badestube wird in Überlieferungen, Chroniken, Märchen, Reisebeschreibungen oft erwähnt. Die älteste russische Chronik enthält einen Bericht, in dem auch das Schwitzbad der Nowgoroder Slawen beschrieben wird: «... sie ziehen sich nackt aus, begeben sich in die geheizte Badestube und begießen sich mit Sauerkwaß. Darauf nehmen sie frische Reiser und schlagen sich damit selbst bis zur Erschöpfung, wonach sie sich zur Erholung mit kaltem Wasser übergießen ...» [79, S. 12]. An anderer Stelle, in einer Dingungsschrift für Zimmerer aus dem 17. Jh. [17, S. 90] zum Wohnhausbau in der Stadt Olonez, werden in der Aufzählung der geforderten Leistungen unter den Wirtschaftsbauten ausdrücklich «Badestube, Pferdestall und Speicher» genannt.

Architektur und technische Einrichtung der ältesten Badestuben sind bisher unbekannt, es darf jedoch angenommen werden, daß diese Wirtschaftsbauten sich wenig verändert haben. Ebenso wie die Speicher gehörten sie zu jenen Bauwerken, die dank der Spezifik ihrer Bestimmung und des verwendeten Baumaterials – des Holzes – im Lauf der Jahrhunderte keine nennenswerten Änderungen erfuhren.

In den nordrussischen Gebieten kannte man zunächst ausschließlich rauchfanglose Badestuben. Man baute sie in der Nähe der Wohnhäuser und, wenn möglich, an den Ufern von Flüssen oder Seen. Nicht selten errichtete man sie auf Pfählen oder großen Feldsteinen direkt über dem Wasser. Einräumige Badestuben hatten eine niedrige Tür und ein kleines Fenster. Innen stand, meist rechts von der Tür, ein aus Feldsteinen gesetzter Ofen, dessen Rauch durch die Tür oder eine Abzugsöffnung im Dach entwich. Hinter dem Ofen befand sich eine etwa 1 m breite hölzerne Liegebank, zu der zwei oder drei hohe Stufen hinaufführten, an den übrigen Wänden standen niedrige Sitzbänke. Der Fußboden bestand aus Brettern, die von auf dem Erdreich liegenden Balken getragen wurden, für den Abfluß des Wassers beließ man Spalten zwischen den Brettern. Das zwecks Wärmeschutz aus dicht aneinandergefügten Balken gezimmerte Dach hatte Sattel-, seltener Pultform. An solche Badestuben wurden mitunter Lauben oder Loggien angebaut. Die Badenden mußten sich im Freien aus- und ankleiden. Dieser Mangel wurde überwunden, indem eine Querwand den Raum in die größere Badestube und den kleineren Ankleideraum mit Bank und Wandhaken aufteilte.

Abb. 4.61 zeigt eine schwarzgebeizte Badestube. Ihr Blockwerk ruht auf hohen Pfählen, da sie auf zeitweise überflutetem Gelände steht. Ihr nach der einen Seite ausladendes Satteldach bildet eine kleine Veranda, zu der die Treppe hinaufführt. Diese originelle Badestube erinnert an die «Häuslein auf den Hühnerfüßlein» aus russischen Volksmärchen.

Architektonisch besonders eindrucksvoll sind die *Windmühlen*, die im russischen Norden – in Karelien, in den Gebieten Archangelsk, Wologda und Nowgorod – zahlreich errichtet wurden. Es wurden zwei Mühlentypen gebaut: die Bock- und die Turmwindmühlen. Bei der *Bockmühle* ruht das Mühlenhaus drehbar auf einem feststehenden Bock und wird mit Hilfe von Stangen um seine senkrechte Achse gedreht, um die Flügel in Windrichtung zu bringen. Bei der *Turmmühle* befindet sich das Mahlwerk im unbeweglichen, turmartig gestalteten Mühlenhaus, während nur seine obere Haube mit den Flügeln dem Winde zugewandt wird.

Abb. 4.62 zeigt eine Bockwindmühle aus dem Saoneshjer Ort Wolkostrow. Der zweigeschossige Blockkasten des Mühlenhauses mit quadratischem Grundriß sitzt mit seinem Drehkranz auf einem starken, ins Erdreich gerammten Pfahl. Um diesen wird mit Hilfe von Schubstangen das ganze Haus mitsamt den Flügeln gedreht.

Im Gebiet Archangelsk gibt es zahlreiche verschiedenartige Turm- und Bockmühlen. Insbesondere die Mühlen des Mesen-Kreises unterscheiden sich in Konstruktion und Gestalt von denen in westlicher gelegenen Bezirken. Die Mühlenhäuser ruhen mit ihrem Mittelpfahl auf einem hohen vierwändigen, in gesperrter Blockbauweise errichteten Bock (Abb. 4.63).

Eine zweiflügelige Windmühle steht am Dorfrand von Kimsha. Auch hier ruht der Blockkasten des Mühlenhauses auf einem hohen, aus Blockbalken gezimmerten Bock. Wie auch bei der vorher erwähnten Mühle besteht jeder Blockkranz des Bocks aus vier äußeren und vier sich kreuzenden inneren Blockbalken beachtlicher Stärke, so daß sich ein stabiler Sockel für das darüberliegende Mühlenhaus ergibt und auch die Standsicherheit des hindurchgehenden Mittelpfahles gewährleistet wird. Der Drehkranz bildet den Abschluß des sich nach oben verjüngenden Bocks (Abb. 4.64).

Nicht minder interessant sind die Turmmühlen, die im Norden Rußlands seltener vorkommen und vorwiegend in den nordwestlichen und mittleren Landesteilen errichtet wurden. Zu dieser Bauart gehört eine Windmühle aus dem Ort Koshposjolok (Abb. 4.65). Eine weitere Windmühle ähnlicher Bauart befindet sich im Dorf Ladostschina. Das hohe, turmartige, achtkantige, sich nach oben verjüngende Blockgehäuse dieser Mühle steht fest auf dem Erdboden. Beweglich ist nur die krönende Haube mit der waagerechten Achse des Windrades (Abb. 4.66). Die Drehung der Haube in die Windrichtung erfolgt vom Erdboden aus mit Hilfe der auf dem Bild sichtbaren langen Stangen.

Während in vielen Gegenden die Windmühlen in einsamer Lage entfernt von den Dörfern stehen, sind an den Flüssen Mesen, Pinega und Kimsha die Dörfer buchstäblich von Windmühlen umringt. So wurden gegen Ende des 19. Jh. am Rande des Dorfes Asopolskoje 30 Windmühlen gezählt. Die Bedeutung der Windmühlen für das Gesamtbild einer Ortschaft ist somit nicht zu unterschätzen.

Zahlreiche Flüsse und Bäche waren auch in den Nordgebieten Voraussetzung zur Anlage von *Wassermühlen*, die sehr erfolgreich arbeiteten. Wassermühlen wurden bereits in ältesten Zeiten gebaut, was auch urkundlich belegt ist. Beispielsweise wird im Grundbuch des Onega-Bezirks aus dem Jahre 1563 eine Wassermühle am Flusse Ust-Jandoma erwähnt, die dem Klimetzker Kloster gehörte: «... dazu besitzt jenes Kloster eine Mühle am Ust-Jandoma-Flusse ...»

Die Anlage einer Wassermühle ist höchst einfach: am Uferhang steht ein rechteckiger, satteldachgedeckter Blockbau; das aus dem Mühlgraben strömende Wasser dreht das mit dem Mahlwerk verbundene Wasserrad. Abb. 4.67 zeigt einen alten Stich mit der Darstellung der Wassermühle des an der Westgrenze Rußlands in der Nähe von Narwa gelegenen Dorfes Fallet. Auch später, bis ins 20. Jh. hinein, wurden in ländlichen Gebieten Rußlands zahlreiche Wassermühlen gebaut.

Mühlen

4.62
Windmühle in Wolkostrow, Saoneshje

4.64
Bockwindmühle in Kimsha,
Kr. Mesen

4.63
Bockwindmühle in Asopolje,
Kr. Mesen, Geb. Archan-
gelsk

4.65
Turmwindmühle in Koshpo-
sjolok, Kr. Onega, Geb.
Archangelsk

4.66
Turmwindmühle in Lado-
stschina, Kr. Solonetz,
Geb. Nowgorod

4.67
Wassermühle in Fallet, nach
einer Zeichnung von *A. Goeteris* (1615)

Kapitel 5

Sakralbauten und Festungsanlagen

Die Architektur der russischen Holzkirchen umfaßt ein reiches Spektrum von Kirchen, Kapellen und Glockentürmen, das noch ungenügend erforscht ist. Dennoch wagen wir Äußerungen zu ihrer kunstgeschichtlichen Bedeutung und zu ihrem eigenständigen kunsthistorischen Wert. Die am besten erhaltenen und ästhetisch wertvollsten Denkmäler russischer kirchlicher Holzbaukunst befinden sich in den nördlichen Regionen des Landes: in Karelien (Saoneshje) und in den Gebieten Archangelsk, Wologda, Kostroma und Nowgorod.

In der vorrevolutionären Zeit wurde die Holzbaukunst des russischen Nordens vorwiegend nach typologischen Merkmalen klassifiziert. Die damals noch ungenügende Erforschung erschwerte die Zuordnung der Bauwerke zu den verschiedenen baukünstlerischen Schulen. Deshalb fand auch die Saoneshjer Schule (die Kirchen von Kishi ausgenommen) bei den Forschern kein besonderes Interesse. Die «Mitteilungen der Kaiserlichen archäologischen Kommission» erwähnten nur wenige Kirchenbauten. Kapellen blieben überhaupt unbeachtet. Ähnlich war die Situation auch in anderen ehemaligen nordrussischen Gouvernements. Erst die eingehende Erforschung ermöglicht es, die Werke der verschiedenen baukünstlerischen Schulen zu unterscheiden.

Im nördlichen sowie einem Teil des mittleren Rußlands waren in Block- und Turmbauweise errichtete Kirchen und Kapellen am häufigsten verbreitet. Seltener waren Würfel- und stufenförmige oder auch vielkuppelige sakrale Bauwerke. In Urkunden wird die Block- und die Turmform als ältester Bautyp nachgewiesen.[51] «Diese Gruppe von Kirchen», schrieb *I. Grabar*, «ist die häufigste, wobei die Blockkirche wohl die früheste Urform darstellt. Wahrscheinlich kam die vom gewöhnlichen Wohnhaus abgeleitete Form bereits bei den ersten Holzkirchen … zur Anwendung» [28, S. 344]. Die ebenfalls sehr alte Turmform entsprang dem Bestreben nach monumentalen, aufwärtsstrebenden Bauwerken. Eine weitere kennzeichnende Form stellen die seit dem 10. Jh. bekannten, allerdings weniger zahlreichen vielkuppeligen Kirchen dar.[52] Zu ihnen gehören die schönsten Denkmäler der russischen Holzbaukunst: das Ensemble von Kishi (die Christi-Verklärungs- und die Mariä-Schutz-Kirche), die Dreifaltigkeitskirche des Klimezki-Klosters, die südlich vom Onegasee gelegene Mariä-Schutz-Kirche im Dorf Anchimowo (Kirchspiel Wytegra) und etliche weitere Kirchen. In den Nordwestgebieten und den mittleren Breiten Rußlands wurden etwa seit dem 17. Jh. würfel- und stufenförmige Holzkirchen gebaut.[53]

Von alters her war in Rußland die kleine Form kirchlicher Bauten – die Kapellen – weit verbreitet, deren Gestalt eng mit der Architektur der Wohnhäuser und Speicher verwandt ist.

Verglichen mit den Sakralbauten Mittelrußlands, schufen die Baumeister des Nordens eigenständige Werke, deren Besonderheit in der Grundrißlösung, dem Raumgefüge und in konstruktiver und dekorativer Gestaltung hervortritt. Ebenso wie bei den Wohnbauten wird die Verbundenheit mit den alten Traditionen auch hier deutlich. Obwohl die heute erhaltenen Holzkapellen meist jüngeren Ursprungs sind (18. Jh.), weisen sie doch wesentliche, der langen Tradition verpflichtete Merkmale des Bauens im Norden auf.

Zu den einfachsten Bauwerken religiöser Bestimmung gehörten die an den Straßenkreuzungen, Dorfeingängen, Brückenzufahrten und anderen bemerkenswerten Orten aufgestellten Kruzifixe. Oft wurden sie mit einem Schutzdach versehen, so daß eine Art offene Kapelle entstand (Abb. 5.1). Solche Kruzifixe gab es seit Jahrhunderten, wie auch auf einer Grundrißzeichnung des Tichwiner Klosters aus dem 17. Jh.[54] dargestellt ist.

Im Bereich kirchlicher Bauten bilden die Kapellen eine besondere Gruppe. In konstruktiver und künstlerischer Beziehung sind sie eng mit der allgemeinen Entwicklung der russischen Holzbaukunst verbunden und somit den örtlichen baukünstlerischen Schulen zuzuordnen.

Kapellen sind als Bauwerke noch unzureichend erforscht, was dringend nachzuholen ist, denn ihre Zahl nimmt zusehends ab. In alten Urkunden blieben die Kapellen unerwähnt. Erst seit den 50er Jahren unseres Jahrhunderts wurden im Zuge der fortschreitenden Erforschung der Holzkirchenarchitektur auch viele Kapellen beschrieben, skizziert, aufgemessen und fotografiert.

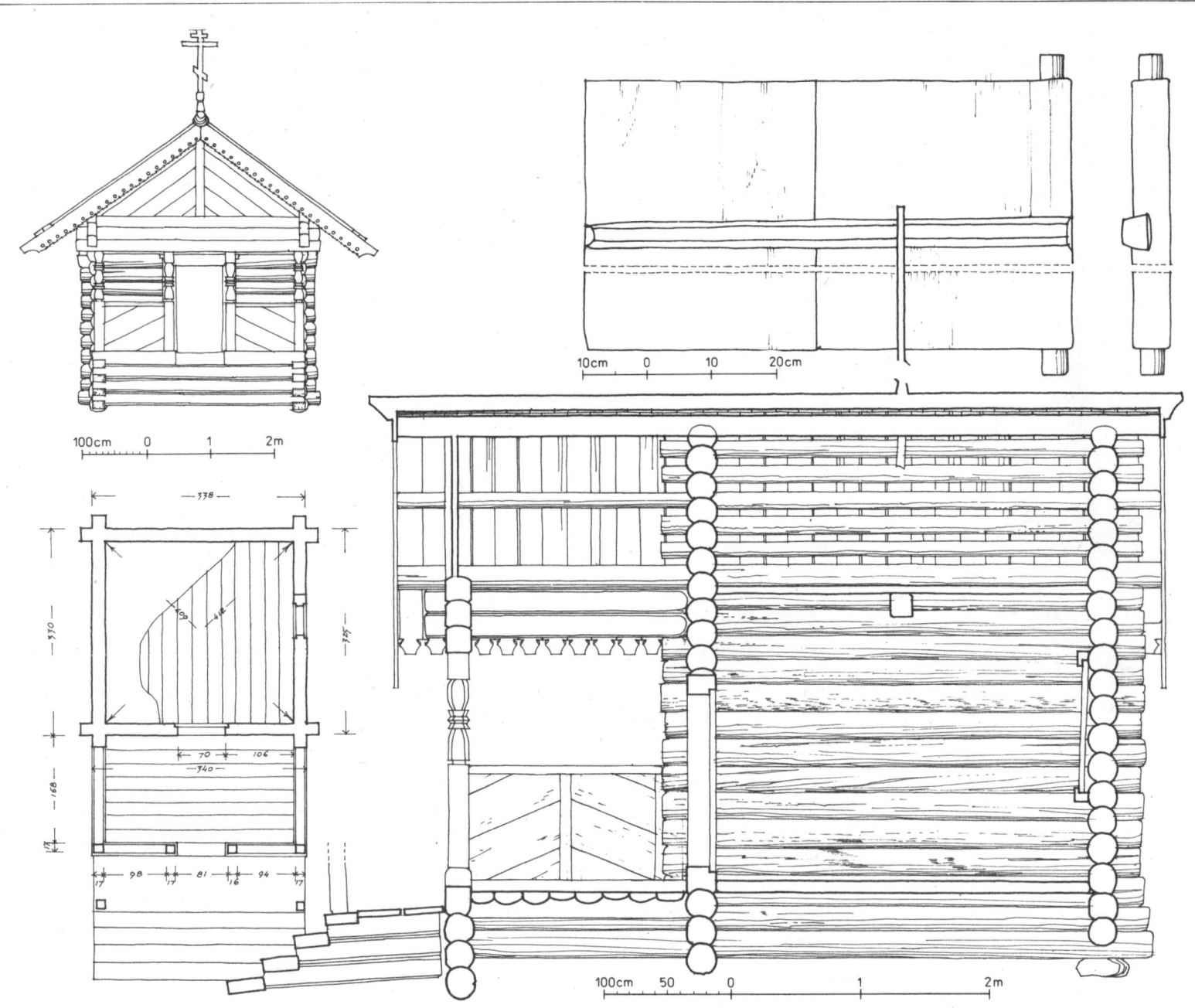

10cm 0 10 20cm

100cm 0 1 2m

100cm 50 0 1 2m

5.2

Kapelle in Bereshnaja, Saoneshje (Mitte 18. Jh.)

Grundriß; Aufriß; Längsschnitt; Türdetail

Die Kapellen und Kirchen in Blockbauweise lassen sich in Ein-, Zwei- und Dreikammerbauten einteilen, die auch durch ihre bauliche Gestaltung unterschieden werden können in speicherartige, solche mit eingebautem Läutwerk sowie solche mit Glockenturm.

Zu den *speicherartigen Kapellen* einfachster Gestalt gehört die aus dem 17. Jh. stammende Kapelle im Dorf Gar (Abb. 5.18). An den 1-Kammer-Blockkasten ihres Hauptraumes grenzen zwei offene, auf geschnitzten Stützen ruhende Seitenlauben, an der Vorderfront liegt die ebenfalls offene, vom weit ausladenden gemeinsamen Satteldach überdeckte Eingangslaube; ein kleines Holzkreuz krönt den Dachfirst.

Ebenfalls erwähnenswert ist die Kapelle des Dorfes Bereshnaja. Aus dem Aufbau ihres Pfettendaches und der Einbindung ihrer Türpfosten zu schließen, stammt sie aus dem 18. Jh. Den Hauptraum bildet ein einfacher Blockkasten mit quadratischem Grundriß, an den die offene Eingangslaube grenzt. Zu dieser führte eine (wahrscheinlich später angebaute) Vortreppe hinauf. Den First des Satteldachs überragt ein schlichtes Holzkreuz (Abb. 5.2). Grundrißform und Raumgefüge dieses Bauwerks sind typisch für die Saoneshjer Kapellen, auf deren Grundlage sich die Zwei- und Dreikammerbauten entwickelten. Verwiesen sei noch auf die Pfostentür, deren Flügel sich um Zapfen dreht, die in den in

Schwell- und Sturzbalken ausgestemmten Vertiefungen lagern, wie auch die Wohnhaustüren im alten Nowgorod (vgl. Abb. 1.33).

Hinter der scheinbaren Ähnlichkeit der speicherartigen Kapellen verbergen sich deutliche Unterschiede. Aus Kombinationen verschiedenartiger Kastengrundrisse (z. B. quadratisch, längs- oder querrechteckig) ergaben sich mannigfache, mitunter recht interessante Kompositionen, wie z. B. die der Dreifaltigkeitskapelle von 1728 im Dorf Waltjewo (Abb. 5.3).

Kapellen mit eingebautem Geläut bestehen aus Zwei- oder Dreikammergehäusen, deren westliche Kammer – die Vorhalle – ein zeltdachgedecktes Läutwerk trägt. Derartige Kapellen entstanden später als die einfachen speicherartigen und vermutlich wohl zunächst dort, wo es noch keine Kirchen gab. Deren Rolle wurde von diesen Kapellen teilweise übernommen.

In der zweiten Hälfte des 18. Jh. wurden an die West-

seite vieler einfacher Kapellen Vorhallen mit aufgesetzten Läutwerken angebaut. Die spätere Datierung solcher Anbauten ist aus der Art der Einbindungen von Tür- und Fenstergefügen wie auch aus der Art der Ausführung der Blockwände zu schließen.

Die älteste der noch erhaltenen Blockkapellen mit eingebautem Läutwerk ist die malerisch am Seeufer gelegene Mariä-Himmelfahrts-Kapelle im Dorfe Wassiljewo auf der Kishi-Insel. Sie wurde in der 2. Hälfte des 17. Jh. am Südrand des Dorfes errichtet.[55] Ursprünglich entstand sie als einfaches zweiräumiges Bauwerk mit Betraum und Refektorium. Später wurde der Vorraum mit dem Geläut an die Westfront angebaut (Abb. 5.4; 5.5), was den Gesamteindruck der Kapelle verbesserte. Die unterschiedliche Einbindung der Tür- und Fensterpfosten im Refektorium und im Vorraum beweisen eindeutig, daß sie zu unterschiedlichen Zeitpunkten entstanden sein müssen.

5.3.
Dreifaltigkeitskapelle in Waltjewo, Kr. Pinega, Geb. Archangelsk (1728)

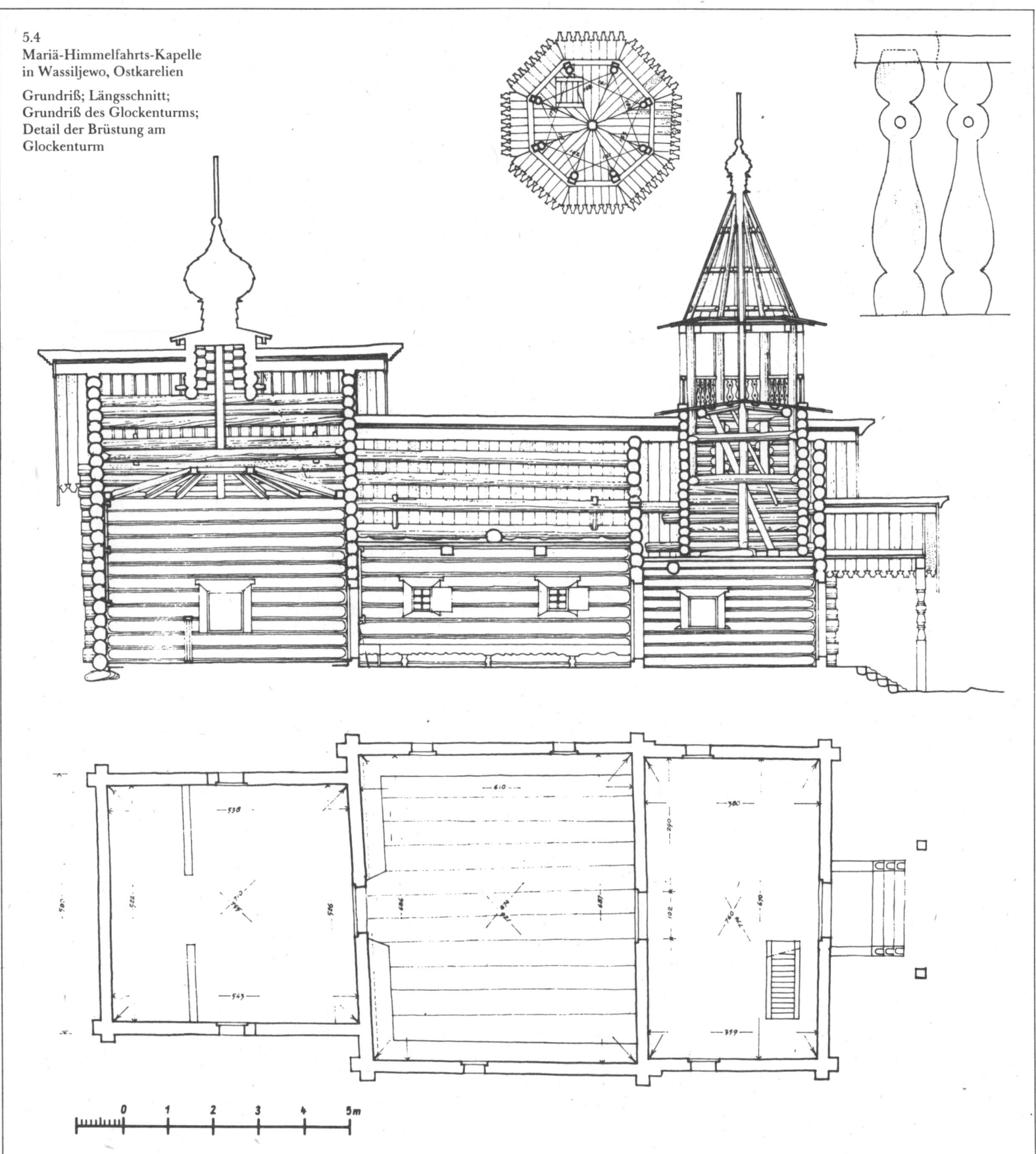

5.4
Mariä-Himmelfahrts-Kapelle
in Wassiljewo, Ostkarelien

Grundriß; Längsschnitt;
Grundriß des Glockenturms;
Detail der Brüstung am
Glockenturm

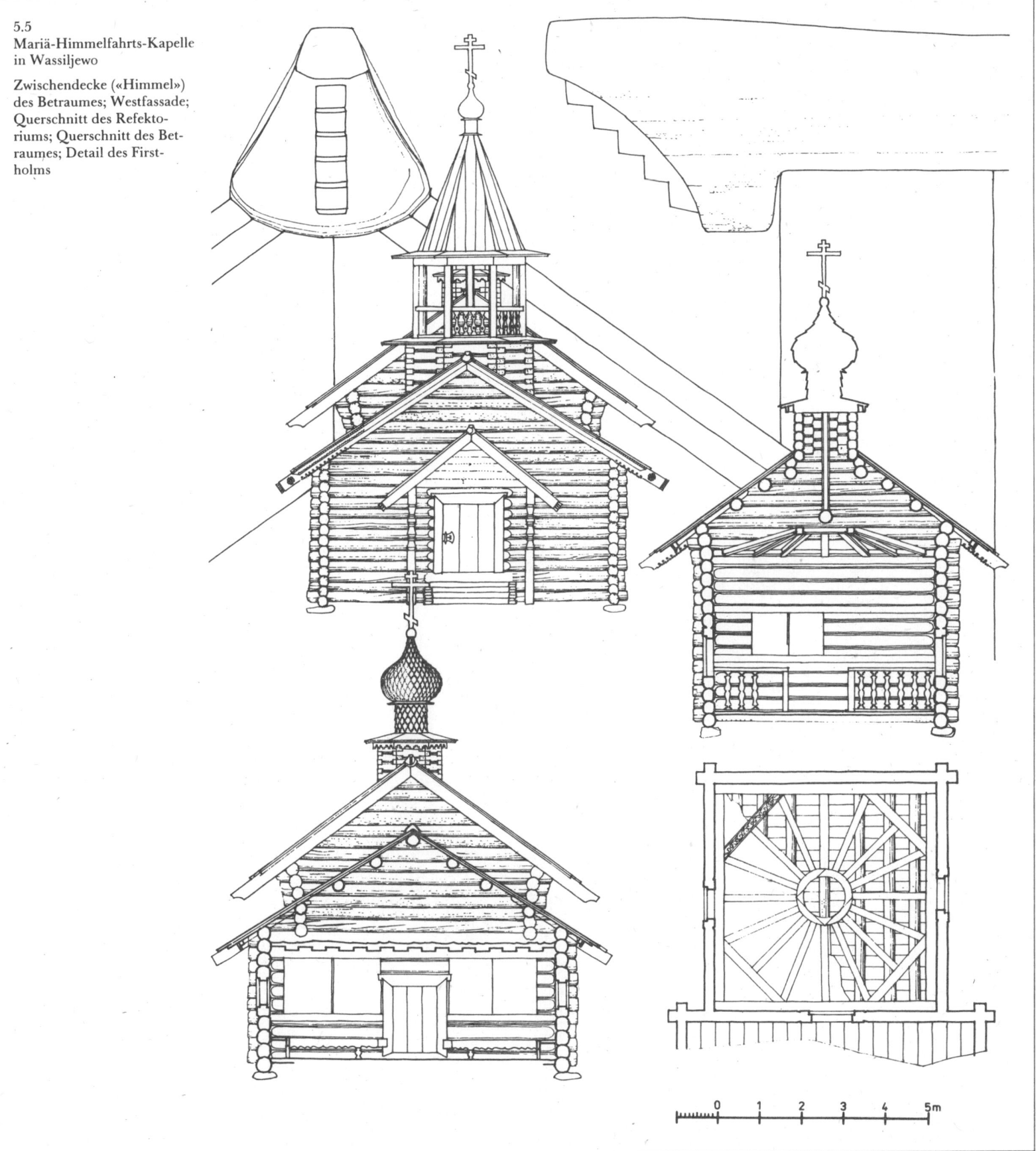

5.5
Mariä-Himmelfahrts-Kapelle
in Wassiljewo

Zwischendecke («Himmel»)
des Betraumes; Westfassade;
Querschnitt des Refekto-
riums; Querschnitt des Betraumes; Detail des First-
holms

0 1 2 3 4 5m

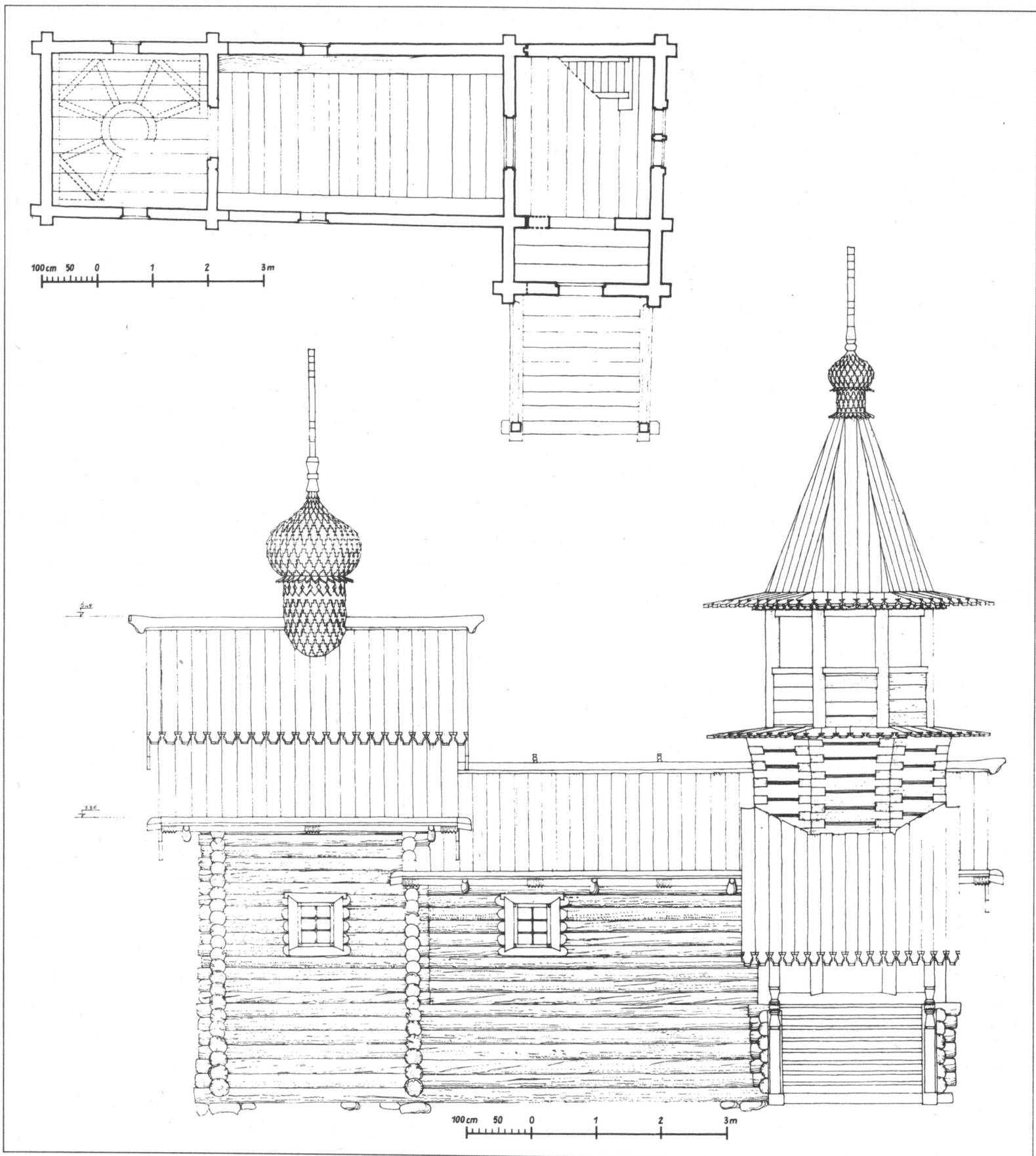

Sakralbauten und Festungsanlagen

Die Folge der Innenräume soll den Besucher beim Durchschreiten der Räume feierlich stimmen. Aus dem kleinen Vorraum (1) gelangt er in das geräumige Refektorium (2) mit seinen Pfostenfenstern und massiven Wandbänken, von dort tritt er in den hohen Betraum (3) mit seinem auf einem Wandfries ruhenden 16teiligen, bemalten «Himmel». Den Abschluß bildet die Bilderwand (Ikonostase) mit den davorliegenden Chorstufen.

Eine ähnliche Kapelle aus dem 17. Jh. im Dorfe Kaschira besteht aus einem Fünfwändegehäuse (Abb. 5.19). Zu den Besonderheiten der Kapelle gehört eine dreiseitig umlaufende Veranda mit überdachter Freitreppe. Solche Veranden sind an Kapellen und Kirchen des Nowgoroder Gebiets nicht selten.

Beachtenswert ist der eigenartige Abschluß des Daches ihres Betraums, dessen Kuppel auf zwei niedrigen abgestuften Achtkanten ruht. Ähnliche Kapellen waren auch in anderen Gebieten anzutreffen.

Zu der hier behandelten Gruppe von Kapellen gehören auch solche mit Kaskadendächern, wie die auf Abb. 5.6 dargestellte Erzengel-Michael-Kapelle in Lelikosero. Wie die meisten Saoneshjer Kapellen wurde auch diese in zwei Bauetappen errichtet. Zunächst entstand Mitte des 18. Jh. das zweiräumige Bauwerk der Kapelle mit dem Refektorium. Das Blockhaus der Kapelle wurde über die Höhe des ersten Dachs gezogen und läuft in zwei übereinanderliegenden Hohlkehlgesimsen aus, auf denen die Kaskadendachflächen liegen. Später, im 18. Jh.[56], wurde an das Refektorium ein Vorraum angebaut, und beide Teile erhielten ein gemeinsames Satteldach, das über dem Vorraum von einem niedrigen Achtkant durchbrochen wird, auf dessen Gesims das zierliche Geläut ruht (Abb. 5.7).

Kapellen mit voll ausgebildeten Glockentürmen unterscheiden sich von den Kapellen mit eingebautem Geläut insbesondere durch die architektonische Betonung des hochaufragenden Glockenturms, dem sich das Kapellenhaus unterordnet. Bei den Kapellen mit Läutwerk kam diese Rolle dem Kapellenhaus zu.

Diese Glockentürme wurden, ebenso wie auch die freistehenden Glockentürme, vom Gebäude aus als achteckiger oder auch als achteckiges über einem viereckigen Bauwerk errichtet. In beiden Fällen grenzte das Kapellenhaus an die Ostwand des Glockenturms, dessen Innenraum meistens als Vorraum genutzt wurde. Konstruktiv waren Glockenturm und Kapelle eng miteinander verbunden, da die Dachpfetten in die Turmwände eingebunden wurden.

Am Dorfrand von Ust-Jandoma in Saoneshje steht inmitten eines Tannenwäldchens die St.-Georgs-Kapelle aus der 2. Hälfte des 18. Jh.[57] Ihr rechteckiger Grundriß ist durch Querwände in Betraum, Refektorium und Vorraum geteilt. Vorraum und Refektorium

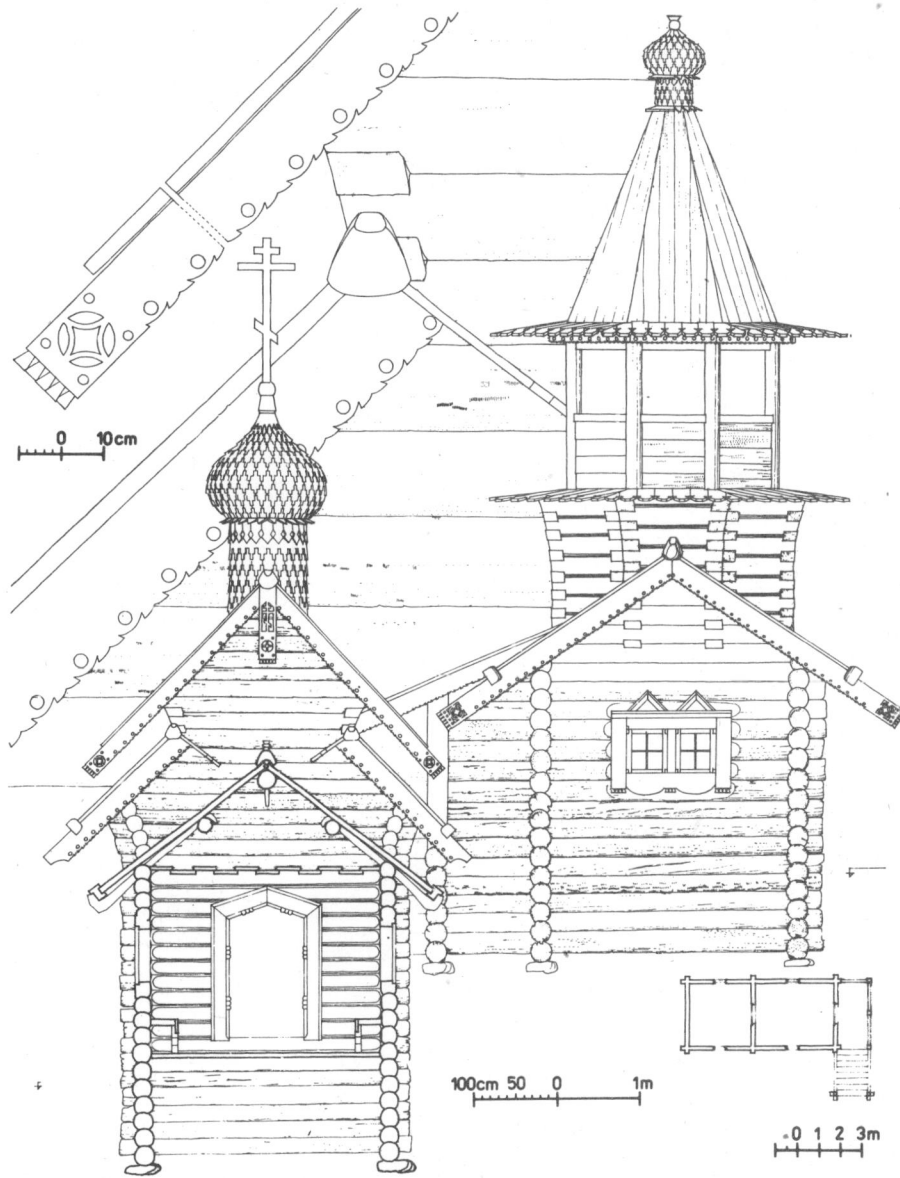

bilden zusammen den Unterbau für den Achtkant des Glockenturms, der oben in ein Hohlkehlgesims ausläuft, auf dem ausladende Randbalken lagern. Darauf stehen die acht Stützen des Glockengeschosses, die von außen mit geschnitzten Säulchen verblendet sind und den Turmhelm tragen. Die Schnitzereien an den Randbalken, Säulchen und Brüstungen des Glockenturms stehen im Einklang mit dem Dekor des Kapellenhauses. Über dem Satteldach ruht auf einem achtkantigen Untersatz eine kleine Zwiebelkuppel (Abb. 5.8).

Etwas anders ist die Mariä-Himmelfahrts-Kapelle aus dem 18. Jh. im Dorfe Korba im Norden der Klimezki-Insel gestaltet (Abb. 5.9). Hier grenzt das Kapellenhaus an die Ostseite eines Glockenturms «Achtkant über Vierkant». Die dominierende Vertikale des Glockenturms beherrscht voll und ganz die relativ kleine

Seiten 156/157:

5.6
Ostansicht der Erzengel-Michael-Kapelle in Lelikosero

Grundriß; Nordfassade; Querschnitt durch das Refektorium; Westfassade

5.7
Erzengel-Michael-Kapelle,
Blick von Süden

Seite 159:

5.8
St.-Georgs-Kapelle in Ust-
Jandoma, Saoneshje
(18. Jh.); Ansicht

5.9
Mariä-Himmelfahrts-Kapelle
in Korba,
Saoneshje (18. Jh.)

Seite 161:·

5.10
Mariä-Himmelfahrts-Kapelle
in Korba,
Ansicht von Süden

Sakralbauten und Festungsanlagen

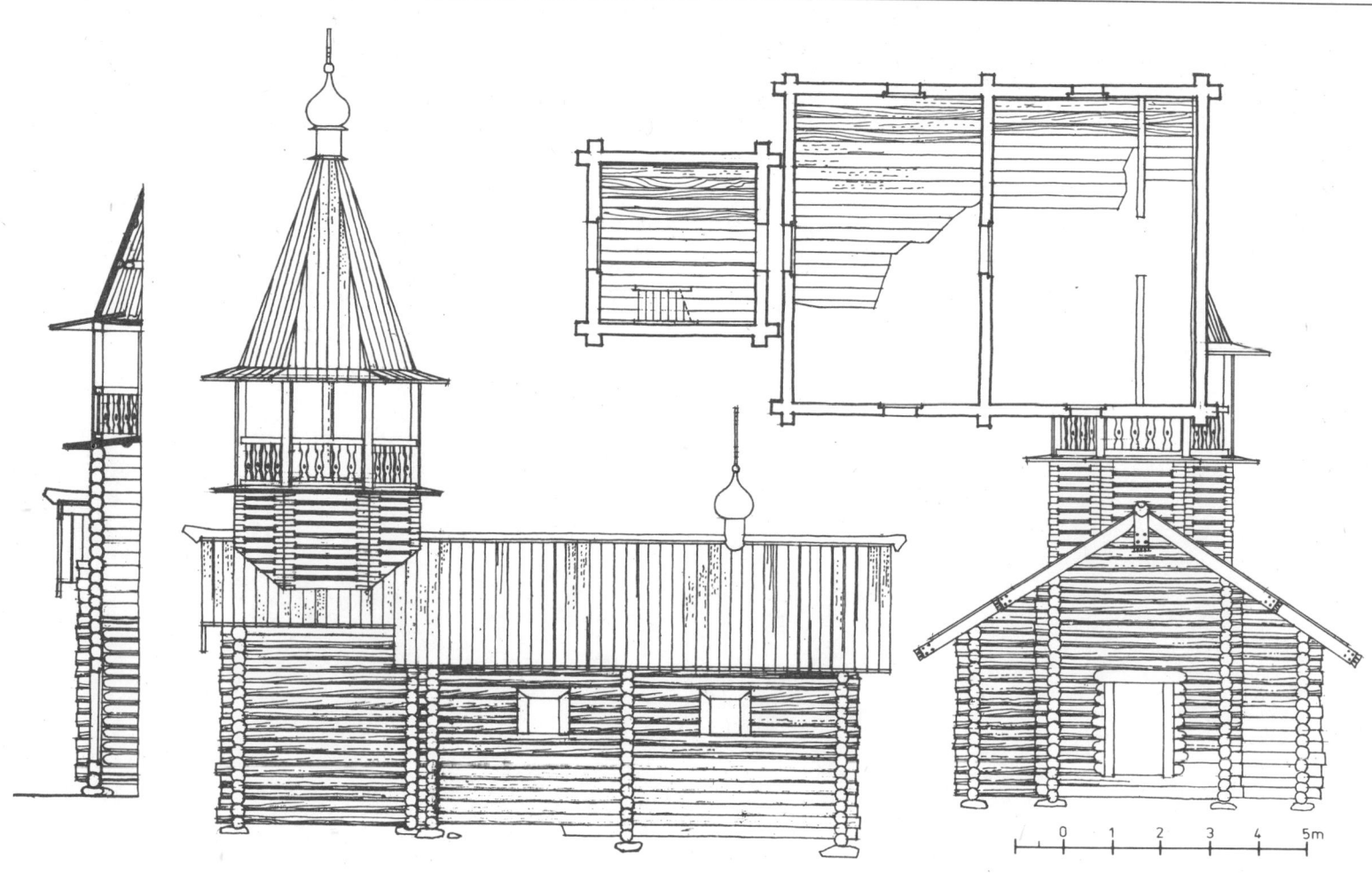

5.11
Kapelle in Wizino,
Saoneshje (19. Jh.)

Grundriß; Giebelansicht;
Längsschnitt; Schnitt des
Glockenturms

Kapelle mit ihrem von einer Zwiebelkuppel gekrönten Satteldach (Abb. 5.9; 5.10).

Während bei diesen beiden Kapellen Glockenturm und Kapellenhaus als einheitliches Mehrkammer-Blockgehäuse ausgebildet sind, bestehen bei der Kapelle in Wizino (19. Jh.) bei Kusaranda[58] der Glockenturm «Achtkant über Vierkant» und das Kapellenhaus aus zwei getrennten, dicht nebeneinander gestellten Bauwerken, die aber unter einem gemeinsamen Satteldach liegen (Abb. 5.11).

Blockkirchen haben große Ähnlichkeit mit den Kapellen bezüglich Grundrißlösungen, Raumgefüge, Konstruktions- und Dekorationselemente. Der Unterschied besteht lediglich in dem zusätzlichen Altaranbau (Apsis) und den größeren Dimensionen. Einige dieser Kirchen haben freistehende Glockentürme.

Zu den ältesten Saoneshjer Blockkirchen gehörte die 1719 erbaute Christi-Darbringungs-Kirche im Klimezker Kloster [6, S. 70]. Ihr liegt ein Fünfwandgehäuse mit angebautem Altarraum zugrunde. Die Räume sind verschieden hoch. Über dem Katholikon und dem Altarraum ragen zwei kleine Zwiebelkuppeln empor (Abb. 5.12). Die massiven Blockwände des Ka-

tholikons mit den kleinen Fensteröffnungen betonen die Plastik der Wände und die Abgewogenheit des ganzen Bauwerks.

Das Alter der Blockkirchen wird nicht nur durch schriftliche Urkunden belegt, sondern auch durch Gemälde des 16. und 17. Jh. In einer Zeichnung von *A. Meierberg* [66, S. 15, 16] ist die Blockkirche im Dorfe Spass-Saulki (Abb. 5.13) dargestellt. Sie besteht aus drei verschieden hohen Räumen, dessen kuppelgekrönter mittlerer das Katholikon, die Anbauten Diele und Altar darstellten. Solche schlichten, satteldachgedeckten Kirchen standen meistens in der Dorfmitte. Eine ähnliche dreiräumige Kirche befand sich im Dorf Tscherkisowo (Abb. 5.14). Diese beiden Zeichnungen zeugen von einer erstaunlichen Ähnlichkeit der Blockkirchen des 17. Jh. in Mittel- und Nordrußland. Dieser Umstand läßt den Schluß zu, daß die im Norden arbeitenden Baumeister die altüberlieferten Formen der Blockbauweise beibehielten, die von ihren aus Mittelrußland eingewanderten Vorgängern mitgebracht worden waren.

Holzkirchen anderer nördlicher Gebiete, die den Blockkirchen aus Saoneshje sehr ähneln, sind ebenfalls stark an die Traditionen früher Zeiten gebunden. Zeug-

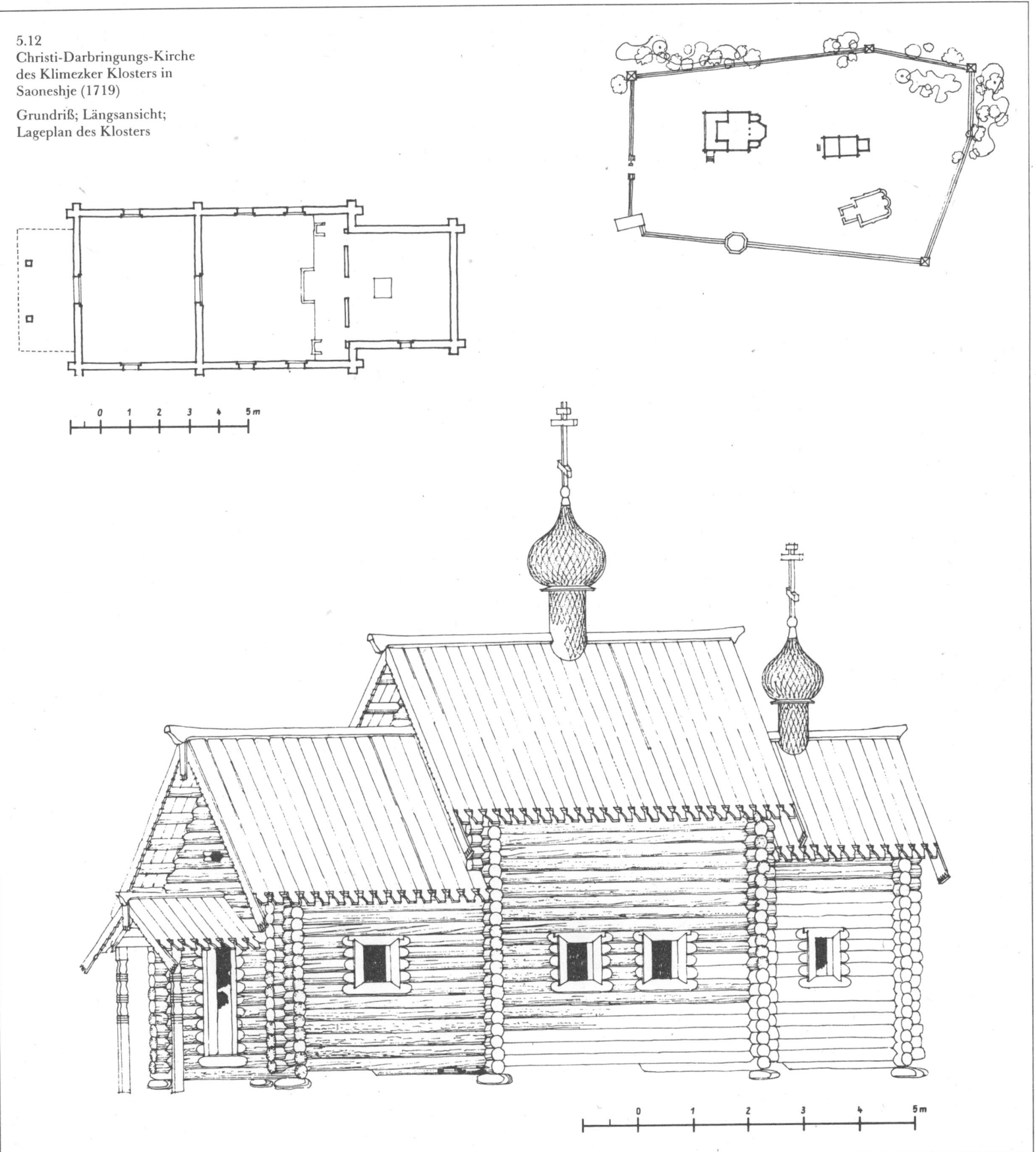

5.12
Christi-Darbringungs-Kirche
des Klimezker Klosters in
Saoneshje (1719)

Grundriß; Längsansicht;
Lageplan des Klosters

0 1 2 3 4 5m

0 1 2 3 4 5m

5.13
Holzkirche in Spass-Saulki
(Zeichnung von *A. Meierberg*)

5.14
Holzkirche in Tscherkisowo
(Zeichnung von *A. Meierberg*)

Seite 165:

5.15
Lazarus-Kirche des Muro-
mer Klosters, Kr. Pudosh,
Karelien

Grundriß; Südfassade;
Querschnitt; Fensterumrahmung

0 5 10 15 20 25 cm

0   1m

0   1m

nis dafür ist die älteste noch erhaltene, aus dem 14. Jh. stammende Lazarus-Kirche des Murom-Klosters (Karelien). Deren Grundrißlösung und Gesamtkomposition finden wir in den späteren Blockkirchen des 17. und 18. Jh. wieder.[59] Das hohe Alter dieser Kirche läßt sich am frühzeitlichen Blockgefüge, dessen einfachen Eckverbänden, bei denen die Balken oben ausgehöhlt sind, am Fehlen einer Zwischendecke im Vor- und im Altarraum sowie an den Formen der Fenster- und Türgefüge erkennen.

Die Lazarus-Kirche ist extrem klein, es fanden nur fünf bis sechs Menschen Platz. Eine Chorstufe ist nicht vorhanden.[60] Dieser dreiräumige Bau besteht aus einem in Ständerbauweise errichteten Vorraum und zwei verschieden großen Blockhäusern, dem Katholikon und dem Altarraum. Sie tragen unterschiedlich hohe Satteldächer, wobei das mittlere mit einer kleinen Kuppel geschmückt ist (Abb. 5.15; 5.16).

Unter den zahlreichen Blockkirchen aus dem 17. bis 18. Jh. gibt es in den Nordgebieten Archangelsk, Wologda, Leningrad, Kostroma etliche mit besonderen Merkmalen. Ihre Architektur betont den sakralen Charakter. Größer in ihren Abmessungen, weisen sie eine

Vielfalt von Dachformen auf (sehr steile Sattel-, Kaskaden-, Doppel- oder Haubendächer). Dagegen sind die bei karelischen Blockkirchen mehr Formen der Profanarchitektur zu finden.

Die Christi-Verklärungs-Kirche in Spass-Wesha (1628) ist ein typisches Beispiel einer Blockkirche mit zwei Anbauten – dem Refektorium im Westen und der Altarapsis im Osten. Alle drei Räume haben steile Satteldächer, deren mittleres eine kleine, auf einem zierlichen Vierkant ruhende Zwiebelkuppel krönt. An drei Seiten ist die Kirche von einer Galerie umgeben, die auf konsolartigen Auskragungen der unteren Blockwandbalken ruht (Abb. 5.17).

Weil die Kirche wie auch das Dorf Spass-Wesha in einer Niederung liegt, die zeitweise vom Hochwasser der Flüsse Kostroma, Sot und Idolomscha überflutet wird, stehen alle Gebäude auf hohen, 50 cm dicken Eichenpfählen; bei Hochwasser wurde der Verkehr mit Booten aufrechterhalten.

Die Zimmermeister waren die Brüder *Mulijew* aus Jaroslawl. Kirchspiel und Dorf Spass-Wesha unterstanden der Verwaltung des Zarenhofs. *Iwan IV.* hat dieses Gelände dem Moskauer Tschudow-Kloster gestiftet.

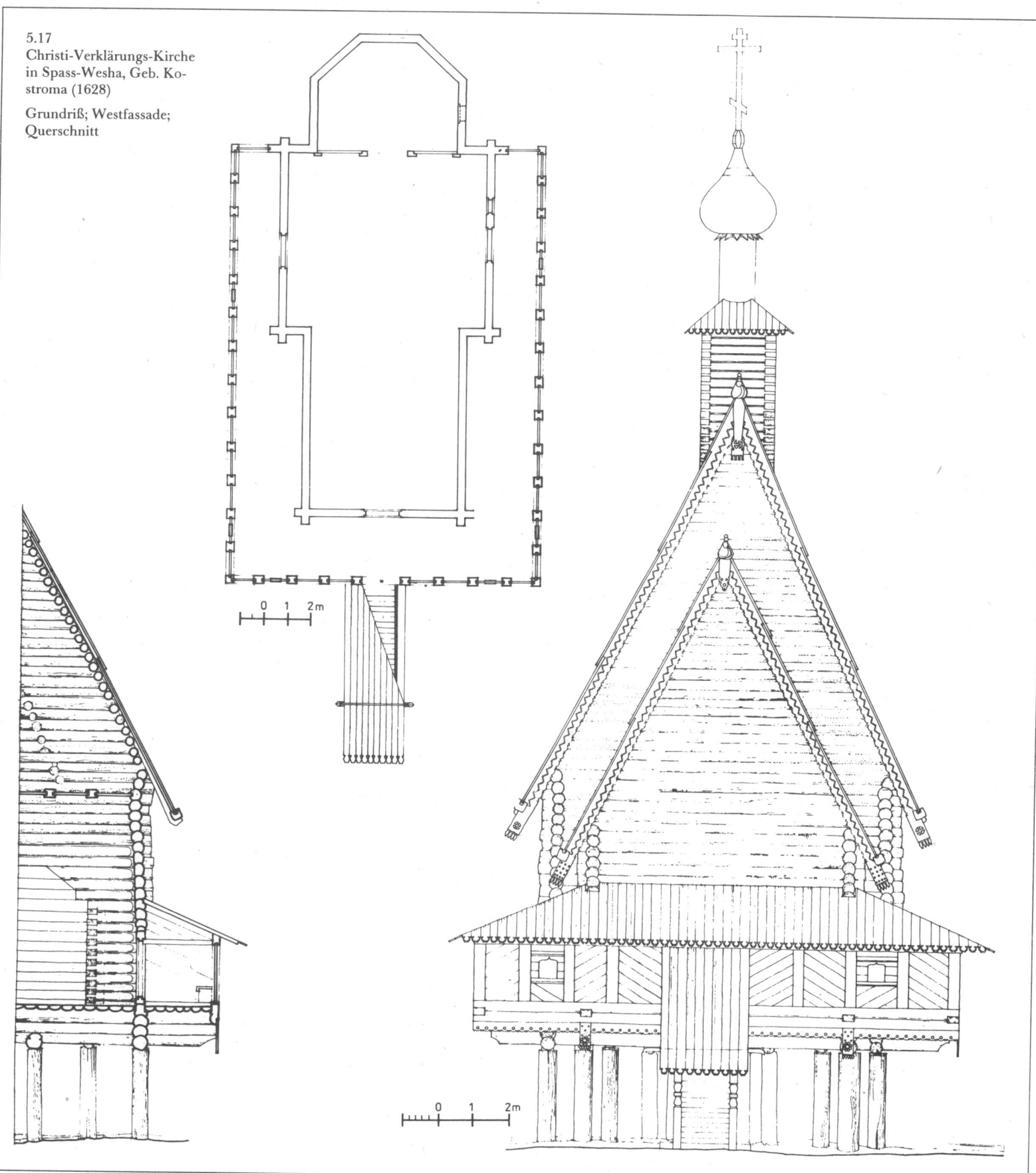

5.17
Christi-Verklärungs-Kirche
in Spass-Wesha, Geb. Ko-
stroma (1628)

Grundriß; Westfassade;
Querschnitt

0 1 2m

0 1 2m

Ein weiteres schönes Beispiel dieser Art ist die Nikolai-Kirche in Glotowo (Abb. 5.21; 5.22).

Bei der künstlerischen Bearbeitung der Blockkirchen war das besondere Augenmerk der Zimmermeister auf die Gestaltung der Dachpartie gerichtet. Zu deren Spielarten gehören Dächer mit gebrochenen Dachflächen, die in den westlichen und nordwestlichen Gebieten Rußlands Verbreitung fanden. Hierzu gehört auch die Nikolaikirche in Tucholja[61]. Der Grundriß ist traditionell. Den mittleren Raum (Katholikon), der schon über die Trauflinie des Altarraumes und des Refektoriums gezogen wurde, ist ein schmaler Baukörper mit steilem Satteldach aufgesetzt worden. Der Absatz zwischen beiden ist mit einer weniger steilen Dachfläche abgedeckt (Abb. 5.23; 5.24; 5.25).

Turmkirchen

Die Frage nach der Herkunft der Turmkirchen beschäftigte zahlreiche Forscher. *I. E. Sabelin* hat als erster bewiesen, daß die beim Volk sehr beliebte Turmform bereits zur Zeit der Christianisierung existierte und «späterhin auch vom Steinbau übernommen wurde ...» [35, S. 109]. *Sabelins* Meinung wurde geteilt von *F. F. Gornostajew, M. Krasowski, A. M. Pawlinow, N. W. Sultanow* u. a. *Sultanow* betonte besonders die Volkstümlichkeit der Turmform und verwies darauf, daß sich die «rasche Entwicklung dieser Form damit erklären läßt, daß sie offensichtlich dem Schönheitsbegriff des Volkes völlig entsprach und sich somit zu einer Lieblingsform entwikkelte» [98, S. 4].

M. Tichomirow entdeckte die bisher nicht veröffentlichte «Wologda-Permer Chronik», die von einer 1493 in Wologda erbauten Kirche berichtet [109]. Es heißt dort ausdrücklich, daß diese Kirche «hoch aufwärts», also als Turmbau errichtet werde und von einem Sockelumgang umgeben war. «Beachtenswert dabei ist», so bemerkt *M. Tichomirow*, «daß Turmkirchen bereits im 15. Jahrhundert in den Grundbüchern als ‹nach oben hinauf gebaut› bezeichnet wurden, so daß auch kein Grund besteht, die Richtigkeit dieser Aufzeichnung zu bezweifeln, da die ‹Wologda-Permer Chronik› uns in sehr frühen Abschriften aus der Mitte des 16. Jh. überliefert ist» [108]. Sehr überzeugend wird das Bestehen von Turmkirchen bereits im 13. Jh. in der «Ustjuger Chronik» bestätigt, der zufolge in Weliki-Ustjug die «recht große hölzerne Turmkirche Mariä-Himmelfahrt» dreimal durch Blitzschlag niederbrannte und jede neuerbaute der vorherigen entsprach. Die erste dieser Kirchen stammt von 1290. «Demnach war ihre Zwölfwändeform bereits gegen Ende des 13. Jh. bekannt, und wir gehen sicher nicht fehl, wenn wir annehmen, daß ihre Urform im 12. oder 11. Jh. entstand, also bereits zur Zeit der Christianisierung ...» [35, S. 103]. In gewisser Weise zeugt hiervon auch eine Kirche, die in einer pergamentenen Pskower «Ustawschrift» aus dem 12. Jh. dargestellt ist. Das Bild zeigt eine eigenartige hohe, in Blockbau aufgeführte Turmkirche (Abb. 5.30). Die langwährende Vorliebe für die Turmform ist wohl nicht allein von ästhetischen Gefühlen her erklärbar, sicher liegen ihr auch rein praktische Überlegungen zugrunde, wie etwa Einfachheit der Konstruktion sowie der Umstand, daß das steile Turmdach gegen Regenwasser und Schnee leicht zu sichern war und selbst starken Windkräften gut widerstand.

Im 15. Jh. wurde der Bau hölzerner Turmkirchen in konstruktiver und künstlerischer Hinsicht so gut beherrscht, daß ein deutlicher Einfluß auf die Architektur der steinernen Kirchen stattfand. So heißt es in einer Eintragung von 1533 über den Bau einer Turmkirche im Dorf Kolomenskoje bei Moskau: «Fürst *Wassili* erbaute in seinem Dorf Kolomenskoje die steinerne Kirche zur Himmelfahrt unseres Herrn Jesus Christus hoch nach oben, nach hölzerner Art.» In diesem Zusammenhang ist wichtig, daß im Jahre 1529 *Wassili III.* mit seiner jungen Frau *Jelena* in den Norden nach Wologda reiste, um dort die Geburt seines Sohnes zu erbeten. Ein Jahr später erblickte ihr lang ersehnter Nachfolger, der spätere Zar *Iwan IV.*, das Licht der Welt. Aus diesem Umstand läßt sich folgern, daß die hölzerne Himmelfahrtskirche in Wologda als Vorbild für die neue Kirche in Kolomenskoje (Abb. 5.26) diente.

Der überall in Rußland weitverbreitete Bau von Turmkirchen stieß im 17. Jh. auf Widerstand seitens der geistlichen Behörden. Mit dem Patriarchat *Nikons* wurde Mitte des 17. Jh. verfügt, weiterhin keine Turmkirchen mehr zu bauen, «ihre Häupter rund und nicht spitz ...» zu sein haben, und daß «die Kirchen von fünf Kuppeln, keinesfalls aber von einem Turmhelm gekrönt sein sollen» – so verlautete es in den Kirchenbau-Vorschriften.

Dieses Verbot des Turmkirchenbaus betraf in erster Linie die größeren Städte und ihr Umland. In fernen, entlegenen Gebieten wurden vom Volk nach wie vor Turmkirchen aufgeführt. Dennoch unternahmen die Baumeister Versuche, neue Lösungen zu finden, die unter Beibehaltung der Turmform einerseits dem Geschmack des Volkes entsprachen, andererseits jedoch auch die behördlichen Forderungen erfüllten. So entstanden zwei-, drei- und fünftürmige Kirchen, Türme über sich kreuzenden Tonnendächern; aus dem Eifer der Baumeister entstand ein großer Formenreichtum.

Es ist schwer, die Gründe für das Verbot des Turmkirchenbaus zu finden, da keine dokumentarischen Belege hierfür erhalten sind. Eine mögliche Annahme mag in dem allzu «freien» Umgang mit der kirchlichen Form liegen, im Aufkommen von Kompositionen, die nicht mehr vollends den kanonischen Forderungen der byzantinischen Kirche entsprachen. Nach *Sabelins* Meinung «wurde damit auf dem Gebiet von Kunst und

5.18
Kapelle in Gar, Kr. Malaja
Wischera, Geb. Nowgorod

5.19
Kirche in Nikulino,
Kr. Ljubitin, Geb. Nowgorod,
mit Galerie (sog. Bettel-
laube); Gesamthöhe 11,00 m

5.20
Kapelle in Kaschira,
Kr. Malaja Wischera, Geb.
Nowgorod

5.21
Nikolai-Kirche in Glotowo,
Geb. Wladimir, Westansicht

5.22
Teile der Südfassade der
Nikolai-Kirche in Glotowo

5.23
Nikolai-Kirche in Tucholja
(17. Jh.), Kr. Krestez,
Geb. Nowgorod

5.24
Südfassade der Nikolai-
Kirche in Tucholja

5.25
Aufgang der Nikolai-Kirche
in Tucholja

5.26
Teil der Südfassade der
Christi-Himmelfahrts-Kirche
in Kolomenskoje bei Moskau

5.27
Südwestansicht der Nikolai-
Kirche in Ljawlja, Geb.
Archangelsk (1585)

5.28
Gesamtansicht der Georgs-
Kirche in Werschiny,
Kr. Werchnjaja Toima,
Geb. Archangelsk (1672)

5.29
Zweiläufige Treppe der
Georgs-Kirche in Werschiny

Wissen der eigenständigen Entwicklung eine formelle Schranke gesetzt» [35, S. 137]. Tatsächlich bezeugen gerade die Turmkirchen, daß künstlerische Belange vorrangig waren.

Turmkirchen gibt es in vielfältigen Formen. Entsprechend dem Grundriß ordnet sich das Raumgefüge der Kirche als ein durchgehendes «Achtkant», ein «Achtkant über Vierkant», ein «Turm über gekreuzten Tonnendächern», ein «Zwanzigwändebau» (d. h. Achtkant mit vier Anbauten) oder auch eine «mehrtürmige» Kirche. Zu den ältesten Turmkirchen mit einfachem «Achtkant» zählt die 1585 erbaute Kirche in Ljawlja. Malerisch von Grün umgeben auf einem hohen Hügel gelegen und ringsum von weither sichtbar (Abb. 5.27), gehört sie zu den schönsten Turmkirchen mit Achtkant und zwei tonnengedeckten Anbauten.

Vollendete Proportionen und eine strenge Silhouette zeichnen sie aus. Sie ist mit nur wenigen, aber schön gestalteten Details geschmückt, deren wesentliche die dreiseitig gefaßten Fenster, die Dachtonnen und ihr Turm mit der kleinen Zwiebelkuppel sind (Abb. 5.31; 5.32). Die Turmkonstruktion ist bis oben im gesperrten Blockverband gezimmert. Besonders interessant ist die ebenfalls in gesperrtem Blockbau ausgeführte Konstruktion der Kuppel (Abb. 3.22).

Die Georgskirche im Dorfe Werschiny (Abb. 5.28; 5.33) ist der Kirche aus Ljawlja sehr ähnlich. Der wuchtige achteckige Turmbau, überragt von dem kuppelgekrönten Helm, ist durch ein breites Gesims abgesetzt. Kuppel und Turmhelm sind mit Schindeln gedeckt, mit Ausnahme des untersten, bretterverkleideten Helmkranzes, dessen breites Band den Helm trotz seiner wuchtigen Größe schwebend leicht erscheinen läßt. Die Wände des Achtkants sind von kleinen, dreiseitig gefaßten Fenstern durchbrochen. An der Westseite ist der Kirche eine zweiläufige überdachte, auf einem Sockelkasten ruhende Freitreppe vorgelagert (Abb. 5.29).

Zu den alten Turmkirchen «Achtkant über Vierkant» gehört die 1650 erbaute Barbara-Kirche des Kirchspiels Jandomosero in Saoneshje (datiert nach der Inschrift in einem Prozessionskreuz).[62] In ihrem heutigen Zustand erscheint sie uns als Kirche aus mehreren verschieden alten Anbauten, bestehend aus der eigentlichen Kirche, dem Refektorium, dem Vorraum und einem Verbindungsgang zu Freitreppe und Glockenturm[63] (Abb. 5.34). Der Zeitpunkt ihrer Entstehung läßt sich aus den unterschiedlichen Bauweisen ableiten: verschiedenartige Eckverbände der Blockkränze, Einbindungen der Fenster- und Türpfosten, Dachkonstruktionen, Altargestaltungen. Abb. 5.35 zeigt die drei Etappen der Entstehung der heutigen Kirche.

Datierungshilfen sind die dreiseitig gefaßten Pfostenfenster mit schrägen unteren Einbindungen, wie sie im Refektorium, im Katholikon und im Altarraum vorge-

5.30
Darstellung einer Holzkirche im Pskower «Ustaw» (Gesetzbuch), 12. Jh.

5.31
Kielförmiges Tonnendach über dem Altarraum der Nikolai-Kirche in Ljawlja

5.32
Pfostenfenster der Nikolai-
Kirche in Ljawlja

funden wurden, die Schiebefenster, deren Spuren in Refektorium und Katholikon zu erkennen sind, sowie die frühzeitliche Konstruktion des Turmhelms. Später wurde anstelle der Vortreppe eine Vorhalle an das Refektorium angebaut. Wahrscheinlich zur selben Zeit wurde auch das Dach des Refektoriums um 50 cm angehoben, damit es mit dem Vorhallendach in einer Höhe liegt. Von diesem Umbau zeugen die in der Wand des Kirchenvierkants verbliebenen Spuren alter Verbände. Die verschränkten Eckverbände des Vorhallenbaus und seine jüngere Balkenlage erlauben es, diesen Anbau etwa um die Mitte des 18. Jh. zu datieren. Noch später wurde der Glockenturm mit dem Verbindungsgang und der neuen Vortreppe errichtet, was aus der Asymmetrie der neuen Freitreppe zu schließen ist, die in dieser Form nicht früher als der Glockenturm gebaut werden konnte. Die Konstruktion des Glockenturms läßt wiederum den Schluß zu, daß dieser in der 2. Hälfte des 18. Jh. erbaut wurde. Dafür sprechen die rechtwinklige Pfosteneinbindung der dreiseitig gefaßten Fenster sowie auch die Einbindung der acht Stützen des Glockenraums mit den darüber liegenden Blockkränzen und die Befestigungsart der Mittelstütze des Turmhelms unterhalb des Glockenhauses. Somit ist gegen Ende des 18. Jh. der Entstehungsprozeß dieses gestalterisch sehr interessanten Ensembles der Turmkirche und des malerisch danebengesetzten Glockenturms abgeschlossen (Abb. 5.36). Außen- und Innenarchitektur dieser Kirche sind kennzeichnend für die Saoneshjer Schule des 17. Jh. Der Längsschnitt durch die verschiedenen Gebäudeteile (Abb. 5.37) zeigt deren Konstruktion.

Der Architektur der Barbara-Kirche sind etliche spezifische Merkmale eigen, die die Arbeiten der Baumeister dieser Gegend kennzeichnen: die Proportionen ihres Grund- und Aufrisses beruhen auf dem Verhältnis der Seite eines Quadrats zu seiner Diagonale sowie auf einem bestimmten Modul (0,5 Große Sashen). Die Gesamthöhe des Vierkants mit den Seitenverhältnissen 1:1,5 und des Achtkants ist gleich der Höhe des Turmhelms mit der Kuppel (ohne Kreuz).

Die Gestalt dieser Kirche ist vollendet und ausgewogen. Ein nach den Spuren alter Einkerbungen wiederhergestellter Winkelstabfries umgibt wieder die obere Partie des Achtkants (s. Abb. 5.35). Weiter unten verläuft ein zweiter dekorativer Fries. Er ist mit der Kirche durch einen überdachten Gang verbunden.

Die Architektur der Kirche wurde 1860 durch Renovierungen verunstaltet.[64] Sie wurde mit Latten verkleidet, ihre Fenster vergrößert, die Zwiebelkuppeln mit Blech beschlagen, die Verkleidung des Achtkants wurde mit Bogenfenstern bemalt. Entsprechende «Neuerungen» wurden damals auch im Innern der Kirche vorgenommen. Heute ist die Kirche weitgehend restauriert.

Zu den Werken höchster Vollendung der Holzbaukunst des russischen Nordens zählt die 1774 am Ufer der Tschupabucht des Onegasees in der Ortschaft Kondopoga erbaute Mariä-Himmelfahrts-Kirche. Auch hier finden wir den gleichen traditionellen, der Saoneshjer Schule eigenen Aufbau vom Grund- und Aufriß einer Turmkirche (Abb. 5.38; 5.39).

Mit ihren ausgewogenen Proportionen gehört sie zu den Meisterwerken der Holzbaukunst und ist eine der monumentalsten Kirchen Nordrußlands. Die Aufteilung der Höhe des Turmschaftes (ohne Helm) zwischen Vier- und Achtkant erfolgte im Verhältnis 2:1. Der ganze Turm hat, einschließlich Helm, die für Turmkirchen außergewöhnliche Höhe von 45 m bis zum Kuppelansatz. Jedoch resultiert die monumentale Wirkung nicht allein aus der großen Höhe und den harmonischen Proportionen des Turms, sondern auch aus der meisterhaften Herausbildung konstruktiver und dekorativer Einzelheiten. Beachtenswert in diesem Zusammenhang ist der Achtkant, der sich aus zwei Achtkanten zusammensetzt, die durch eine vom Winkelstabfries verdeckte Hohlkehlbuchtung miteinander verbunden sind. Zweifellos wurde damit eine große Bereicherung der ansonsten monotonen Turmsilhouette erreicht. Weitere Elemente sind mitbestimmend für die baukünstlerische Wirkung des Bauwerks, so z. B. die kleinen mit malerischem Feingefühl über die Blockwandflächen verteilten Pfostenfenster und die großartigen Treppenaufgänge, deren Podeste auf kraftvollen Konsolen ruhen.

Bei der Gestaltung der Innenräume ließ man, ebenso wie bei den Fassaden, Zurückhaltung walten; beeindruckend ist der Raum des Refektoriums, dessen Decke

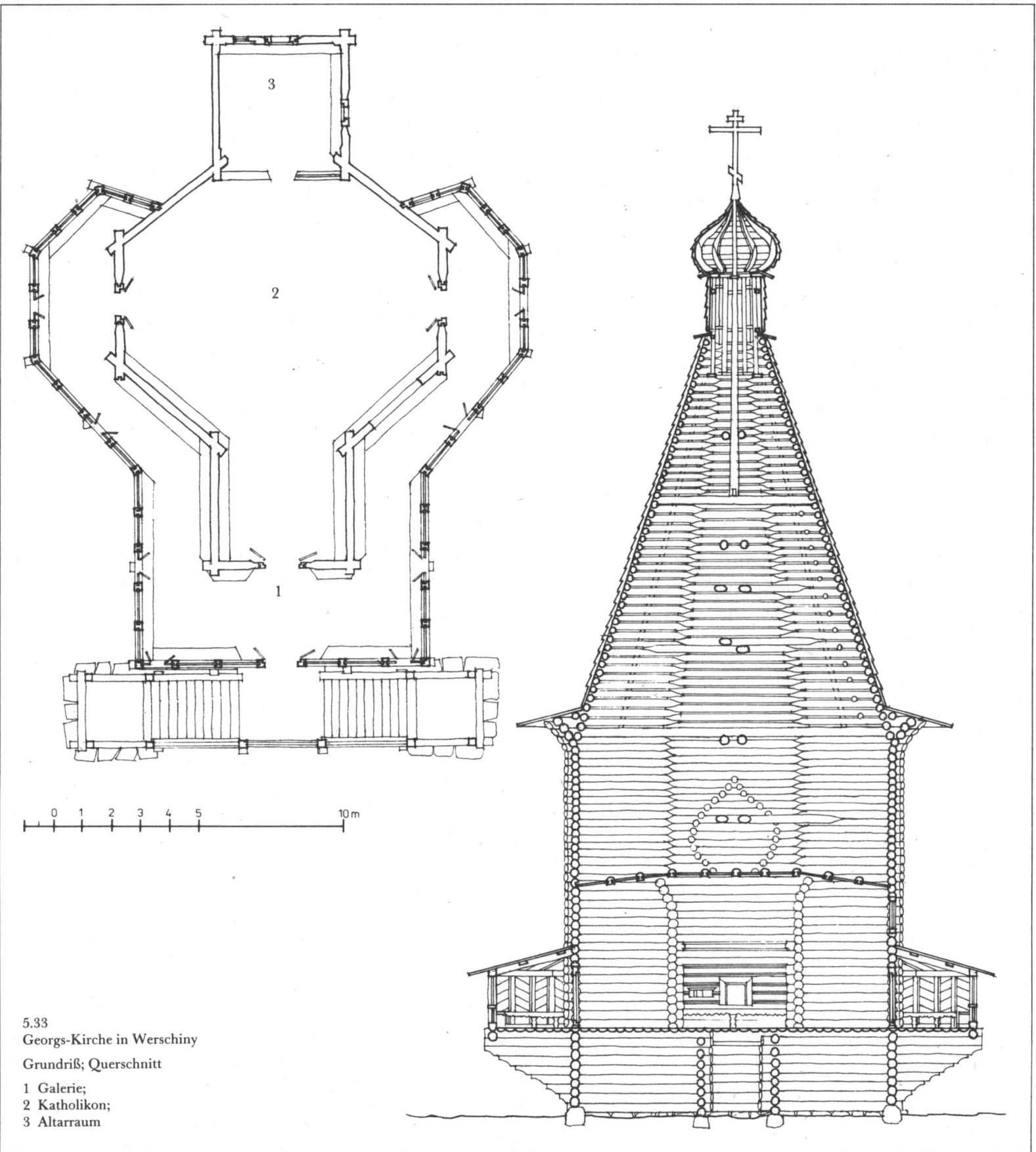

5.33
Georgs-Kirche in Werschiny

Grundriß; Querschnitt

1 Galerie;
2 Katholikon;
3 Altarraum

0 1 2 3 4 5   10 m

von zwei starken, mit geschnitzten Konsolen versehenen Pfeilern getragen wird.

Eine interessante bauliche Gruppe von Kirchen bilden die im Nordwesten Rußlands, in den ehemaligen Gouvernements Archangelsk, Olonez, Wologda und Kostroma anzutreffenden mehrtürmigen Kirchen. Es sind dies zwei-, drei- und fünftürmige Kirchen. Die Grundrisse sind in der Form einfacher Rechtecke, Kreuze, Rechtecke mit Anbauten und auch Achtecke mit Anbauten (der sog. Zwanzigwändebau).

Gegenwärtig sind der Forschung zwei erhaltene zweitürmige Holzkirchen bekannt: die Mariä-Erscheinungs-Kirche (1747), Uchtomskoje (heute: Ucht ma), und die Basilius-Kirche, genannt «Der Große Basilius», in Schochna (Abb. 5.40).

Einer besonderen Gruppe von Doppelturmkirchen lagen asymmetrische Kompositionen zugrunde. Dabei handelte es sich ursprünglich um Zwillingskirchen mit verschieden großen Räumen und Turmhelmen. Derart gestaltet war z. B. die 1789 erbaute Elias-Kirche im Juromer Kirchspiel, Kreis Mesen, Geb. Archangelsk.

Bedeutend zahlreicher waren die recht verschieden gestalteten dreitürmigen Kirchen, von denen heute noch einige vorhanden sind, wie die auf kreuzförmigem

Grundriß erbaute Mariä-Geburts-Kirche in Peredki (Abb. 5.41), die inmitten des großen Dorfes am Hochufer der Bystriza steht. Bereits im 16. Jh. wurde sie erwähnt, worauf Inschriften auf zwei ihrer Glocken hinweisen. Auf einer ihrer Glocken steht, daß sie 1539 gegossen wurde, auf der anderen werden unter der Jahreszahl 1566 Kloster und Kirche zur Geburt der Muttergottes in Peredki genannt. Demnach muß die Kirche dieses Klosters bereits vor 1539 erbaut worden sein.

Dem Raumgefüge der Mariä-Geburts-Kirche liegt ein Achtkant über kreuzförmigem Grundriß zugrunde. Im Ostflügel liegt der Altar, der von zwei weiteren Altaren flankiert ist. Am Westflügel liegt der Eingang, unter den Türmen befindet sich das Katholikon. Die Kirche steht auf einem bis 4 m hohen Untergeschoß und ist an drei Seiten von einer Galerie umgeben (Abb. 5.42). Vor dem Westflügel liegt die weit hervortretende dreiflügelige Vortreppe.

Eine Besonderheit dieser Kirche ist ihr Grundriß, dessen Seitenflügel sich zur Mitte hin verbreitern. Von außen gesehen, wird die Plastik des Gebäudes betont, während im Inneren der Hauptraum an Fläche gewinnt.

Eigenwillig ist die Überdeckung der Kirche. Ihre Kreuzflügel liegen unter Satteldächern. Der Vierung ist

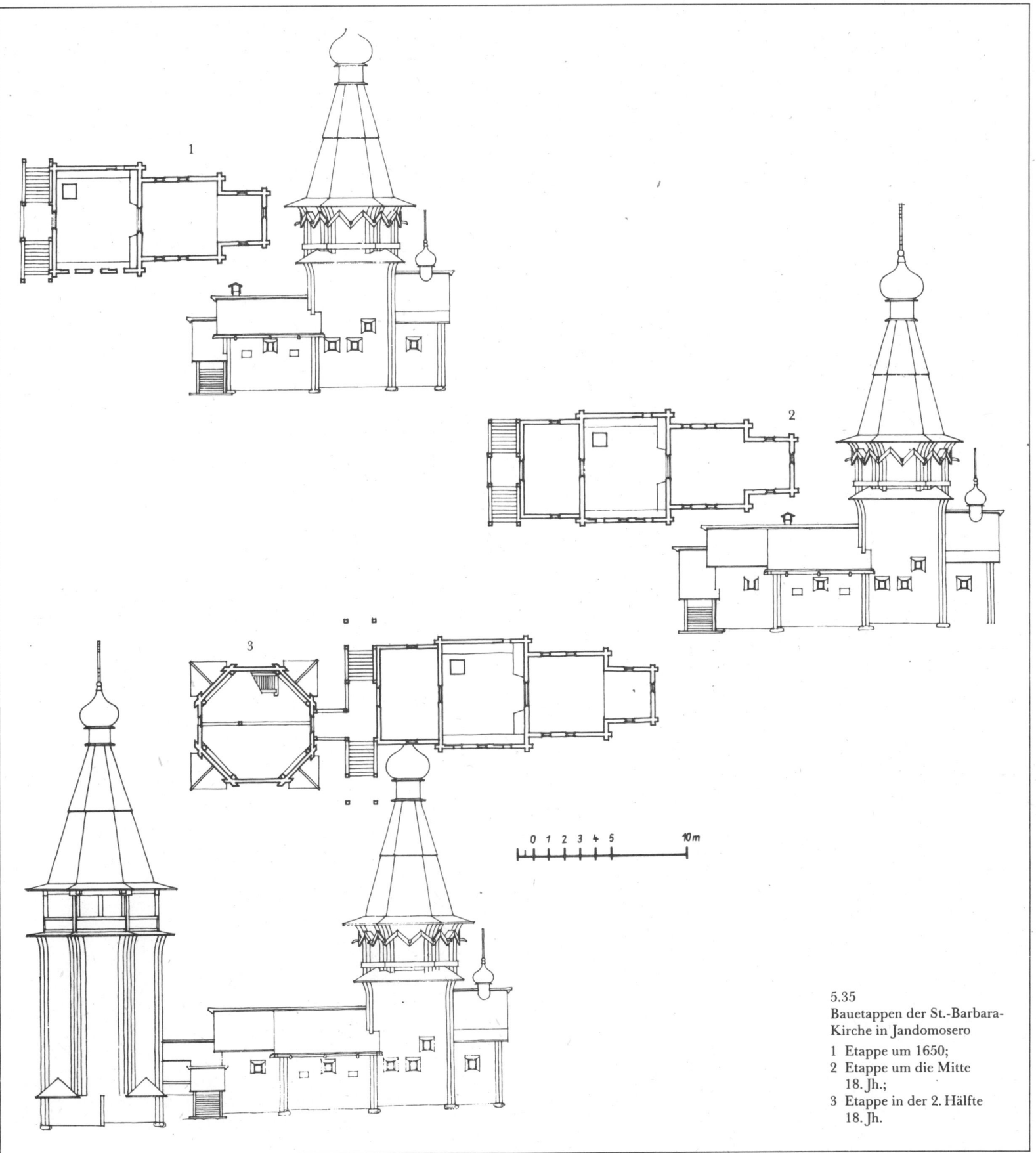

5.35
Bauetappen der St.-Barbara-
Kirche in Jandomosero

1 Etappe um 1650;
2 Etappe um die Mitte
   18. Jh.;
3 Etappe in der 2. Hälfte
   18. Jh.

Sakralbauten und Festungsanlagen

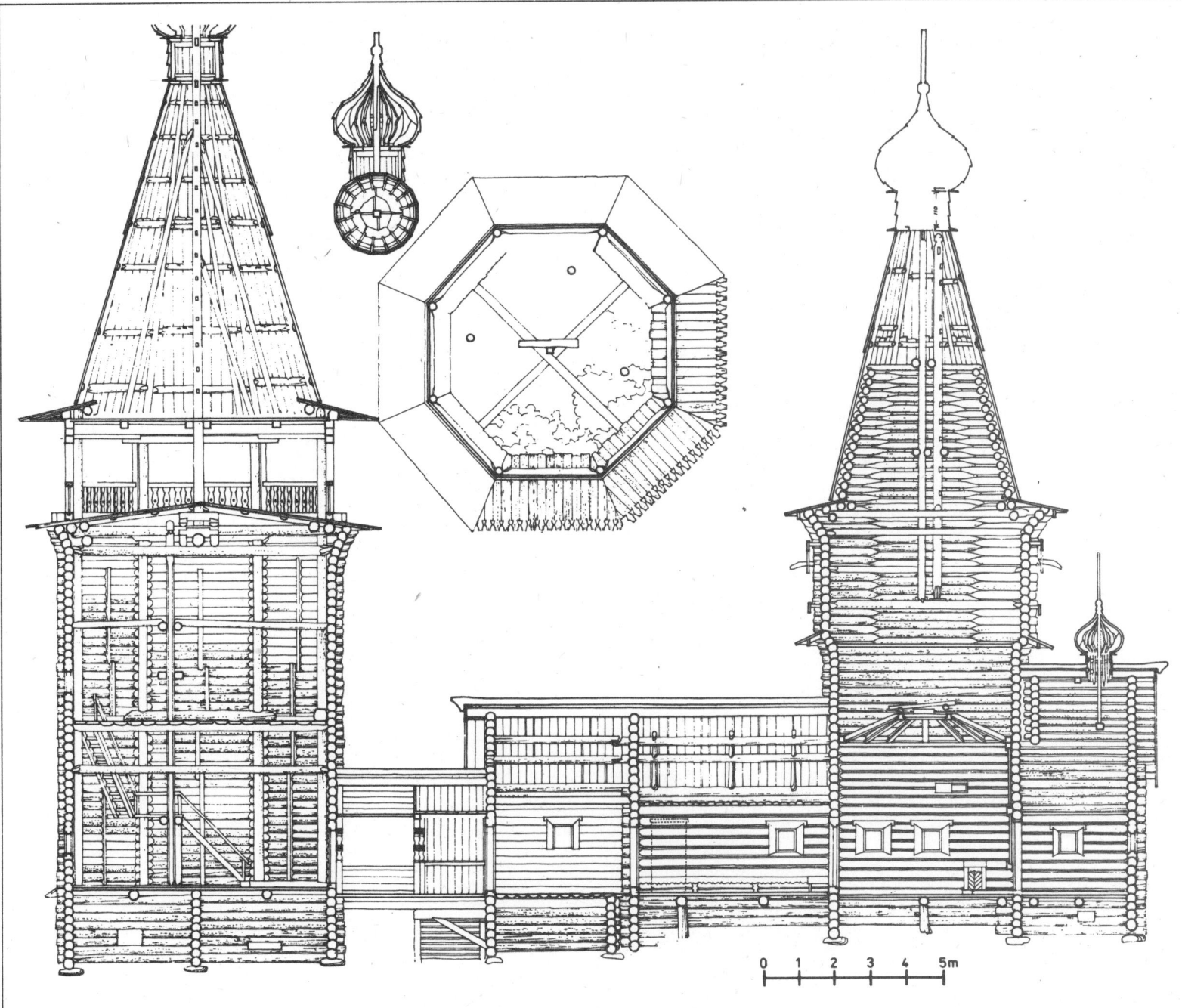

5.37
St.-Barbara-Kirche in
Jandomosero; Längsschnitt

Seite 178:

5.36
St.-Barbara-Kirche in
Jandomosero; Blick vom
Glockenturm zum Turm über
dem Katholikon

Sakralbauten und Festungsanlagen

5.40
Doppelturm-Kirche
St. Basilius in
Schochna,
Kr. Nerechta,
Geb. Kostroma

Sakralbauten und Festungsanlagen

5.41
Christi-Geburts-Kirche in
Peredki (16. Jh.), Kr.
Borowitschi, Geb. Nowgorod

5.43
Christi-Himmelfahrts-Kirche
in Kuschereka, Onega-Kreis,
Geb. Archangelsk

5.42
Galerie an der Südfront
der Christi-Geburts-Kirche
in Peredki

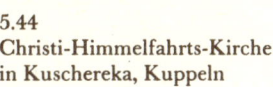

5.44
Christi-Himmelfahrts-Kirche
in Kuschereka, Kuppeln

5.45
Mariä-Himmelfahrts-Kathedrale in Kem, Karelien

ein wuchtiger Achtkant aufgesetzt, der den von einer gedrungenen Zwiebelkuppel gekrönten Turmhelm trägt. In die Satteldächer des Nord- und Südflügels sind kleinere Achtkante mit Turmhelmen eingebunden. Die Dreiturmanlage der Kirche ist vorwiegend auf die Betrachtung von Süden oder Norden orientiert.

Die Mariä-Geburts-Kirche wurde im 19. Jh. mehreren Renovierungen unterzogen, die ihre ursprüngliche Form verunstalteten. 1967 wurde sie in das Freilichtmuseum Witoslawizy bei Nowgorod übergeführt, restauriert und im ursprünglichen Zustand wieder aufgebaut.

Weitbekannt ist die 1711 bis 1717 erbaute dreitürmige Bischofskirche in der karelischen Stadt Kem. Das Bauwerk steht am Hochufer der von zwei Armen des Kem-Flusses gebildeten Lep-Insel. Es setzt sich zusammen aus drei einzelnen, zu einem Baukörper vereinigten Turmkirchen: der mittleren Erlöserkirche, der südlichen Nikolai- und der nördlichen Sosimus-und-Sabbas-Kirche. Alle drei Kirchen sind als Achtkant über Vierkant aufgeführt, denen ein gemeinsames geräumiges Refektorium vorgelagert ist, dessen Innenraum von zwei schnitzereigeschmückten Pfeilern halbiert wird.

Vor dem Refektorium liegt der galerieartige Vorraum. Die fünfwändigen Altarräume aller drei Kirchen tragen Tonnendächer (Abb. 5.45).

Die Bischofskirche in Kem teilte das Schicksal der meisten Holzbaudenkmäler, die Mitte des 19. Jh. Renovierungen und Umbauten unterzogen wurden. In letzter Zeit wurde sie restauriert und hat ihre ursprüngliche Form größtenteils wiedererlangt.

Eine weitere Entwicklungsstufe der mehrtürmigen Kirchen stellt die Überbauung eines Achtkantgrundrisses mit vier Anbauten dar, wobei fünftürmige Bauwerke entstanden. Zu diesem Bautyp gehört die Dreifaltigkeitskirche in Nenoksa. Ihr mehr als 20 m hoher Mittelturmhelm ist als Sparrenkonstruktion aufgeführt, die mit dem «Himmel» verbunden ist, der ungefähr annähernd die Form einer flachen achteckigen Kuppel hat, auf deren Scheitel die Mittelstütze des Turmhelms aufsitzt (Abb. 5.46).

Zu den neueren Entwicklungen gehört auch eine Form von Turmkirchen, die im Bereich der Flüsse Pinega und Mesen anzutreffen sind: Türme über gekreuzten Tonnendächern. Auch hier lassen sich einheitliche

5.46
Querschnitt der Dreifaltig-
keitskirche im Kloster
Nenoksa, Primorski-Kreis,
Geb. Archangelsk
(nach *W. Suslow*)

0 1 2 3 4 5m

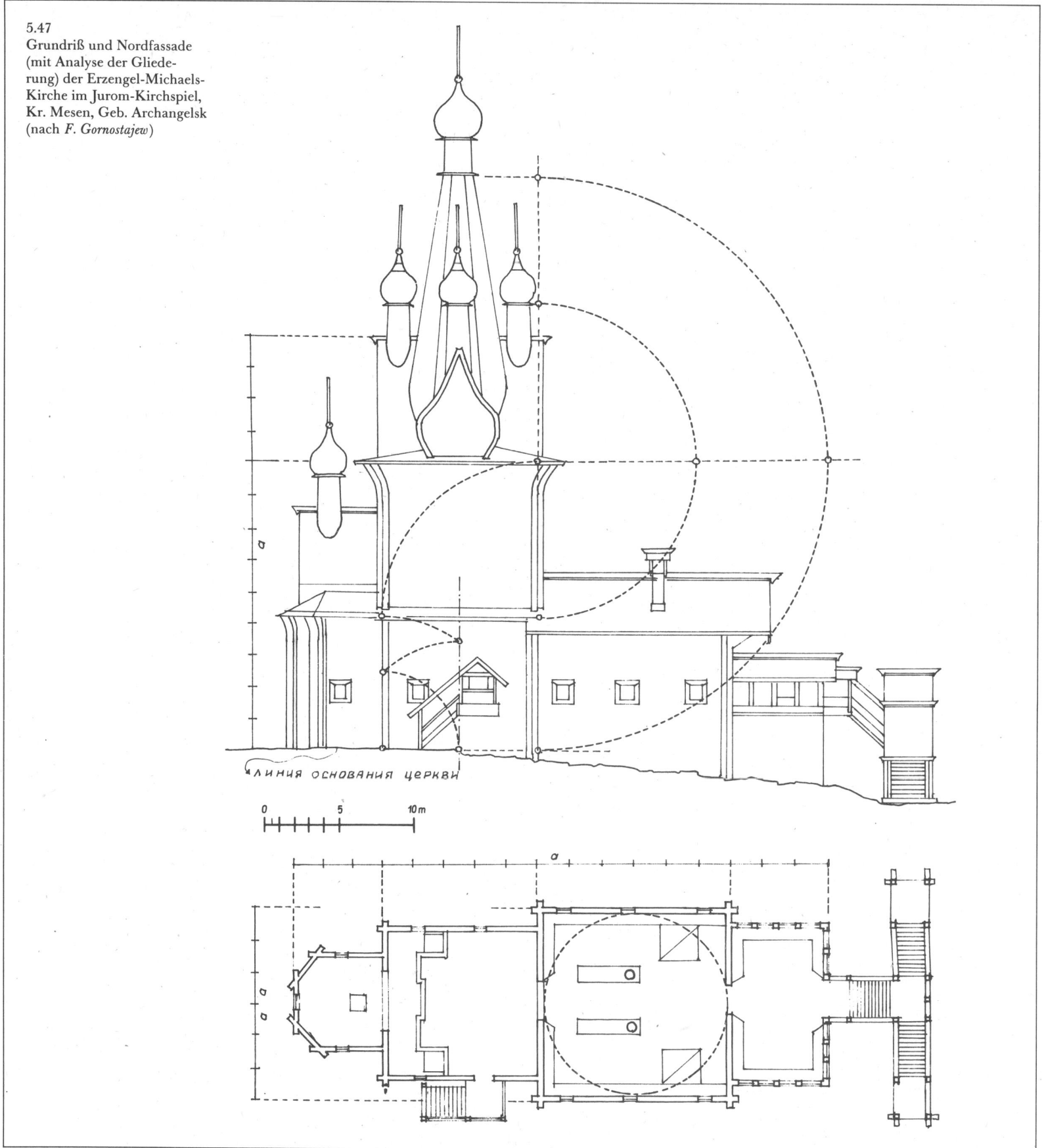

5.47
Grundriß und Nordfassade
(mit Analyse der Gliede-
rung) der Erzengel-Michaels-
Kirche im Jurom-Kirchspiel,
Kr. Mesen, Geb. Archangelsk
(nach *F. Gornostajew*)

линия основания церкви

0   5   10 m

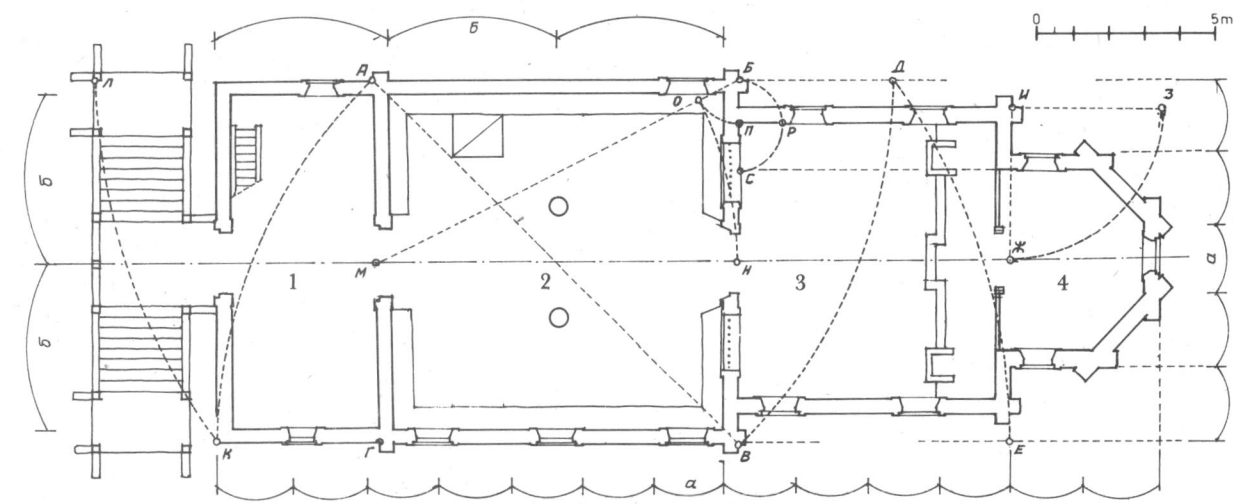

5.48
Grundriß (mit Gliederungs-
analyse) der Kirche zur
Hl. Jungfrau in Kimsha
(18. Jh.), Kr. Mesen, Geb.
Archangelsk

a = 1 Sashen (2,13 m)

1 Vorraum;
2 Refektorium;
3 Katholikon;
4 Altarraum

5.49
Nordwestansicht der Turm-
krönung der Kirche zur
Hl. Jungfrau in Kimsha

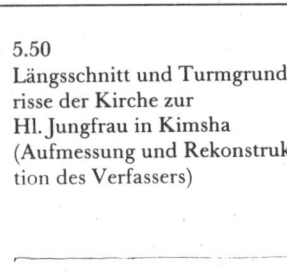

5.50
Längsschnitt und Turmgrund-
risse der Kirche zur
Hl. Jungfrau in Kimsha
(Aufmessung und Rekonstruk-
tion des Verfassers)

a) Aussteifungen;
b) Tonnen-Blockkränze;
c) Turm-Mittelstütze;
d), e) Befestigung der Trommelstäbe an den Trommel-
reifen;

f) desgl. im Turm;
g) Stützbohlen der Trommelstäbe;
h) Befestigungen der
Mittelstützen der Seiten-
kuppeln

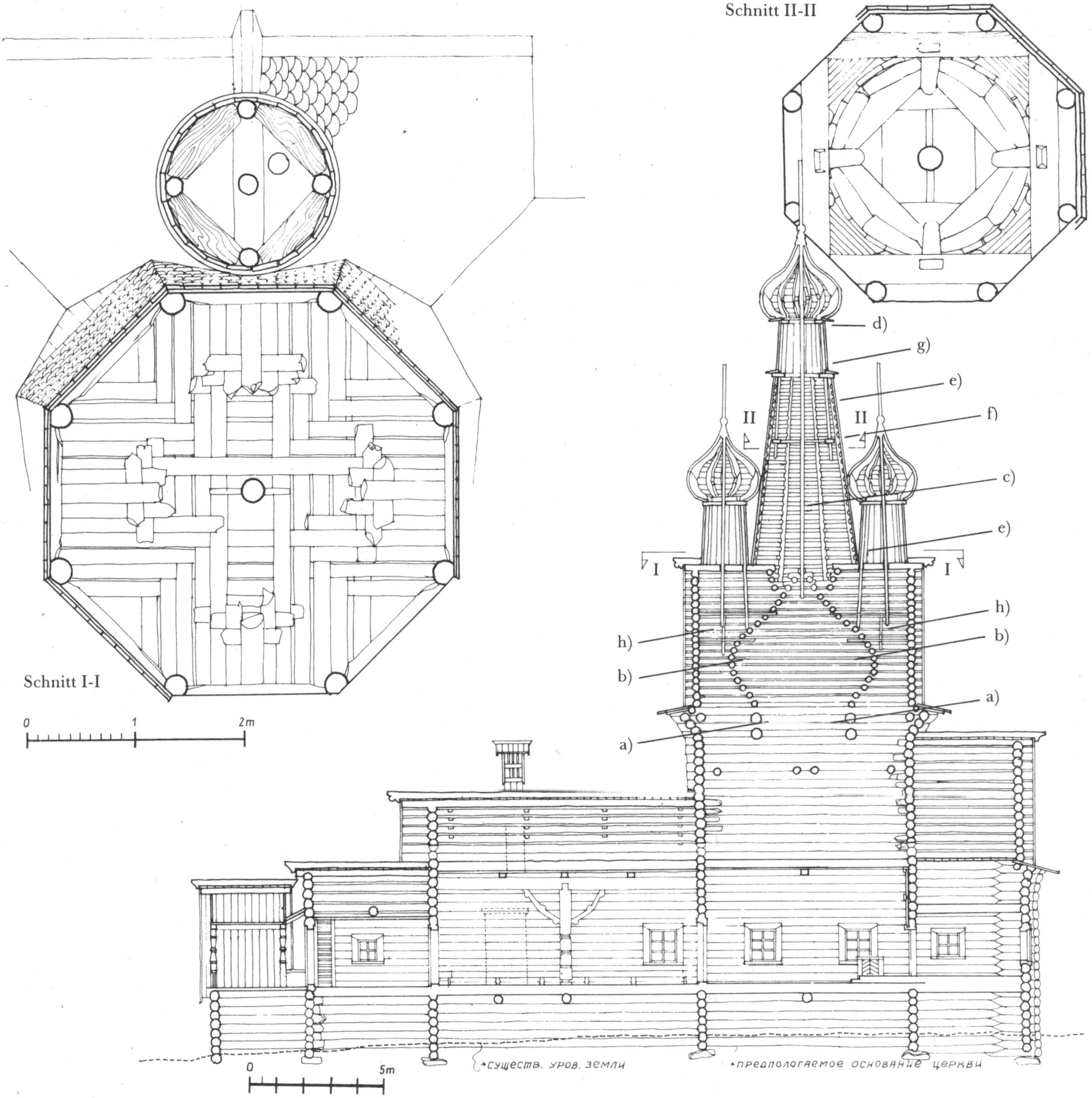

Schnitt II-II

Schnitt I-I

0   1   2m

II

II

d)
g)
e)
f)
c)
e)
h)
h)
b)
b)
a)
a)

I   I

0   5m

существ. уров. земли   предпологаемое основание церкви

Prinzipien von Aufbau und Komposition erkennen. Wahrscheinlich wirkte hier ein und dieselbe Zimmermannsinnung. Deshalb sind wohl die Kirchen in Pinega und Mesen in ihren Grundrissen und besonders in der Lösung der Turmbedeckungen einander so ähnlich. Vergleichen wir zwei dieser Kirchen, die nicht allzuweit voneinander entfernt stehen: die 1685 erbaute Erzengel-Michaels-Kirche[65] im Juromer Kirchspiel (Abb. 5.47) und die 1700 bis 1763 erbaute Kirche zur Hl. Jungfrau in Kimsha (Abb. 5.48), so erscheinen beide Kirchen – bis auf die Größe – einander so ähnlich, daß es schwerfällt, deutliche Unterschiede herauszufinden; sowohl in der Grundrißgestaltung als auch dem äußeren Anblick nach. Auch die Gestaltung der Innenräume beider Kirchen ist in ihren Grundzügen ähnlich, so die hohen Fenster in den Wänden zwischen Refektorium und Katholikon mit ihren eigenwillig ornamentierten schmiedeeisernen Gittern wie auch im Refektorium die beiden prachtvollen Stützpfeiler mit ihren geschnitzten Konsolen. Vorraum und Refektorium haben gewöhnliche Pfettendächer, während der Altarraum ein Tonnendach trägt. Die Jungfrauenkirche[66] steht auf einem hohen Untergeschoß. Der hohe (Seitenverhältnis 1:1,5) Vierkant der Kirche in Kimsha trägt einen Turmhelm, der auf den sich kreuzenden Tonnendächern ruht. Die Vierung besteht aus zwei einander durchdringenden Kielbogendächern, über deren Schnittpunkt der Turmhelm aufragt, umgeben an vier Seiten von Kuppeltürmchen, die auf den Scheiteln der Tonnendächer ruhen (Abb. 5.49). Turmhelm und Kuppeltürmchen sind mit Schuppenschindeln gedeckt.

Die Jungfrauenkirche ist ein Bauwerk von außerordentlicher Festigkeit. Ihre Wände sind aus kernigen, 37 bis 42 cm starken Lärchenstämmen gezimmert. Die verschiedenen kleineren Bauteile und Verbindungsstücke sind aus Kiefer oder Tanne mit einer im Holzbauwesen

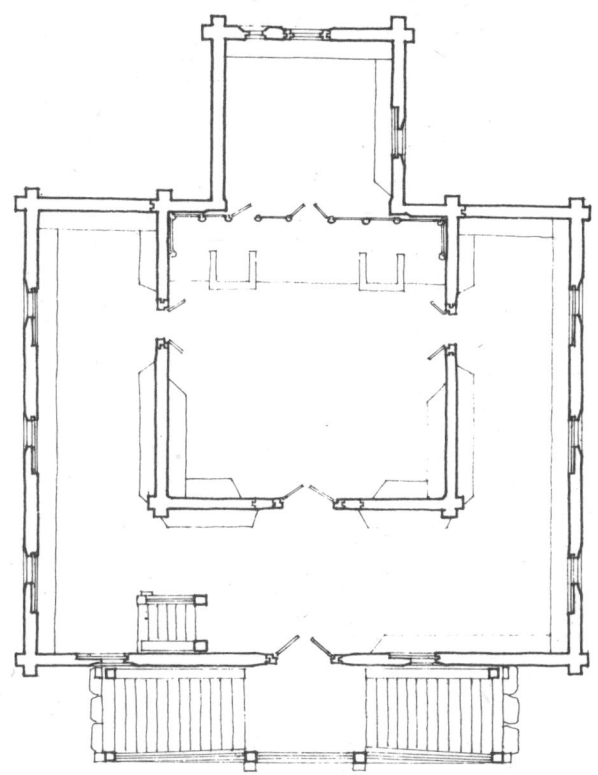
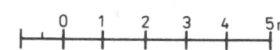

5.51
Grundriß der Christi-Himmelfahrts-Kirche in Kuschereka

seltenen Präzision gearbeitet. Besonders bewunderungswürdig sind jedoch die Dach- und Turmhelmkonstruktionen. Äußerst schwierig sind die Verschränkungen der sich einander durchdringenden Kielbogendächer sowie die Einbindungen der Helmsparren und Nebenkuppeln in die Tonnendächer (Abb. 5.50).

Die Betrachtung der Jungfrauenkirche veranschaulicht die Eigenständigkeit der Mesen-Pinegaer Bauschule, der aller Wahrscheinlichkeit nach auch die Juromer Kirche zuzuschreiben ist.

Es ist nicht mehr festzustellen, durch welche Umstände die neue eigenartige Dachform von Holzkirchen über quadratischem (seltener achteckigem) Grundriß entstand. Sie bestand aus vier Halbtonnenwulsten, die über der Gebäudemitte in einer Spitze ausliefen. Diese Dachform erhielt die Bezeichnung «Kubus». Einer der Gründe für ihr Aufkommen lag möglicherweise im Verbot der Errichtung von Turmkirchen, und vielleicht hat unter den verschiedenen machbaren geometrischen Formen des Dachabschlusses der «Kubus» am ehesten dem Kunstempfinden des Volkes entsprochen. Solche «Kubusdächer» wurden sehr verschiedenartig gestaltet. Es entstanden ein-, fünf- oder neunkuppelige Kirchen, deren Überdeckung sehr dekorativ wirkte, ohne dabei einen besonderen konstruktiven Sinn zu haben. Kubuskirchen wurden vorwiegend im nordwestlichen Teil Rußlands errichtet.

Eine Sonderstellung unter den Kubuskirchen nimmt die 1669 erbaute Himmelfahrtskirche in Kuschereka ein (Abb. 5.43; 5.51). Die Kirche besteht aus dem hohen auf quadratischem Grundriß aufgeführtem Blockgehäuse des Katholikons. Es ist überdeckt von einem vierseitigen «Kubus», den fünf auf kleinen Tonnendächern ruhende Zwiebelkuppeln krönen (Abb. 5.44). Auf drei Seiten ist das Katholikon vom Refektorium umgeben, dessen zweistöckige Westseite mit einem Satteldach gedeckt ist. Der quadratische Altaranbau hat ein Kielbogendach, dessen First ein geschnitzter Holm schmückt.

Die Himmelfahrtskirche ist repräsentativ für weitere Kirchen mit Kubus-Dach, die an den Ufern des Onega anzutreffen sind. Der große Vierkant (Breite:Höhe = 1:2) ist ein wohlproportionierter Unterbau für das kraftvolle Kubus-Dach und steht in gutem

«Kubus»- und stufenförmige Kirchen

5.52
Westansicht der Christi-Verklärungs-Kirche in Kosljatjewo, Geb. Wladimir

sprechend mehr Kanten, ausgebildet sind und eher schon an Kuppeln erinnern.

Eine eigene Gruppe bilden die Stufenkirchen[67], deren Bau wahrscheinlich ebenfalls mit Patriarch *Nikons* Reformen zusammenhing, wenngleich auch, nach Archivquellen zu urteilen, einzelne stufenförmige Bauten bereits vor der Reform errichtet wurden. In größerer Zahl wurden sie jedoch erst in der zweiten Hälfte des 17. und besonders im 18. Jh. gebaut.

Während dem Aufbau der Kubuskirchen statische Prinzipien zugrunde liegen, tritt bei den Stufenkirchen die Höhenentwicklung in den Vordergund.

Der unterste Achtkant ruht auf dem massiven Baukörper (Acht- oder Vierkant, kreuzförmig usw.) des Katholikons der Kirche. Der obere Teil besteht aus mehreren aufeinandergesetzten, sich verjüngend abstufenden Achtkanten. Die oberste Stufe wird im allgemeinen mit einer Zwiebelkuppel gekrönt. In etlichen Fällen wurde die bauliche Komposition der Stufenkirchen bereichert durch angegliederte Baukörper, Kielbogendächer usw.

Eine der schönsten Stufenkirchen ist die im 18. Jh. errichtete Christi-Verklärungs-Kirche in Kosljatjewo (Abb. 5.52). Den dominierenden Baukörper bilden drei nach oben abgestufte, gleich proportionierte Achtkante, deren unterster auf dem kreuzförmigen Katholikon der Kirche ruht. Der oberste Achtkant wird, wie auch die Tonnendächer des südlichen und nördlichen Kreuzarmes, von schindelgedeckten Zwiebelkuppeln gekrönt.

Auf einem anderen Kompositionsprinzip beruht die Nikolai-Kirche in Wyssoki-Ostrow. Sie entstand 1757, zur Zeit stärkster Entfaltung des Baus von Stufenkirchen. Dieses Bauwerk ist von beachtlicher Größe; die Höhe ihres stufenförmigen Teils mißt 22,2 m.

Die Nikolai-Kirche hat einen langgestreckten Grundriß, in dem sämtliche Räume streng an der Längsachse ausgerichtet sind. Den Aufbau der Kirche kennzeichnet eine recht komplizierte Raum- und Massenkomposition (Abb. 5.53). Über dem Hauptvierkant des Katholikons liegen drei abgestufte Achtkante, dessen obersten eine kleine Zwiebelkuppel krönt. Östlich schmiegt sich eine fünfseitig geschlossene Altarapsis an, im Westen liegen das Refektorium und der Vorraum, die von einem ebenfalls stufenförmigen Glockenturm überragt werden. Auffallend sind an diesem Bauwerk die verschieden gestalteten Eckverbände der Blockwände; die im unteren Gebäudeteil verkämmt, bei den krönenden Aufbauten dagegen verschränkt sind.

Wiederum anders gestaltet ist die aus dem 17. Jh. stammende Nikolai-Kirche in Mjakischewo (Abb. 5.54). Ungewöhnlich ist die Verschmelzung von Stufenform und kreuzförmigem Grundriß. Die strenge Anordnung wird aufgelockert durch einen asymmetrischen Galerieumgang (Bettellaube), der nur die West- und Nordseite umspannt. Diese Asymmetrie wird von der Vortreppe

Verhältnis zu den anschließenden Bauten. Der daneben stehende Glockenturm wurde erst später errichtet.

Zu Beginn der 70er Jahre unseres Jahrhunderts wurde die Kirche demontiert und in das Archangelsker Holzbaumuseum übergeführt, wo sie von Grund auf restauriert wurde, wobei auch das den Bau umgebende Refektorium mit seiner Vortreppe wiederhergestellt wurde. Es muß erwähnt werden, daß es eine Anzahl von Kirchen gibt, deren Überdachungen dem «Kubus» ähneln und doch von ihm zu unterscheiden sind. Es sind dies Kirchen mit sechs- oder achteckigen Grundrissen, deren Dächer nach Art des «Kubus», jedoch mit ent-

5.55
Kuppeln der Mariä-Schutz-
Kirche, Kirchspiel Kishi,
Saoneshje

5.53
Südansicht der Nikolai-
Kirche in Wyssoki-Ostrow,
Kr. Okulowka, Geb.
Nowgorod

5.54
Nikolai-Kirche in Mjaki-
schewo, Kr. Chwoinaja, Geb.
Nowgorod

verstärkt. Galerie und Treppenpodest werden von einem hohen Blockkasten getragen.

Die stufenartige Anordnung verschieden hoher Satteldächer mit ihren Schmuckelementen, den Stirnleisten, Giebelfähnchen, Firstholmen, wie auch der Schiebeluken und Pfostenfenster verleihen dieser Kirche einen außerordentlichen Reiz.

Vielkuppelige Kirchen

Sie verkörpern den höchsten Entwicklungsstand der Zimmermannskunst im Holzkirchenbau. Derartige Kirchen entstanden seit dem 17. Jh. Seither errichtete man die mit vielen Kuppeln gekrönten Kirchen, wobei solche mit abgestuftem oder mit gleichmäßig emporragendem Baukörper am meisten verbreitet sind.

Zu den einfachsten gehört die 1688 erbaute mehrkuppelige Darbringungskirche in Saostrowje. Ihrem annähernd würfelförmigen Hauptbaukörper sind östlich der Altarraum, westlich ein Vorraum angegliedert. Beide sind mit Tonnendächern gedeckt. Katholikon und Vorraum sind von einer Galerie umgeben (Abb. 5.56). Der kuppelgekrönte Turmhelm wird von acht an den Seiten der Quadratfläche stehenden Zwiebelkuppeln umgeben. Eine ganz andere Anordnung von neun Kuppeln zeigt die 1793 erbaute Christi-Erscheinungs-Kirche des Kirchspiels Ljadin, deren Katholikon von einem «Achtkant über Vierkant» mit achtseitigem kegelförmigem Dach gebildet wird. Von den die Kirche krönenden neun Kuppeln stehen fünf auf dem Achtkant und vier auf den hervorspringenden Ecken des Vierkants (Abb. 5.57). Der obere Abschluß dieser Kirche erscheint jedoch architektonisch unvollendet, da die oberen fünf Kuppeln wie zufällig, ohne Absätze, aus dem Kegeldach ragen. Zudem scheint das Verhältnis des krönenden Teils zum Hauptkörper unvollkommen proportioniert.

Eine vollkommenere Anordnung zeigt die neunkuppelige Mariä-Schutz-Kirche im Saoneshjer Kirchspiel Kishi. Der Achtkant des Mittelturms wirkt allerdings etwas schwerfällig. Um so gelungener erscheint die leichte neunkuppelige Bekrönung (Abb. 5.55).

Die beheizte Mariä-Schutz-Kirche wurde 1764 erbaut. Der Gesamtkomposition nach gehört sie zum Typ der Turmkirchen, von denen sie sich aber durch ihre vielen Kuppeln unterscheidet. Neun bekrönen den Hauptbaukörper, eine zehnte das Tonnendach des Altaranbaus. Die Kirche könnte als eine Übergangsform von der Turm- zur Vielkuppelkirche angesehen werden. Eine Besonderheit ist die langgestreckte Rechteckform ihres Grundrisses, bestehend aus Vorraum, Refektorium, dem quadratischen Katholikon und der Altarapsis (Abb. 5.58). Ähnliche Grundrißformen kommen jedoch auch in anderen russischen Gebieten vor. So wurde im ehemaligen Nowgoroder Herrschaftsbereich in der Festung Staraja Ladoga zu Beginn des 18. Jh. die

bis heute erhaltene hölzerne Demetrius-Solunski-Kirche erbaut, deren Grundriß fast völlig dem der Mariä-Schutz-Kirche in Kishi gleicht.[68]

Die Innenräume der Kirche waren reizvoll und sorgfältig gestaltet: Glatt bebeilte Blockwandflächen des Refektoriums und der Vorhalle harmonisierten mit den starken Deckenbalken, den Fenster- und Türöffnungen, den schnitzereigezierten Wandbänken. Das Katholikon der Kirche ist höher als das Refektorium; die in zwei Ebenen liegenden Fenster sorgten für eine gute Beleuchtung des Raums, insbesondere der Ikonen und bemalten Leisten der Ikonostase. 1875 fiel die ursprüngliche Ikonostase einer Renovierung zum Opfer. Bei der Rekonstruktion 1955 wurde wieder eine Leistenikonostase nach Vorbildern aus anderen Saoneshjer Kirchen eingebaut (s. Abb. 3.90).

Das traditionelle Turmkirchenprinzip «Achtkant über Vierkant» kommt in der starken Vertikale des Turmschafts zum Ausdruck, die mit dem horizontalen Baukörper kontrastiert, was eigentlich einen Abschluß mit einem Turmhelm fordert.

Eine vom Verfasser vorgenommene eingehende Untersuchung der Kirche bestätigte, daß der Turmbau der Mariä-Schutz-Kirche früher wirklich einmal einen hohen Turmhelm trug. In der Konstruktion des oberen Teils der Kirche wurden Bauteile vorgefunden, die Reste einer früheren Helmdachkonstruktion darstellen. Weitere Untersuchungen zeigten, daß auch die heutige Vielkuppelbekrönung aus bereits gebrauchtem Bauholz gezimmert wurde.

Aufgrund einer Analyse der alten Konstruktionsreste und in Anlehnung an die üblichen Proportionen anderer Saoneshjer Turmkirchen wurde die ursprüngliche Gestalt dieses Baudenkmals zeichnerisch rekonstruiert. Abb. 5.59 zeigt, wie die Kirche ursprünglich ausgesehen haben mag.

Tatsächlich kann urkundlich belegt werden, daß die Mariä-Schutz-Kirche 1698, nach Vernichtung eines Vorgängerbauwerks[69] durch eine Feuersbrunst, in ihrer heutigen Grundform, jedoch als helmgedeckte Turmkirche errichtet wurde. Später, 1764, wurde die krönende Dachpartie der Kirche durch ihre heutige vielkuppelige Form ersetzt (Abb. 5.60).

Eine weitere Gruppe bilden die im russischen Norden anzutreffenden stufenförmigen vielkuppeligen Kirchen. In der Karelischen ASSR befinden sich im Saoneshje-Bereich die weltberühmte Christi-Verklärungs-Kirche im Kirchspiel Kishi, die weniger bekannte Dreifaltigkeitskirche des Klimetzker Klosters; im Onega-Kreis die Johannes-des-Täufers-Kirche in Schuja sowie im Geb. Wologda die Mariä-Schutz-Kirche in Anchimowo, Kreis Wytegra.

Diese vielkuppeligen Kirchen sind aufgebaut aus abgestuften übereinander gesetzten Vier- oder Achtkan-

Seite 193:

5.56
Christi-Darbringungskirche in Saostrowje, Primorski-Kreis, Geb. Archangelsk

Grundriß; Westfassade; Längsschnitt

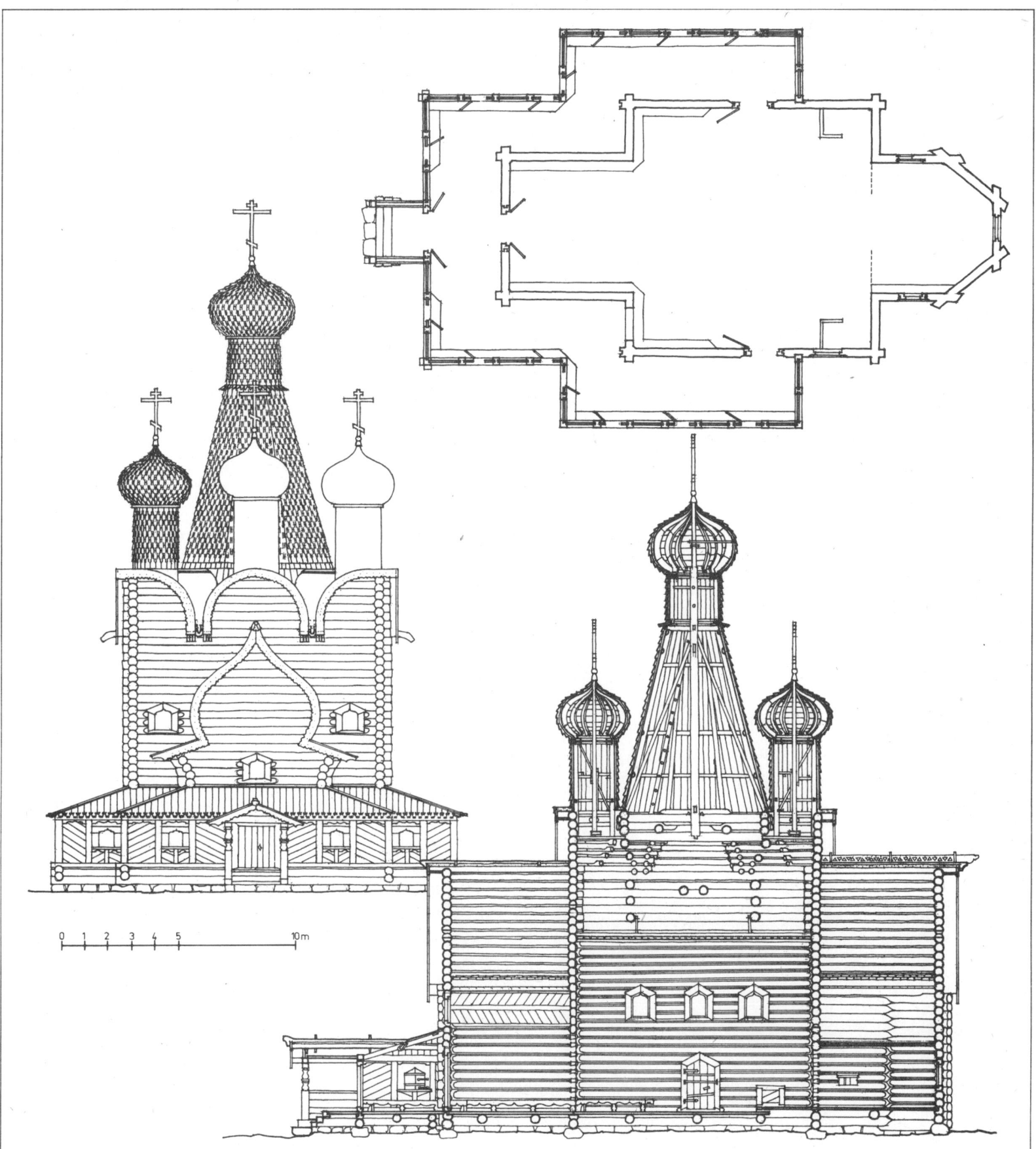

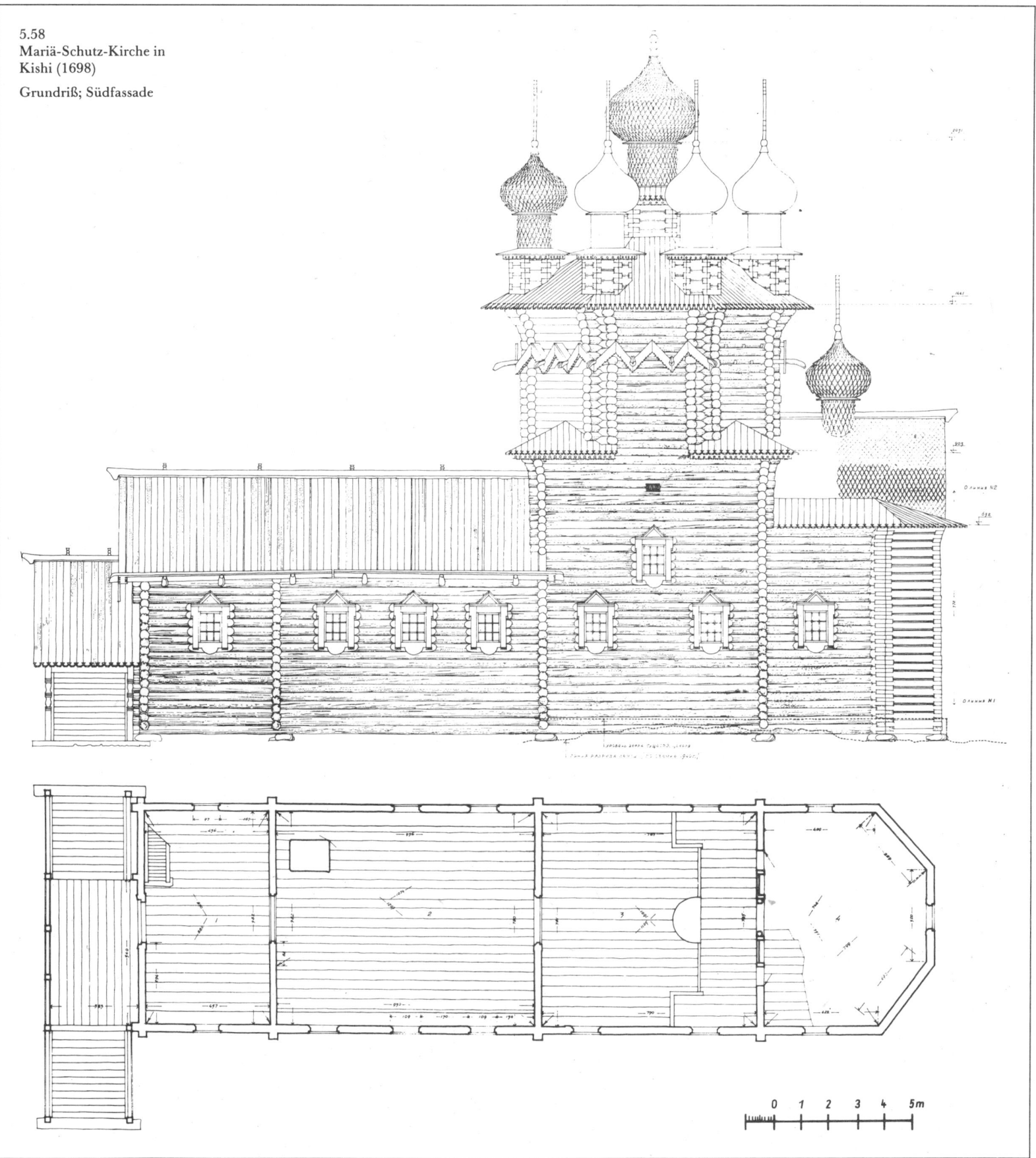

5.58
Mariä-Schutz-Kirche in
Kishi (1698)

Grundriß; Südfassade

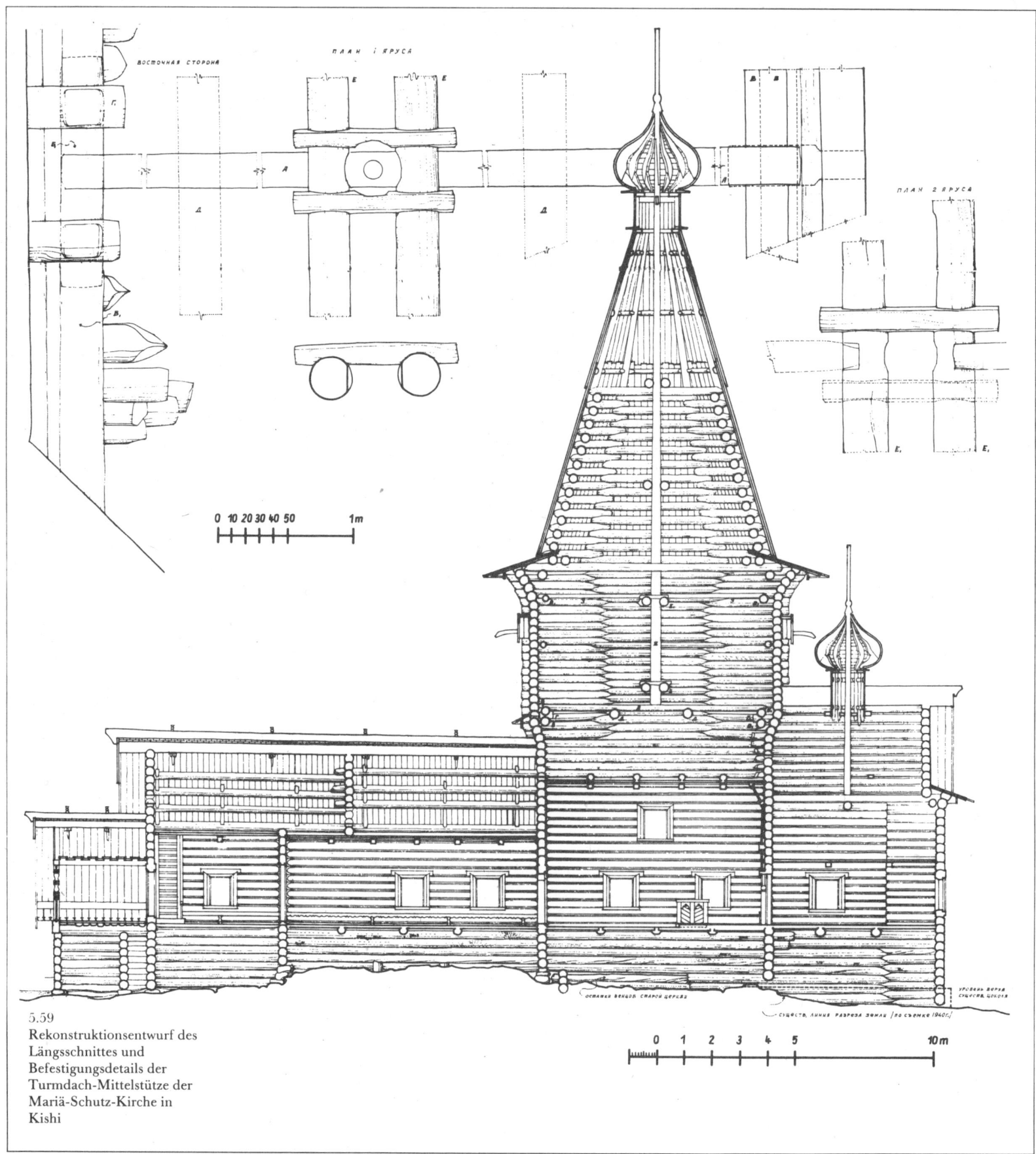

восточная сторона

ПЛАН 1 ЯРУСА

ПЛАН 2 ЯРУСА

0 10 20 30 40 50   1m

останки венцов старой церкви

существ. линия разреза земли (по съемке 1940 г.)

уровень верха существ. цоколя

0 1 2 3 4 5   10 m

5.59
Rekonstruktionsentwurf des
Längsschnittes und
Befestigungsdetails der
Turmdach-Mittelstütze der
Mariä-Schutz-Kirche in
Kishi

ten, an welche zwiebelkuppelgekrönte Tonnendächer lehnten, so daß der Umriß einer pyramidenförmigen Silhouette entstand. Zu den einfachsten Kirchen dieser Art gehört die 1712 errichtete Dreifaltigkeitskirche des Klosters auf der Klimez-Insel, unweit des Kirchspiels Kishi. Sie wurde an der Stelle ihrer Vorgängerin errichtet, die 1709, gleichzeitig mit zwei weiteren, durch Blitzschlag abbrannte [6, S. 70]. In der Chronik heißt es: «... die alte Dreifaltigkeitskirche war kreuzförmig, ebenso auch die jetzige ...» Die Baumeister hatten keine andere Wahl, vor allem deshalb nicht, weil die Geistlichkeit ihre Unterstützung nur unter der Bedingung zugestand, daß «der obere Abschluß nicht helm-

förmig, der Altar aber rund und dreifach werde ...» [6, S. 70]. Interessante Umstände sind in der gleichen Quelle über die Beschaffung des Bauholzes enthalten, das über den See Onega vom gegenüberliegenden, siebzig Werst entfernten Schokscha-Ufer herangeschafft wurde. Die Einwohner setzten alles daran, bestes Bauholz zu beziehen. [43, S. 15].

Die Dreifaltigkeitskirche ist ein Blockgehäuse mit kreuzförmigem Grundriß, dem ein Vierkant und darüber ein Achtkant aufgesetzt sind. Auf die Stufen wurden an allen vier Seiten Kielbogendächer mit Zwiebelkuppeln gesetzt, die sich an den mittleren Vierkant schmiegen. Dieser Vierkant ist überdeckt mit einander

5.60
Teile des Achtkants der Mariä-Schutz-Kirche in Kishi mit dem Winkelstabfries

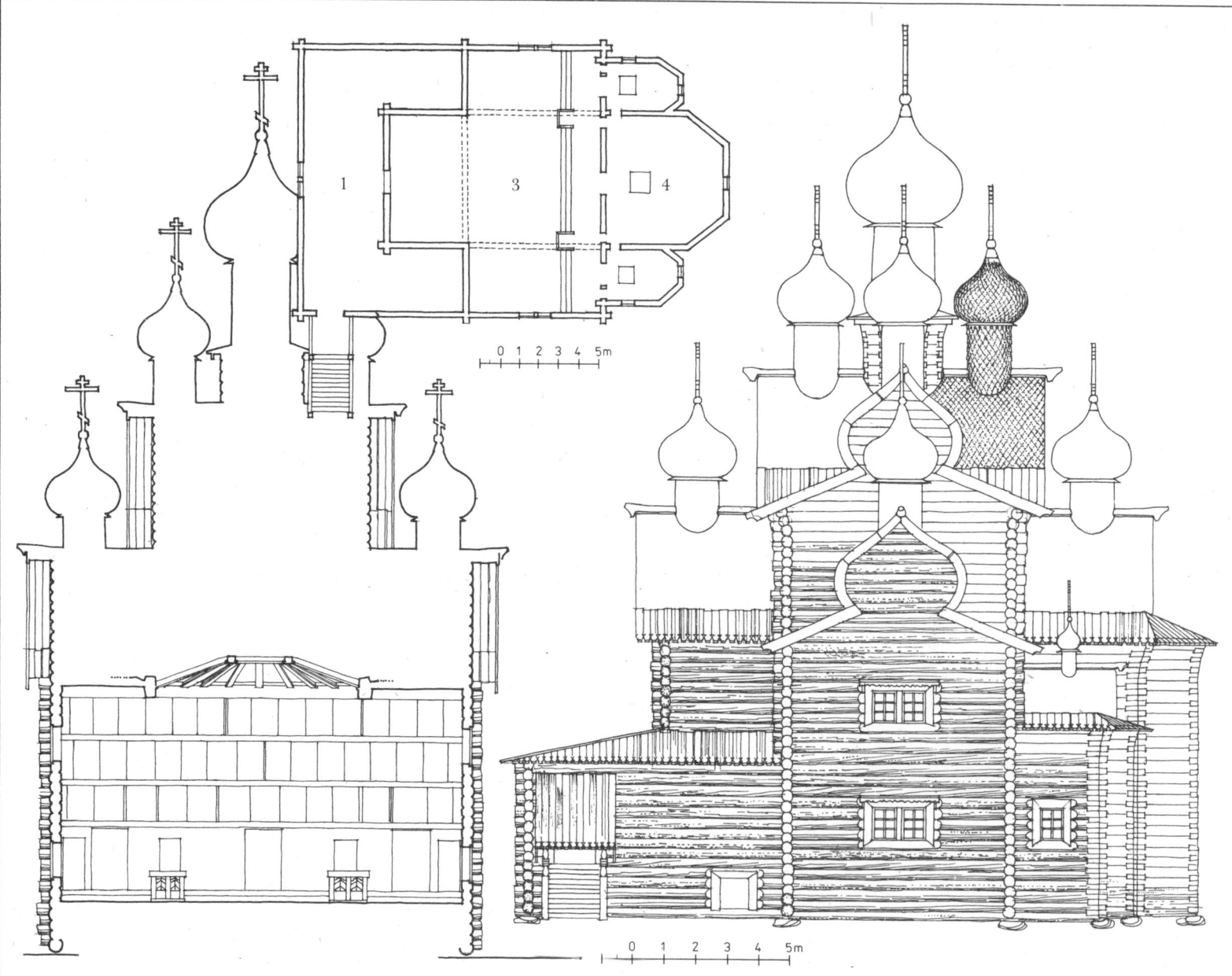

5.61
Dreifaltigkeitskirche des
Klimezker Klosters in
Saoneshje

Grundriß; Südfassade; Querschnitt

1 Vorhalle;
3 Katholikon;
4 Altarräume

sich kreuzenden und mit Zwiebelkuppeln besetzten Kielbogendächern, über deren Schnittpunkt der Achtkant mit der Mittelkuppel aufragt. Zwei weitere kleine Zwiebelkuppeln krönen die beiden seitlichen Altaranbauten. Die in zwei Ebenen liegenden Zwiebelkuppeln bildeten mit der Mittelkuppel die vielkuppelige Krönung der Kirche (Abb. 5.61). Im Westen grenzt eine Vorhalle an das Bauwerk, dessen quadratisches Katholikon von einem 16rippigen «Himmel»-Dach überspannt und von den Altarräumen durch eine Blockwand getrennt ist, an der sich früher die Leisten-Ikonostase befand.

Die Kompositionsprinzipien der Bekrönung der Dreifaltigkeitskirche resultieren aus der allgemeinen Entwicklung der vielkuppeligen Kirchen. Nach den

gleichen Prinzipien wurden 1708 die Mariä-Schutz-Kirche in Anchimowo sowie 1714 die Christi-Verklärungs-Kirche im Kirchspiel Kishi erbaut.

Die Gliederung der Baumassen aller drei Kirchen beruht auf dem Prinzip des stufenförmigen Aufbaus: bei der Dreifaltigkeitskirche aus zwei Hauptelementen, einem Vier- und einem Achtkant, bei der Mariä-Schutz-Kirche aus zwei Achtkanten und bei der Verklärungskirche aus drei Achtkanten (Abb. 5.62).

Den Grundstock der Mariä-Schutz-Kirche bildeten zwei massive Achtkante, die an vier Seiten dreifach abgestufte Anbauten mit kuppelgekrönten Kielbogendächern hatten. Das Obergeschoß bildete den Abschluß des unteren Achtkants, gekrönt von acht Kuppeln, die den zweiten Achtkant umgeben. Auf diesem oberen

Achtkant ruhten die einander kreuzenden Tonnendächer mit der mittleren Hauptkuppel (Abb. 5.63).

Obwohl der Vielkuppeltyp bei der Mariä-Schutz-Kirche bereits voll zur Entfaltung kommt, haftet ihr doch ein gestalterischer Mangel an. Es fehlt ein dritter den Übergang zur Mittelkuppel bildender Achtkant, was den Eindruck der Unvollständigkeit erweckt. Die beiden Nebenaltare bilden keine organische Einheit mit den Anbauten. Darüber hinaus vermerkte *M. Krassowski* zu Recht, daß «... der Grund (der Unausgewogenheit der Baumassen – Anmerkung des Verfassers) ... in der Schwerfälligkeit des unteren Achtkants und den unverhältnismäßig kleinen Abmessungen der oberen Hauptkuppel liegt ...» [51, S. 29].

Bei der Fortführung der vergleichenden Analyse der Holzkirchenarchitektur im Dorf Anchimowo und im Kirchspiel Kishi kommt man zum Schluß, daß die Mängel der Mariä-Schutz-Kirche bei der sechs Jahre später errichteten Christi-Verklärungs-Kirche in Kishi überwunden wurden. Dort werden die zwei Achtkante durch einen dritten ergänzt, der die etwas größer bemessene Mittelkuppel trägt. Die vier kuppelgekrönten

Anbauten, die sich an diesen Achtkant schmiegen, bilden das Bindeglied zwischen der oberen Hauptkuppel und der tieferliegenden Kuppelschar. Auf diese Weise erreichte die Massenkomposition der Kirche ihre hohe Vollendung. Die Kirche hat nicht mehr drei, sondern nur eine Altarapsis, so daß ihr Grundriß an Klarheit gewinnt.

Dennoch sind diese beiden Kirchen in der Gesamterscheinung einander sehr ähnlich. Zur selben Gruppe gehört auch die Dreifaltigkeitskirche des Klimezker Klosters. Wenn man in Betracht zieht, daß alle drei fast zur gleichen Zeit erbaut wurden, und zwar 1708, 1712 und 1714, liegt die Vermutung nahe, daß sie alle von Zimmermeistern ein und derselben Schule errichtet wurden.[70]

Die unbeheizte Sommerkirche Christi Verklärung in Kishi steht unter den Bauwerken des Kirchspiels an erster Stelle. Der Tag ihrer Vollendung war der 6. Juni 1714.[71] Erbaut wurde sie anstelle ihrer Vorgängerin, einer Turmkirche.

Die heutige 22kuppelige Christi-Verklärungs-Kirche ist das hervorragendste Beispiel einer ausgereiften viel-

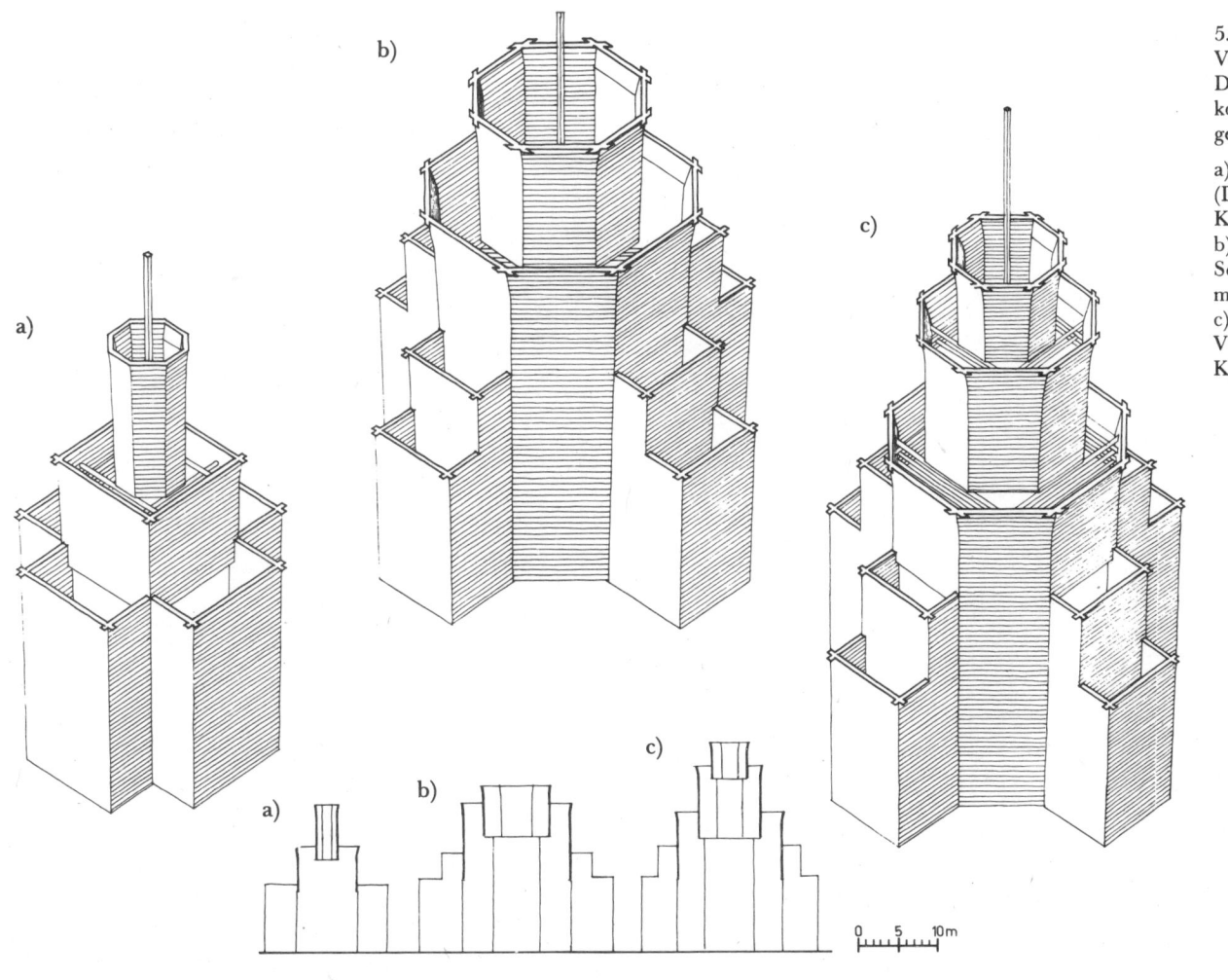

5.62
Vergleichende schematische Darstellung der Massenkompositionen vielkuppeliger Holzkirchen

a) Achtkant auf Vierkant (Dreifaltigkeitskirche des Klimezker Klosters);
b) zwei Achtkante (Mariä-Schutz-Kirche in Anchimowo);
c) drei Achtkante (Christi-Verklärungs-Kirche in Kishi)

Sakralbauten und Festungsanlagen

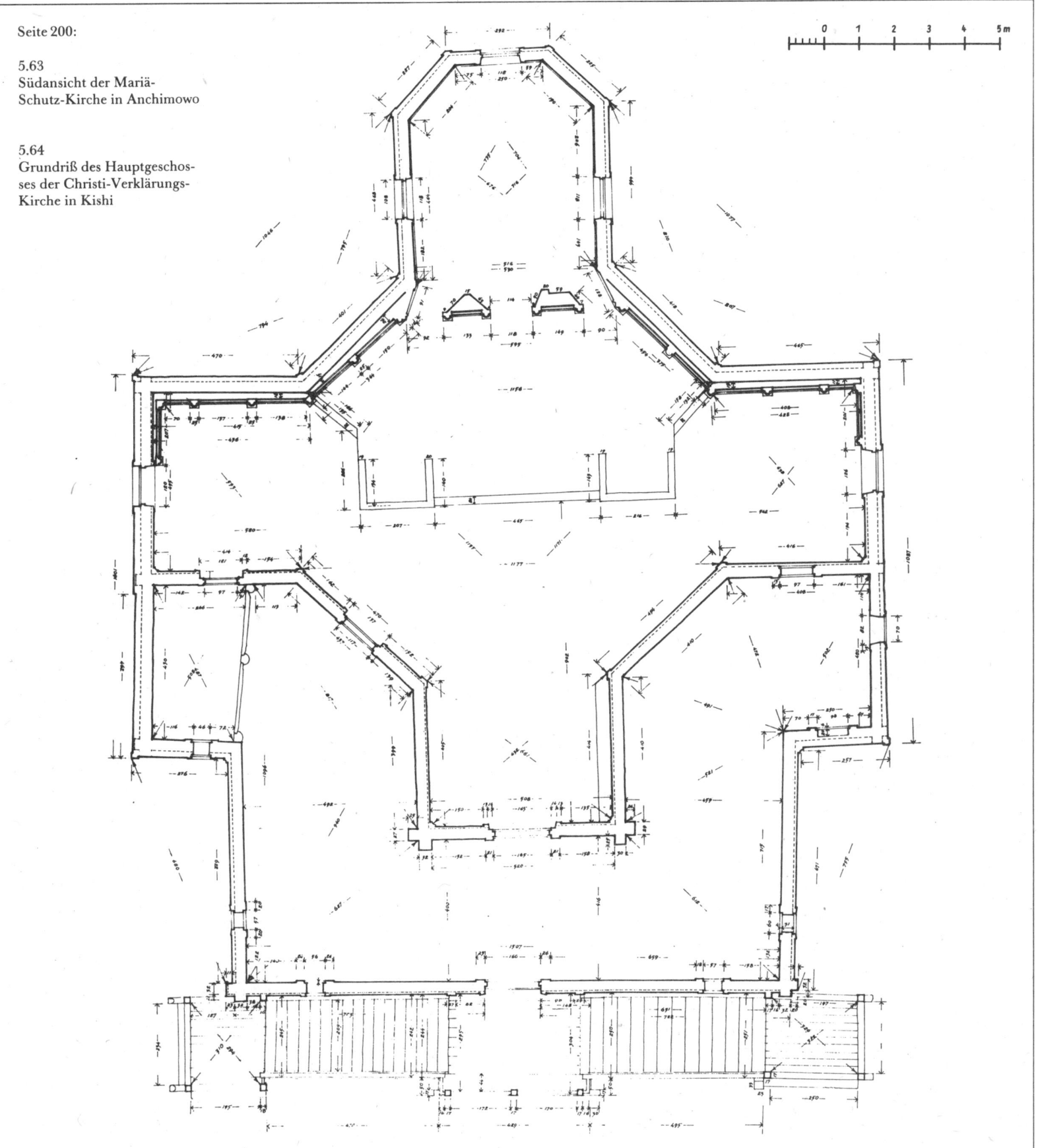

Seite 200:

5.63
Südansicht der Mariä-
Schutz-Kirche in Anchimowo

5.64
Grundriß des Hauptgeschos-
ses der Christi-Verklärungs-
Kirche in Kishi

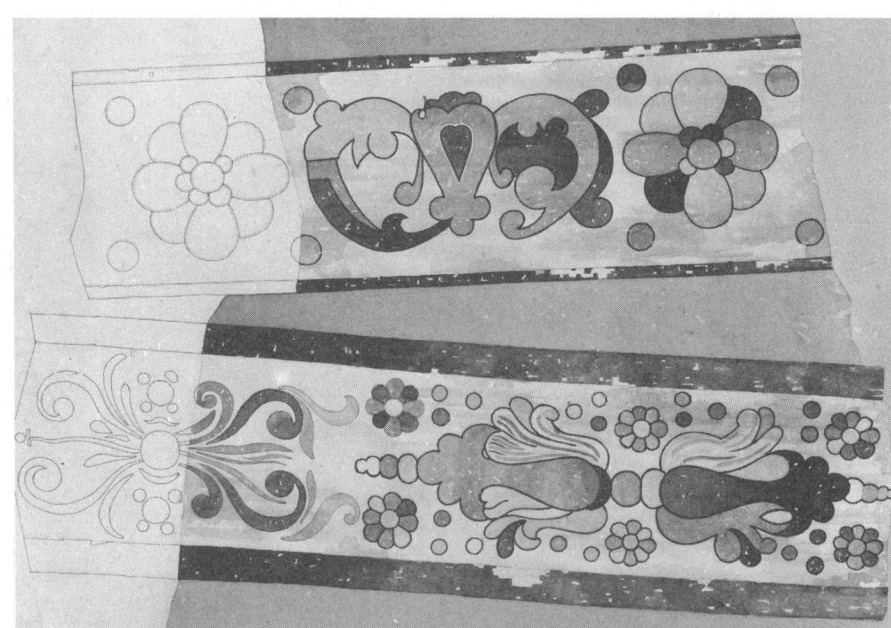

Seite 203:

5.67
Ansicht der Christi-
Verklärungs-Kirche in Kishi

5.65
Fragment der Bemalung der
Rippenleisten der «Himmel»-
Decke über dem Katholikon
der Christi-Verklärungs-
Kirche in Kishi

5.66
Blick von unten zum oberen
Ring der «Himmel»-Decke

Sakralbauten und Festungsanlagen

Sakralbauten und Festungsanlagen

5.68
Südwestansicht der Bekrö-
nung des ersten Achtkants
der Christi-Verklärungs-
Kirche

Seite 205:

5.69
Detail eines Eckverbands
der Blockwände des dritten
Achtkants der Christi-
Verklärungs-Kirche

kuppeligen Kirche. Die Monumentalität ihrer Architektur gab im russischen Norden im 18. Jh. Impulse zur Errichtung weiterer Kirchen dieses Typs von geringerer
Größe.

Die Verklärungskirche zählt zur Gruppe der «Zwan-
zigwänder», genannt auch «Achtkant mit Anbauten».
Sie ist ein Zentralbau. Ihr Grundriß ist ein regelmäßi-
ges Achteck mit vier Anbauten, wovon der östliche die
fünfwandige Altarapsis darstellt (Abb. 5.64). Die übrigen Anbauten des Achtkants sind rechteckig; mit Ausnahme der Altarapsis sind alle nach innen geöffnet,
letztere ist vom Hauptraum durch die Ikonostase abgegrenzt.

Im Westen umschließt ein weiträumiges Refektorium
den Achtkant mitsamt den Anbauten. Von der zweiflügeligen Vortreppe führt eine fünfseitig gefaßte Pfostentür mit schweren Türflügeln ins Refektorium, dessen
Innenausstattung schlicht gehalten ist.

Beim Betreten des Katholikons der Kirche überwäl-
tigt der Kontrast zwischen dem niedrigen und düsteren
Refektorium und der hellen Pracht des Kircheninneren.
Der weite Raum des zentralen Achtecks verschmilzt organisch mit den Räumen der Anbauten, die sogleich
nach Durchschreiten des Portals ins Gesichtsfeld treten.
Der Blick gleitet von der reich dekorierten Altarpforte
zur barocken vierreihigen Ikonostase und weiter hinauf
zum «Himmel», der leicht gewölbten Decke des Acht-
eckraums, die ihn noch höher erscheinen läßt. Das Tageslicht trägt dazu bei, den wichtigsten Gehalt des Innenraumes, nämlich die Malerei der Bilderwand und
des «Himmels», hervorzuheben, wobei sich die Ikonostase nicht allein auf die Altarwand beschränkt, sondern
sich beiderseits über die Ostwände der Anbauten erstreckt.

Reiche Zierschnitzereien, Vielfalt der Motive, Vergol-
dung und meisterhafte Ausführung kennzeichnen die

barocke Ikonostase, die Mitte des 18. Jh. (wahrscheinlich um 1759) eingebaut wurde. Das klassisch orientierte Gefüge seiner Säulchen, Architraven, Friese und Gesimse ist über und über bedeckt von Schnitzwerk mit Motiven aus der Pflanzenwelt – Weinreben und eigenwillig geformten Blättern. Besonders beeindruckend sind die überreichen Schnitzereien an der zum Altarraum führenden «Zarenpforte». Und dennoch finden Formenreichtum und Feinheit der Ausführung keine wirkliche Harmonie mit der volkstümlichen Holzbaukunst. Die wenigen noch erhaltenen einfachen Leisten der ursprünglichen Bilderwand fügen sich harmonischer in den Innenraum ein.

In seinem Aufbau stellt der «Himmel» eine räumlich stabile Konstruktion dar, bestehend aus sechzehn radial gegen Raummitte gehobene Rippen, deren obere Enden in einen Schlußring eingelassen sind. Die trapezförmigen Felder zwischen den Rippen sind mit bemalten Brettern ausgefacht. Die Unterseiten der Rippenbalken sind bemalt mit eigenständiger altrussischer Ornamentik, die auf weißem Untergrund lebensfrohes geometrisches und botanisches Zierwerk in roter, grüner, blauer und gelber Farbe darstellt (Abb. 5.65). Den oberen Schlußring ziert eine altslawische Inschrift biblischen

Inhalts, in roten Buchstaben auf weißem Feld (Abb. 5.66). Die schönen Bemalungen hatten in Form, Inhalt und Farbgebung viel Gemeinsamkeit mit der Ornamentik alter städtischer Kirchen,[72] was ihre Verwandtschaft mit der Dekorationskunst des alten Nowgorod bekundet.

Die äußere Erscheinung der Verklärungskirche ist gekennzeichnet durch die zentrische Anlage des Bauwerks, die ungewöhnliche Höhe und die plastische Tektonik der Fassaden. Die Kirche wirkt als machtvoll dominierender Blickfang inmitten der benachbarten Inseln und der Wasserfläche des Onegasees. Ihre ausdrucksvolle Silhouette ist aus weiter Ferne unverwechselbar zu erkennen und ein Wegzeichen für die vorübergleitenden Schiffe.

Die Erbauer berücksichtigten Lage und Landschaftsbild des Umlandes, in dem das Kirchspiel Kishi ein religiöses und gesellschaftliches Zentrum darstellte, das die zahlreichen Ortschaften auf den vielen Inseln im Umkreis betreute.

Die Einheit von Form und Konstruktion der Kirche zeigt sich in der stufenförmigen Anordnung der Baukörper. Die drei Achtkante erfüllen nicht nur konstruktive Funktionen in der Tragstruktur, sondern setzen zu-

5.70
Ansicht der Hauptkuppel der
Christi-Verklärungs-Kirche

Sakralbauten und Festungsanlagen

gleich auch den kompositionellen Hauptakzent des Bauwerks, indem sie alle Fassaden zu einer künstlerischen Einheit verschmelzen (Abb. 5.67). Dabei stehen die Blockwandbalkenlagen der Haupt- und Anbauten (Abb. 5.69) im vollen harmonischen Einklang mit den Abdeckungen der kielbogenförmigen Tonnendächer, der Trommeln und Zwiebelkuppeln aus silbrig schimmernden Dachschindeln aus Espenholz (Abb. 5.70).

Es bestehen keine Zweifel, daß bei der Errichtung der Verklärungskirche nicht nur äußerst schwierige bautechnische, sondern auch nicht minder verantwortungsvolle ästhetische Aufgaben gelöst werden mußten. Die spezifische, durch Baumaterial und Konstruktion bedingte Tektonik tritt überall in Erscheinung: in der lebendigen Plastik der offenliegenden Balkenlagen der Blockwandgefüge, in der kraftvollen Eleganz der Konsolen und Überstände, auf denen die Vortreppe ruht, in der Ausdruckskraft der Pfostenfenster, in den Überhängen der Dachvorsprünge und nicht zuletzt in der alles überbietenden Schönheit der aus den Trommeln und Kuppeln geformten Silhouette.

Die baukünstlerischen Details heben die monumentale Erscheinung noch stärker hervor. Nur mit schlichten Zierformen bearbeitete Konstruktionsteile schmücken die Fassaden: Fensterpfosten, Stirnleisten, Schnitzereien an Dachvorsprüngen sowie die dekorativ gestaltete zweiflügelige Vortreppe mit ihren feingeschnitzten Säulchen (Abb. 5.71).

Ihre große meisterliche Fertigkeit bewiesen die Erbauer der Kirche an den Konstruktionen des oberen Aufbaus der Verklärungskirche.

Wer in den Dachbodenraum oberhalb des «Himmels» gelangt, staunt über den originellen und komplizierten Aufbau der Dachkonstruktion mit dem scheinbaren Gewirr aus zahlreichen Aussteifungen, Verbindungshölzern, Balken und Streben. Doch das ist nur der erste Eindruck. Beim genaueren Hinsehen erkennt man ein klares, logisch begründetes Konstruktionssystem. Fast scheint, als beruht es auf ausführlichen Berechnungen. Die bautechnische Leistung wird besonders deutlich im Aufbau der drei Achtkante und ihrer Verbindungen. Die vier abgestuften Anbauten des un-

5.71
Die zweiflügelige Treppe der Christi-Verklärungs-Kirche

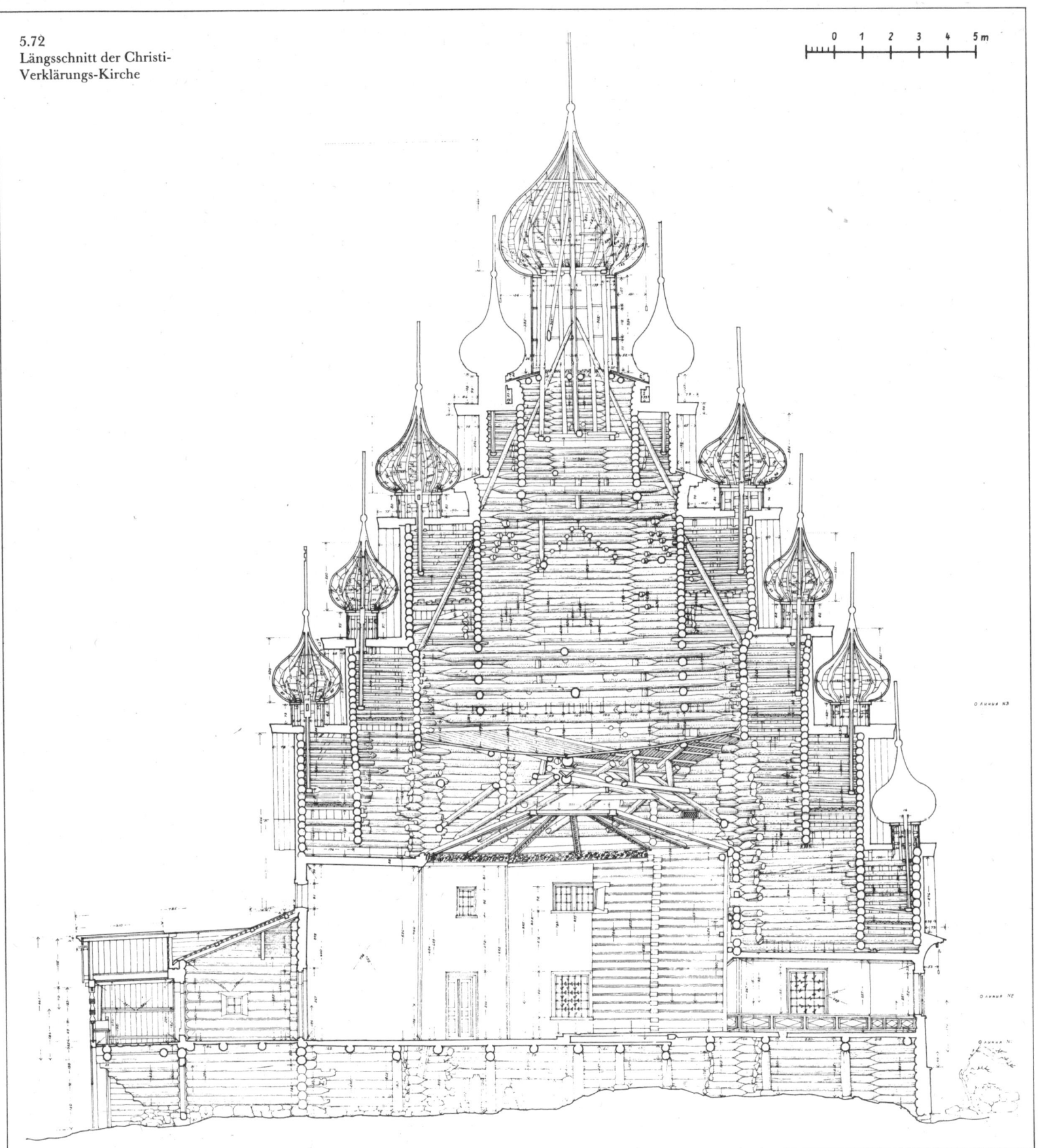

5.72
Längsschnitt der Christi-
Verklärungs-Kirche

0 1 2 3 4 5 m

208   Sakralbauten und Festungsanlagen

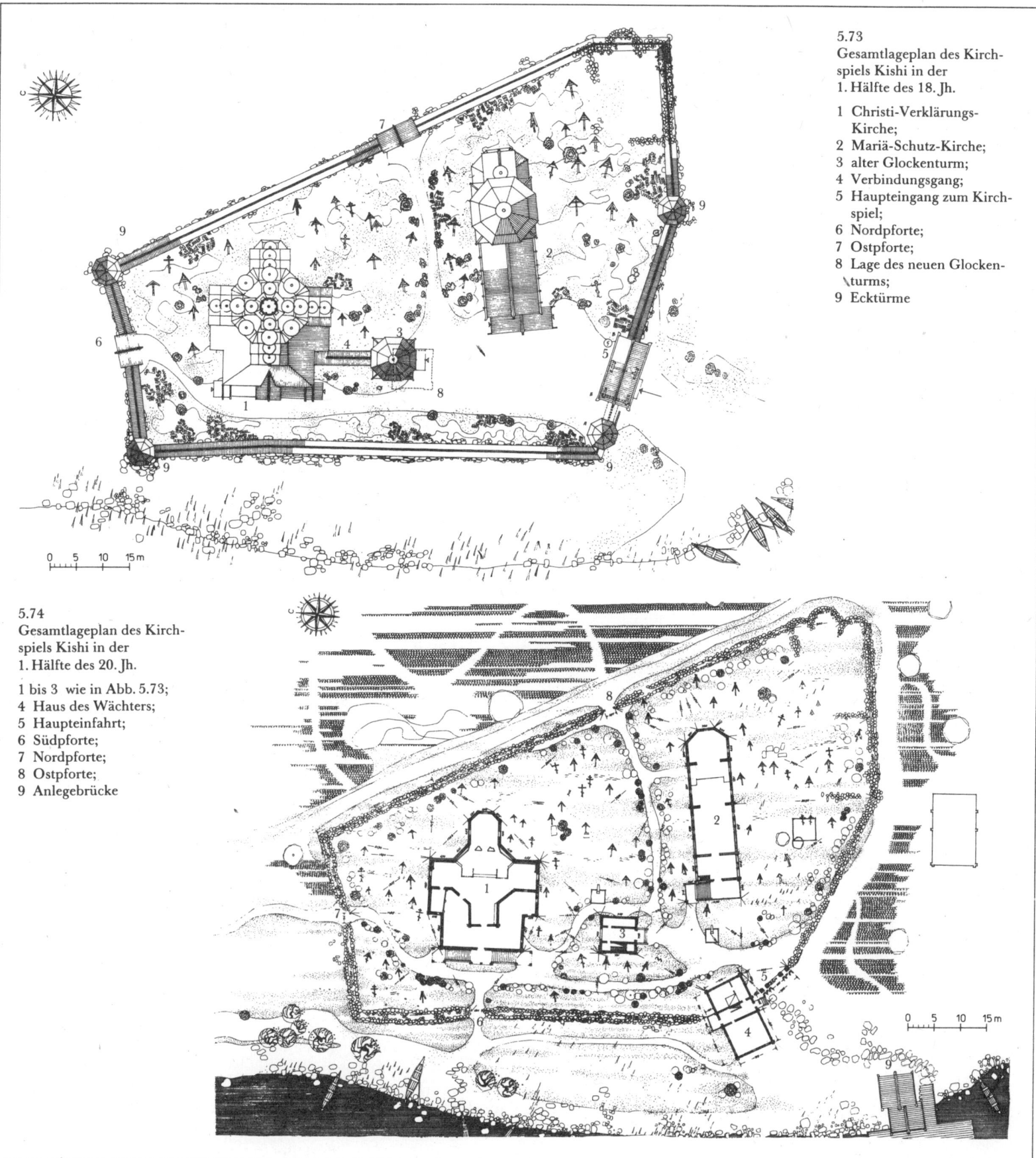

5.73
Gesamtlageplan des Kirch-
spiels Kishi in der
1. Hälfte des 18. Jh.

1 Christi-Verklärungs-
  Kirche;
2 Mariä-Schutz-Kirche;
3 alter Glockenturm;
4 Verbindungsgang;
5 Haupteingang zum Kirch-
  spiel;
6 Nordpforte;
7 Ostpforte;
8 Lage des neuen Glocken-
  turms;
9 Ecktürme

5.74
Gesamtlageplan des Kirch-
spiels Kishi in der
1. Hälfte des 20. Jh.

1 bis 3 wie in Abb. 5.73;
4 Haus des Wächters;
5 Haupteinfahrt;
6 Südpforte;
7 Nordpforte;
8 Ostpforte;
9 Anlegebrücke

teren Achtkants verkörpern nicht nur die Monumentalität der Kirche, sondern sie wirken als Strebepfeiler, die den Seitenschub der doppelten Zwischendecke («Himmel» und Innendach) aufnehmen (s. Abb. 3.16; 3.17). In den oberen Teil des ersten Achtkants ist ein gesperrter quadratischer Blockkasten eingefügt, der den zweiten, kleineren Achtkant trägt. In der gleichen Art und Weise ist der dritte, noch kleinere Achtkant aufgesetzt (Abb. 5.72). Durch die Einbindung der Pfetten der unteren Tonnendächer erhält der zweite Achtkant die notwendige Stabilität und ermöglicht gleichzeitig, den unteren Achtkant durch einen Kranz aus acht kuppelgekrönten kielbogenförmigen Tonnendächern abzuschließen. In gleicher Weise sind die weiteren Baukörper konstruktiv verbunden.

Dieses Konstruktionssystem bewahrte über mehr als 270 Jahre seine unveränderte Form und Stabilität.

Schließlich noch einige Bemerkungen zum baulichen Ensemble des Kirchspiels von Kishi. Auf einer Insel im westlichen Teil des Onegasees gelegen, ist es bekannt als bemerkenswertes Bauensemble, bestehend aus den oben besprochenen vielkuppeligen Kirchen sowie einem Glockenturm.

Das eingehende Studium aller vorhandenen Materialien läßt den Schluß zu, daß das heute bestehende Kirchspiel Kishi drei Bauperioden durchlief. In der Zeit von 1698 bis 1764 bestand das Ensemble aus der vielkuppeligen Verklärungs- und der turmartigen Mariä-Schutz-Kirche sowie einem achtkantigen Glockenturm, den eine Galerie mit der Verklärungskirche verband; dieser Glockenturm stand nahe der Verklärungskirche (Abb. 5.73).

Die nächste Etappe fällt in die Zeit vom Umbau der Mariä-Schutz-Kirche zu einer vielkuppeligen Kirche bis zu den Generalüberholungen in der zweiten Hälfte des 19. Jh. Fast 100 Jahre erfolgten keine wesentlichen Veränderungen, ausgenommen kleinere laufende Reparaturen. Der Umbau der Mariä-Schutz-Kirche war für die baukünstlerische Gesamtwirkung des Ensembles nicht nachteilig.

Als dritte Bauperiode mag die Zeit der Durchführung der «Generalüberholungen» der Kirchen und der Errichtung des neuen Glockenturms bis in die 50er Jahre unseres Jahrhunderts gelten (Abb. 5.74). Sämtliche damaligen Erneuerungen der Kirchen von Kishi (Verschalung der Blockwände, Blechabdeckung der Sattel- und Tonnendächer sowie der Kuppeln, Verbreiterung der Fenster, Mörtelverputzung der Innenräume usw.) wirkten sich negativ auf die baukünstlerische Erscheinung aus.

Nach den Restaurationsarbeiten in den Jahren 1950 bis 1959 erlangte das Ensemble von Kishi weitgehend seine frühere Gestalt zurück. Die Wandverschalungen an den Kirchen sind entfernt, Kuppeln, Trommeln und Tonnendächer der Verklärungskirche sind wieder mit Schindeln gedeckt. Die Mariä-Schutz-Kirche erhielt eine neue Vortreppe, ihr Achtkant einen Winkelstabfries, die Innenräume ihre ursprüngliche Gestalt. Das Kirchspiel bekam eine neue hölzerne Einfriedung mit Ecktürmen.[73] Das Haupttor wurde an die Westseite verlegt, während die nördliche und östliche Seite kleine Pforten erhielten. Die Abb. 5.75; 5.76 veranschaulichen den jetzigen Zustand des Kirchspiels Kishi, wie es sich eindrucksvoll zeigt.

Glockentürme

Alten Dokumenten zufolge wurden seit frühesten Zeiten Glockentürme neben die Kirchen gesetzt. Die ältesten, von denen fragmentarische Daten vorhanden sind, waren allem Anschein nach einfache Pfahlgerüste primitivster Art. Die frühesten archivarischen Erwähnungen von Glockentürmen finden sich in den Grundbüchern vom Ende des 16. Jh., während in den Grundbüchern aus dem 17. Jh. bereits eingehendere Beschreibungen vorkommen. Ebenfalls ins 17. Jh. fallen die ersten wenigen graphischen Darstellungen, auf denen man die äußere Erscheinung damaliger Glockentürme erkennen kann. Es sind offene Gerüste aus zwei, drei oder vier Pfählen. Auf den Zeichnungen von *Olarius* [70] und *Meierberg* [66] erscheinen bereits Glockentürme im Blockbau, so auch ein Glockenturm in Tichwinski-Possad auf einer Zeichnung von *Iwan Sabelin* [36, S. 63]. Später errichtete man des öfteren Glockentürme aus 5 Pfählen, von denen sich einige in entlegenen Orten des Nordens bis ins 20. Jh. erhalten hatten, wie der offene Glockenturm der Kirche zur Hl. Jungfrau (1760) im Dorf Kimsha. Er war einfachster Bauart:

Vier nach der Mitte geneigte Eckpfähle trugen ein bescheidenes Turmdach, während der mittlere, fünfte Pfahl dem Turm erst den richtigen Halt gab. Die Pfähle waren untereinander in drei Ebenen durch waagerechte Riegel verbunden, von denen zwei abgebrettert waren (Abb. 5.77a).

Ein größerer Glockenturm dieser Bauart befindet sich im Dorf Rakuly[74] (Abb. 5.77b). Es ist ein neunpfähliges Gerüst, überdeckt von einem höheren mittleren Turmhelm und vier Ecktürmchen, ansonsten ist sein Aufbau dem des Glockenturms in Kimsha ähnlich.

Dies waren keine räumlich geschlossenen Glockentürme, sondern einfache Traggerüste zur Aufnahme der Glocken. Ihr Aufbau war abhängig von der Anzahl der Glocken und ihrem Gewicht.

Massive freistehende Glockentürme, die in einigen Fällen durch galerieartige Verbindungsgänge mit der Kirche verbunden waren, sind als achteckige Baukörper oder kombiniert mit viereckigen Sockeln lange Zeit in verschiedenen Teilen Rußlands gebaut worden und sind bis heute erhalten.

5.75
Westansicht des Kirchspiels
Kishi

5.76
Südostansicht des Kirch-
spiels Kishi

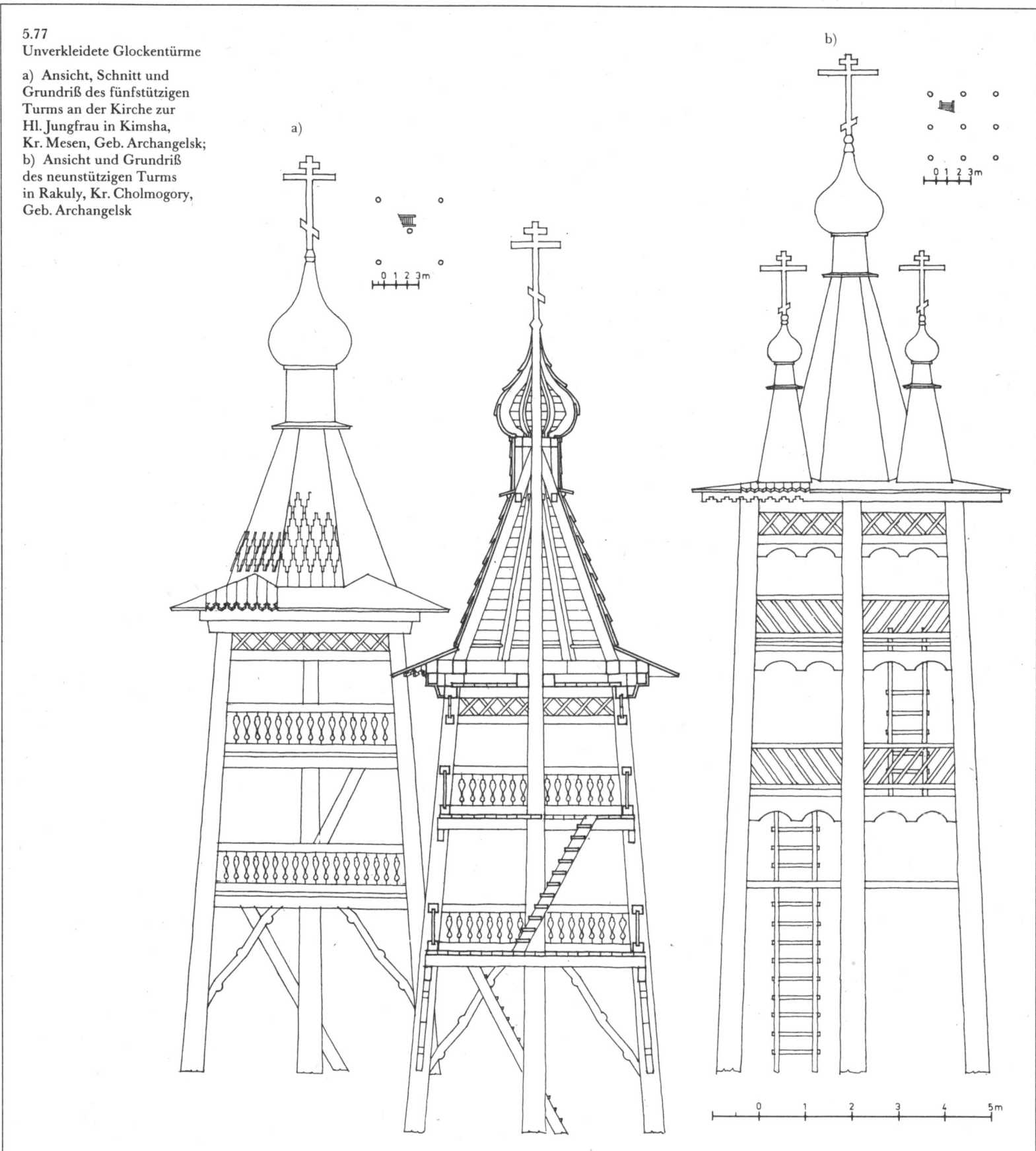

5.77
Unverkleidete Glockentürme

a) Ansicht, Schnitt und
Grundriß des fünfstützigen
Turms an der Kirche zur
Hl. Jungfrau in Kimsha,
Kr. Mesen, Geb. Archangelsk;
b) Ansicht und Grundriß
des neunstützigen Turms
in Rakuly, Kr. Cholmogory,
Geb. Archangelsk

a)

b)

Im Innern des Achtkants befinden sich neun tragende Pfähle. Darüber befindet sich der offene, von einem Turmhelm gekrönte Glockenraum.

Die in der 2. Hälfte des 17. Jh. errichteten Glockentürme standen in den meisten Fällen abseits der Kirchen. Die aus dem 18. Jh. stammenden wurden gewöhnlich durch einen Galeriedurchgang mit der Kirche verbunden. Glockentürme dieser Art traten jedoch bereits viel früher in Erscheinung, wovon alte bildliche Darstellungen – Stiche, Ikonen usw. – zeugen. Zu den ältesten Glockentürmen in Saoneshje gehört der der Barbara-Kirche in Jandomosero (Abb. 5.78). Etwas später (Anfang 19. Jh.) entstanden die Glockentürme der Himmelfahrtskirche in Tipinizy, der Eliaskirche im Dorf Polja. Besonders interessant ist der aus dem 17. Jh. stammende abseits stehende Glockenturm im Dorf Kuliga (Drakowanowo) im Krasnoborster Kreis, Geb. Archangelsk (Abb. 5.79; 5.80).

Einige Glockentürme des Typs «Achtkant über Vierkant» sind in den Gebieten Archangelsk und Wologda sowie auch in Saoneshje bis ins 20. Jh. erhalten geblie-ben. Die ältesten von ihnen (1695) stehen im Koshsker Kirchspiel und im Dorf Uneshma. Später (im 19. Jh.) erbaut ist der des Dorfes Kuschereki im Onega-Bezirk. Auch diese Glockentürme haben eine 9-Pfahl-Konstruktion zur Aufnahme der Dachlast. In den meisten Fällen übertrifft die Höhe des Vierkants die des Achtkants. Die Entwicklung dieser Glockentürme drückt sich vor allem in größer werdender Höhe des tragenden Vierkants aus.

Ein Beispiel dafür ist der Turm im Kirchspiel Kishi. Dieses Bauwerk wurde 1862 errichtet und 1874 durch den bäuerlichen Zimmermann *Syssoi Ossipow* aus dem Kreis Powenez umgebaut.[75] Dieser Glockenturm wurde nach anderen Konstruktionsprinzipien gebaut als der achtkantige Vorgängerbau [69, Tab. VIII]. Der jetzige Turm besteht aus einem hohen Vierkant, auf den ein halb so hoher Achtkant mit einem kleinen, konstruktiv nicht bedingten Hohlkehlsims aufgesetzt ist. Darüber liegt der offene Glockenraum mit Turmhelm. Der Glockenturm hat fünf Geschosse, die zur Aussteifung des rd. 27 m hohen Turmes dienen.

5.78
Glockenturm der St.-Barbara-Kirche in Jandomosero (2. Hälfte des 18. Jh.); linke Abb.

5.79
Südansicht des Glockenturms in Kuliga (17. Jh.)

5.80
Aufgang zum Glockenturm
von Abb. 5.79

Dieser Turm wurde zu einer Zeit gebaut, in der sich bereits der Verfall der volkstümlichen Holzbaukunst abzeichnete. Das zeigt sich auch in einem gewissen Eklektizismus seiner Architektur: Alle Blockwände des Turmes haben verschränkte Eckverbindungen und sind mit Brettern verschalt, die breiten Pilaster an den Ekken des Vierkants sind mit dem Blockgehäuse nicht organisch verbunden, innen und außen sind die Blockbalken glattgehobelt, die Türflügel haben moderne Füllungen, die Eingangstür wurde mit einem Rundbogen überdeckt, u. v. a. Ungeachtet dieser der alten Volksbaukunst fremden Formenbildungen ist der Glockenturm von Kishi dennoch ein bemerkenswertes Bauwerk (Abb. 5.81; 5.82). Die Proportionen seiner Hauptvolumen sind jedoch harmonisch aufgebaut und stehen in keinem Widerspruch zu den Kirchen von Kishi.

Beachtenswert sind die Baukonstruktionen des Glockenturms. Die Geschichte der altrussischen Holzbaukunst bezeugt das besondere Augenmerk der Zimmermeister auf die Baukonstruktionen und ihre rationelle Ausführung. Schöpferische Suche nach besten Kon-

struktionen und rationellster Ausführung zeigten sich nicht nur bei der Errichtung von Turmkirchen, sondern auch bei Glockentürmen. Davon zeugen allein schon Menge und Verschiedenheit der im alten Rußland gebauten Glockentürme. Bei der Errichtung des recht hohen Glockenturms von Kishi fanden seine Baumeister, aufbauend auf traditionellen Bauweisen, neue Konstruktionslösungen. Um den Turm möglichst stabil zu gestalten, fügten sie im Untergeschoß Querwände ein und setzten auf diese im zweiten Geschoß einen mit Verkämmungen gezimmerten Blockkasten als Aussteifung und zur Sicherung der acht in den inneren Ecken des Achtkants stehenden Pfähle (s. Abb. 5.81), die im fünften Geschoß die Eckstützen des Glockenraumes bilden. Zusätzliche Versteifungen in Form des vierten Geschosses erhöhten die Stabilität.

Die Glockentürme standen in ihren eigenständigen Formen stets im Einklang mit den dazugehörigen Kirchen und waren Teil des baulichen Ensembles eines Kirchspiels, Dorfes oder Klosters. Sie prägten wesentlich die unverwechselbare Gesamtsilhouette.

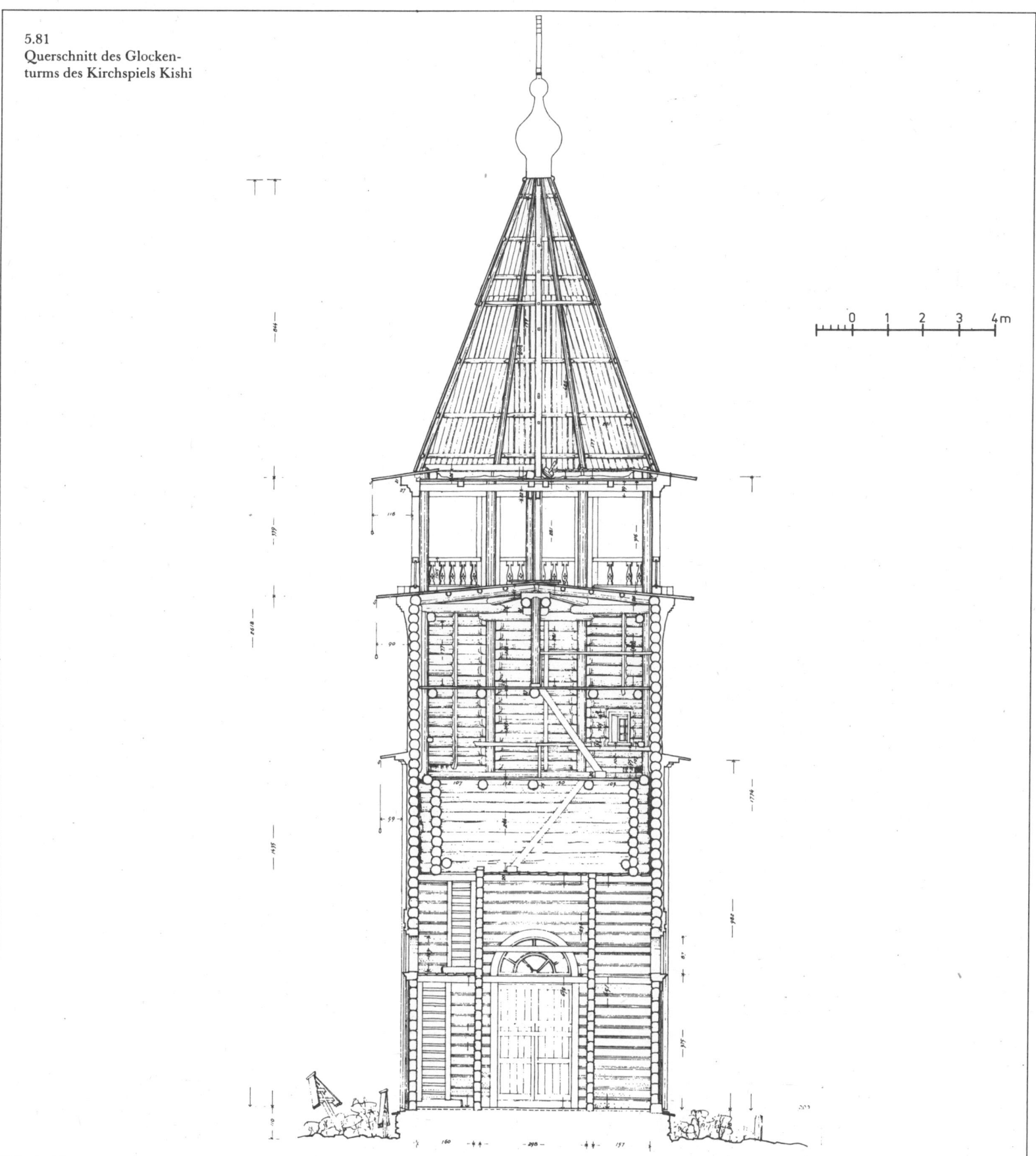

5.82
Blick vom 2. Obergeschoß
der Christi-
Verklärungs-Kirche
in Kishi auf den
Glockenturm

Sakralbauten und Festungsanlagen

a)

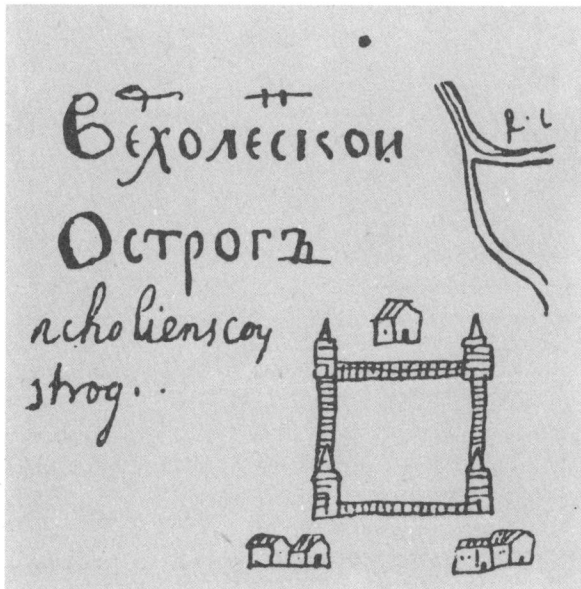

b)

c)

Ein wesentliches Feld altrussischer Holzbaukunst war der Bau von Festungsanlagen.

Die ältesten befestigten Orte Rußlands entstanden bereits im 9. Jh., also zur Zeit der Entstehung des russischen Staates. Frühe russische Chroniken berichten vom Bau befestigter Stützpunkte, die unter den Bezeichnungen «gorod», «gorodok» (Stadt oder Städtchen im Sinne von «Burg»), «Kreml», «Detinez», «Ostrog» (etwa: Warte) u. a. m. erwähnt werden. Eine Chronik aus der Zeit der Staatsgründung berichtet von der Erbauung der aus Holz errichteten, befestigten Orte Nowgorod, Polozk, Beloserje u. a. Von der Stärke solcher Festungen zeugt z. B. der Umstand, daß die Großfürstin *Olga* die Feste Ikorosten trotz langer Belagerung nicht einzunehmen vermochte. Daraus ist zu schließen, daß deren Wälle und Pfahlwände starke Befestigungsanlagen darstellten, die nicht leicht zu überwinden waren. (Eine unbefestigte Stadt konnte zu jenen Zeiten keinesfalls ihre Unabhängigkeit bewahren.)

Befestigungen wurden meist um größere Ansiedlungen, Klöster oder auch um strategisch, politisch oder wirtschaftlich bedeutende Orte angelegt. Der Reichtum an Bauholz, seine Billigkeit und einfache Bearbeitungsmöglichkeit rückten den Bau von Holzbefestigungen in den Vordergrund.

Die frühesten Festungen wurden ohne Türme angelegt. Im Verlauf der weiteren Entwicklung wurden Türme jedoch zum unverzichtbaren Bestandteil solcher Anlagen. War ein befestigter Ort von einem Palisadenzaun mit vier Türmen umgeben, nannte man ihn «ostrog» bei einer größeren Zahl von Türmen hieß er bereits «gorod». Diese von *M. Krassowski* gemachte Feststellung geht zurück auf *Semjon Remisow*, der 1701 ein «Zeichnungsbuch von Sibirien» verfaßte, in dem zahlreiche befestigte Orte dargestellt sind, die im Laufe des 16. und 17. Jh. errichtet wurden. Abb. 5.83 zeigt drei solcher Orte: einen turmlosen «ostrog» mit Palisadenzaun, einen «ostrog» mit vier Türmen, sowie die Stadt («gorod») Jepantschin mit acht Türmen.

Zu den schriftlichen Urkunden über den Bau von alten Holzbefestigungen zählen Zarenerlasse, vertragsrechtliche Akten, Stadtbeschreibungen, Auftragsurkunden. Von Interesse ist in dieser Hinsicht der Zarenerlaß über die Errichtung der Holzfeste Olonez im Jahre 1649[76] unter der Aufsicht des Wojewoden Fürst *F. Wolkonski* und des Staatssekretärs *S. Jelagin*. «Am besten käme diese Stadt zu liegen», heißt es in der Ortsbeschreibung des Wojewoden, «im großen Olonezker Christi-Geburt-Kirchspiel am Flusse Megrega» [42, S. 83].

Nach der in Abb. 5.84 dargestellten Planzeichnung hatte die Olonezker Festung die Form eines etwas in die Länge gezogenen abgeschrägten Vierecks, dessen Umfang 713 Sashen (1 520,82 m) maß. Die im Norden und

2.

Festungsanlagen

5.83
Darstellungen befestigter Orte, nach *S. Remisow*

a) mit turmloser Palisadenwand;
b) Palisadenfestung mit 4 Türmen;
c) desgl. mit 8 Türmen

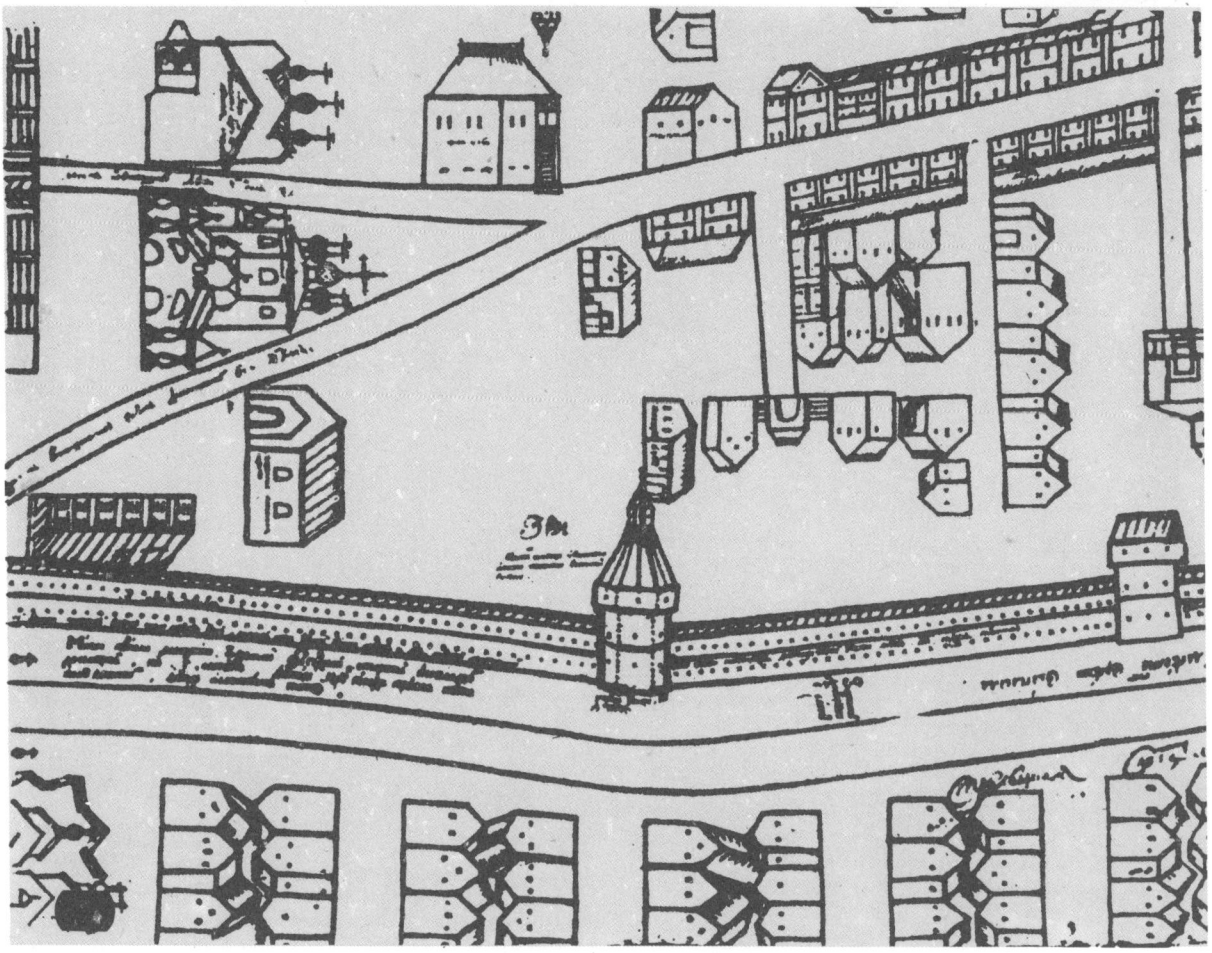

Süden liegenden Palisadenfronten zogen sich entlang der Ufer der Olonka und Megrega, erstere maß 250,25 Sashen (553,03 m), die zweite 263 Sashen (560,19 m). Die rückwärtige, einer Insel zugewandte Palisade maß 53,75 Sashen (114,48 m). Die 146 Sashen (310,98 m) lange östliche Palisade mit dem darin gelegenen Moskauer Tor bildete die Vorderfront der Festung, deren Inneres in zwei ungleiche Teile unterteilt war. Der dem Tor zugewandte Teil wurde die «Große», der rückwärtige die «Kleine Stadt» genannt. Getrennt waren sie durch eine Querpalisade mit Tordurchfahrt.

Die Palisaden waren nach Blockwandart («Tarassy») aus 3 Sashen langen und 6 bis 7 Werschok (26 bis 30 cm starken Kiefernstämmen gezimmert, ihre Höhe betrug 3,25 Sashen (6,92 m) «vom Erdboden bis zur Abdeckung». Die Festung hatte 19 Türme, darunter acht sechswandige: die vier Ecktürme, zwei Tortürme in der Vorderfront und zwei Mitteltürme an den Enden der Querpalisade. Die übrigen elf Türme waren vierwandig. In drei befanden sich «Wassertore», durch die man an die Flüsse gelangen konnte. Der höchste, 14 Sashen hohe, war der Torturm in der zwischen «Großer» und «Kleiner» Stadt liegenden Querpalisade. Zwi-

schen den beiden Flüssen Megrega und Olonka war ein 3,53 Sashen (7,45 m) tiefer und ebenso breiter Graben ausgehoben. Die Befestigung bestand in ganzer Höhe aus zwei Parallelwänden mit dazwischen liegender Erdaufschüttung. Alle zwei Sashen waren die beiden Wände durch Tarassy, das sind viereckige Blockkästen, verbunden; über diesen Tarassys lag ein Laufsteg mit Geländer, zu dem aus der Festung Leitern hinaufführten. In der «Kleinen Stadt» der Festung befand sich die aus Holz erbaute Dreifaltigkeitskirche mit Glockenturm, daneben lagen die Amtsstube und der Hof des Wojewoden. In der «Großen Stadt» befanden sich außer Wohnhäusern der Kaufhof und das Badehaus. In dieser Gestalt bestand die Stadt Olonezk bis 1668, als eine große Feuersbrunst die Festungswerke und fast die ganze Stadt vernichtete.

Aus den Urkunden über den Wiederaufbau der Olonezker Befestigungen vom 17. Dezember 1670 und von Anfang 1673 [2, S. 464] ist zu ersehen, daß die Stadt fast vollständig neu aufgebaut wurde, jedoch in etwas geringerem Ausmaß. Die neuerrichtete Befestigung besaß nur 13 Türme und ein Verlies. Der Nikolaiturm erhielt eine Uhr mit Glockenschlag und eine Feuerglocke.

Ein interessantes Beispiel des Festungsbaus gegen Ende des 16. Jh. ist die Holzfestung (Ostrog) Kola, erbaut 1583 am Zusammenfluß der Kola und der Tuloma [50, S. 200]. Diese Feste diente dem Schutz der nördlichen Landesgrenze. Der Erbauer und spätere Wojewode dieser Festung, *M. W. Sulamantow*, berichtete, daß «... die Kola umgebenden Palisaden zum Schutz gegen Seeräuber errichtet wurden». Hier wurde ein sog. stehender Ostrog errichtet, dessen Palisaden aus eng aneinandergereihten, aufrecht stehenden und oben zugespitzten Pfählen bestand.

Die frühesten und ausführlichsten Berichte stammen vom Anfang des 17. Jh. und stützen sich auf Aussagen von *Alai Michalkow*[77], der Kola als ein einfaches, 50 Sashen × 70 Sashen großes Viereck beschrieb. An der für die Verteidigung wichtigsten Seite stand eine doppelte, mit Erdreich aufgefüllte Blockwand, an den übrigen Pfahlpalisaden. Die Festung besaß vier Ecktürme, davon zwei mit Durchfahrtstoren, und einen fünften in einer Seitenmitte. Später, Anfang des 18. Jh. wurde auf Weisung *Peters I.* ein durchgreifender Umbau der Festung «an selbiger Stelle und nach altem Muster» begonnen und 1704 vollendet[78] (Abb. 5.85).

Neben den Lageplänen sind auch Zeichnungen der Turmquerschnitte erhalten. Sie zeigen, daß die Türme als unregelmäßige Sechskante gezimmert waren und zur Außenseite der Festung hin Doppelwände besaßen (Abb. 5.86). Eine Ausnahme bildet nur der im Ostwinkel der Feste gelegene Nikolaiturm.

Zu den weiteren Quellen, die uns eine Vorstellung vom Festungsbau im alten Rußland vermitteln, gehören Darstellungen von Kunstmalern, sowie von Ausländern verfaßte Reisebeschreibungen aus dem 16. und der ersten Hälfte des 17. Jh. – u. a. von *S. Geberstein* (1517–1525), *D. Fetscher* (1591), *A. Olearius* (1686), *A. Meierberg* (1661), *A. Goeteris* (1616–1617), *E. Palmquist* (1673). In ihren Aufzeichnungen sind altrussische Fortifikationswerke des öfteren beschrieben. *A. Olearius* [70] hat in seinen Zeichnungen eine große Zahl west- und mittelrussischer wie auch im Wolgagebiet liegender Städte dargestellt, deren viele von Schutzwänden oder Mauern mit Türmen umgeben waren (Abb. 5.87).

A. Meierberg hat das von Blockwänden mit Türmen umgebene Iberische Kloster im Waldai recht eindrucksvoll dargestellt (Abb. 5.88).

Bedingt durch Unruhen, Kriege und Fehden nahm der Bau von Holzfestungen im Norden Rußlands im 17. Jh. zu. Nicht nur größere Städte, sondern auch kleinere Ortschaften wurden mit Festungswerken umgeben (Abb. 5.89). Man erfand alle möglichen Arten ingenieurmäßiger Befestigungen von Palisaden, Blockwänden, Türmen, Gräben usw. Einfallsreichtum beweisen die originellen, sogenannten mobilen Festungen [103, S. 100]. Eine solche besteht aus einer zweifachen Holz-

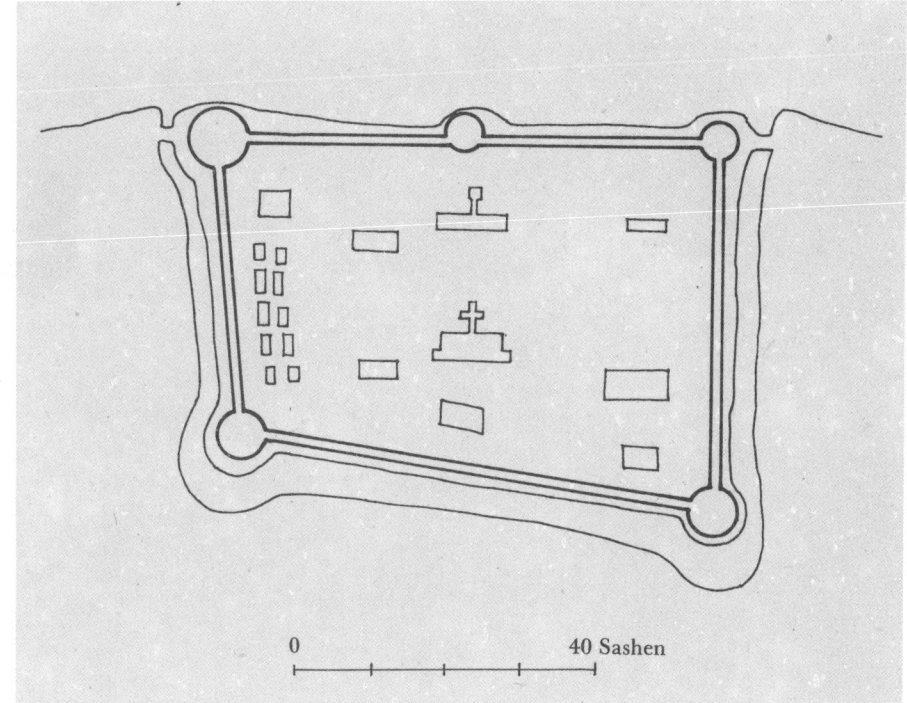

0   40 Sashen

a)

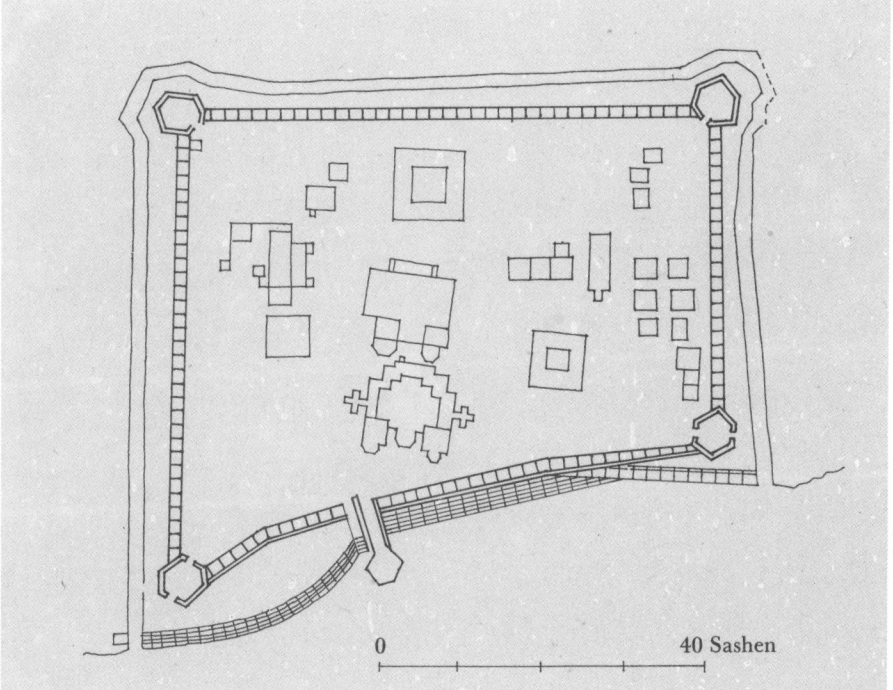

0   40 Sashen

b)

wand, die die Soldaten von vorn und hinten schützt. Der Raum zwischen diesen Wänden war breit genug, so daß man sich darin nicht nur bewegen, sondern auch Geschütze in Stellung bringen und aus ihnen schießen konnte. Die Konstruktion einer solchen Anlage ist äußerst einfach: Das auseinandernehmbare Bauwerk besteht aus Bohlen mit Verblattungen etwa wie an den

5.85
Grundrisse der Festung Kola

a) im 17. Jh. (obere Abb.);
b) nach dem Umbau, Anfang 18. Jh.

Eckverbänden gewöhnlicher Blockkästen. Auseinandergenommen werden diese Bohlen auf einige zusammengebundene Wagen geladen, die hinter der Truppe herfahren. Der Ort dieser Aufstellung und ihre Konfiguration werden bestimmt von der militärischen Situation und strategischen Bedeutung. Der Aufbau vollzieht sich sehr schnell, Zimmerleute und Werkzeug werden nicht benötigt, wobei «... die einzelnen Bohlen derart gestaltet, daß sie mühelos zusammenfügbar sind, was alle verrichten können, die mit dem bei den Russen üblichen Blockhausbau vertraut sind». Eine derartige Festung bot guten Schutz vor dem Gegner.

Außer der Anlage rein militärischer Festungen wurden auch größere Klöster, besonders solche in strategisch wichtiger Lage mit Mauern oder Holzschutzwänden und Türmen befestigt. Im nördlichen Teil Rußlands sind keine militärischen oder klösterlichen Befestigungen aus Holz erhalten geblieben, mit einer einzigen Ausnahme: dem Torturm des Nikolo-Karelischen

Klosters (1691–1697)[79] im Primorski-Kreis, Geb. Archangelsk. Der achteckige Turm steht auf einem viereckigen Sockelgeschoß und ist gekrönt von einem hohen Turmhelm und einer Laterne mit Rundblickfenstern (Abb. 5.90). Dieser Turm besitzt ausgewogene Proportionen und eine eindrucksvolle Silhouette. Er ist beispielhaft für den Festungsbau aus Holz.

Einige Klöster wurden 1694 von *Wikulow* gegründet und gehörten zu den Zentren der Altgläubigen-Bewegung. Auf einem alten Bildnis (Abb. 5.92) ist das pomorische Wygorezker Mönchskloster dargestellt, gelegen in Westkarelien am Wyg. Auffallend ist seine turmlose Befestigung aus Blockwänden. Den Haupteingang bildet ein großes Tor gegenüber dem Hafen am Wyg. Einige kleinere Tore liegen am Wirtschaftshof.

Von den ehemaligen Holzfestungsbauten sind nur wenige erhalten geblieben, was die Forschung erschwert. Eingehende Untersuchungen haben ergeben, daß die älteste Befestigungsform der einfache oder zugespitzte Pfahlzaun aus senkrecht ins Erdreich gerammten Pfählen war. Meistens diente ein solcher Zaun zur Verstärkung eines aufgeschütteten Erdwalls und des davorliegenden Wassergrabens. Zunächst ohne Türme, konnte er bei einer Höhe von 5 bis 6 m eine beträchtliche Länge haben. Weiterentwickelte Pfahlzäune ermöglichten die Kampfführung aus erhöhter Stellung. Solche Zäune hatten einen Laufsteg, der auf einer zweiten Reihe weniger hoher Pfähle lag, wobei der Raum zwischen den beiden Pfahlreihen mit Erdreich und Feldsteinen aufgefüllt wurde.

Im 17. Jh. fügte man Balkenplattformen ein, die auf quer zum Zaun gestellten Blockwänden ruhten, Sie waren fest mit dem Zaun verbunden und befanden sich in 3 m Abstand voneinander. Eine derartige Anlage ermöglichte gleichzeitige Kampfhandlungen auf zwei Ebenen (Abb. 5.93).

Im weiteren Verlauf baute man Schutzwände, bestehend aus dicht aneinandergereihten Blockkästen (sog. Gorodnja), die mit Erdreich oder Steinen aufgefüllt wurden. Solche Blockkastenreihen nahmen die ganze Länge der Felder zwischen benachbarten Türmen ein.[80] Als vollkommendste Form solcher Befestigungen galten die Schutzwände mit Tarassy, die erstmalig in den Chroniken von 1553 erwähnt wurden. Ihr Aufbau ist einfach: zwei parallele, im Abstand von 1,5 bis 4 m voneinander errichtete Blockwände wurden alle 7 bis 8 m durch Querwände verbunden, so daß eine Reihe von Kammern entstand, von denen in einigen Fällen jede zweite mit Steinen aufgefüllt wurde. Die Querwände wurden in etlichen Fällen nicht rechtwinklig zu den Längswänden gestellt, so daß im Grundriß trapezförmige oder auch dreieckige Felder entstanden. Solche Blockbau-Schutzwände hatte einst die Stadt Olonezk (Abb. 5.94).

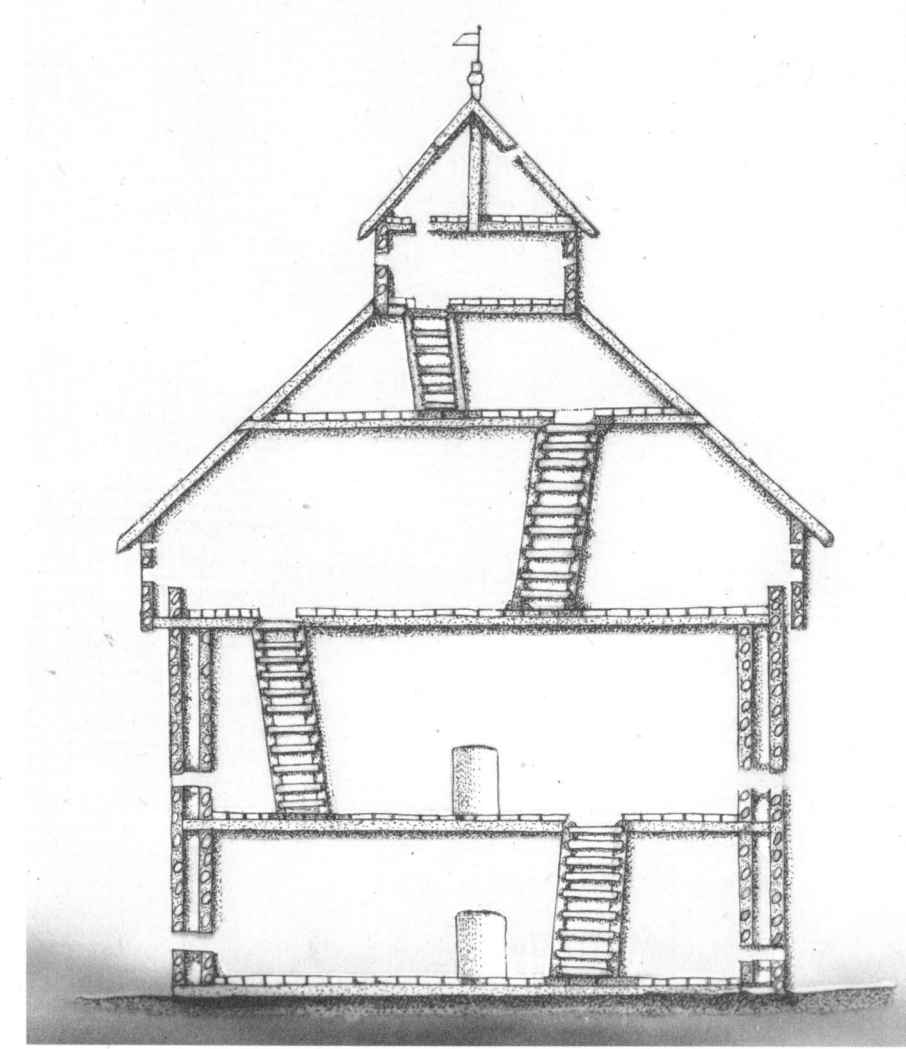

5.86
Schnitt des Jersow- oder
Folterturms

Sakralbauten und Festungsanlagen

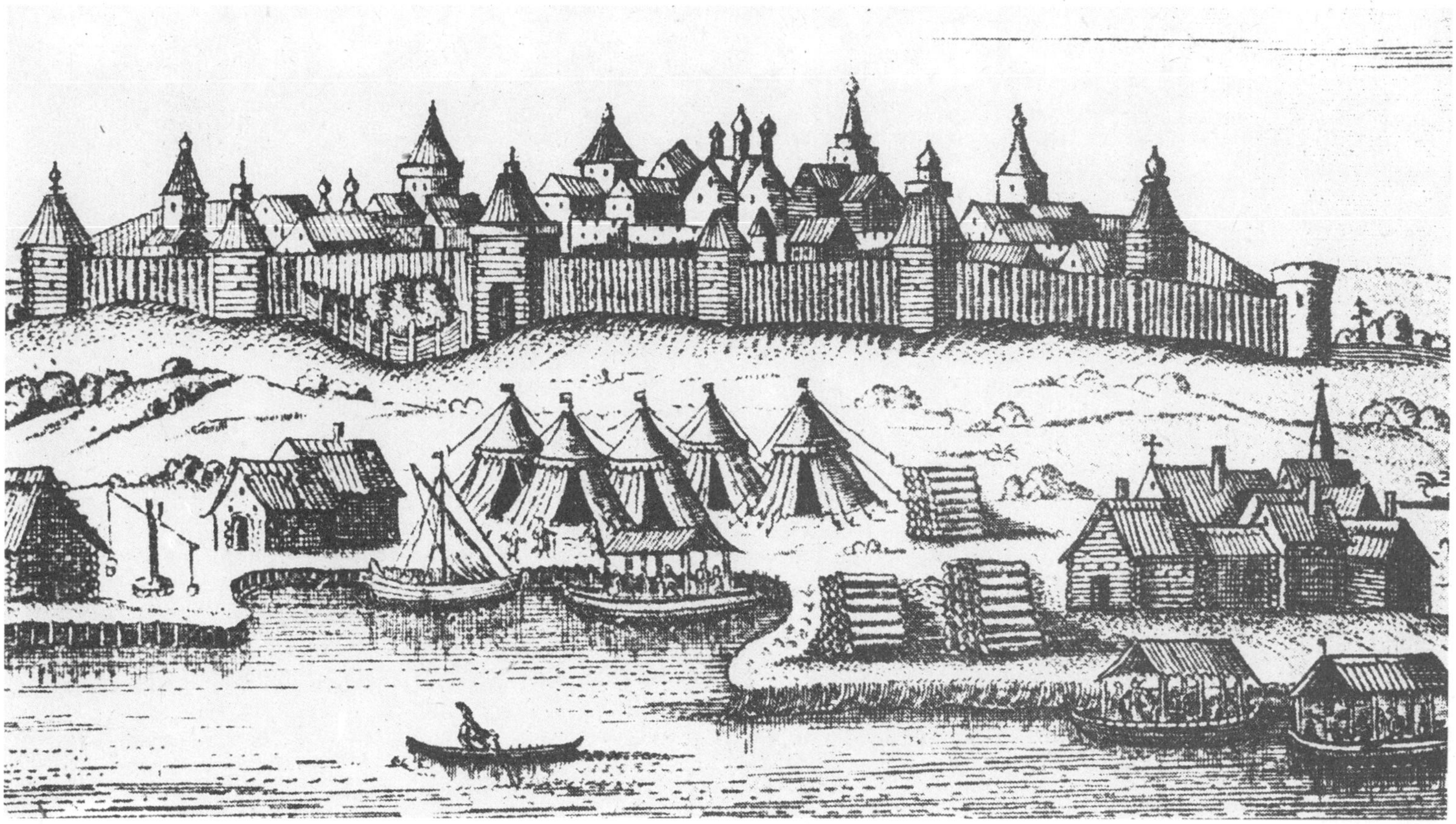

5.87
Palisadenbefestigung von
Zarizyn (2. Hälfte des
17. Jh.) nach einem Stich
von *A. Olearius*

5.88
Das Waldai-Kloster
nach einer Zeichnung von
A. Meierberg

In den Chroniken des 11. bis 17. Jh. wurden auch Brustwehre (sog. Saboraly) erwähnt, die dem Schutz der oben kämpfenden Soldaten dienten. Sie bestanden aus ringsum mit Brettern beschlagenen Bohlenrahmen mit Schießscharten. Später verlegte man die Brustwehr auf vorgezogene Bohlenkonsolen, die man im 17. Jh. «oblom» (d. h. Vorsprung) nannte. Diese Vorbauten wurden ebenso wie die Festungswand durch Querwände verbunden. In dieser befanden sich Türöffnungen, die den freien Durchgang in ganzer Länge der Wände ermöglichten. In den Wänden und dem Fußboden der Vorbauten befanden sich Schießscharten (s. Abb. 5.94).

Wichtigste Bestandteile der Festungen waren die Türme. Am verbreitetsten waren vier- und sechs-, seltener achteckige Festungstürme. Türme mit mehr als vier Ecken sind heute nicht mehr erhalten. In den 80er Jahren des vorigen Jahrhunderts existierten noch Reste eines achtkantigen Eckturmes der Festung Kem[81]. Darstellungen mehrkantiger Türme sind in den ikonographischen Materialien zu finden, so z. B. auf dem Grundriß des Tichwiner Klosters von 1679[82].

Festungstürme wurden vorwiegend mit verkämmten Eckverbindungen gezimmert, eine Ausnahme ist der verschränkt gezimmerte Turm der Festung Jakutsk. Der innere Turmraum wurde durch Plattformen in zwei, seltener in drei Geschosse geteilt, die durch Leitern miteinander verbunden waren. Überdeckt waren die Türme vorwiegend mit kegelförmigen Helmen, die in den meisten Fällen von Laternen mit Auslugfenstern für die Wachtposten gekrönt waren. Zur Erhöhung der Stabilität zimmerte man die Helme der Festungstürme aus Blockkränzen. Gedeckt wurden sie mit doppellagiger Brettverkleidung.

Dekoratives Zierwerk war an den Festungsbauten, auch an den Türmen, kaum vorhanden. Dennoch war die Architektonik der Turmformen von großer städtebaulicher Bedeutung. In der Regel standen sie auf Geländeerhöhungen, an den Ufern der Flüsse oder Seen und beherrschten dominant die umliegende Bebauung.

Von besonderem Interesse ist die Festungsbaukunst Sibiriens, die uns eine Vielzahl verschiedenartiger Materialien hinterließ.

In Sibirien sind etliche Türme und Schutzwandfragmente von Holzfestungen und Ostrogen erhalten geblieben (Jakutsk, Bratsk, Ilim und Belsk). Ihr Aufbau stand unter dem Einfluß der rauhen Bedingungen der Natur, die den Festungswerken hohe Festigkeit, einfache Herstellung und Langlebigkeit abverlangte.

Die Festungen unterschieden sich voneinander durch die Anzahl und Höhe ihrer Türme, die Höhe und Stärke ihrer Schutzwände, die Turmabstände, die Anzahl und Lage der Kampföffnungen sowie durch weitere kriegstechnische Details.

In Sibirien entstand bereits in der frühen Besiedlungszeit gegen Ende des 17. Jh. ein Netz verschiedenartig befestigter Stützpunkte. Im allgemeinen legte man im Umkreis größerer Festungen oder Städte eine Gruppe kleinerer befestigter Plätze an, sog. Winterfesten in Gestalt eines größeren Blockhauses, das für den Fall eines Angriffs zur Verteidigung ausgerüstet war. 1607 entstanden im Umkreis der Festung Mangaseja nicht weniger als 15 bis 20 Winterfesten.

Eine solche Winterfeste konnte auch als kleiner selbständiger Stützpunkt fungieren, wobei dann ihr Festungscharakter deutlich zum Ausdruck kam. Fenster wurden durch Schießscharten, die gleichmäßig über die Wände verteilt waren, ersetzt, und ein hoher Palisadenzaun umgab Grundstück und Gebäude.

Während anfänglich die sibirischen kleinen Festen zufällige, unregelmäßige Grundrißformen besaßen, nahmen sie im Lauf ihrer weiteren Entwicklung regelmäßige geometrische Formen an.

5.89
Pfahlwandbefestigung des Ortes Glebowo, nach *Goeteris* (1615)

Sakralbauten und Festungsanlagen

5.90
Ein Turm des Nikolo-Karelischen Klosters

5.91
Turm der Festung Bratsk an
der Angara (17. Jh.)

Mit zunehmender Größe der Festungen erhielten sie
Türme, deren Anzahl von der Bedeutung des Festungs-
werks abhing. Im Jahre 1641 errichtete *Boris Galkin* am
Ufer der Lena im «Bratsker Land» eine kleine Feste:
«... Über dem Tor im Pfahlzaun ein Turm, ein zweiter
an der hinteren Seite der kleinen Feste ...» Viertürmig
war die Selenga-Feste, deren Ecktürme Vorsprünge und
Auslugtürmchen hatten. Sie war von einem Graben und
einer Balkensperre umgeben. In vielen Fällen entwickelten sich einfache Anlagen zu großen sibirischen Festungen und Städten.

Von den ersten russischen Städten Sibiriens sind fast
keine Dokumente erhalten. Spärliche Quellen beziehen
sich auf das Jahr 1499, in dem die Russen bis an die
Ufer der Petschora vordrangen und «... dort eine Stadt
gründeten und erbauten». Spätere Berichte handeln
von der Tätigkeit der *Stroganows* und den Feldzügen des
Jermak in der zweiten Hälfte des 16. Jh. Zu jener Zeit
setzte die breite Besiedelung sibirischer Gebiete vom
Nördlichen Eismeer bis zu ihren südlichen Grenzen ein,
wobei die neuen Gebiete dem Moskauer Staat angeschlossen wurden. Gleichzeitig wurden dort Festungen
errichtet, die als Stützpunkte für das weitere Vordrin-

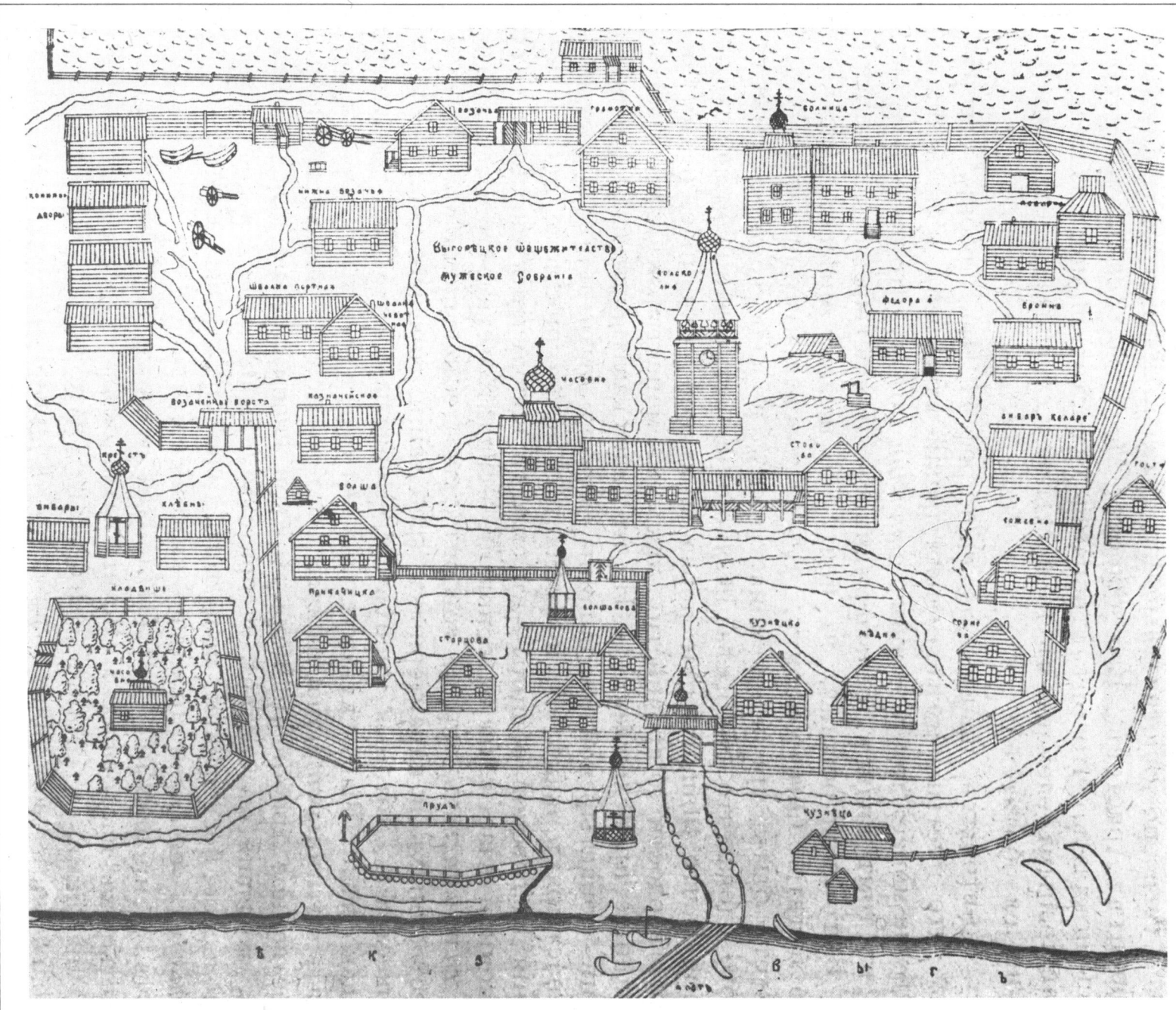

5.92
Ansicht des Wygorezki-
Mönchklosters (Zeichnung)

gen der Russen nach Osten genutzt wurden. Zusätzlich wurde Stadtgründungen große Bedeutung beigemessen. Für den Festungsbau in Sibirien wurde der Ausdruck «Gorod» in seinem altrussischen Sinn verwandt, d. h., er galt als ausdrückliche Verbindung einer Ortschaft (Stadt) mit verschiedenartigen Fortifikationswerken. Seit dem 17. Jh. gebrauchte man den Ausdruck in seiner Bedeutung als Verwaltungszentrum.

Archivarische Quellen bezeugen, daß der Aufbau von Städten in Sibirien ein wohldurchdachter Prozeß war. Alle Festungen und Städte wurden nach besonderen Weisungen und aufgrund von Erkundungen und Beschreibungen ihrer künftigen Standorte errichtet, wofür Zeichnungen und Kostenvoranschläge angefertigt wurden.[83] Eine solche Weisung wurde 1592 dem Fürsten *Pjotr Gortschakow* gegeben, der nach Sibirien beordert wurde «… zur Einrichtung der dortigen Angelegenheiten und zur Erbauung der Stadt Pelym». Städte wurden an bautechnisch, strategisch, verkehrsmäßig, wirtschaftlich und verwaltungsmäßig günstigen Orten angelegt.

Zu ihnen zählten die in Blockbauweise errichteten Städte Irkutsk, Tobolsk, Bratsk, Ilimsk, Jakutsk, Turuchansk, Belsk, Tjumen, Berjosow u. a. m. Kennzeichnend war, daß in die Bebauung solcher befestigter Städte Kirchen, Glockentürme, Wohnhäuser einbezogen und die Blockkästen ihrer Festungswände (Tarassy oder Gorodnja) für wirtschaftliche Zwecke genutzt wurden.

Als hervorragendes Denkmal des Festungsbaus gilt die Jakutsker Festung. Die kleine, 1682 an der Lena gegründete Feste entwickelte sich bald zu einer für ihre Zeit großen Festung, die Ende des 17. Jh. bereits über 16 Türme, mehrere Kirchen, Militär- und Wirtschaftsbauten verfügte. Jakutsk bestand aus zwei Festungen von nahezu quadratischer Form. Die Doppelwände ihrer mit acht Türmen besetzten Umzäunung waren vier Meter breit und 7,5 m hoch.

Aus Bestandlisten und Beschreibungen von Jakutsk ist bekannt, daß der Großteil des Baugeschehens (1681 bis 1683) in die Zeit des Wojewoden *Iwan Priklonski*[84] fiel. Vollendet wurde der Bau der Festung 1687 unter Wojewoden *Matwej Krowkow*. In der darauffolgenden Zeit nahm man an der Festung fast keine Umbauten mehr vor. Sie geriet in Verfall. Das Baumaterial wurde für die Errichtung anderer Bauwerke verwendet, so daß fast sämtliche schönen Türme und Schutzwände verloren sind.

Eine Ausnahme bildet jedoch ein Torturm, der bis in unsere Zeit erhalten blieb (Abb. 5.95). Sein Grundriß ist quadratisch mit einer Seitenlänge von etwa 9 m, mit verschränkten Eckverbindungen. Der Turm ist von sehr einfacher Konstruktion. Er trägt ein in gesperrtem Blockverband errichtetes lattengedecktes Zeltdach, das

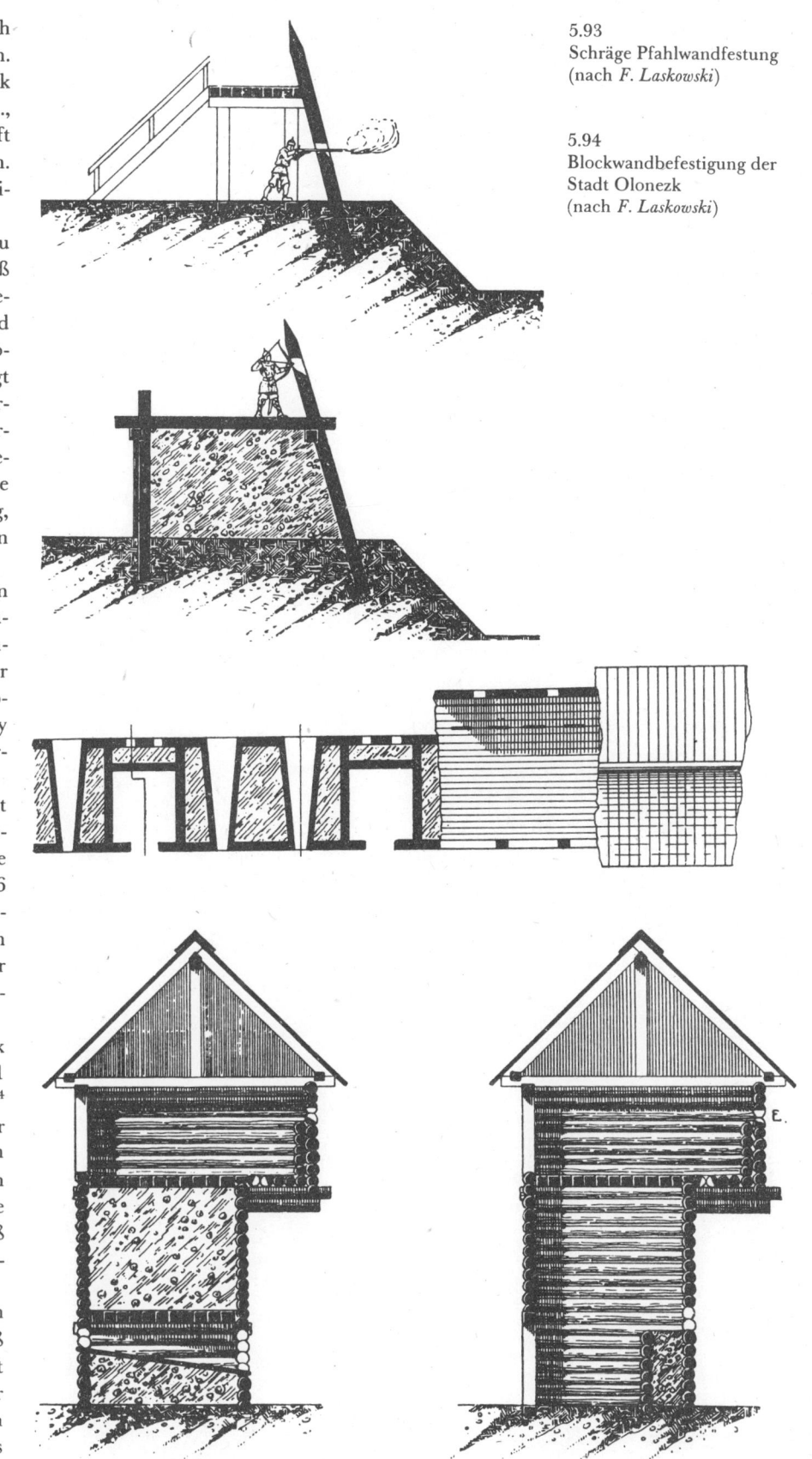

5.93
Schräge Pfahlwandfestung
(nach *F. Laskowski*)

5.94
Blockwandbefestigung der
Stadt Olonezk
(nach *F. Laskowski*)

5.95
Alter Torturm in Jakutsk
(1683)

Seite 227:

5.96
Turm der Festung Belsk
(1691)

　　　　　Sakralbauten und Festungsanlagen

5.97
Querschnitt und Grundrisse
des Belsker Festungsturms

Seite 229:

5.98
Ansicht der Festung Ilimsk
(1658)

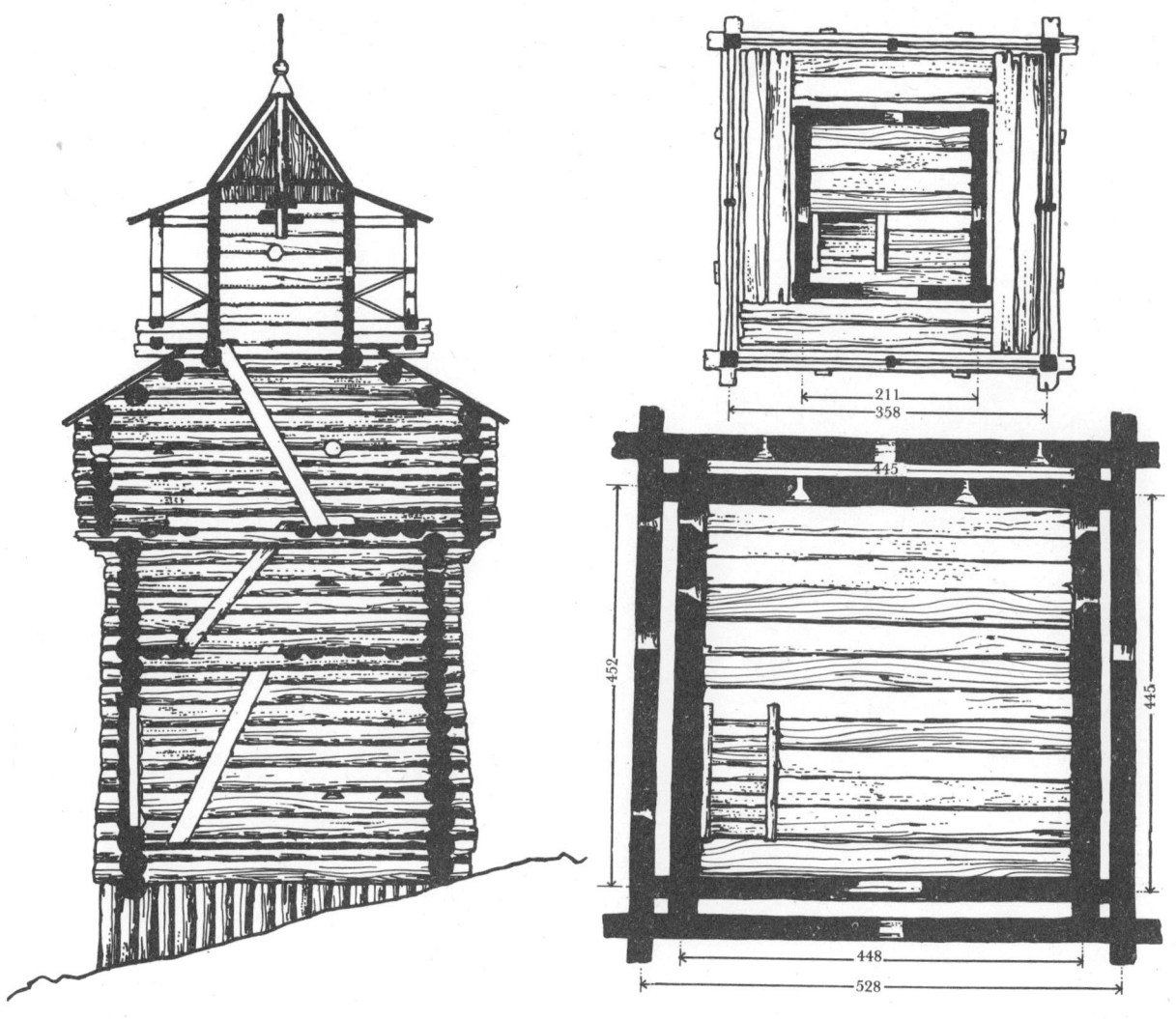

auf einem ringsumlaufenden Wandvorsprung ruht. Oben auf dem Zeltdach steht ein überdachtes Auslugtürmchen. Im Turminnern befinden sich Leitern. Die schlichte dekorative Bearbeitung entspricht seiner Bestimmung und beschränkt sich auf die Spitzen an den unteren Enden der Dachlatten, etwas Schnitzwerk an den Konsolen des Balkons, an den Stirnleisten und den Säulchen des oberen Türmchens.

Ein weiteres interessantes, heute nur noch fragmentarisch erhaltenes Denkmal des Festungsbaus ist die Bratsker Festung, von der nur noch zwei Türme und ein Glockenturm vorhanden sind. Die Türme habe einen quadratischen Grundriß mit einer Seitenlänge von knapp 6 m. Einer der beiden Türme wurde 1956 nach Moskau übergeführt und befindet sich im Freiluftmuseum «Kolomenskoje» (Abb. 5.91).

Eine Sonderstellung nimmt die Belsker Festung ein, die 1691 am Flusse Belaja im Kreis Tscheremchowo, Geb. Irkutsk, erbaut wurde. Sie war einer der vorgeschobenen Stütz- und Wachpunkte, die die Gebiete um

die Angara und den Baikalsee vor Angriffen aus dem Süden schützten. Von dieser Festung ist heute ein im verkämmten Blockverband gebauter Turm erhalten. Der Belsker Turm ist eines der wenigen originalen Bauwerke dieser Art und fällt durch seinen unkonventionellen Dachausbau auf. Sein Turmhelm trägt einen vorspringenden balkonartigen Umgang, der um ein fensterloses Mitteltürmchen angeordnet ist (Abb. 5.96; 5.97).

Was die Festung Ilimsk anbetrifft, ist sie von Interesse, weil sich dort Formen altrussischer Befestigungswerke bis in unsere Zeit erhalten haben. Als bedeutendes Verwaltungszentrum war sie Residenz des Wojewoden und schützte die Landengen, über die die Schiffe mit dem Zobelfellgut und Vorräten von der Festung Ust-Kut an der Lena bis zur Jenissei-Festung geschleppt wurden. Das erklärt die Größe der Anlage. Erbaut wurde sie 1658 an der Stelle einer 1631 gegründeten Winterfeste. Abb. 5.98 zeigt den erhalten gebliebenen Torturm.

Nachbemerkung

Die Forschungen der letzten Jahrzehnte haben unser Wissen über die Holzbaukunst Rußlands sehr bereichert. Denkmäler der Holzarchitektur sprechen beredt vom Reichtum und der Eigenart des baukünstlerischen Erbes des russischen Volkes. Erstmalig wurde der Versuch unternommen, die vorhandenen Ergebnisse wissenschaftlicher Arbeit zu sichten, zusammenzufassen, in ihrer Komplexität zu betrachten und dabei nicht nur die künstlerischen Werte der Architektur aufzuzeigen, sondern auch dem Baugeschehen gebührende Beachtung zu schenken. Das bezeugt die Eigenständigkeit der Kultur der Bauernschaft und die Bedeutung des Beitrages, den sie für die volkstümliche Architektur des ganzen Landes geleistet hat.

Im Laufe des 11. bis 18. Jh. verlief der Entwicklungsprozeß der weltlichen wie der kirchlichen Holzarchitektur keineswegs gleichmäßig. Unter teils schwierigen historischen Bedingungen, verursacht durch Kriege, Fehden, Aneignung neuer Landstriche, wurde der Entwicklung des Landes unermeßlicher Schaden zugefügt. Besonders schwerwiegend wirkte sich dies auf die Erhaltung der betreffenden Bauwerke aus. Spurlos verschwunden sind nicht nur einzelne Gebäude, sondern auch ganze Ansiedlungen. Vernichtet wurden wertvollste Werke der volkstümlichen Kunst und Architektur.

Alldessen ungeachtet bewahrte die Holzbaukunst ihre Vitalität und entwickelte ihre eigenen nationalen Besonderheiten, die bezeugen, daß die Entwicklung des Holzbauwesens in Rußland mit seinen mächtigen Waldbeständen nie vollständig unterbrochen wurde. Leider verfügen wir heute aber nicht mehr über eine genügende Anzahl von Bauwerken in der chronologischen Reihenfolge ihrer Entstehung, um ein umfassendes Bild der Entwicklung der russischen Volksbaukunst darstellen zu können. Die heute noch erhaltenen bemerkenswerten Bauwerke stellen nur einen geringen Teil dessen dar, was im 16. bis 19. Jh. gebaut worden war. Sie beziehen sich vorwiegend auf die Kirchenarchitektur des 16. bis 18. Jh. und auf Profanbauten des 19. Jh., wobei letztere sich überhaupt sehr schwer einer chronologischen Ordnung unterziehen lassen. Zu den vielen hervorragenden und typischen Bauwerken, die für die Wissenschaft verloren sind, gehören die Erzengel-Michaelis-Kirche im Juromer Kirchspiel, die Mariä-Schutz-Kir-che im Dorfe Anchimowo, die Himmelfahrtskirche in Tipinizy, um nur einige zu nennen, die Feuersbrünsten zum Opfer fielen. Auch in unseren Tagen beklagen wir Verluste von Bauwerken. Manche fallen der Morschheit, andere Feuersbrünsten zum Opfer. Leider kommt es immer noch vor, daß das eine oder andere wegen angeblicher «Nutzlosigkeit» abgetragen wird. Trotz aller mit der Lösung des Problems verbundenen Schwierigkeiten wurden jetzt Maßnahmen zur Erhaltung der Denkmäler der Holzbaukunst getroffen. Etliche werden in besonders dazu eingerichtete Freilichtmuseen überführt, andere werden an ihrem ursprünglichen Standort unter Schutz gestellt, wobei Schutzgebiete nach Art von Nationalparks mit allen notwendigen Einrichtungen für die Aufnahme und Betreuung einer angemessenen Anzahl von Urlaubern, Touristen und Ausflüglern entstehen.

Solche Freilichtmuseen und Schutzgebiete gibt es bereits in Kishi, Kostroma, Gorki, Susdal, Tjumen, Nowgorod, Archangelsk, Perm und Moskau. In die Freilichtmuseen wurden zahlreiche Holzbauten – Speicher, Mühlen, Wohnhäuser, Kapellen, Kirchen und Glockentürme – überführt. An gleicher Stelle werden Gegenstände der angewandten Kunst und des bäuerlichen Haushalts gezeigt. Auch wird alles Notwendige unternommen, Denkmäler der Holzbaukunst an ihren ursprünglichen Standorten in den Gebieten Archangelsk, Wologda, Gorki, in der Karelischen ASSR und anderenorts zu sichern und als Museums- und Ausstellungsräume zu nutzen.

Die umfassende Erforschung der Denkmäler der Holzbaukunst, das Studium ihrer historischen Entwicklungsbedingungen, des Einflusses verschiedenartiger Faktoren auf ihre Entwicklung, die Kenntnis der Baumaterialien, der Organisation des damaligen Baugeschehens sowie die Erforschung der Baudenkmäler selbst, die Anfertigung genauer Aufmessungen an Ort und Stelle sowie die Heranziehung umfangreicher archivarischer und ikonographischer Quellen – all das ermöglichte dem Verfasser, zahlreiche bisher unbeantwortete Fragen der Errichtung von Holzbauwerken zu klären. So ergab die Erforschung der Wohnhäuser allen Anlaß zur Feststellung, daß die Wohnhausarchitektur keineswegs für alle Schichten der Bauernschaft einheitlich war. Sie war gekennzeichnet von einer Vielfalt der Formen und Kompositionsweisen, die in Verbindung mit den Natur- und Klimabedingungen, den örtlichen nationalen Besonderheiten, den Einfluß der Städte und den sozialen Umständen stand.

Die Betrachtung der Kirchen- und Festungsbauten führte zur Erkenntnis, daß auch deren Architektur von großer Vielfalt der Formbildung gekennzeichnet war und daß sie mit eingehender Kenntnis der Materialeigenschaften, der Bautechnik und mit einem Feingefühl für die Ästhetik monumentaler Formen errichtet wurden.

Die monumentalen Holzbauwerke Rußlands waren einander verwandt nicht nur durch gemeinsame künstlerische Grundzüge, sondern auch durch die Gleichartigkeit der Technologie, was einen positiven Einfluß auf die Herausbildung baukünstlerischer und dekorativer Formen sowie auf die Vervollkommnung der Holzbaukonstruktionen nahm. Die bis heute erhalten gebliebenen Bauwerke legen davon Zeugnis ab, daß die Zimmermannskunst hervorragend entwickelt war. Die Kenntnis der ungeschriebenen Gesetze der Formenbildung im Verlauf des Fertigungsprozesses und der Bauarbeiten sowie angeborenes ästhetisches Feingefühl befähigten die aus dem Volke stammenden Baumeister, einzigartige Werke der Kirchen- und Festungsarchitektur in Holz zu schaffen, die von spezifischen nationalen Eigentümlichkeiten gekennzeichnet sind.

Darüber hinaus übte im 16. und 17. Jh. die Holzbaukunst einen großen Einfluß auf die Praxis des Steinbauwesens in Rußland aus. Die Architektur zahlreicher alter aus Stein erbauten Kirchen enthält unverkennbare Spuren dieses Einflusses nicht nur im dekorativen Zierwerk, sondern auch in der Gesamtkomposition der Bau-

massen. Als überzeugendes Beispiel mag hier die als Turmkirche erbaute Himmelfahrtskirche in Kolomenskoje bei Moskau genannt sein, deren Gesamtaufbau und Detail an die hölzernen Turmkirchen des 16. Jh. in den Gebieten Wologda und Archangelsk erinnert. Die ihr in Gesamtaufbau und Dekor ähnelnde Mariä-Himmelfahrts-Kirche im Dorf Warsuga auf der Kola-Halbinsel kann ebenfalls als überzeugender Beweis für die organische Verbundenheit zwischen der altrussischen Holz- und Steinarchitektur gelten.

Von großer Bedeutung für die Herausbildung der Holzarchitektur war auch der Umstand, daß ihre Bauwerke von Meistern aus dem Volke errichtet wurden, die in jahrhundertelanger Praxis entwickelte und bewährte bautechnische und künstlerische Traditionen zur Anwendung brachten und ständig weiter vervollkommnet an ihre Nachfolger vererbten.

Die Einbeziehung neuer, eingehend erforschter Denkmäler der profanen, kirchlichen und Festungsbaukunst in das wissenschaftliche Gemeingut erweitert unsere Vorstellung von der russischen Holzarchitektur ganz bedeutend. Diese war noch vor wenigen Jahrzehnten fast nur auf kirchliche Bauwerke beschränkt. Zahlreiche noch ungenügend erforschte Objekte können uns bisher unbekannte originelle künstlerische und bautechnische Eigenheiten der Holzbaukunst vermitteln. Die hier vorgestellten Werke der Volksbaukunst sind nicht nur Gegenstand nationalen Stolzes, sondern auch fördernde Beispiele für eine neuerstehende Holzbaukunst. Die ihnen innewohnenden progressiven Prinzipien der Grundlösungen, Kompositionsweisen, der Formenbildung von Baumassen und Details haben auch in unseren Tagen ihre praktische Bedeutung keineswegs eingebüßt.

Anmerkungen

1 Nach Zeit und Art ihrer Erbauung stehen diese Bauwerke Skelettbauten nahe, die von Archäologen nahe dem Federsee in der Schweiz gefunden wurden [76].

2 Skelett-Pfahl- oder Fachwerkwohnbauten vom Ende 10. bis Anfang 11. Jh. wurden bei Ausgrabungen der letzten Jahre auch in Kiew gefunden.

3 Die Olenjeostrowsker Begräbnisstätte liegt auf der Olenij-Insel des Onegasees; *N. N. Gurina* datiert sie etwa mit dem 4. bis 3. Jahrtausend v. u. Z.

4 Von Urbewohnern in Felsflächen gemeißelte Zeichnungen, datiert etwa 3. bis 2. Jahrtausend v. u. Z., wurden an der Küste des Weißen Meers und den Ostufern des Onegasees – bei Bessow Nos – und anderen Orten entdeckt.

5 Zu den Budinen gehören zahlreiche Volksstämme, die nördlich der Skythen im Bereich des mittleren Don, in Nachbarschaft der Sawramaten, angesiedelt waren.

6 Tschud werden in altrussischen Chroniken die Esten und ihnen verwandte ugro-finnische Stämme genannt, die im Herrschaftsgebiet von Weliki-Nowgorod sowie östlich des Onegasees an den Ufern der Onega und der Nördlichen Dwina siedelten.

7 «Dannik» war ein Tributpflichtiger. In diesem Fall wurde der Tribut von den Urbewohnern entrichtet.

8 «Ostrog» nannte man einen befestigten Stützpunkt gegen die Urbewohner.

9 Im 14. und 15. Jh. konnten aus dem Bereich der Wolga in den Bereich der Nördlichen Dwina Schiffe nur durch Überwindung der Wasserscheide auf Schleppstrecken, genannt «Wolok», gelangen; die jenseits dieser natürlichen Grenze gelegenen Gebiete hießen von alters her «Sawolotschje».

10 Nicht alle Urbewohner verblieben an ihren alten Wohnorten mit den Russen. Einige Volksstämme siedelten in neue, vordem unbewohnte Gebiete um. So siedelte ein Teil der Karelier in nordwestliche und westliche Gebiete ihres Landes um.

11 «Fremdgewerbe» bedeutete die saisonweise Abwanderung von Bauern (vornehmlich Zimmerleuten) zur Lohnarbeit in die Städte. Der russische Schriftsteller *G. R. Dershawin*, der 1785 Saoneshje bereiste, schrieb: «Viele Einwohner des Kirchspiels Kishi wandern nach Petersburg und leben dort von ihrer Zimmermannskunst, die sie sehr gut beherrschen.» Die städtische Umwelt, insbesondere die Architektur, fanden ihre Beachtung, so daß in der Holzbaukunst neue Formen nach städtischen Vorbildern aufgenommen wurden.

12 Als verbindlich angenommen am 9. März 1826

13 Als Beispiele seien genannt die Skelettbau-Hütten aus dem Neolithikum, entdeckt am Fluß Modlona im Gebiet Wologda [15, S. 7], sowie Tonmodelle von vorgeschichtlichen Hütten aus Südmähren, gefunden von *Pogliardi*. Sie stellen in stilisierter Form die Skelettstruktur eines Hauses mit Sparrendach und Firstbohle mit dem Kopf eines Tieres dar.

14 Das Schloß im Dorf Kolomenskoje ist nicht erhalten, es wurde 1767–1768 abgetragen. In den 60er Jahren des 19. Jh. hat *D. J. Smirnow* ein Modell dieses Schlosses angefertigt.

15 *W. I. Ravdonikas* hat bei Ausgrabungen der alten Stadtreste von Staraja Ladoga die drei unteren Schichten in der Gesamtstratigraphie der Kulturschicht mit dem gemeinsamen Buchstaben «E», unterteilt in E_1, E_2, E_3, die darüberliegende Schicht mit «D» bezeichnet. Diese Bezeichnungen wurden beibehalten [86, S. 8].

16 «Sadruga» ist die serbische Bezeichnung für eine große patriarchalische Familie in jenem Entwicklungsstadium, als die Slawen seßhaft wurden und Hausgemeinden bildeten. Die Mitglieder einer Sadruga wirtschafteten und lebten gemeinsam, oftmals unter gemeinsamen Dach, geleitet von einem von allen anerkannten Oberhaupt.

17 Austrasien war ein Gebiet am Niederrhein, wo die Viehzucht im 6. bis 8. Jh. eine große Rolle in der Landwirtschaft spielte.

18 In der Birkenrindeurkunde Nr. 40 aus dem 15. Jh. heißt es: «… und denjenigen ins Untergeschoß schicken, der Birkenrinde bringt.»

19 Bohlen, in diesem Fall russ. «Tesnizy», sind starke vierkantige direkt aus dem Rundholz geschlagene Bretter.

20 Die Troizki- (Dreifaltigkeits-) Grabung erhielt ihren Namen von der Dreifaltigkeitskirche, die sich in un-

mittelbarer Nähe befindet. Die Grabungen begannen hier 1973 auf einer Fläche von 1 140 m²; gefunden wurde ein Wohnhaus (Ende des 12. bis Anfang des 13. Jh.), in dem vermutlich ein Ikonenmaler wohnte.

21 Der Name des Gehöfteigentümers und sein Beruf konnten aufgrund der ausgegrabenen Birkenrindenurkunden Nr. 502, 531, 546, 549, 558 ermittelt werden [49, S. 136–151].

22 Nach Zeichnungen von *A. Olearius, A. Meierberg, A. Goeteris* u. a. hatten die meisten Häuser Satteldächer über Blockwandgiebeln oder auf Sparren.

23 Satteldächer auf Blockwandgiebeln («samzy») gehören zu den frühzeitlichen Konstruktionsformen, sie haben sich im bäuerlichen Baugeschehen fast im ganzen russischen Norden sowie in den östlichen Teilen Belorußlands und Finnlands bis heute erhalten.

24 Später begann man, den Dächern spezielle Rauchfänge aufzusetzen, jedoch verlief dieser Prozeß zeitlich und örtlich ungleichmäßig, wovon auch alte Zeichnungen zeugen. Auf *A. Goeteris'* Bildern von 1615 sind auf den Wohnhäusern des Tichwiner Klosters keine Rauchfänge vorhanden, während *A. Olearius* im 17. wie auch im 18. Jh. fast alle Häuser mit Rauchfängen darstellt.

25 Es ist anzunehmen, daß diese Säulen einstmals das Dach einer Galerie trugen. Nach Abtragung des betreffenden Hauses wurden die Säulen halbiert und als Bohlen im Fahrbahnbelag verwendet.

26 Der Centaurus wurde im Altrussischen als «Kitowras» bezeichnet.

27 Notiz vom 26. September 1678 aus der Nowgoroder Weisung an den Wojewoden von Olonezk, betreffend die Entsendung des Amtmanns *Lew Sawlukow* zwecks Abgrenzung der Ländereien des Klimezker Klosters und der Bauern des Kirchspiels Kishi [15, S. 141].

28 Bericht der Tobolsker Wojewoden über die Entsendung einer Weisung an die Wojewoden aller sibirischen Städte, die Anfertigung von Zeichnungen der Städte betreffend mit Angabe der Entfernungen zwischen ihnen sowie den Festen

29 Kirchenbauurkunden des Bistums Wjatka

30 Ende des 15. Jh. wurden in den die Chroniken von Wologda und Perm betreffenden Grundbüchern die Turmkirchen mit dem Ausdruck «w werch» («nach oben») bezeichnet.

31 *Grigori Wlassjew* war in Olonezk als bedeutender Zimmermeister bekannt: Er war der Erbauer großer öffentlicher Bauwerke der Stadt, zu denen auch ihre Befestigungen und Türme gehörten [2, S. 469].

32 Bei der Errichtung seines Wohnhauses wandte sich der Bauer um Hilfe an alle Dorfbewohner, die geleistete Hilfe nannte man früher «Pomotsch». Formen gemeinsamer Arbeit sind noch heute üblich.

33 Das russische Wort «doska» (Brett) hat den gleichen Ursprung wie «Tjoss» sowie auch die alten Formen «Tska», «Zka», «dska».

34 Auf den städtischen Märkten wurden im 17. und 18. Jh. fertige Bauteile angeboten: Fenster- und Türpfosten, Stützpfeiler usw.

35 Aus Sammlungen des Staatlichen Historischen Museums, des Museums in Kolomenskoje (Moskau), des Heimatkundemuseums in Petrosawodsk, des Russischen Museums in Leningrad

36 Ikonographische Materialien zeugen von der weiten Verbreitung. Diese Eckverbindung ist auf einer Miniatur im «Buch über die Tichwiner Ikone», 18. Jh. (Blatt 75), erkennbar.

37 Mit «Katholikon» (griech., etwa: Gemeinschaftsraum) wird, wenn auch selten und vorwiegend in Holzkirchen, der eigentliche Hauptraum vor der Ikonostase bezeichnet, in dem sich die Gemeinde zum Gottesdienst versammelt.

38 Auf den Zeichnungen von *A. Olearius* und *A. Goeteris* sind die Giebelfronten von Häusern mit Sparrendächern meist in sehr primitiver Form dargestellt: entweder mit offenem oder mit lattenverschaltem Giebeldreieck.

39 Von der Standfestigkeit einer solchen Balkenlage zeugen die Umstände der 1945 erfolgten Zerstörung des Turmhelms der Himmelfahrts-Kirche in Tipinizy (Saoneshje), dessen aus starken Blockkränzen errichteter unterer Teil unversehrt blieb, während der aus Sparren errichtete obere Teil der Zerstörung anheimfiel.

40 Einer eingehenden Untersuchung der Konstruktionen von Denkmälern alter kirchlicher Holzbaukunst wurde früher keine Beachtung geschenkt. In den Aufmaßzeichnungen vom Beginn unseres Jahrhunderts blieben die Konstruktionen unbeachtet. Der Verfasser hat in mehrjähriger Arbeit genaue Aufmessungen der Konstruktionen von Wohn- und Kirchenbauten in den nördlichen Regionen vorgenommen.

41 Mit der Glasherstellung wurde in Rußland 1635, unter dem Zaren *Michail Fjodorowitsch*, begonnen, vordem wurde es aus dem Ausland eingeführt.

42 Auf zeichnerischen Darstellungen der Fassaden des Schlosses in Kolomenskoje bei Moskau sind verschiedenartige Fenster, darunter auch Pfosten- und Schiebefenster zu sehen [34, Tab. VI, VII, VIII].

43 In den Gebieten Archangelsk und Wologda verwandte man anstatt Traufbohlen Wasserrinnen; die Firstholme nennt man dort «Ochlupen» (etwa «Aufstülper»).

44 Das Giebelfähnchen (russ. «Polotenze» = «Hand-

tuch») ist ein senkrechtes, geschnitztes Brett, das den Stoß zweier Stirnbretter am Dachfirst abdeckt.

45 Das Sturzbrett ist ein kurzes, meist trapezförmiges, seltener rechteckiges Brett, das den Spalt zwischen dem Fenstersturz und dem darüberliegenden Blockbalken verdeckt.

46 In den südlichen Breiten Mittelrußlands waren die Fensterläden beweglich und verschließbar, in den nördlichen Breiten dagegen meist fest. Sie wurden mit Nägeln an den senkrechten Pfosten des Fensterrahmens befestigt und waren somit rein dekorative Bauteile. Die Fenster wurden, wenn nötig, mit besonderen Deckplatten geschlossen.

47 Früher nannte man in Rußland alle Metallbauteile, unabhängig von ihrer Größe, «Kus» – etwa «Schmiedezeug».

48 «Aus Chroniken gefolgert» (Beitrag in der Zeitung «Prawda» vom 2. Januar 1976, S. 6)

49 «Glagol» (russ.) im Deutschen = Haken

50 «Ambar», die russische Bezeichnung für Speicher oder Scheune, ist nach *I. E. Blomkwist* ein Wort persischer Herkunft, das von den Tataren in die russische Sprache eingebracht wurde. In seiner Abwandlung «Onbar» erschien es in russischen Schriften seit dem 16. Jh. und bedeutete damals einen Lagerraum an den Höfen großer Kaufleute und Bojaren. Später ging das Wort in den allgemeinen Sprachgebrauch der Stadt- und Landbevölkerung ein.

51 Die alte Herkunft der Blockkirchen ist urkundlich belegt. In Grundbüchern des 16. bis 17. Jh. werden mehrfach «hölzerne Blockkirchen» erwähnt. Aus denselben Quellen ist zu ersehen, daß Turmkirchen mit dem Ausdruck «wwerch» («nach oben hinauf») bezeichnet wurden.

52 Die Ende des 11. Jh. aus Eichenholz erbaute und bald danach abgebrannte Sophienkirche in Nowgorod hatte «dreizehn Häupter». Sie war also vielkuppelig.

53 Diese Behauptung ist durch den Umstand begründet, daß in den davor datierten schriftlichen und ikonographischen Quellen keinerlei Erwähnungen vom Bau würfel- oder stufenförmiger Kirchen vorkommen.

54 Der Grundrißplan des Tichwiner Klosters nebst Ansiedlung wurde 1679 von *Iwan Selenin* angefertigt und befindet sich in der Archäologischen Kommission der Akademie der Wissenschaften der UdSSR.

55 laut Eintragungsbuch des Kirchspiels Kishi von 1882

56 Die Errichtung der Kapelle und ihres Anbaus ist in den Kirchbüchern von Kosmosero mit 1871 datiert.

57 nach Eintragungen in Kirchbüchern von 1750 bis 1780

58 nach dem Kirchbuch von Kusaranda von 1881

59 Die Lazarus-Kirche neben dem Murom-Kloster, das zum Oboneshski-Bezirk von Weliki-Nowgorod gehörte, wurde nach Überlieferungen noch zu Lebzeiten des Klosterbegründers, Mönch *Lazarus*, der 1391 starb, erbaut. Es gibt aber auch andere Behauptungen zum Gründungsjahr der Kirche, *L. W. Dahl* bestimmt ihre Entstehung mit dem 16. Jh.

60 Mit «Klyros» (etwa: Chorstufe) werden in der russisch-orthodoxen Kirche die erhöhten Plätze rechts und links vor der Ikonostase (Altarwand) bezeichnet, die dem Kirchenchor vorbehalten waren. «Soleja» heißt die Stufe vor der Altarwand (über deren ganzen Länge).

61 Das Dorf Tucholja ist urkundlich seit 1478 bekannt, als Fürst *Iwan III.* bei seinem Feldzug nach Nowgorod hier «bei *Nikolai* in Tucholja» sein Lager aufschlug. Die Erbauung der jetzigen Kirche im 17. Jh. ist urkundlich belegt.

62 Das Prozessionskreuz wurde von *L. W. Dahl* gezeichnet. Als der Bischof von Petrosawodsk 1898 das Kirchspiel Jandomosero besuchte, fragte er den dortigen Geistlichen, wann diese Kirche erbaut worden sei, worauf er die Antwort erhielt, «es sei 1650 geschehen, wie es auch auf einem alten Betkranz geschrieben steht».

63 Nach eingehendem Studium des Denkmals hat der Verfasser die Bauetappen ermittelt: die erste betraf Refektorium, Katholikon und Altarraum; die zweite den Anbau der Diele; die dritte die Errichtung des Kirchturms.

64 Jahresbericht 1893 des Kirchspiels Jandomosero

65 Große Verdienste um die wissenschaftliche Erschließung dieses einzigartigen Denkmals der Holzbaukunst erwarb sich *F. F. Gornostajew*, der es gegen Ende des 19. Jh. aufmaß und fotografierte.

66 Das Aufmaß der Jungfrauenkirche, die eingehende Untersuchung der verkleideten Baukonstruktionen im Innern des «Dachbodens» sowie die Auswertung ikonographischer Materialien ermöglichten es dem Verfasser, einen Entwurf zur Rekonstruktion der Kirche in Kimsha zu erarbeiten, der den Versuch darstellt, die eigenständigen, mit der örtlichen Zimmermannskunst verbundenen Wesenszüge dieses Bauwerks wiederherzustellen.

67 In früheren Zeiten war für die stufenförmigen Kirchen der zimmermannsmäßige Ausdruck «Vierkant über Vierkant» gebräuchlich. Das bedeutete jedoch nicht, daß alle Stufengeschosse unbedingt Vierkante sein mußten. Auch falls Achtkante über dem Vierkant standen, war dieser Ausdruck als Sammelbegriff gebräuchlich.

68 Die Demetrius-Solunski-Kirche in Staraja Ladoga wurde von *W. W. Suslow* erforscht und aufgemessen.

69 Aufgrund von Archivunterlagen ist als Errichtungsdatum der Mariä-Schutz-Kirche nicht 1764, sondern 1698 anzunehmen.

70 Die Mariä-Schutz-Kirche im Dorf Anchimowo wurde von einer von *P. Newsorow* und *Buniak* geleiteten Zimmermannsinnung erbaut.

71 Zitiert nach *W. Gustschina* und *B. Gustschin*. Die Eintragung über die Altarweihe der Verklärungskirche befindet sich in der Manuskriptabteilung der Leningrader Abteilung der Akademie der Wissenschaften der UdSSR und ist mit dem 6. Juni 1714 datiert.

72 Die aus dem 18. Jh. stammende Ornamentik der Fenstergewände der Georgienkirche in Staraja Ladoga ähnelt in Zeichnung und Farbgebung der Rippenbemalung an der «Himmel»-Decke der Verklärungskirche in Kishi.

73 Die jetzige Einfriedung wurde nach dem Vorbild der Einfriedung des Hl.-Elias-Klosters in Widlosero errichtet.

74 Aufmaß von *I. W. Rylski* und *P. D. Baranowski* unter Mitwirkung von *J. Grebenstschikow*. Die Zeichnungen befinden sich im Stschussew-Architekturmuseum, Moskau.

75 Kircheneintragung von 1887 im Kirchspiel Kishi. Neuere Untersuchungen (s. Anm. 69) berichtigen jedoch die Errichtungszeit des Kirchturms und bestimmen exakt ihren Erbauer. Nach neuen Berichten fiel der Baubeginn des Glockenturms aufs Jahr 1862, und er wurde vermutlich 1874 vollendet, wonach er, nach archivarischen Eintragungen, noch im selben Jahr von dem Bauern *Syssoi Ossipow* aus dem Kreis Powenjez umgebaut wurde.

76 Nach dem Stolbowsker Friedensvertrag verlief die Grenze zwischen Schweden und Rußland etwa 40 Werst westlich des Olonezker und anderer Saoneshjer Kirchspiele. «Zur Verwahrung gegen Einfälle deutscher (lies: schwedischer – L.) Mannen» wurde die Festung erbaut [71, S. 222].

77 Angaben aus dem Grundbuch von *Alai Michalkow*

78 In Literaturquellen – «Atlas des Gouvernements Archangelsk» von 1797 – u. a. wird angenommen, daß der Bau der Festung Kola 1704 vollendet wurde. *W. W. Kostotschkin* widerlegt diese Angabe unter Berufung auf die Tatsache, daß sich der Bau bis 1706 hinzog, was in einer Sammlung von Materialien zur Geschichte der Kola-Halbinsel im 16. bis 17. Jh. (Nr. 78, S. 149) erwähnt wird.

79 1932 wurde die Torkirche des Nikolo-Karelischen Klosters demontiert, in das Freiluftmuseum Kolomenskoje (Moskau) übergeführt, dort wiederaufgebaut und dabei vom Architekten *P. D. Baranowski* restauriert.

80 Der Mauer- oder Schutzwandabschnitt zwischen zwei benachbarten Türmen wird russisch mit «prjaslo» (deutsch etwa «Abschnitt») bezeichnet.

81 Die Reste des Eckturms der Feste Kem wurden 1888 von *W. W. Suslow* fotografiert.

82 Die Grundrißzeichnung des Tichwiner Klosters wurde 1679 von *Iwan Selenin* angefertigt. Die Holzeinfriedung des Klosters mit ihren Türmen wurde 1591 erbaut und in den Jahren 1613 und 1657 umgebaut bzw. renoviert.

83 In archivarischen Schriftstücken aus dem 17. Jh. wird häufig der Ausdruck «po tscherteshu» («nach Zeichnung») gebraucht.

84 Der Bau der neuen Stadt wurde nicht von *Foma Bibikow*, sondern vom neuen Wojewoden *Iwan Bogdanowitsch Priklonski* begonnen, der am 22. September 1680 in Jakutsk eintraf.

Bibliographischer Nachweis

Zum besseren Verständnis werden für den interessierten Leser zunächst die in den russischen Literaturangaben benutzten Abkürzungen erklärt

АН	(Архитектурное наследство). Baukünstlerisches Erbe (Sammelhefte)
без м. и г.	(без места и года). ohne Orts- und Jahresangabe
Бел. СЭ	(Белорусская Советская Энциклопедия). Belorussische Sowjetische Enzyklopädie
БСЭ	(Большая Советская Энциклопедия). Große Sowjetische Enzyklopädie
в.	(век.). Jahrhundert; Jh.
вып.	(выпуск). Ausgabe
ГИАЛ	(Государственный исторический архив в Ленинграде). Staatliches historisches Archiv in Leningrad
ГИМ	(Государственный Исторический Музей). Staatliches Historisches Museum
губ.	(губерния). Gouvernement
д.	(дело). Akte
ДАИ	(Дополнения к актам историческим). Ergänzungen zu den historischen Akten
ЗИРГО	(Записки императорского русского географического общества). Schriften der kaiserlichen russischen geographischen Gesellschaft
ИАК	(Императорская археологическая комиссия). Kaiserliche archäologische Kommission
ИИМК	(Институт истории материальной культуры). Institut für Geschichte der materiellen Kultur
имп.	(императорский). kaiserlich
Ипат. л.	(Ипатьевская летопись). Ipatjew-Chronik
кн.	(книга). Buch
Л.	(Ленинград). Leningrad (als Ortsangabe seit 1924)
л.	(лист). Blatt
М.	(Москва). Moskau (Ortsangabe)
МАО	(Московское археологическое общество). Moskauer archäologische Gesellschaft
МИА	(Московский исторический архив). Moskauer historisches Archiv
Новг. л.	(Новгородская летопись). Nowgoroder Chronik
ОИДР	(Общество изучения древностей российски). Gesellschaft zum Studium der russischen Altertümer
ОЭИГК	(Очерки этнического и исторического генезиса культуры). Schriften zur ethnischen und historischen Genesis der Kultur
Пг.	(Петроград). Petrograd (Ortsangabe 1914–1924)
ПСРЛ	(Полное собрание русских летописей). Vollständige Sammlung russischer Chroniken
РИБ	(Русская историческая библиотека). Russische Historische Bibliothek
с.	(страница). Seite
СА	(Советская архитектура). Sowjetische Architektur (Sammelhefte)
сб.	(сборник). Sammelband (Sammelheft)
Соф. хр.	(Софийская летопись). Sophien-Chronik
СПБ, СПб.	(Санкт-Петербург). St. Petersburg (Ortsangabe bis 1914)
столб.	(столбец). Spalte
т.	(том). Band
табл.	(таблица). Tabelle, Tafel
ф.	(фонд). Fundus
ЦГАДА	(Центральный государственный архив древних актов). Zentrales Staatsarchiv alter Urkunden
ЧОИДР	(Чтения общества изучения древностей российских). Lesungen der Gesellschaft zum Studium russischer Altertümer

[1] Акты до юридического быта древней России под редакцией Калачева Н., т. II, СПб., 1864

[2] Акты исторические, т. IV, № 216, СПб., 1842

[3] Акты Лодомской цркви Архангельской епархии, СПб., 1908

[4] *Арциховский, А. В.:* Колонна на новгородских раскопках, Вестник Московского Университета № 4, 1954

[5] *Ащепков, Е. А.:* Русское народное зодчество в Западной Сибири, М., 1950

[6] *Барсов, Е. В.:* Олонецкий монастырь Клименцы, ЧОИДР, кн. 4, М., 1870

[7] *Батаков, Н., Мансветова, Е., Широков, В.:* Великий Устюг, Вологда, 1960

[8] *Березанская, С. С.:* Пустынка. Поселение эпохи бронзы на Днепре, Киев, 1974

[9] *Бернштам, Т. А.:* Роль верхневолжской колонизации в освоении Русского Севера (IX—XV вв.) в кн. «Фольклор и этнография Русского Севера», Л., 1973

[10] *Билибин, И. Я.:* Народное творчество Севера, Мир искусства, Вып. II, СПб., 1904

[11] *Бломквист, Е. Э.:* Крестьянские постройки русских, украинцев и белоруссов, Восточнославянский этнографический сборник, М., 1956

[12] *Blomstedt, J.; Sucksdorff, V.:* Karelische Gebäude und ornamentale Formen aus Zentral-Russisch-Karelien. Helsingfors, 1902

[13] *Большаков, О. Г.; Монгайт, А. Л.:* Путешествие Абу-Хамида ал-Гарнати в Восточную и Центральную Европу в 1131—1153 гг., М., 1971

[14] *Бранденбург, Н. Я.:* Старая Ладога, СПб., 1896

[15] *Брюсов, А. Е.:* Свайное поселение на р. Модлоне и другие стоянки в Чарозерском районе Вологодской области, МИА, № 20, М., 1951

[16] БЭС, т. 18, М., 1974, т. 24, М., 1976

[17] *Бубрих, Д. В.:* Происхождение карельского народа, Петрозаводск, 1947

[18] *Виноградов, А. Н.:* Краткие сведения о деревянных старинных храмах по Весьегонскому уезду Тверской губ., СПб., 1877

[19] *Власова, И. В.:* Сельское расселение в Устюжском крае (в XVIII- первой четверти XX в.), М., 1976

[20] *Воронин, Н. Н.:* Очерки по истории русского зодчества XVI—XVII вв., М., Л. 1934

[21] *Воронов, В. С.:* Крестьянское искусство, 1924

[22] Временник МОИДР, кн. 7, № 7170, М., 1850

[23] Всеобщая история архитектуры, М., т. 4, 1966

[24] *Габе, Р. М.:* Карельское деревянное зодчество, М., 1941

[25] Hauglid Roar. Laftekunst. Oslo, 1980

[26] *Геродот:* История в девяти книгах, т. I, кн. I, IV, М., 1888

[27] *Hildebrand, S.:* En Hollandsk beskicknings resor i Ryssland, Finland och Sverige 1615—1616. Stockholm, 1917

[28] *Грабарь, И. Э.:* История русского искусства, М., 1909

[29] Греков, Б. Д.: План части Новгорода конца XVII в., М., 1926

[30] *Dietrichson, L.; Munthe, H.:* Die Holzbaukunst Norwegens. Dresden, 1893

[31] Дополнение к актам историческим, т. 5, СПб., 1853

[32] *Дружинин, В. Г.:* Очерк старообрядческой колонизации Севера — в кн. Очерки по истории колонизации Севера, вып. I, Пг., 1922

[33] *Едемский, М. Б.:* О крестьянских постройках на Севере России — «Живая старина», вып. I—II, СПб., 1913

[34] *Забелин, И. Е.:* Домашний быт русского народа в XVI и XVII ст., т. I, ч. I — Домашний быт русских царей в XVI и XVII ст., М., 1872

[35] *Забелин, И. Е.:* Русское искусство. Черты самобытности в древнерусском зодчестве, М., 1900

[36] *Забелло, С.,; Иванов, В.; Максимов, П.:* Русское деревянное зодчество, М., 1942

[37] *Засурцев, П. И.:* Усадьбы и постройки древнего Новгорода, МИА, № 123, М., 1963

[38] *Званцев, М. П.:* Нижегородская резьба, М., 1969

[39] Известия Имп. археологической комиссии, вып. 39, 41, 57, СПб., 1910—1915

[40] Известия Имп. археологического общества, т. II, вып. 1, 5, 6, СПб., 1859; т. III, вып. 4, СПб., 1861; т. IV, вып. I, СПб., 1863

[41] *Каргер, М. К.:* Древний Киев, М., Л., 1958

[42] Карелия в XVII веке (сборник документов), Петрозаводск, 1948

[43] Климецкий иона. Краткое сказание о Климецком монастыре, М., 1846

[44] *Ключевский, В. О.:* Курс русской истории, ч. II, Пг., 1918

[45] *Ковальчик, Н. А.:* Деревянное зодчестово. Горьковская обл., М., 1955

[46] *Колчин, Б. А.; Янин, В. Л.:* Археологии Новгорода 50 лет — Новгородский сборник — 50 лет раскопок Новгорода, М., 1982

[47] *Колчин, Б. А.:* Новгородские древности. Деревянные изделия — Археология СССР, вып. EI-55, М., 1958

[48] *Колчин, Б. А.:* Топография, стратиграфия и хронология Неревского раскопа — МИА, № 55, 1956

[49] *Колчин, Б. А.; Хорошев, А. С.; Янин, В. Л.:* Усадьба Новгородского художника XII в., М., 1981

[50] *Косточкин, В. В.:* Деревянный «город» Колы, МИА, № 77, М., 1958

[51] *Красовский, В.:* Курс истории русской архитектуры, ч. I, Деревянное зодчество, Пг., 1916

[52] Краткое историческое описание приходов и церквей Архангельской епархии, вып. II, Архангельск, 1895

[53] *Ласковский, Ф. Ф.:* Материалы для истории ин-

женерного искусства в России, ч. I, СПб., 1858–1865

[54] *Леонид, Архимандрит (Каверин)* Акты Иверскаго Святозерскаго монастыря 1852–1906, грамота № 39, март 1554; СПб., 1878

[55] *Линевский, А. М.:* Хрестоматия по истории Карелии с древнейших времен до конца XVII в., Петрозаводск, 1939

[56] *Lissenko, L. M.:* L'architecture en bois de la Russe ancienne. Le bois dans l'architecture et la sculpture slaves. Paris, 1981

[57] *Лисенко, Л. М.:* Гармонические построения в архитектуре церквей Кижского погоста в сб. АН., № 18, М., 1969

[58] *Лисенко, Л. М.:* Деревянное зодчество. Бел. С. Э., т. 4, Минск, 1971

[59] *Лисенко, Л. М.:* Деревянное зодчество русского народа (Заонежье), докторская диссертация, М., 1975

[60] *Лисенко, Л. М.:* Национальное своеобразие архитектурного памятника в с. Кимжа в сб. АН., № 23, М., 1975

[61] *Лисенко, Л. М.:* О реконструкции Покровской церкви в Кижах, в сб. АН., № 20, М., 1972

[62] *Лисенко, Л. М.:* Оригинальные деревянные покрытия культовых сооружений Заонежья в сб. АН., № 23, М., 1974

[63] *Лисенко, Л. М.:* Этапы формирования Кижского ансамбля в сб. АН., № 24, М., 1976

[64] *Маковецкий, И. В.:* Архитектура русского народного жилища. М., 1962

[65] Материалы по истории народов СССР, вып. I, – писцовые книги Обонежской Пятины, Л., 1930

[66] *Мейерберг, А.:* Альбом. Виды и бытовые картины России XVII в., СПб., 1903

[67] *Мюллер, Р. Б.:* Карелия в XVII в., Петрозаводск, 1948

[68] *Неволин, К. А.:* О пятинах и погостах Новгородских в XVI в., ЗИРГО, кн. VIII, СПб., 1853

[69] *Озерецковский, Н. Я.:* Путешествие по озерам Ладожскому, Онежскому и вокруг Ильменя. СПб., 1792

[70] *Олеарий, А.:* Описание путешествия в Московию и через Москву в Персию и обратно. СПб., 1906

[71] Олонецкий сборник, вып. 3, Петрозаводск, 1894

[72] *Ополовников, А. В.:* Памятники деревянного зодчества Карело-Финской ССР, м., 1955

[73] *Орфинский, В. П.:* Деревянное зодчество Карелии, Л., 1972

[74] Очерки истории Карелии, т. I, Петрозаводск, 1957

[75] Очерки по истории колонизации Севера, вып. I, Пг., 1922

[76] *Paret, VGL. O.:* Das neue Bild der Vorgeschichte. Stuttgart, 1948

[77] *Pettersson, L.:* Äänisnimen kirkollinen puuakkitehtuuri. Helsinki, 1950

[78] *Платонов, С. Ф.:* Прошлое русского Севера. Берлин, 1924

[79] Повесть временных лет, ч. I, М.–Л., 1950

[80] Полное собрание законов Российской империи, т. XII, 1744–1747 гг.

[81] *Porter, Robert Ker.:* Travelling sketshes in Russia and Sweden, 1805

[82] *Правдин, М.:* Из прошлаго Олонецкого края. Материалы по истории Олонецкого края П. П. Воронова – Известия Общества изучения Олонецкой губ., т. IV, № 6–7, Петрозаводск, 1914

[83] *Пришвин, М. М.:* В краю непуганных птиц. Очерки Выговского края, СПб., 1905

[84] ПСРЛ, XXVI Вологодско-Пермская летопись, М., Л., 1959

[85] Путешествие Ибн-Фадлана на Волгу, под ред. И. Ю. крачков ского, М., Л., 1939

[86] *Равдоникас, В. И.:* Старая Ладога – СА, XI, М., 1950

[87] *Репников, Н. И.:* Раскопки в городище Старой Ладоги. В сб. Старая Ладога, Л., 1948

[88] РИБ, т. VIII, СПб., 1884, Т. XII, СПб., 1890

[89] *Романов, К. К.:* Жилой дом в Заонежье – в сб. Крестьянское искусство СССР, т. I, Л., 1927

[90] *Романов, К. К.:* Жилище в районе реки Пинеги в сб. Крестьянское искусство СССР, т. II, Л., 1928

[91] *Rugz, Isrvan:* Seurasaari. Helsinki, 1973

[92] *Рыбников, П. Н.:* Этнографические заметки о заонежанах. Памятная книжка Олонецкой губ., вып. II, с. 23, Петрозаводск, 1866

[92a] *Смирнова, Э. С.:* По берегам Онежского озера. Л., «Искусство», 1969

[93] *Соболев, Н. Н.:* Русская народная резьба по дереву, М., 1934

[94] *Соболевский, А. И.:* Названия рек и озер русского Севера. Известия отделения русского языка и словесности АН СССР, т. 32, Л.,. 1927

[95] *Сперанский, А. Н.:* Очерки по истории приказа Каменных дел Московского государства, М., 1930

[96] Старая Ладога, Л., 1948

[97] *Султанов, Н. В.:* Остатки Якутского острога и некоторые другие памятники деревянного зодчества в Сибири – ИАК, вып. 24, СПб., 1907

[98] *Султанов, Н. В.:* Русские шатровые церкви и их сообношения к грузино-армянским пирамидальным покрытиям. М., 1887

[99] *Суслов, В. В.:* Очерки по истории древнерусского зодчества, СПб., 1889

[100] *Суслов, В. В.:* Памятники древнерусского зодчества. Вып. I, VII, СПб., 1908–1912

[101] *Третьяков, П. Н.:* К истории племен Верховного Поволжья в первом тысчяелетии н. э., МИА, № 5, Л., 1941

[102] *Уваров, А. С.:* Об архитектуре первых деревянных церквей на Руси, СПб., 1876

[103] *Флетчер, Джильс:* О государстве Русском, СПб., 1911

[104] *Фриде, М. А.:* Русские деревянные укрепления по древним литературным источникам. ИРАИМК, т. III, Л., 1924

[105] *Хвольскон, Д. А.:* Известия о хазарах, буртасах, болгарах, мадьярах, славянах и руссах Абу-Али Ахмеда Бен Омар Ибн-Даста (теперь его имя читается как Ибн-Русте), СПб., 1869

[106] ЦГАДА, фонд 396, ед. хр. 1032, лл. 6,26 и ед. хр. 1043, л. 81

[107] *Wickberg, Nils Erik:* Finnish arcitecture. Helsinki, 1965

[108] *Тихомиров, М.:* Москва и культурное развитие народа. сб. «Ворпосы истории» № 69, М., 1967, с. 14

[109] *ГИМ.* синодальное собрание, № 485, А. 509

Anhang

Bildnachweis

A. Aufmaßzeichnungen

Archangelsker Museum für Holzbaukunst: 3.14; 5.33; 5.51; 5.56
Arzichowski, A. W.: 1.36
Astschepkow, J. A.: 4.13
Borisewitsch, G. W.: 1.29
Bubnow, I. N.: 1.15; 4.14
Gornostajew, F. F.: 5.47; 5.77
Koltschin, B. A.: 1.28; 1.30; 1.35; 1.37
Kostromaer Museum für Architekturgeschichte: 5.17
Makowezki, I. W.; Lapschina, T.: 1.14; 3.56; 3.57; 4.12; 4.17; 4.31; 5.97
Milejew, D.: 3.55
Museum der Russischen Architektur «A. W. Stschussew»: 4.39
Peterson, L: 3.89 (Fig. 3, 6, 7)
Ravdonikas, W. I.: 1.24; 1.26
Rylski, I. W.; Grebenstschikow, I. S.: 5.77
Sasurzew, P. J.: 1.18; 1.33
Suslow, W. W.: 5.46
Zippelus: 1.25

B. Graphische Zeichnungen

Kirjanow, W. F.: 1.31; 1.38
Lissenko, T. L.: 3.36; 3.77; 3.80; 5.57
Smirnowa, E. S.: 1.16

C. Fotografien

Ljubimowa, N. S.: 3.95; 3.96; 4.36
Rjabinow, W. W.: 5.98
Staatliches Historisches Museum: 3.52; 3.53; 3.69
Staatliches Architekturgeschichte- und Denkmalschutz-Museum zu Gorki: 3.70
Staatliches Russisches Museum: 3.50
Swanzew, M. P.: 3.46; 3.49; 3.63; 4.40
Wischnjewski, G. P.: 3.83; 3.66

Alle übrigen Bildmaterialien – Aufmaß-, Rekonstruktions- und Freihandzeichnungen sowie Schwarzweiß- und Farbfotos – stammen vom Verfasser.